リチャード・ローボルト 編著
太田裕一 訳

Power Games

スーパーヴィジョンのパワーゲーム

心理療法家訓練における
影響力・カルト・洗脳

Influence, Persuasion, and Indoctrination in Psychotherapy Training

edited by Richard Raubolt

金剛出版

スーパーヴィジョンのパワーゲーム
心理療法家訓練における影響力・カルト・洗脳

リチャード・ローボルト [編著]
太田裕一 [訳]

Power Games
Influence, Persuasion and Indoctrination in Psychotherapy Training
edited by Richard Raubolt

Power Games
Influence, Persuasion and Indoctrination in Psychotherapy Training
edited by
Richard Raubolt

Copyright © 2006 by Richard Raubolt
Japanese translation rights arranged with Paterson Marsh Ltd. through Japan UNI Agency, Inc., Tokyo.

スーパーヴィジョンのパワーゲーム
心理療法家訓練における影響力・カルト・洗脳

▶目次

日本語版への序／リチャード・ローボルト ─── 007
『スーパーヴィジョンのパワーゲーム』への賛辞 ─── 011
謝辞 ─── 013
執筆者経歴 ─── 015
緒言／アーネスト・S・ウルフ ─── 019
序論／チャールズ・B・ストロジャー ─── 021

第1部｜スーパーヴィジョン体験──個人的な内省

❶ 強制的な訓練プログラムにおける服従を体験したセラピストのイニシエーションの旅
アネット・リチャード 035

❷ ある妻の物語
関係性システムの視点から
リンダ・ローボルト＋ドリス・ブラザーズ 066

❸ 外傷の素描・翻訳・愛の対話
リンダ・ローボルトとドリス・ブラザーズへの個人的返信
リチャード・ローボルト 090

❹ 精神分析における自己愛的権威主義
ダニエル・ショー 101

❺ [討論] 訓練体験における傷つきやすさ，カリスマ，外傷
4つの個人的な苦難の道のり
マーティ・リヴィングストン 122

第2部｜論理的・技法的考察

❻ 密かな対人支配法
セオドア・ドーパット 133

7 草刈り，精神分析的教育，イデオロギーと権力と知識の絡み合いについて
歴史的・哲学的視点

パトリック・B・カヴァナフ 161

8 制度のクローン化
精神分析訓練における模倣

ミシェル・ラリヴィエール 202

9 強制的な師弟関係
心理療法家訓練に偽装した洗脳

リチャード・ローボルト 217

10 [討論] ドーパット，カヴァナフ，ラリヴィエール，ローボルト博士が執筆した章について

モーリン・レシュチュ 238

第3部 | スーパーヴィジョンの代案

11 何よりも害をなさぬこと
スーパーヴァイザー苦難の旅

ポーラ・B・フーカ 261

12 臨床スーパーヴィジョン
心理療法の能力の育成における自己反省のプロセス

コンラッド・ルコント 274

13 心理力動的スーパーヴィジョンにおける権威的関係
現代的視点

ジョーン・E・サーナット 312

14 効果的で効率的なスーパーヴィジョン
グループでの試み
アーサー・A・グレイ..333

15 四部構造訓練モデルに向かって（権力の）同一化関係から（愛情の）内在化関係へ
攻撃者への同一化の事例
ケルション・J・モラド＋ジュディス・E・ヴィダ..................................360

16 [討論] 個人および集団スーパーヴィジョン，コンサルテーション，分析家と同業者の自分語りの対話
アイリーン・ハーウッド..380

17 結論としての内省
リチャード・ローボルト..403

訳者あとがき／太田裕一——413
索引——419
編著者略歴＋訳者略歴——425

日本語版への序

　『スーパーヴィジョンのパワーゲーム』の日本語版への序文を新たに書くことはうれしい一方で，複雑な気持ちもある。この本の内容が訓練体験をたくみに切り取り，勇気をもって描写しており，スーパーヴィジョンの新しい選択肢も提示していることを固く信じている。このような書籍が私の書き物机から大陸を隔てたところで評価されたことを誇らしく思う。

　しかしながら，私は『スーパーヴィジョンのパワーゲーム』がまだ必要であることに戸惑いを隠せない。バリント（1948）が次のように書いてから60年以上が経った。

> 私たちが候補生とともに成し遂げようと意図していることは，かなりの緊張に耐えることができ，必要な同一化，あらゆる自動的転移や思考パターンから自由な，強い批判的な自我を育てることである。ところが私たちの意識的な目的に反して，私たちの行為も訓練システムの機能も，これらの自我機能の弱体化や，特殊な超自我の強化にどうしてもつながってしまう，いくつかの特徴をもっている。
> （Balint, 1948, p.167/*320*）[i]

　不幸なことに，バリントの警告に反して，多くの訓練プログラムが「アイティンゴン症候群」（Zusman, 1988）として知られてきたものを実践し続けている。フロイトの秘密委員会のメンバーであったマックス・アイティンゴン[ii]は，教師の著作を神聖で疑う余地のないものであるとみなす，献身的で絶対的な弟子だった。彼は著名なベルリン研究所[iii]を，訓練研究所と

いうより崇拝のカルトに似たものとして確立するのに手を貸した。ズスマンによれば，アイティンゴン症候群は硬直した二者関係（アイティンゴン／フロイト）を研究所のレヴェルまでに拡張することによって定義される転移現象である。研究所においてこの症候群は，訓練分析家と候補生それぞれの元のペアを「再生」することによって増殖していく（Zusman, 1988, p.361）。

　この症候群は，世代から世代へ，理想化されたすべてを知る分析的な偽りの自己を，分析家と，それに盲従する信頼しきった依存的な弟子たちの形で生み出す。知識は制限され創造性は窒息し，さらに忠誠心と理想化が健康で生き生きとした疑問や議論を妨げる。

　精神分析の徒弟制について少し違った点から描いているルスタン[iv]（1976）は，候補生が恐れることに焦点を当てている。

> 　徒弟制というものは悩ましいほどの仕事と，たゆまぬ警戒を必要とする。徒弟は働く。師の癖に従って開きうるあらゆる裂け目をふさぐため，すなわち師が不意に尋ねるあらゆる質問に答えるために，とんでもなく働かなければならない。徒弟はまた，自分にとってはどこが一貫しているのか定義からしてわかっていないような言説を理解しようとしなければならない。人が徒弟になるのは，基本的に自分自身の名前を掲げたり，自分自身の名前で語ったり，自分の空想や夢について考えるが恐いからである。言い換えるなら，ネットなしに空中ブランコをするのが怖いのである。　　　　　　　（Roustang, 1976, p.33）

　『スーパーヴィジョンのパワーゲーム』の執筆者は，自分の訓練課程がどのように行われたかについての思索と体験を描き出している。明瞭で率直，しばしば勇気に満ちた文体で，彼らは教義や献身に依存したプログラムの，不幸で害を与えさえする側面を扱っている。本書は，訓練課程やスーパーヴィジョンが道を誤ったことについてだけ書いているのではない。現代の精神分析が，批判的な探索，創造性，さらなる発展に通じる領域を切

り開く概念や言語をどのように育成してきたかを示す本でもある。

　狂信的で権威的な研究所での養成に代わる選択肢として,「間主観性」,「多様性」,「共同構築」,「関係性の改訂」,「自分語りの対話」が示される。これらの異なる概念に提示される指導的な理論的／治療的原則は,ひとつの定まったアプローチというより反応性の高い分析的な態度を育成することの重要性である。この点で生じてくる具体的で最も重要なテーマは,発展しながら時に不安定になるスーパーヴィジョン関係に,特に注意を払うことである。訓練課程の基礎であるスーパーヴィジョンは,より個人的で,情緒的な破綻に対してより敏感で,エリート主義と専門的な権力の濫用を避けるためにより大胆で,行動的なものとして提案されている。

　共感,探求の推奨,創造的な理論化は,私たちの専門領域の急速な変化に候補生を慣れさせるための重要な要因であるというのが本書の趣旨である。このような変化は,臨床的な心理療法と精神分析が生き残り,さらに発展するために必要なものであろう。

リチャード・ローボルト,Ph.D.
2011 年 1 月 9 日

訳註

i ―邦訳されている文献に関しては邦訳文献の頁をイタリックで示した。ただし翻訳は基本的に訳者による。

ii ―（秘密）委員会／アードラー,シュテーケル,ユングなどの離反の動きに呼応して,1912 年に精神分析運動の結束を強めるためにジョーンズの提案によって結成された。結成当初のメンバーはフェレンツィ,ジョーンズ,ザックス,ランク。アイティゴンは 1919 年に加わった。フロイトはメンバーに金の指輪を贈った。

iii ―Max Eitingon（1881-1943）／ロシア帝国（現ベラルーシ）生まれのユダヤ系精神科医・精神分析家。ドイツで医学を学びブルクヘリツリ精神病院に勤務。オイゲン・ブロイラーの指示で精神分析に関わり,フロイトの精神分析を受けた。カール・アーブラハムとともにベルリン精神分析研究所の創設メンバーとなる。アーブラハムの死後は国際精神分析協会の中心となった。ナチスの台頭と共にイギリス委任統治領であったパレスチナに亡命した。

iv―François Roustang（1923-）／フランスの哲学者・精神分析家・催眠療法家。ラカンのパリ・フロイト派に所属したが，精神分析の徒弟制を批判し，催眠療法への関心を深めた。

文献

Balint, M.（1948）On the psychoanalytic training system. *International Journal of Psycho-Analysis* 29 ; 163-173.（森 茂起・中井久夫・枡矢和子＝訳（1999）精神分析の訓練システム．In：一次愛と精神分析技法，みすず書房，pp.311-337）

Roustang, F.（1976）*Un destin si funeste*, Paris : Minuit.（*Dire Mastery : Discipleship from Freud to Lacan.* Baltimore, MD : The Johns Hopkins University Press, 1982）

Zusman, W.（1988）On the concealment of the interpersonal therapeutic reality in the course of supervision. *Israel Psychoanalytic Journal* 1 ; 351-377.

『スーパーヴィジョンのパワーゲーム』への賛辞

　『スーパーヴィジョンのパワーゲーム』は過去，現在，未来の精神分析家訓練における挑発的で非常に勇気ある内省が集められた本だ。訓練とスーパーヴィジョンの可能性を照らし出しながら，著者たちは暗い影のなかで私たちを導き，自分自身のおかしくも屈辱的な体験，変容と恐怖の体験，喜びと憎しみの体験を共有してくれた。才能ある分析家として，彼らはそこで洗練された理論で体験を構造化し，彼らが私たちに感じるべく与えてくれるものを知的に味わうのを助けてくれる。この待望の一冊は，精神分析の訓練生・講師・スーパーヴァイザー・分析家の必読書となり，議論されるべきである*。

メアリー・ゲイル・フローリー＝オーディ
（文学博士，『権力の倒錯——カトリック教会における性的虐待』の著者）

* 精神分析家訓練生（Psychoanalytic trainee）は通常，精神分析家候補生志願者（applicant）および精神分析家候補生（candidate）を指す。候補生志願者から候補生になるためには審査分析を1年間受け，適性があるとみなされなければならない。

　この勇気ある本は訓練研究所における精神分析の権力と影響力の歴史について，これまで書かれてこなかった1章を付け加えた。訓練の間に傷つきやすくなり，外傷を受け，そこから回復していく個人的な体験の報告は，非常に啓発的なものであり，さまざまな形で多かれ少なかれ確実に誰かの身に降りかかってくるものである。ここで行なわれているのは教条的な訓練に代わるべき教育を求める雄弁な申し立てである。批判的な思索と多様性を促すことによって，この重要な本自体が内省の空間となり，そこで著

者たちは教育を改善する体験や考えを生き生きと記述することができるのだ。私たちの巧妙な科学が21世紀にふさわしい形となるように，制度的な行き詰まりが解決できるという希望をこの本は育んでくれる。

マルコム・パインズ
（医学士，王立内科医協会特別会員，王立精神科医協会特別会員，集団分析研究所創設者）

　私は「話すことによる治癒（talking cure）」の熱烈な信者だが，組織化や臨床家の訓練がたやすく虐待につながるのを見てきた。これに備えて自己点検を続けることで，私たちの専門分野の活力を確保する必要がある。ローボルト博士と執筆者は学術的にも，心をとらえる実話の語りというレヴェルでも，この継続する自己点検に非常に重要な貢献を行った。

スチュアート・パールマン
（医学博士，精神分析スーパーヴァイザー，現代精神分析研究所，
『セラピストの情緒的生き残り』の著者）

　自らが道徳的に適格であるのか，善と悪を受け入れる能力があるのか，少しずつ吟味していくことは，精神分析と心理療法が社会科学（以前は正確に道徳科学と呼ばれていた）として成熟している証である。『スーパーヴィジョンのパワーゲーム』は権威主義的な研究所と訓練モデルに内在する洗脳，徒弟制，臨床的な害の危険性に必要な注意を向け，考えるに値する代案を提示している。この説得力のある論文と臨床報告は，もっと多くのことが論じられてしかるべき心理療法の統制と捜査というテーマに貴重な文献を付け加えたものだ。

ジョナサン・コーエン
（医学博士，『フロイトから離れて――理性的な精神分析のための覚書』の著者）

謝辞

　この編著書は非常に多くの人々の協力の成果である。しかしながら，このプロジェクトに対する揺るぎのない信念のために，特別な認識と功績に値する人が2人いる。倦むことのない援助者であり，つねに最高の友人であるプロジェクトのアシスタント，メアリー・キゼミンスキーはこの本に惜しみなく打ち込んでくれた。彼女はいつでも頼りになって不平ひとつこぼさず，各章と執筆者に愛情を込めて接してくれた。メアリーが親切かつ賢明に導いてくれなければ，この本が私の頭の中の夢から印刷されたページになることは決してなかっただろう。感謝を込めて，私はこの本を「私のメアリーへ」捧げる。

　本人は照れるかもしれないが，この本があるのは妻リンダのおかげでもある。リンダはこの本を書くきっかけとなった専門家訓練による虐待を，勇敢にそして忠実に生き抜いた。彼女はこの本が出版されると確信していたし，「賢明な編集者だったらこういう考えや体験の重要さがわかるはず」だということを，私さえわかっていなかったのに理解していた。リンダは編集者は女性だと予言までして，実際にそれはアザー・プレスのジュディス・フェハー・グレウィッチだったのだが，いわゆる別件なので詳細は省く。ありがとう，リンダ。愛している。

執筆者経歴

ドリス・ブラザーズ文学博士／自己心理学訓練・調査研究所の共同創設者，訓練分析家，スーパーヴァイザー，著書に『後ろに落ちる——信頼・自己体験・不確実感の調整の探求　精神分析・外傷・関係性システム』。

セオドア・ドーパット医学博士／シアトル精神分析研究所訓練分析家・スーパーヴァイザー。著作，論文多数。共著書に『意味の臨床的相互作用と分析——新しい精神分析理論』，著書に『傷ついた怪物——ヒトラーの外傷から悪意への道筋』。

ポーラ・B・フーカ医学博士／シカゴ精神分析研究所，国際精神分析的自己心理学学会評議委員，『国際精神分析的自己心理学誌』（旧名称『自己心理学の発展』）共同編集者。

アーサー・グレイ文学博士／ニューヨークで個人開業，メンタルヘルス卒後研修センター＋家族と子どもサーヴィス・ユダヤ委員会で教員およびスーパーヴァイザー。

アイリーン・ハーウッド医療ソーシャルワーカー，文学博士，心理学博士／UCLA医学校精神科臨床准教授，同大学「不安定で混乱したアタッチメント防止プロジェクト」責任者，南カリフォルニア精神分析研究所・学会の精神分

析家・講師，自己研究協会の共同創設者，マルコム・パインズとの共同編著書に『集団における自己体験――間主観的自己心理学の人間的理解までの道程』，南カリフォルニア集団心理療法学会会長。ワシントン研究所，ロサンジェルス，カリフォルニア臨床ソーシャルワーク研究所でスーパーヴァイズ，個人開業で個人および集団コンサルテーションを行う。

パトリック・B・カヴァナフ文学博士／前国際精神分析教育連盟会長，精神分析芸術研究学会初代会長，クランブルック美術専門学校（ミシガン州ブルームフィールド・ヒルズ）客員アーティスト（精神分析専攻），先進精神分析研究プログラム（ミシガン州ワイアンドット）教育およびスーパーヴァイザーおよびデトロイト大学訓練局長として勤務の後，ミシガン州ファーミントンで個人開業。

ミシェル・ラリヴィエール文学博士／個人開業，前ストラスブール大学医学部精神科准教授，前『フロイト研究』共同編集者，フランス・イタリア・カナダ・アメリカで多くの論文を発表。イタリアのトリノとパドヴァで精神分析セミナーを行う。

コンラッド・ルコント文学博士／モントリオール大学臨床心理学正教授・トレーナー・スーパーヴァイザー，共著書に『心理療法の再接近と統合――精神分析，人間主義，行動療法』（ガエダン・モラン，モントリオール），スーパーヴィジョンおよび心理療法に関する多くの論文と書籍分担執筆の著者。

モーリン・レシュチュ医学博士，カナダ王立内科医協会特別会員／シナイ山病院精神科医局長，トロント大学精神科教授・集団療法局長，アーヴィン・ヤーロム医学博士との共著著に『ヤーロム グループサイコセラピー理論と実践』。

マーティ・リヴィングストン文学博士，認定集団心理療法家／『グループ』編集者，ニューヨーク，メンタルヘルス卒後研究センター集団療法家訓練局

所長，著書に『近くと遠く──心理療法と貴重な瞬間における親密さと距離 心理療法過程を深める』。

ガーション・J・モラド医学博士／臨床心理士，イスラエル，テル・アヴィヴでの個人開業，テル・アヴィヴ大学医学部心理療法プログラムスタッフ，ハイファ大学社会福祉学部健康研究心理療法先進研究プログラムスタッフ，教育と著作は主に分析家とセラピストの個人的専門職の生涯発達に関する言説，および事例検討の空間における分析家の間の自分語りの対話について。

リンダ・ローボルト文学博士／学習障害コンサルタントの創設者および所長，女性問題に関する著書およびワークショップ講師。

リチャード・ローボルト文学博士／臨床心理士，ミシガン州グランドラピッズで成人と青年期の個人および集団精神療法の独立開業。アキナス大学カウンセリングセンター，スーパーヴィジョン心理士，国際精神分析教育連盟外傷委員会議長，編著著に『スーパーヴィジョンのパワーゲーム──心理療法家訓練における影響力・カルト・洗脳』，東部集団心理療法協会誌『グループ』27号・2/3特別編集者。

アネット・リチャード医療心理士／臨床心理士，個人開業。ケベック心理士同盟会員，モントリオール大学心理学部前講師，論文，著作，分担著作の著者。

ジョーン・E・サーナット文学博士，職業心理学研究者アメリカ委員会／バークリーで臨床およびスーパーヴィジョン開業，北カリフォルニア精神分析研究所会員・講師，バークリー，ライト研究所助手，『新しいスーパービジョン関係──パラレルプロセスの魔力』をゲイル・フローリー＝オーディと共著。

ダニエル・ショー認定臨床ソーシャルワーカー／ニューヨーク市とナイアックで個人開業，国立心理療法研究所臨床スーパーヴァイザー・講師，対象関係研究所講師，国際関係性精神分析・心理療法学会，共同会長・教育委員会。

チャールズ・B・ストロジャー文学博士／ジョン・ジェイ大学，大学院センター歴史学教授，自己心理学訓練・調査研究所訓練分析家・スーパーヴァイザー，著書に『ハインツ・コフート――その生涯と自己心理学』。

ジュディス・E・ヴィダ医学博士／現代精神分析研究所（ロサンジェルス）講師。南カリフォルニア大学精神科臨床准教授。精神科レジデントに心理力動的心理療法の実演講義を行う。元南カリフォルニア精神医学協会会長。アメリカ精神医学会特別会員。国際精神分析協会，ブダペスト・シャーンドル・フェレンツィ協会会員。国際精神分析教育連盟会長。カリフォルニア州パサデナで個人開業。1999年以来，ヴィダとモラドの相互的集中的な協働は，分析家の間のより防衛的でない対話の可能性を反映，探索した論文と講義を生み出し，自分語りの対話に関する現在のセミナーで臨床と理論の関係の精査を行っている。

アーネスト・ウルフ医学博士／シカゴ精神分析研究所講師，スーパーヴィジョンおよび訓練分析家。著書に『自己心理学入門――コフート理論の実践』。

緒言
アーネスト・S・ウルフ

　私は1950年代から今日までさまざまな形で深く精神分析に深く関わってきた。アナリザンド，研修生，精神分析家，訓練分析家，スーパーヴァイザー，心理療法家，研究所の執行部補佐および講師，調査研究者，精神分析や精神科領域で話題になっていることに関する執筆者として。文献のなかで，たいていは軽んじられるか，無視さえされている重要な話題がふたつあり，それらを題材にして真剣に議論する必要があると感じてきた。そのひとつは精神分析教育における研修生とスーパーヴァイザーの関係性であり，もうひとつは精神分析の作業に対するふたつの非常に異なる精神分析的なアプローチの間の協働または葛藤，あるいはその両者である。ふたつのアプローチとは，ある理論的な立場への関わりが重要な道しるべとなるアプローチと，分析家とアナリザンド，両者の臨床体験に調律することが道しるべとなるアプローチである。それゆえ，大いなる期待と満足をもって，精神分析の文献と発展への大変貴重な貢献としてローボルト博士の編著書を迎えたい。
　ここで選ばれた教育とスーパーヴィジョンという話題が，精神分析家と心理療法家が携わる最も基本的な活動のひとつであることは疑いようがない。ローボルト博士はこれらの教育的な課題と，関連する問題を議論するために，一流の執筆者を選び，傑出した論文を集めている。このような着想と経験の宝庫を提示することで，ローボルト博士は私たちの専門領域が21世紀の要求を満たすように形を変える援助をしているのである。

訳註

ⅰ —analysand／「被分析者」という訳語の受身性を避けて、最近は「アナリザンド」「分析主体」と訳されることが多い。

序論

チャールズ・B・ストロジャー

　精神分析は癒しの歴史のなかで比類のない地位を占めている。精神分析は名声を求めた才能のある若い医師によって生み出され、ヒステリーの迅速な治療法として 1890 年代に舞台に登場した。やがてこの話すことによる治療という新しいやり方は伝統的な精神医学を時代遅れにする運動となり、21 世紀の大衆文化の多くの側面を変容させた。しかし、抗うつ薬プロザックがもてはやされる現代では、精神医学は再び臨床と心理療法の激しい論戦の場に戻ってきた。精神分析にもはや主導権はないし、おそらくもう二度と取り戻すこともないだろう。それでも精神分析は、プラトン的な意味での「対話」の内的な価値と、重要な治療形態としての自由連想に執拗に固執してきた。現代の精神分析は、いくぶん皮肉なことに、ついに本来の姿に戻りつつある。この分野では多くの根本的な変化がすでに起こっている。精神分析は精神医学との結びつきを明らかに弱めており、少なくともアメリカでは医師以外から、特にソーシャルワークの領域から人材を補充し、女性の占める割合が大幅に増えている。カウチはもはや精神分析を表すアイコンではなく、患者とセラピストの交流は、共感的で、関係を重視し、開放され、機能している。

　このような新しい文脈のなかで、ようやく精神分析は臨床家訓練の内側の力動を真摯に問うために、謙虚に方向転換できるのかもしれない。この『スーパーヴィジョンのパワーゲーム』という書籍は、こういった新しい探求の最前線にある。本書の分析から学べることは、心を穏やかにするようなものでは全くない。精神分析の世界は偽物の聖者と、桁外れの罪人に

あふれている。精神分析と称して驚くべきことがなされてきたし，さまざまな名称の破壊的なカルトが精神分析運動の辺縁で成長してきた。しかし，ここに書かれている話は，執着し奉じる価値が確かにある新しい伝統のための知恵の始まりでもある。

『スーパーヴィジョンのパワーゲーム』には，精神分析の訓練研究所に見せかけたカルト集団の手にかかった人々の，心を揺さぶられる苦しみと受難の個人的な物語や，内部の人間による臨床家訓練のさまざまな側面に関するコメントや，多くの異なる理論的立場からの鋭い分析が含まれている。この題材で強調されているのは関係性であり，多くは特に自己心理学的なものであるが，執筆者は関心を押しつけることを避け，自分たちの体験を自分自身の言葉で理解しようとしている。彼らは広範な心理学的理解を利用して，自分自身が狂った臨床家訓練の専制に従属してしまったことを探索した。またある執筆者は理論的な要点を説明するために，個人的な心のつぶやきを熱心に書きつられた。そしてどの執筆者も，幾人かの臨床家の手によって壮大な計画が逸脱していったことを理解しようとしている。

この本の精神にならって，ふたつのエピソードをこの序文の中心に置こうと思う。最初のエピソードは，人ごととは思えないような話だ。精神分析家訓練を最初にカルトの用語で考えようとした人のなかにロバート・ジェイ・リフトンがいるが，彼は自分自身の訓練過程でも異常な体験をしていた。50年代後半に彼はボストン精神分析研究所の候補生となり，ベアタ（トーラ）・ランクの個人分析を経験した。フロイトは1918年12月のアーブラハムへの手紙（Gay, 1988, pp.471-472/546）でベアタのことを「小柄で既婚のポーランド系ユダヤ人女性で，誰に対しても愛想が悪いし，実につまらなそうな女性だ」と最初は分別を欠いて誤って判断したが，すぐに魅力的で思いやりのある若い女性であることに気づき，個人的に親しくするようになった。訓練分析を受けるのに加え，リフトンは研究所で2年の講義を受講し終えた（私信 2005.8.21）。しかし1960年に，リフトンは研究所の訓練委員会から2年間日本で働く研究助成金を利用する許可を取りつけた。研究期間は結局2年半になり，そのなかでリフトンは広島の原

爆から生き残った人々への面接も行い,『ヒロシマを生き抜く——精神史的考察』(1969) という研究にまとめ,全米図書賞を受賞した。1963年に日本から戻り,彼はイェール大学の精神科教授となって研究基金を獲得し,静かに研究所を去った。

　しかし,実際は彼の訓練課程との関係は全く穏やかなものではなかった。1958年から60年にかけての精神分析家訓練の集中的な関わりの時期,リフトンは『思想改造の心理——中国における洗脳の研究』(1961) という古典的な論文を,数年前に行ったインタビューに基づいて執筆していた。この本は,カルト的行為やその動機に少しでも関心をもつ研究者ならみな必ず知っているもので,1949年の共産党の政権掌握以降,共産主義的な全体主義への反対分子が,中国人によってどのように系統的に「再教育」されてきたかを非常に詳細に検討している。中国はロシアや他の先駆者の体験を利用し,洗脳法を完成させた。リフトンは「思想改造」と名づけたこのプロセスの多くの側面を描写している。特に,はっきりと人間的な観点からより大きなイデオロギー的文脈を示したことは,この研究を現在でも意義のあるものにしている。カルトの脱会者には,リフトンの本の「イデオロギー的全体主義」の一般的な性質を扱った第22章のコピーを,再び精神汚染を受けないように魔よけとして携帯している人がたくさんいる。

　この本の次の章「再教育へのアプローチ」を熟読すれば(リフトンを分析したベアタ・ランクとボストン精神分析研究所の上層部の人間も読んでいるのだが),私が精神分析家訓練のカルト的な底流と呼ぶものの非常に明確で洞察的な分析に出会うだろう。リフトンは次のように記している (1961, pp.446-447/465)。精神分析の先進性の精神は,「全体主義の精神に直接的に反対するものである」。フロイトが精神分析という事業で人間の心を探索することを強調したのは,人間主義,個人主義という最良の西欧の伝統,科学的伝統の開放性に基づいている。しかし,教義化した他の運動と同様に,組織としての精神分析は,解放の精神を守り抜くために苦労してきた。知的な意見の相違というよりは,宗教戦争のような分裂があっ

た。フロイト自身もカリスマ的で，カルト運動の知識がある人にはなじみ深いような誇大性があった。そして研究所の訓練手続きのほとんどが，一線を踏み越えて洗脳となっていることがあまりにも多いのだ。

構造的な問題は，研究所では同じ環境で，しかも分析家＝教師＝スーパーヴァイザーの役割を兼ねる年配者と一緒にいながら，訓練生が患者＝学生＝候補生であることを求められることにある。リフトンはこの深く永続的な混乱について，一連の鋭い問題提起を行っている。

イデオロギー的全体主義の基準という観点からすると，次のような質問を付け加えてもよいのかもしれない。1つの訓練研究所が，個人療法と専門教育と組織としての影響を全部まとめて行うのは，「環境統制」の傾向を生み出さないだろうか？　そうなったら研究所そのものがほとんど神秘的なオーラによって覆われるようになるのではないだろうか？　特に候補生が自分自身の心理的な苦しみに精神分析を心理療法として適用させながら科学的な原則を学ぶような環境では，イデオロギー的純粋性を暗黙のうちに求められることにならないだろうか？　訓練分析家と研究所が「治癒」をもたらすことによって（意図したのでなくても），研修生の神経症的で実存的な罪悪感の裁定者になる可能性が高まらないだろうか？　このように心理療法で告白するというプロセスによって，候補生が精神分析運動に結びつけられるという治療外の機能が発生し，それゆえ研修生は精神分析教育に対する批判をためらってしまうのではないだろうか？　特定の学派や研究所が好む専門用語が記述的に過度に単純化されて過剰に使われるのは，「言語の読み込み」や「聖なる科学」の傾向があるということではないだろうか？　したがって，訓練体験がうまくいくための必要条件として，あるパターンの知的な服従を（おそらく誰もが無意識のうちに）確立してしまう危険性，言い換えるなら，人よりも原理を優位にしてしまう危険性はないのだろうか？　そしてイデオロギーの違いという問題が，誰が適正な精神分析家として認められるべきかを決めるのに影響を与えるならば，「生存権の格差」の傾向があるのではないか？（Lifton, 1961, pp.447-

研究所の閉鎖的な雰囲気から身を引いて初めて，フロイトの著作の深さと偉大さを個人的に理解することができたということを，彼は今ようやく理解している（私信 2005.8.21）。フロイト派の伝統，その革新的なメッセージを受け入れ，人間の知識への真の貢献を理解するには，リフトンは研究所を去る必要があった。そのときまで，リフトンはエリク・エリクソンが当時，「精神分析研究所の訓練の修道士的身分，修道士臭さ，修道士生活」（Erikson, 1958）として描き出したものから自らを隔てなければならなかった。60年代初頭以降，リフトンはすべてのものから自由になり，それが生涯を通じて精神分析的伝統のより深い意味を創造的に探索する源となった。その結果のひとつが，十分評価されていない天才的な著作『断ち切られたつながり――死そして生の連続性に関して』（1979）であり，これを彼はフロイトとのさらなる対話であるとみなしている。

　2番目のエピソードは私自身のものである。間違いなく，精神分析の訓練は候補生がもともと備えていた理想主義をある種の静かな狂信に変えてしまう傾向がある。この分野での言説の多くが宗教的な性質をもっているのには，いつもぞっとしてきた。他人生活のあらゆる側面も，魂までも支配してしまう権威というものは，先輩の分析家，教師，スーパーヴァイザーをいともたやすく怪物に変えてしまうかもしれない。この本に書かれている極端な例は，警告の物語として私たちの専門に役立つに違いない。

　しかし，私自身の体験はそうではなかった。私が1971年に歴史学の博士号を取得したシカゴ大学大学院は，私の予想をはるかに超えて過酷なものだった。私は大学のすべてのヒエラルキーを憎悪した。うぬぼれて偉そうな，優遇されているくせによそよそしい醜悪な教授たちもだ。私はいつも自信がなく，無力で嫌な気分だった。自分の学んでいたすべての専門用語と，歴史上のある時代について何もかも学ばなければならないという馬鹿げたやり方と戦った。そして私は潰瘍になった。卒業して大学を去ることになって初めて，ようやく一息つけるようになった。

5年後の1976年に若くして教授となり、精神分析を受けることを求めて、私はシカゴ精神分析研究所の研究候補生に申し込んだ。研究所は、古典的な精神分析とジークムント・フロイトの著作に傾倒する人々と、ハインツ・コフートと自己心理学と呼ばれる新しい概念に惹きつけられる急進派に二分されていた。私はすぐにコフートの陣営に移り、そこで「グループ」と呼ばれていたものの周辺に腰をすえた。私はコフートから分析を受けていたわけでもなく、スーパーヴァイジーでもなく、講義さえ受けていなかった。しかしコフートを取り巻くオーラはカルトの危険性があり、コフート自身がもちろん信じられないくらいカリスマ的だった。アイナ・ウルフが言っているように（Strozier, 2001）、コフートはどこまでが自分の腕で、どこからが弟子の腕かもわからなかった。グループはたしかに多くの点でカルト的であり、それは私がコフートの伝記（Strozier, 2001）で詳細に描いた70年代のシカゴの精神分析の世界のひとつの側面だった。

　しかしコフートは、欠点はあったけれども、限界を設定していた。たとえば1978年に数人の弟子がシカゴ研究所から脱退して、自分たちの自己心理学の研究所を設立しようと計画したのを、コフートは未然に防いだ。彼はフロイトと同じようにすぐに誇大的になったが、同時に冷静であり、プロフェッショナルだった。私にとっては驚きでもあり、喜びでもあったのだが、コフートが私の初期のエイブラハム・リンカンに関する著作に夢中だとわかり、それが私の最初の著作となる『リンカンの連合への探求』（1982）の出版につながった。私は理解され、真価を認められたと感じた。コフートのおかげで私は自分に価値があると感じることができた。研究所の訓練課程自体の講義や普段の会話は、大学の歴史学のゼミに比べれば、素晴らしく面白いものだった。私が研究所でのイデオロギー的全体主義の抑圧的な引力に抵抗することができたのは、私が精神分析の臨床的実践を始めたのが遅かったので、人生のその時点でキャリアが教師との関係で決まってしまわなかったからだと、私の友人のロバート・ジェイ・リフトンは何度も評した。リフトンの発言によって研究所で候補生として体験したことの理想化がしぼんでしまうことはなかったが、それでも私はリ

フトンが正しいと確信している。

　単純な結論はない。精神分析は危険に満ちてはいるが崇高な目的を担いうる新しい試みである。研究所の訓練課程はとんでもなく排他的で，つねに誤った使われ方をする可能性がある。研究所は訓練課程の後も力を及ぼしつづける。というのは，若手の分析家が生計を立てられるかどうかは，研究所の生活のあらゆる面を支配する先輩分析家からの患者の紹介にかかっているからだ。精神分析の世界では嫌なものを避ければ，深刻な経済的損失につながるのだ。

　しかし精神分析の窮屈な世界でも創造性と希望を生むことはできる。私は善の潜在力が，純粋な悪をしのぐかどうかについては全く確信がもてない。しかし，物語の複雑さに心を打たれるのだが，私は文句を言いながらも，自分が開業精神分析家であり，研究所の教師であり，訓練課程にある若い精神分析家のスーパーヴァイザーであることに大いに満足していることを認めなければならない。自分がこれほど批判していることを考えるならば，それがなぜなのかを自問しなければならないだろう。たぶん，その理由は部分的には特異的で個人的なものであるだろうと確信している。潜在的に困難な状況を生き延び成長したのは，私にとって精神分析の訓練課程が初めてではなかった。しかしおそらく，現在ではこの専門領域に広まっている，当時としては最新の共感的な形の精神分析の実践に，非常に早い時期にのめりこむことで，当時気づいていたと思っていた以上に多くの恩恵を得ていたのだろう。70年代のコフートの自己に関する革新的なアイディアは私にとって斬新で，大きな知的発見であった。コフートの概念は人間の理解の仕方も変えている。コフート理論を学ぶには，倫理的な調整が必要となる。相談室でも，講義でも，スーパーヴィジョンでも，人生においても，コフート理論は相互性と他者の体験への深い敬意を基本とする。自己心理学は基本的に共感の理論だと正しくも言われることが多い。共感に高い価値を与えることによって，コフートの著作は関係性精神分析という大きな傘のもとで共生している，間主観性，ポストモダンの精神分析，社会構成主義，対話（協働）モデルといった，多様に見える領域の人間研究

や思索の水門を開いたのだ。

　だからアイディアが重要なのだ。それと同時に私たちはみな，油断しないように本書への批判も必要としているのだけれども。

原註

1 ―カルトを脱会した学生で，ハンドバッグに 22 章のコピーをいつも入れている人に私も会ったことがある。私は後にこのことについてエイミー・シスカインドと話したことがあり，彼女は 22 章のコピーを配布するのはよくあることだと言っていた。

訳註

ⅰ ―Prozac ／抗うつ薬 SSRI の一種塩酸フルオキセチンの商品名。1987 年にアメリカで認可された。日本では未認可。
ⅱ ―Beata（Tola）Rank（1886-1961）／ポーランド生まれの非医師分析家。出産外傷説，中断療法で有名な非医師分析家のオットー・ランクの妻。婚姻関係はオットーが活動拠点をフィラデルフィアに移したことと，オットーが分析していた作家アナイス・ニンとの交際によって事実上解消したが離婚はしなかった。ナチスの台頭とともにベアタも渡米し，ボストンで児童分析家，スーパーヴァイザー，訓練分析家として活躍した。
ⅲ ―統制分析を行わなかったため，リフトンは精神分析家とはならず，エリク・エリクソンの大きな影響のもと「心理歴史学」者となり，ベトナム戦争退役者，ナチスのユダヤ人虐殺に協力した医師などを対象に，戦争・テロ・虐殺が人間の心に与える影響を研究した。
ⅳ ―リフトンはあるイデオロギーが洗脳（思想改造）かどうかを見極める基準として次の 8 つを挙げている。
　①環境統制（millieu cotrol）／セミナーなどに参加させ外界から隔離することで洗脳を行いやすくする。
　②魔術的操作（mystical manipulation）または仕組まれた自発性（planned spontaneity）／メンバーの行動が一見すると自発的だが，実は指導者によって操作されている。
　③純粋性の要求（the demand for purity）／世界は善と悪，純粋と不純に二分化され，教義を信じる者が善，信じない者は悪とされる。
　④カルト的告白（confession）／少人数のグループで変化のために個人的な罪の告白が求められ，批判が行われ，自己批判が強要される。
　⑤聖なる科学（sacred science）／教義が神聖視され，批判は許されない。
　⑥言語の読み込み（loading of language）／メンバー以外にはわかりにくい専門用語を使う。「非国民」のようなそれ以上の思考を停止させるような決まり文句を多

用する。
⑦個人に対する教義の優先（doctrine over person）／個人的な体験よりも教義が優先される。教義に反するような体験は否定され，教義に合うように解釈される。
⑧存在権の格差（dispensing of existence）／教義を信じる人だけが存在するべきであり，信じないものは存在する価値がないとする。

v ─ エリクソンは『青年ルター』（1958）において，修道士としての修行が精神分析の訓練と類似していることを指摘している。

vi ─ コフートは家族に対して彼らのことを「使徒たち」と呼んだ。アイナ・ウルフに寄ればグループのメンバーは「コフート七聖」，すなわちアーノルド・ゴールドバーグ，マイケル・フランツ・バッシュ，オーンスタイン夫妻（ポールとアナ），トルピン夫妻（ポールとマリアン），アーネスト・ウルフ（本書の緒言を執筆）などがいた（Strozier, 2001）。

vii ─ サリヴァンの対人関係学派とイギリス対象関係理論の影響を受け，1980年代アメリカに展開した精神分析学派。他者との現実／空想，両面における関係性の役割を強調する。代表的な分析家はスティーブン・ミッチェル。

文献

Erikson, E.H.（1958）*Young Man Luther : A Study in Psychoanalysis and History*. New York, NY : W.W. Norton.（西平 直＝訳（2002-2003）青年ルター1・2．みすず書房）

Gay, P.（1988）*Freud : A Life for Our Time*. New York, NY : W.W Norton.（鈴木 晶＝訳（1997-2004）フロイト1・2．みすず書房）

Lifton, R.J.（1961）*Thought Reform and the Psychology of Totalism : A Study of "Brainwashing"* in China. New York, NY : W.W. Norton.（小野泰博＝訳（1979）思想改造の心理──中国における洗脳の研究．誠信書房）

Lifton, R.J.（1969）*Death in Life : Survivors of Hiroshima*. New York, NY : Vintage.（桝井迪夫・湯浅信之・越智道雄・松田誠思＝訳（2009）ヒロシマを生き抜く──精神史的考察（上・下）．岩波書店）

Lifton, R.J.（1979）*The Broken Connection : On Death and the Continuity of Life*. New York, NY : Simon and Schuster.

Strozier, C.B.（1982）*Lincoln's Quest for Union : Public and Private Meanings*. New York, NY : Basic Books.

Strozier, C.B.（2001）*Heinz Kohut : The Making of a Psychoanalyst*. New York, NY : Farrar, Straus & Giroux.（羽下大信・富樫公一・富樫真子＝訳（2011）ハインツ・コフート──その生涯と自己心理学．金剛出版）

凡例

── 原註は本文中において「1, 2, 3…」と示し，章末に一括する．
── 訳註は本文中において「i, ii, iii…」と示し，章末に一括する．
── 本文中の文献参照頁数は原書をブロック体，訳書がある場合にはイタリック体で示す．

スーパーヴィジョンのパワーゲーム
心理療法家訓練における影響力・カルト・洗脳

Power Games
Influence, Persuasion and Indoctrination in Psychotherapy Training

第1部
スーパーヴィジョン体験
個人的な内省

Section I
Supervisory Experiences : Personal Reflections

強制的な訓練プログラムにおける服従を体験した セラピストのイニシエーションの旅

アネット・リチャード

> 何か意義を見出したいという欲求は，創造性と成長に向かって跳躍したいという欲求を後押しするかもしれないが，ほんのちょっとした動揺によって，防衛的で抑制的な信念体系にしがみつきたいという欲求に向かって微妙に逸脱していくかもしれない。
> （Ghent, 2002, p.804）

> 教条的なプロセスのパラドックスとは，それが私たちの文化の内側にある根本的な問題をあらわにするということだ。気づかないうちに私たちを苦しめる深刻な不確実感という問題を。
> （Roy, 1998）

　この本は，私たちが心理療法家になることを学ぶ集団の情緒的な生態系について書かれたものである。世界は現代の客観主義的認識論からポストモダンの相対主義へと移行状態にあるので，心理療法家になるプロセスは危機状態となり，その危機に対して私たち各自がさまざまなやり方で反応している。豊かな多元主義という文脈においては，刺激的で過剰な新しい比喩や洞察や思索が生み出され，経験を積んだ開業臨床家と同様に，この職に新しく参入した人々にも提供されつつある。しかし，個人の体験がすべて他者とともに創造されたと考えてしまうと，私たちは懐疑主義，相対主義のなかで自分の足場が見失われてしまう「デカルト的不安」というめまいのするような状態に取り残されることになる。この職に就いたばかりの若手は，いや新しい意義を求めるベテランのセラピストでさえ，傷つきやすい不確実感の状態を一緒に探索する，安心できて信頼できる教師やコ

ミュニティを探しつづけているという文化的背景がある。このような状況のなかで安定を生み出そうとする試みは，バランスを取るように絶え間なく流れてくる不確実感のなかで，人生の実存的なジレンマのひとつを生み出している。これは私自身の旅の物語である。

　私が自分の物語を語るのは，それが類のないものだからではなく，心理療法の実践と訓練課程における洗脳，狂信，権力の濫用につながるような理想からの逸脱を理解するために，わずかでも貢献したいと思うからだ。私の物語は60年代から70年代に抑制的な文化的環境から自分を解放しようとした他の多くの人の物語と，おそらく非常に似通っている。人間潜在力運動によって，何千人もの若者が文化的な深い変革のただなかで新しい心のよりどころを求めて，北米の「成長センター」に向かっていた。この危機は，今日のカルトと同様に，私たちの現在の政治的文化的な状況にもその痕跡を残していると思う。ひとりのセラピストとして，私はこのカウンターカルチャー運動に個人的にも専門家としても巻きこまれた。

　1981年のロサンジェルスの感情療法センター（The Center for Feeling Therapy : CFT）の解散に関して，多くの元患者がお金をだまし取られ，洗脳され，身体的にも情緒的にも虐待されたと主張して，セラピストに対して9,500万ドルの損害賠償訴訟を起こしたという記事が『ロサンジェルス・タイムズ』紙に掲載された（Timnick, 1981）。その集団を調査したCBS放送の局員は「残酷なカルト」というレッテルを貼り，CFTの隆盛と没落を描いた書籍『狂った心理療法』が出版された（Mithers, 1994）。私はまさにそのセンターにいたのだ。私はその心理療法カルトの患者であり，セラピストの実習生だった。治癒のための理想の探索において虐待される存在であると同時に虐待する存在であった。

　自分自身のCFTへの関わりを理解することは苦しいけれども癒しのプロセスでもあると思う。私の苦しみは心理的に虐待された恥ずかしさとも，患者を虐待した罪悪感とも結びついている。自分の個人的な体験の世界が絶えず他者の個人的な世界によって形作られ，他者の個人的な世界を形作るということを，頭を冷やして謙虚に受け止めることに私の治癒の望みが

ある。これはストロロウとアトウッド（1992）が「存在の耐えられない埋め込まれ性（embeddedness）」と呼んだものの実現である。患者としてセラピストとして CFT に参加したことを認めようとすると，私は自分の体験を知ってほしいという願いと，自分の自律と誠実さを守るためにこの体験を隠したいという欲求に痛烈に引き裂かれる。

　間主観性を信奉する人は，すべての心理学理論は理論の創設者の個人的な努力，実存的な緊張と探求を反映していると信じている（Atwood and Stolorow, 1993）。人間として，私たちはみな，暗黙のうちに私的な信念体系を作りあげている。それは良い人生とか，理想的な体験と気づきであるとか，私たちに異なる心のモデルのなかからひとつを選ぶように迫る，苦しみと癒しに関する理論についての信念体系である。そんな理論を唱える開業臨床家でも，理論家自身の心の奥底にある体験の歴史のなかで癒しを作りあげたので，自分自身の苦しみと癒しに関する理論を狂信しがちだと思う。オレンジほか（1997）と同じように，この滑りやすい坂道で転ばないようにするためには，意識的かつ無意識的に，このような個人的な理論を認識し，絶えず再文脈化し続ける必要があると私も思っている。観察する者は観察される者にもならなければならないのだ（Atwood and Stolorow 1984）。

　私の旅を 3 期に分けてみようと思う。最初のロジャーズ派の時期には，私は熱心にカール・ロジャーズの心理療法的な人間の理想にこだわった。次に，専門家として幻滅し，個人的には人生の危機に陥り，「感情療法」期がやってきた。そして感情療法グループの容赦ない解体の後に，私は長い回復期に突入し，そこから新しい個人的専門的視野が開けたのだった。私の物語はここから始まる。

● 私の「埋め込まれていない存在」への探求

　1963 年，モントリオール大学で学部，大学院の研究に入ってすぐ，20

代になったばかりで世間知らずの理想主義者だった私は，心理学の主流学派の思想間の激しい対立に感心しつつ，傷ついてもいた。心と人間の実存に関するさまざまな理論が互いに排斥し合っているのだった。内的な要因と精神内的な出来事を軽視し，客観主義と行為の量的観察を優遇するデカルト的科学哲学に基づく実験心理学が講義プログラムのほとんどを支配しており，私は戸惑い失望した。仏語圏カナダのゲットーで，少数民族であるアカディア人の女性として育ったのに，また支配的な文化に従って生きなければならないなんて！　臨床家になるための2番目の選択肢は，学問の世界では科学的心理学の「私生児」と考えられている精神分析だった。

しかし分析家が患者の無意識について権威ぶった知識をふりかざし，人間の存在に関して悲惨な見方をする伝統的なフロイト派の心理療法学も，私のロマンティックな理想主義には合わなかった。心理学の「第三勢力」（Tageson, 1982）である実存－人間性心理学にふれたとき，私はついに安息の場を見つけたと思った。私は人間潜在力運動のカウンターカルチャー的理想を，自己決定・自由・社会環境に関わる個人の責任への楽観的な信頼とともに熱心に信奉した。

大学院時代に私は，正規の講義外で，ロジャーズのクライアント中心療法家（Rogers and Dymond, 1954）として教育された。私は非主流派の学生グループに加わった。そこでは当時の学問的な環境では革命的な信念，60年代のケベック州のいわゆる社会的政治的な「静かな革命」にふさわしいイデオロギーが信奉されていた。私は本物の共感的な理解と無条件の受容によって，患者は保身による防衛をやめ自己実現の動機を回復することが可能になるだろうと信じた。ロジャーズの教えを信奉することで，精神分析に広まっているように見えた教条主義を避けることができると信じただけでなく，私はまさしく自分自身が成長していくなかで，社会と家族の環境に欠けていたものを患者に与えることができるだろうと思った。この理想を家庭に応用することによって，自分の両親よりは息子にとって良い親になれるだろうと想像した。私がロジャーズ的理想を熱心に信奉したもうひとつの原因は，長年にわたる葛藤から解放されたいという望みのため

だった。私は他者と愛情で結びつきたいと願う一方で，自己主張ができ他者から完全に分化したものとして自分を体験したいと願っていて，その両者が相容れないように思えたのだ。

　ロジャーズのアプローチは，患者の主観的で個人的なただひとつの現実を賞賛し，共感的な視点を美化したが，理論を欠けば，つまり観察したものを組織化できなければセラピストは観察することができないという問題をとらえきれていなかったということが今となってはわかる。自分自身の他者との関わり，特に心理療法的な関係における自己組織化，オレンジ（1995）によって記述される「どんな命題も疑う余地のないものはない」という態度を吟味する必要性を理解していないのに，私は実存－人間性心理学のアプローチを痛々しいほど極端に推し進めてしまった。

● 最初の重大な幻滅

　1974年，30代前半になった私は，心理療法家として開業して8年が経ち，離婚してシングルマザーになったばかりだった。個人的にも専門家としても痛ましい危機がいくつも一度に重なって，私は完全にまいっていた。個人的な危機として，家族をつくって自分の子ども時代と青年期につきものだった，情緒的孤立を「書き換える」（Brothers, 1995）という夢が，気がつけば人間関係のどん詰まりに突き当たって砕け散っていた。専門家としても，私は頻繁に失敗に直面していた。目前の「いま・ここ」の主観的な体験だけに焦点を合わせるという方法にとらわれて，私は過去の形成期の体験が現在に永続的に与える影響を否定していた。変化のプロセスの複雑さを無視していたので，私は困難でしぶとい臨床的問題を理解することも対処することもできなかった。同時に，私は患者が過去を修正するのを助けることで自分自身の過去も修正しようとしていたので，「あるべき」共感的反応性という立場に縛られていた。それはどこを取っても精神分析の「あるべき」中立性と同じくらい窮屈なものだった。再びまた，私は服従

的な立場に追いやられたと感じた。努力しても一番助けを必要としている患者の苦しみを救うことができないので，私はロジャーズ派のクライアント中心療法家として，全く無力であると感じていた。理想に沿って生きようと頑張れば頑張るほど，結果は伴わず，私の不安と苦しみは長引くのだった。こういう事情で，私はクライアント中心療法に代わる心理療法のアプローチを必死に探していた。

　振り返ってみると，自分自身の傷つきやすさや自己対象的な欲求を否定していたので，自分の心理療法へのスタンスを維持するのがどんどん困難になっていたことがわかる。私は自分自身が体験しているものを押し殺そうとしたが，時として発作のように，挑戦的かつ爆発的に自分の見方の正しさを断定し，それを私は「本物の関わり」を提供しているとして合理化していた。そのような真正性は，ロジャーズ自らが自分の人生とキャリアのほとんど最後になって推奨したものだった。おそらくロジャーズは自分が「必要にして十分な」心理療法の条件（Rogers, 1957）と呼んだ理想とも格闘していたのだろう。非常に混乱した患者たちを心配するあまり，自分が楽しむことができなくなったのをはっきりと思い出す。私を頼りにしている人たちが良い人生を送れないのに，どうして私が良い人生を送れるのだろうか？　私は長期休暇を待ちこがれたが，それを生かすことができなかった。患者の破壊的に見える行動に直面して，自分がどれほど無力だったかを覚えている。治療が横道にそれていったのは，もちろん，患者たちが私に援助を求める原因となったまさにその問題行動が原因だったのだが，私にはその問題行動を扱うことができなかった。患者たちを憎み，いなくなってくれればいいのにと思うときさえあった。しかしたいていは自分を恥じ，将来に強烈な不安を覚えた。さらに悪いことに，自分が個人的に受けていた心理療法でも行き詰まっていることに気づいていた。あらゆる局面で私は自分の理想に痛々しいまでに幻滅を感じていたのだ！

　しかし，私はまだかなり若く，回復への希望に満ちていた。もっと効率的に働く方法があるに違いないと信じていた。すべての束縛が廃棄された時代だった。時は1970年代初期，自己修養と変容への極端な処方箋を請

け合う多くの非主流的なグループが生まれていて，今までとは別の選択肢を求める人々の心を惹きつけていた。このような文脈で，感情療法は私の耐えがたい痛みと無力感に対する解毒剤に見えてしまった。ドーパット (1996) が述べているように，人は情緒的に混乱していたり，移行期にあったりするときにカルトにはまる傾向にあるのだ。

● 感情療法センター（CFT）

　CFT はアーサー・ヤノフの原初療法研究所[iv]からの 9 人の離脱者のグループによって 1971 年に設立され，原初療法と同様に伝統的な心理療法コミュニティの周辺で発展した。1974 年 7 月，私は 8 人の同業者とともに CFT での集中的な心理療法プログラムに，最初は患者として，最終的にはセラピストの訓練生として参加するために，モントリオールからロサンジェルスへと旅立った。この旅の前の冬の間に，私は CFT の創設者のうちの 2 人，リチャード・コリアーとジェリー・ビンダーに会っていた。同業者たちと私は CFT の創設者が新しい人格，病理，心理療法の理論を発見したと話すのを聞いて，惹きつけられた。その理論のおかげで，彼らは人間潜在力運動から発展した他のアプローチの「悲惨な失敗」よりずっと進んだところに到達していたのだった。「変容した人間」の心理療法的コミュニティに私たちを勧誘しようとして，そこに加わることが「狂気の社会」によって維持される普遍的な病理である「合理的な狂気」に直面する唯一のチャンスだと彼らは主張した。2 人は，このコミュニティは「正気になる」(Hart et al., 1975) と呼ばれるプロセスのための援助を続けると 2 人は請け合った。そのプロセスを通じて，私たちは「情緒的な真正性からの疎外」を超越できるのだ。

　私の絶望を率直に取り上げ，彼らはそれまで私が失敗してきたアイデンティティを極めさせようとする探求への解決法を提示した。その解決法は他人と親密になることへの憧れを犠牲にしないはずだった。彼らの言うと

ころによれば，私と一緒に探索ができる人々のいるコミュニティに加わりさえすればよいというのだ。最初は惹かれる一方で疑わしく思っていたのだが，彼らが互いに親密な関係を共有しているように見え，もっともらしい主張を示されると，最終的にはそれで説得されてしまっていた。他のアプローチの限界は，その信奉者が自分自身の狂気にふれることができないためだとされた。対照的に，対等なセラピストからなる自分たちのコミュニティは，どのメンバーの神経症的な投影にもシステムが支配されないように守られている，自分でやってみて効果的であることがわかっているような心理療法的実践にだけ患者を従わせている，と彼らは主張した。

そのときの私には，これしかない，と思えた。それまで私は自分自身の人生を変えるために「とことんまで」やったわけではなかった。だから患者が人生を変えるのを導くことができなかったのだ。CFTのセラピストは私たちのために特別に企画されたプログラムを提案した。患者として私たちは1年間の課程で2カ月間の集中的な心理療法面接を2クール受けた。そうするとモントリオールに帰って自分自身の患者を担当する感情療法家になることができたのだ。

原初療法と同様，初めのうち感情療法は早期幼児期の関係を強調していた。創設者たちはこれまで否認されていた意識である幼少期の外傷を，徐反応・カタルシスとして再体験することをヤノフが再発見したと賞賛した。この方法はフロイトがブロイアーとともに発展させたが，後に放棄したものである（Hart et al., 1975）。感情療法の基本的な一般原理は，情緒というのは理解や洞察よりも重要であり，人間は感情を「完全に」したいという身体的な欲求をもっているということだった。

「ほどよく狂った世界」に対処するために，私たちがひきこもりや抑圧や「真の感情」の置き換えなどの防衛をつくりあげるとき，「狂気」と呼ばれる病理が社会化の過程で発生するとCFTの創設者は信じた。この防衛的な感情の混乱は，患者の不幸と不満の唯一の説明とみなされた。ハートら（1975）は次のように表現している。「統合状態にないのであれば，その人は狂っている。人のあり方にはふたつの状態しかない。バランスが

取れているか，いないかである。中間の状態はない。感情もバランスの取れた感情と，混乱した感情しかない」(p.13)。私は全体性と自由，汚れなき真正性を探し求めていたので，このように狂気と正気，真実と虚偽に自己を完全に二分するやり方は，非常に訴えるものがあった。

　感情療法の「狂気」観は，単なる人格の変化や治癒だけでなく完全な変容を目的とする，急進的で革新的な心理療法的アプローチを必要とした。CFT は感情を完全に表現することを，それゆえ「正気な」生き方を邪魔していると思われる防衛を引き裂くことによって，ヤノフの原初の叫びによる徐反応を超えようとしていた。もちろん，そのためには非常に攻撃的な直面化の技法が必要だった。ハートら (1975) は次のように説明している。

　　　感情療法において，私たちは生き方を変容させるのに，個人の狂気を使う。危機を引き起こし刺激することによって，私たちは狂気を表面に浮かび上がらせるのだ。患者は防衛を解体し，慣れ親しんだ統合のバランスを崩すことを体験しなければならない。　　　(p.63)

　感情療法では 3 週間の集中的なプログラムという原初の叫び療法の形式が保たれており，ほとんどは個人療法と，それに続く共同生活の準備という文脈での週数回の集団セッションを含んでいた。集中的なプログラムは狂気の人格構造を解体させ，セラピストとの結びつきを生み出すように計画されていた。セラピストと二人だけに隔離された状態で破綻することで，患者は「真の感情状態」に接近できると考えられた。これが起こったかどうかを見きわめられるのは，「感情に満ちた」セラピストだけだった。セラピストは嘘発見器のように (Ayella, 1998)，患者の体験が正しいのか間違っているのか，現実なのか非現実なのかを区別することができるのだった。

　　　人は自分の感情から反応しているか，感情からずれているか，そのどちらかである。もしずれているなら，その人は防衛しているのであり，もしセラピストがはっきり今の自分に正直であるならば，それを

感じることができる。セラピストは相手がそこで自分に反応しているかどうかを感じることができる。だからクライアントのずれに何度でも反応するし，おそろしくたくさんのやり方で反応することができる。

(Hart et al., 1973)

　真の感情状態は新しい生活様式の内的な基準であったが，「感情に満ちた人々」のコミュニティから継続的に栄養を与えられる必要があった。「反応－可能」であり，それゆえ正気の人生を生みだすことが期待できたのは，「最初の真の友」である他のCFTの患者とセラピストだけだった。最終的に，患者＝訓練生は先輩セラピストのスーパーヴィジョンによるグループという環境で，仲間の患者と一緒に心理療法の教育や実践に参加することを許された。

　このように健康や病理を絶対的な二分法で考えていると，教条的でカルト的にさえなる心理療法の実践を行うことになってしまう。それは，主観的で情緒的な現実を絶対化することによって，個人を環境の影響から解放するというデカルト的な計画を究極的に行おうとすることになる。「我感じる。故に我あり」というわけだ。ロジャーズとダイモンド（1954）や，ウィニコット（1960）だけでなく他の著者も，このような偽りの自己の裏には環境による浸食から隠れることを強いられている真の自己があるというロマンティックな物語を提唱している。完全に自律的な個人（あるいは埋め込まれていない存在）という私たちの希望を象徴し，そのような物語は私たちの内側に深く埋めこまれていて，完全に形成された真の自己という実体が解放されるのを待っているという幻想を生み出しうる（Mitchell, 1993；Strenger, 1998）。CFTのセラピストはこの確信を極限にまで推し進めた。にもかかわらず，私はそれを信じた。アイゲン（1999）は「『理想的』体験の探索」における「信仰の領域」を定義するのに，私のこの体験を「自分の全身全霊，全力，全存在をあげて引き受けられる体験の方法」と記述した（p.3）。これは私の新規蒔き直しを求める試みになるはずであり，成人期初期の人間として，そしてセラピストとしての気の滅入る幻滅に対す

るお手軽な解毒剤になるはずだった。

●「狂った心理療法」

　1974年の6月，私は最初の集中的なCFT治療プログラムを開始した。CFTが3日間で崩壊した1980年の11月まで，私は時に最高に胸がわくわくするような，でも多くは悪夢のような冒険のなかを一心不乱に生きていた。悪夢は集中プログラムの2日目，個人療法の2回目の面接から始まった。カリスマ的指導者のリチャード・コリアーとつきあっていた私のセラピストのコニーが，彼女が言うところの私の「防衛的なネズミみたいなごますり」行為と態度を「粉砕」したときだった。CFTに加わる前に，3週間のプログラムのための払い戻し不可の（当時の私には一財産だった）2,500ドルの料金と一緒に送った完璧な生育歴を読んで準備し，コニーは，まるで私についての真実と嘘に関して万能の知識をもっているかのようにふるまった。この「粉砕」は数時間も続き，その間に私は自分のいわゆる防衛的行為を強調して話すように命じられた。たとえば，私は「ネズミみたいにびくびく」話していたとか，真っ赤な嘘をついていたとか。完全に自分の防衛を感じ切るまで，本当は自分が誰なのかを感じたり表現したりする選択権がないと私は告げられた。

　コニーはタフだった。疲れと苦痛から涙を流してぼろぼろになるまで，あらゆる角度から私を罠にかけた。私は打ちのめされ，苦しみで心に穴が開いてしまった。そうするとコニーは，私の苦痛は，ききわけのいい良い子であることを強制されてきた情緒的に剥奪された子どもが否認してきた感情であると認めて，甘く，優しく，愛情を示すのだった。それからコニーは私に，子どもとしての自分の衝動をせき止めた両親への怒りを声に出して叫び，クッションの壁をくたくたになるまでラケットで叩くように迫った。ついにコニーは次のように言うのだった。私は新しいレヴェルの感情に到達し，そこから完全な人生を選択することもできるし，後戻りして嫌

な気持ちと孤独を感じることもできるのだと。私は声高で，饒舌で，下品になることで，自分がそれまで知らなかった生き生きとした世界への扉を開けたと信じた。

　私はまた「特別なグループ」，すなわち私の「感情コミュニティ」において，コニーや他の人から必要として望むものを要求するように指示された。心理療法グループの人々は私が「正気に」変容するのを助けるためにそこにいて，私も彼らの変容を助けるためにそこにいると告げられた。私たちは古い防衛的なあり方を，特に変化できない言い訳を粉砕しなければならなかった。私たちはみな時に辱めや脅しの攻撃をされないように，そうした言い訳に頼るのだった。私たちは，セラピストの予期できない辱めの攻撃に無防備にさらされ，そしてその攻撃は愛情に満ちた承認に入れ替わった。これが，CFTが「完全な感情の変容サイクル」と呼んだものだった（Hart et al., 1975, p.39）。今振り返ってみると，強制でないはずの親密さが続くことが，強制的に繰り返されていたことに気づく。終わりのない破壊と修復，分離と再会のサイクルである。

　以前の結びつきからすべて切り離されて，私は自己感覚が根こそぎ解体されることを体験した。私はこれを刑務所という環境や，人質に取られるなどの状況で観察される，思考改造や強制的な説得によるアイデンティティの変化のプロセスに非常に類似しているとみなしている（Ayella, 1998 ; Dorpat, 1996 ; Roy, 1998）。本質的に違うことは，私は自分の意志でそこにいたことだ。私たちがセラピストの残酷な行為に反対するときはいつでも，そのことを思い知らされた。そのプロセスで起こることに逆らうことはみな，「防衛」，「抵抗」，「元のでたらめに戻る」，私たちの狂気の「行動化」などとみなされた。私はしばしば恐れ絶望的になったが，この強制された環境で虐待と愛情に満ちた優しさが入れ替わることを体験し，それは時に私のなかに，変容の革新的なプロセスにあるエリート集団の一員だという熱狂的な高揚に満ちた確信をもたらした。さらに，私はどこにも他に行く場がないと感じはじめていた。

最初の2カ月の心理療法と訓練課程を終え，同業者の集団と一緒にモントリオールの自宅に戻るとすぐ，私は自分の個人的なあり方も，専門的あり方も実際効果的に変容していることに気づいた。私はひどく混乱し傷つきやすい状態にあったので，CFTの教育に固執し，ロサンジェルスのコミュニティのメンバーと接触を取りつづけた。子どもじみた絶望的な依存の感覚に加えて，私たちのグループにはどんなことも秘密にしてはいけないという強いタブーが存在した。もし私がすべての秘密は公にしなければならないというCFTの指示に従わなかったら，私は仲間を辱める危険を冒したことになるのだった。私は最も内的な体験だけでなく，生活空間，仕事，自分が受けている心理療法さえ共有した（私たちはお互いに心理療法を行ったのだ）。私たちは別々の自由への道を歩んでいると信じていたが，それがどのようなものか知るために，お互いにますます依存するようになったのだ！

　私たちが熱烈に信奉した信念は，みながもっていた思い上がったエリート感覚と結びついて，私たちを力強い感動で激しく揺さぶった。そのような体験は，過去の人生の抑うつ，空虚感，孤立感と劇的な対照をなしていた。実際，自分の感情が強烈なので，私は英雄的で意義深い人生を送っていると信じるようになった。特に最初の数年は，望みをつなげるような良い時期もあった。子どもの頃の傷つきが認められ，優しい気持ちになり，何らかに帰属しているという喜びを味わった。しかし，私の高揚感はたいてい長続きせず，後には必ず強烈に不快な時期が続くのだった。しかし，何を感じるにしても，純粋な感覚に満ちた自己に向かっているのか遠ざかっているか，どちらかに厳密に解釈された。「もし良い気分にならないなら，それはそうなることを選んでいないからです」と繰り返し聞かされた。振り返ってみると，自分の確信と，より大きな教条主義と狂信に向かっていたCFTのコミュニティの一般的な確信には溝があったことがわかる。私たちの関心と生活を方向づける話題はせばまりつづけ，融通のきかないステレオタイプにまでなっていた。

次第に私はCFTに対して自分が感じているのと同じ義務を，仲間や患者に求めるようになった。私の体験のなかで，認めるのが一番苦しく難しいのはこの部分だ。自分を守ることができなかったのも悔しいが，私の援助を求めた人々に自分の信念を押しつけることで傷つけてしまったことを自覚するのは，よりいっそう恥さらしで重い責任があると感じる。私はセラピストとして教育を受けているというよりは，生活スタイルを完全に変容させることに没頭し，患者を自分と同じように「改宗」させようとしていた。私は万能的で傲慢な癒し手になることを求められ（そして，そうなるべきだと考えていたが），決してそうなることはできなかった。それでも私はやれと言われれば，患者のいわゆる防衛を「粉砕」することもあった。そうするのは嫌だったが，もし従わなければエリート集団から脱落するのだった。もう一度見捨てられ，孤立し，絶望するのが恐かった。ドアを閉め患者と二人きりになってようやく，患者に関心を向けられることも多かった。私は教えられてきた定石的な反応ではなく，むしろ一人の人間と人間というところを基礎にして患者たちとつながった。しかし，私たちは細かく監視されていた。もし患者が私との心理療法を途中でやめてしまったら，私は唯一有効で正しい「新しい哲学」に関して「防衛的な消極性」を示したと責められただろう。

　振り返ってみれば，全体主義的な環境で生き延びるために，私は否認しながらもかなり適応し，新しい信念を共有してくれそうな人々に対して同じような要求をしていたことにうすうす気づいてはいた。自分にはもう心理療法をする資格がないと感じはじめ，自分がレストランのウェイトレスになった姿さえ想像した。それから私はCFTを辞めてウェイトレスになるような根性もない自分を責めた。しかし，グループや自分のセラピストたちにどうやって逆らえたというのか？　人生で意味があるものはみなCFTの人間関係に結びついているのに，どうして辞めることができただろうか？

● 崩壊

　1980年11月のCFTの解散（Ayella, 1998 ; Mithers, 1994）につながる状況をすべて詳述すれば冗長になるだろう。手短に言えば，創設者のひとりであるリチャード・コリアーがきわめて独裁的な指導者になり，徐々に虐待的な支配を始めたのだった。同僚やベテランCFTセラピストは，力の不均衡を修正しようとして，コリアーに対抗した。彼らは患者が不満を表現するのを許したが，それは火薬庫にマッチをかざすようなものだった。その後の72時間にわたって爆発は生じつづけ，私たちは自分自身を不当に扱ってきたことも，患者も仲間同士でもどれほど相手を不当に扱ってきたかも，情け容赦なく見せつけられた。私たちみなの胸のうちには，ほっとするのと苦痛と恐怖がないまぜになったものが渦巻いていた。ほっとしたのは，私たちの生活をあれほど全体的に管理していた強制的なシステムから突然解放されたからでもあり，私たちが長い間抑えてきた疑いが正当なものだとわかったからでもあった。それから私たちは信念体系と生き方が崩壊するという苦しく恐ろしいことに直面しなければならなかった。私と同僚たちが完全に自分たちに起こったことを味わい，意味を理解するには数年を要した。私たちは自分たちがあらゆる水準で誤りを排除できないということに直面しなければならなかった！　さらに頭を離れなかったのは，もしCFTがなくならなかったら，おそらく自分でCFTを辞める力はなかったということだった。

　CFTの崩壊後，私は社会的にも専門家としても長いひきこもりを体験した。ひとつには恥ずかしさから，ひとつにはこなごなになった自分の世界を再構築する空間を見つけるために，身を隠したのだった。以前の強烈な生活に取って代わった何もかも無意味で無価値だという感覚と戦うために，私は自分に起こったことを是が非でも意味づける必要があった。私は狂ったように本を求めた。何らかの理論にまた影響を受けることには極度に警戒してはいたが。惨めに感じてはいたが，また自分を失うことが恐く

て，私は心理療法を受けられなかった。誰を信頼したらいいのか？　自分だって信頼できないというのに？

　私は最終的にCFTが崩壊して5年後，何とか心理療法の助けを借りることができた。このプロセスを通じて，変化の時期に失われた自信を徐々に取り戻すことができた。しかし，どのように変化が起こったかということに関する理解は，その時のものと現在のものとではかなり異なっている。CFTの崩壊からすでにほぼ25年が経過した。自己心理学者と間主観性理論家のなかから見つけた同業者のコミュニティに所属することで，私は持続する相互影響のプロセスと今では認識しているものを受け入れ，以前より創造的に扱うことができるようになった。そのプロセスは不確実感と緊張と苦痛をはらんでおり，時に心理療法的な試みのなかでも耐えがたいほどになる。しかし，以前とは違うやり方がわかったため，偏見のない目でこれを受け入れられることが多くなった。

● イニシエーションの旅

　ドリス・ブラザーズが「不確実感の間主観的な調整」と呼んだものについて，そして権威的な指導者の周囲に形成された集団における狂信と洗脳について，多くの人々が研究し，論文を書いている（Brothers, 2001；Brothers and Richards, 2003）。フロイトに始まって，ある種のセラピストは信仰や信仰がもっている人間を疎外する潜在的な力を警戒してきた。それとは矛盾するようだが，多くのセラピストは傷つきやすい患者の依存を引き出しすぎるという自らの立場の濫用に対して目を向けてこなかった。現代的な心理療法的関係における間主観性モデルや，関係性モデルによって，私たちは分析的あるいは心理療法的関係における影響力と自律の問題を認め考察することが可能になった（Mitchell, 1997）。にもかかわらず，心理療法的関係の詳細にはきわめて鋭敏な注意が払われる一方で，スーパーヴィジョンの二者関係は独特の関係性の複雑さを認めることが長く怠られてき

た。スーパーヴィジョンと訓練に適合した二者関係のモデルが発展しないために，権威的でエリート主義的な知識の伝達という状況が生み出されてきた。CFT のセラピストは，訓練課程の前や，その期間中にすべてのセラピストに治療を受けさせることによって，この適合モデル不在の状態を修正したと主張した。実際，CFT においては心理療法を受けることが訓練課程であった。なぜなら私たちは「真の」感情の水準にふれることによって完全に「反応－可能」になると信じていたからである。外部の影響から切り離され，関係性の体験についてよく考えないために，この心理療法的な実践と訓練課程は，とりわけ，洗脳と権力の濫用につながった。ここから，ある種の訓練研究所での似たような状況が思い出される。最近，訓練プログラムだけでなく，心理療法における権力の活用および濫用を検討する論文を執筆した精神分析家がいる（精神分析機関における権力の問題に関しては, Dorpat, 1996 ; *Psychoanalytic Inquiry*（2004）Vol.24-1 参照）。スーパーヴィジョンの新しいモデルを提唱した人々もいる（Frawley-O'Dea, 2003 ; Frawley O'Dea and Sarnat, 2000 ; Lecomte and Richard, 1999）。

　上述した文献は，この本の他の執筆者によって詳細にレヴューされているので，ここで私がさらに付け加えるつもりはない。強制的な訓練プログラムの理解に何とか貢献したいので，そのようなプログラムがもっていた意味を探り出すために，自分自身がプログラムに参加したことに目を向けてみたいと思う。なぜそのような体験を追求するのだろうか？　このような探索の本質は何なのか？　どうしてそのような虐待的な環境にとどまり，しがみつくのか？　CFT 崩壊後にその意味を考えるなかで，私はハインツ・コフート（1971, 1977）の著作に出会った。そのなかでコフートは精神分析の患者における従来とは異なる転移体験について記述している。コフートの著作は，発達的な自己対象体験に対する健康的な憧れと，過去にそのような体験が欠如したことによる病理的な結果を明らかにするものであった。個人的にも専門家としても混乱と無力感の痛ましい状況のただなかで，私は理想化を可能にする自己対象体験を探し求めていたことに気づいた。それで私は CFT のセラピストや教員を信じるという想像できない

ような飛躍を行ってしまった。CFT のセラピストは私にとって憧れの存在で、学ぶべきことを知っているように見えた。私は指導に完全に身を委ねることで、自分が変容することを期待していた。私の希望は、心理療法を受ける患者は誰でも、そして良い師匠を探している人（やセラピスト）にはみなもっているものだろうが、ミッチェル（1993, p.221）が書いているように、「純粋に退行的というわけではないが、純粋に進歩的というわけでもな」かったのだ。「健康的な自助努力のまきひげ」(Tolpin, 2002, p.168) が、私の動機の繰り返される病理的な側面に巻き付いているのを見ることは、私にとってどれほどほっとすることであったか。カルトの指導者と支持者を病理的としてしか見ないと、成長の危機に苦しんでいて成熟と回復を求める人は誰でも洗脳に非常にかかりやすいということを無視することになる。

　しかし、何かがひどくおかしくなってしまった！　情緒の麻痺や愚かしい防衛性を打破しようとして、私は死にものぐるいになっていた。アイゲン（1999）はこういう体験を非常にうまく言葉にしている。「自分の全存在を賭けて、徹底的に、全身全霊、全力を込めて取り組む体験のあり方」(p.3)。私は防衛的な自己保護の態度を奪われることに完全に同意することにサインしたのだった。振り返ってみると、どうやって否認のプロセスが始まったかを思い出した。CFT に関わる女性が男性と平等に扱われておらず、女性は従属的だという、最初の警戒すべき直感を脇に押しやったのだ。つまり、権力は男女の間で平等に分配されておらず、患者とセラピスト、実習生と教員の間にも不平等があることがほのめかされていた。慣れ親しんだものを必死に避け、過去の体験の衝撃を消そうとして、私は絶えず迷い疑う気持ちを否認していた。私は未分化なやり方でセラピスト＝教員を信頼し（Brothers, 1995）、過去の外傷的な裏切りの追体験に自らをさらしていた。反復強迫という言葉はフロイトが 1919 年の論文「不気味なもの」で作り出して以来、広く研究され理論化されてきた。ブラザーズ（1995）はこうした現象を「外傷のシナリオを書き換えようとして試みられるサド・マゾ的な再演」(p.85) と見ている。私は CFT の指導者も支持

者もそのような追求に関わっていたと思うが，そうした試みは必ず失敗するものなのだ。今度こそは違うだろうと必死に信じたいと思いながら，人を裏切り裏切られる再外傷化の総力をあげた再演に，みなまんまとはまってしまった。

　私たちは自己保存欲求にたやすく気づく。その欲求は人間生活で上位の動機づけられた努力とみなされる（Atwood and Stolorow, 1984 ; Kohut, 1984）。この生き残るための推進力は，外側に表現されるときには，非常に明白で目につくことが多い。心理療法の場で現れると，臨床家はそれを抵抗や防衛と呼ぶ傾向にあった。自己心理学者は，抵抗や防衛の自己を保護する面を示すことによって，この現象をもっと共感的に見ることができるようにしてくれた。にもかかわらず抵抗や防衛は，時として同じ現れ（Tolpin, 2002）のなかにある生まれつきの成長の推進力，つまり私が自己保存欲求と全く同じように基本的であると信じている動機づけられた努力を，見えなくしてしまうことがある。「新規蒔き直し」（Balint, 1968）を探し求め，「外傷のシナリオの書き換え」（Brothers, 1995, p.85）や「前線での転移」（Tolpin, 2002, p.171）を希望することは，人間を癒し，その成長を再開させる試みを異なるやり方で描写したものである。しかし，このような概念でも，私が故意に自分を不安定にし，混乱の極みにまで追いやったことを完全に説明するところまではいかないのだ。

　エマニュエル・ゲント（1999）によって描写された**降伏**という言葉は，私が CFT の心理療法と訓練課程に服従することを望んだ感覚をより完全に伝えるものだ。ゲントの「マゾヒズム，服従，降伏――降伏の倒錯としてのマゾヒズム」という題名の論文は，私を魅了した。特に，成長に向かって働く動機づけの力としての降伏を望むことと，その逆に抵抗し現状を維持するために降伏を望むことの描写には惹きつけられた。ゲントの立場は私が以前の人生で固執し，私を CFT に導いた人間性－実存運動の立場と似ている。ゲントは精神分析を「防衛的な障壁を打ち崩し，偽りの自己をさらし，自己を拡大・解放したいという基本的な欲求を人々がもっているという信念」に基づくとみなしている（「編者による序文」（p.211）。私

なら「偽りの自己の体験」と言うだろう）。この欲求は，自分を知ってもらい認められたいというより一般的な願いと，それに対応する他者を知り認めたいという願いに根ざしているとゲントは考えている。ゲントは次のように述べている。「降伏とは成長に向かう力を表しているのかもしれない。興味深いことに，それにぴったり当てはまる英語は存在しないのだが」(p.215)。またゲントは「心的な癒し，成長，降伏，解放への衝動を支える，降伏の気まぐれな力」(p.235) を解説し，その一方で，サド・マゾ的関係に見られるように，降伏が服従として暴かれ倒錯することによって顕在化する可能性もあるとした。そのような他者を隷属させるサディズムは，服従が逆転したものか，（他者を知るために）能動的で侵入的な形で降伏したいという願望が倒錯したものとみなせるかもしれない。ゲントは CFT の新しい試みを説明しているように私には感じられた。心理療法と訓練課程における私の体験は，次のような文章のなかで生き生きと蘇るのだ。

　　服従は，いつでも利用できる降伏とよく似たものだが，被害者となる求める者に約束をちらつかせ，誘惑し，刺激を与え，奴隷にし，結局，騙して大事な目標を取り上げ，その代わりに束縛された安全とさらに広がったむなしさを与える。降伏のように見える虚飾を本物の体験に代用すると，しばらくの間は刺激的なものになるかもしれないが，苦悶に満ちた降伏という仮面をつけた舞踏会が始まる。それは人間が他者によって奴隷にされる自己否定的な従属体験なのである。

(Ghent, 1999, p.220)

　あとがきにおいて，ゲント (1999) は，降伏と服従が異なる正反対の現象であるにもかかわらず，逆説的に互いに結びついていると主張する。ゲントはどんな概念もきっちりと二分された実体をもつわけではないし，降伏と服従が同じものということも多いのは認めるけれども，そのふたつを区別する。心理療法のどんな瞬間であっても，降伏も服従も何らかの関係性プロセスであるということを心にとめておくことは，「逆説を受け入れ

る能力」と後にゲントが呼んだものである（Ghent, 1992）。服従と，その能動的な対となるでしゃばりたいという衝動は，多くの実践（特に東洋哲学と精神修養）において，降伏と成長への必要な序曲となることが多い。同じように，退行は「降伏の特殊例として機能する」（Ghent, 2001, p.36）かもしれないが，精神分析においては治癒への準備とみなされることが多い。変化を希望することは，慣れ親しんだ自己組織の崩壊を恐れつつも探し求めることを必要としている。後の著作で，ゲント（2001）は，（恋に落ちるというような他の体験でも求められる）このような降伏の状況が「混沌の辺縁に置かれたシステムであり，変化のためには最適な状況」（p.38）であるということを示すためにカオス理論の言葉を使っている。しかし，ゲント（1999）はまた「つねに存在するこの衝動が搾取されるという危険」（p.242）もほのめかしている。ある体験が降伏にも服従にもなりうる，ある種の平衡状態のほんのわずかな瞬間，「混沌の辺縁」の瞬間に開く分岐点がある。強制的な訓練プログラムに見られる極端にサド・マゾ的なパターンは，そのような瞬間からの逸脱の例になるかもしれない。教条的で強制的な訓練グループの情緒的な生態系は，服従という目を出すためにサイコロにいかさまを仕込んでいるように思える。

● 考察

何がこのような心理療法家の訓練における逸脱をもたらすのか？　私たちはこうした逸脱を避けることができるのか？　アダム・フィリップス（2001）の言葉を借りるなら，「プロクルステスのベッド（ギリシア神話に登場する盗賊。捕えた旅人をベッドに寝かせて，旅人の体がベッドより大きければはみ出た部分を切断し，小さければ体を引き伸ばす拷問にかけた。最後は英雄テセウスによってそのベッドに寝かされ，はみ出た部分を切断された）ではない精神分析家の訓練課程（あるいは治療）を想像することができるだろうか？」。ドリス・ブラザーズが書いているように「孤立し

た心を操作することでは，不確実感を調整することはできない」(Brothers and Richard, 2003)。学ぶため，成長するため，私たちの信念体系や個人的な意味の世界を変えるためには，外部の影響に自らを開くことができる信頼できる関係を必要とする。このことは心理療法的関係においては患者に当てはまるし，教師＝スーパーヴァイザー，教師と同業者のコミュニティとの関係においては訓練生＝セラピストに当てはまる。信頼と降伏はこのプロセスの一部であり，理想化を可能にする自己対象体験として理解することができる。CFTでの訓練体験の後に，私はフィリップス（2001）によって「人々の体をベッドに合わせて切りつめること」(p.10)と定義されるプロクルステス主義を極端に警戒するようになった。それゆえ，再び心を開いて他者からの影響を受けるとき，私と同様にプロクルステス的傾向を警戒している教師や理論家を理想化する誘惑に（降伏／服従する誘惑にも）駆られた。このことは，私が彼らとともにいて，心を開くのに役立った。それは，自分の患者から（自分のスーパーヴァイザーとスーパーヴァイジーからも）学び，思いがけない方向にともに成長することができるような，今までとは異なったやり方だった。この短い考察において，私の個人的に意味深い学習体験のいくつかを指摘したいと思う。そのような体験は，サイコロで降伏の目が出やすいように仕組まれ，極端な服従に閉じこめられることが避けられる訓練環境で，情緒的な生態系を分化させることに役立ったのだ。

　まず，心理療法および訓練の実践における権威と権力の体験，責任の性質を注意深く考慮する必要があると思う。服従から教条的権威主義的な知識にたどりついた体験を通じて，私は専門職の文化における次のような主要な認識論的変化にこだわるようになった。「（自分自身を含む）ある人物の体験の世界を理解することは，ただひとつしかない関係性の場で相互が情緒的に参加することから生じ，ともに構築されていく。そういうものとして，その理解は，部分的で一点から見た眺めにしかならない」。どのような心理療法的な試みにも間主観的な性質があって，こうした新しい見方に継続的に関心を向けることを認めるという現代的な視点は，セラピスト

とその教員が鍛錬し，責任をもって参加する際に最も価値のある寄りどころとなる。この認識論的な立場は，すべての当事者により多くの謙虚さと自分が誤る可能性があることを伝えるものである（Orange, 1995）。この立場は，専門家の権威を体験するにあたって脱中心化に貢献する。すなわち，私たちは理論を軽く受け止め，患者と訓練生に関わるときに，生きた体験の解釈の正しさにもはや確信をもたない。専門家として，私たちはその代わりに親密な対話と自己反応性の能力，すなわち「関係性プロセスの技術」（Preston and Shumsky, 2004, p.197）に頼るのである。セラピストの間主観的な臨床感性に基づく技術を熟練させることは生涯にわたるプロセスであり，どのような訓練環境においても重要な焦点のひとつになるべきである。教員と訓練生の関係についての対話が作業の中心であり，間主観的な臨床的感性で根拠を与えることによって訓練モデルを心理療法のモデルと一致させるような環境において，知識の獲得は最適な形で起こりうる（Lecomte and Richard, 1999／第 12 章参照）。心理療法における独裁的な権威に従属し，その権威を人に押しつけるという両極をともに体験して，私は訓練の領域と同じように心理療法の領域でも，降伏／服従の体験において継続する相互性を絶えず認識することを，予防措置として評価するようになった。私たちがこの専門職に就いているのは，多くは降伏することによって，また時には患者が私たちを使用することにマゾヒスティックに従属することによって，いくらかは自分自身の癒しや成長を求めているからであるという多くの著者が明らかにしている意見を，私は経験から確信している（Brothers and Lewinberg, 1999 ; Ghent, 1999）。関係性の自己というレンズを通して，私たちは哲学者がすでに注目していたことに気づく（Loomer（1976）の Rieveschl and Cowan（2003）からの引用）――「影響を受ける能力は影響を与える能力と同様，偽りなく権力のしるしなのである」（p.109）。ストロロウら（2002）は，間主観的な臨床的感性を定義して，「ガダマーがあれほど雄弁に他者と『状況を体験する』こととして話していた共感的な結びつきを必要とするもの」と書いている。リヒテンバーグら（1996）は，セラピストは「情動的－認知的綱渡り」（p.122）をしなければならないと

いう力強いメタファーによって，相互影響のシステム内での二者関係の情動的コミュニケーションの複雑な見方について美しく描写している。患者の強力な喚起力のある情動状態から影響を受けながら，あるいは，セラピストが患者に期待し，患者から受け取るのを当然と思っている，ある種の自己対象的な反応を求める欲求を患者が満たさないとき（Bacal, 1995），セラピストは，患者の再演に対して補足的または調和的な再演で反応し，自分の情緒的関わりを制限するか，圧倒されてしまうか，そのどちらかに傾くだろう。セラピストの自己内省とはこのような反応を自分のなかに含み込み，自分自身の歴史が形作った主観の表現であると同時に，患者とのコミュニケーションの結果として生じる影響であると理解できることを意味すると思う（Lecomte and Richard, 1999）。このように気づくことによって，セラピストは自分の情動認知的平衡や，自分の主体的中心性を取り戻せるだけでなく，患者の意識的，無意識的コミュニケーションに最適に反応すること，すなわち，患者の体験に共鳴して調律を合わせると同時に，自分のひとつしかない主観からの反応を与えることができるかもしれない。これを理解し反応できることで，セラピスト＝実習生のなかに統合的教育的心理療法の体験過程を通じて育てることを目指すべきだと私が考えている「自己スーパーヴィジョン」能力が構成される（Lecomte and Richard, 1999／第 12 章参照）。セラピスト（スーパーヴァイザー＝教員）が行う自己スーパーヴィジョンとは，あるところでは同じように，あるところでは異なって組織化された患者（訓練生）の視点と交流しながら，自分自身の組織化する活動に（部分的で制限されてはいるが）気づき，継続して調整することと定義できるだろう。自己スーパーヴィジョンは，不確実感と苦しみと制限をはらんだ深く埋め込まれた情緒に関与し，反応可能性を構成する。この埋め込まれた過程に降伏する瞬間は，患者とセラピストにとって，研修生と教員にとって，予期せぬ新生の体験のデザインを生み出すときなのである。

　また，極端な服従に陥らないために，私は上記の心理療法と訓練課程の関係への平等主義的な視点にも存在する，必要で有益な非対称性に注意す

ることの重要性を強調したい。自分がなぜ CFT の極端な訓練プログラムに導かれたのかを理解できるならば，私は退行の促進を心理療法や訓練課程における「特殊な場合の降伏として」（Ghent, 2001, p.36）評価もしたいし，よく考えてもみたい。セラピスト－患者，教師－訓練生のような関係における非対称性は，大人と幼児の関係のような一般的な非対称性を思い起こさせるかもしれない。そのような関係において子どもの体験は，保護者の組織化された無意識の体験世界に著しく染まり，刺激を受ける。教師と学び，セラピストとともに成長し変化することは，降伏に似た状態を求めつつ恐れることを伴う。その降伏によって，学び成長するために個人の慣れ親しんだ自己組織を「支配」しつつ解体することが可能になる。ゲント（1999）は，降伏の状況を「『その瞬間の』，完全に現在の状態であり，そこでは二次過程という意味での『心』を必要とするような過去と未来というふたつの時制は意識から退いてしまっている」（p.216）と描写している。これを，「体験の重要な性質との出会い」（Eigen, 1999），「体験の再象徴化を引き起こすための治療状況で象徴化されていない体験を活性化させること」（Bucci, 1997），「中核的，間主観的関係性のレヴェルで全体的な体験の情動状態に近づくこと」（Stern, 1985）と呼ぶ人もいるかもしれない。

シャルフ（2004）はゲントの降伏のプロセスを次のように描写している。「自己のあまり組織化されていない部分に浸り，自分自身の新生自己を組織化するために『対象を使用』することができる」。それゆえ，降伏は自発的な活動ではなく，むしろ心の状態，屈すること，解放することであり，開放システムを表現するものであり，組織の混乱や変化を起こさせるものである。患者が服従とサディスティックな抗議を通じて自分自身の降伏を追い求めている間に，セラピストをいろいろなやり方で解体／使用することに耐えて許しさえすれば，降伏は可能になるかもしれないのだ。しかしこうした患者の追求に関わると極端に傷つきやすくなるので，時々自分自身や理論を崇め奉ったり，再外傷化を避けるために他者（教員＝スーパーヴァイザー）を崇め奉って一体化したりして，この傷つきやすさを支配したくなってしまう。

セラピストとして，教員として，解放的になろうとしているのに支配してしまわないためのもうひとつの予防措置は，抵抗しその場にとどまろうとする心理状態に埋め込まれている意味を尊重することである。重要な他者の想像もつかない破壊性を暴くことは，自分自身の心を不安定にする重大な行為であり，しばしば死にも似た体験となる。降伏し，（完全に受け入れるのが）あまりにもゆっくりなので，長い間，回避し抗議した後でようやく「意義の解体を理解」できるようになる（Ghent, 1999, p.229）。そのような状況で，降伏の状態をもたらそうとすることは，良く見積もっても服従やあきらめを強制されることに，最悪の場合は自分を葬り抹殺する再外傷化につながってしまう。心理療法や訓練課程という環境では，どんなに微妙な暗黙の形でも，主体性の感覚を放棄するように要求されることは，破壊的なものになりうる。本来それは参加者に拒否されなければならないのだが。最終的に，降伏や変容は促進されるものではなく，潜在的に起こることを許される（あるいは許されない）だけだと思う。

　私の定式化には過度の単純化が多いだろう。概念をはっきりした二分法で使ってきたので，臨床や訓練課程という環境でいつのまにか一方を他方よりも評価し，道徳主義や教条主義を促進させてしまいがちだ。フィリップス（2001）が書いているように，「実は，プロクルステス主義は有名な分析的アプローチなのだ」（p.10）。自分の生きた体験と気づきのなかで扱う必要のあるふたつの極の間には，強力な弁証法的緊張がある。私たちは人間の実存の埋め込まれ性をより完全に理解し（同時にそれが完全には可能ではないと知り）降伏するために，この二分法を超えるための新しいモデルと概念を，重要なパラダイムの変化を必要としていると思う。力動的システムズ理論，ポストモダンの複雑な理論によって，この目標を達成する見込みは十分あるように思える。私は多くの同業者と同じように「危機の瀬戸際」であがいていて，知ることが構造化されすぎていることと無秩序すぎていることとの間，すなわち「混沌の瀬戸際」という状態にいるのである。

● 結論

　私の話は，より豊かな人生を求める人々が，変わりたい，学びたいと思ったときに，自分自身と他者に対して何ができるかを描いたものである。そうした個人的にも専門的にも変わりたいという「純粋に退行的というわけではないが，純粋進歩的というわけでもない」(Mitchell, 1993, p.221) 希望によって，私は自分の存在の中心的な矛盾の両極，すなわち，自分が埋め込まれていることへの耐えがたい緊張を避ける試みとして，他者と「ともにあろう」とする欲求と，他者とは「異なろう」とする欲求 (Sandler, 1995) の探索へと導かれた。私が虐待的な治療に極端に服従してしまった体験がイニシエーション的であったのは，望ましい真実の本物の自由な生活の基盤となる，完全に自律的な自己に破壊的なまで極端に憧れたという意味においてである。矛盾するようではあるが，服従の体験によって個人的にも専門的にも新しいパラダイムが発生し，私は深く埋め込まれた世界内存在であることに気づいただけではなく，その事実に徐々に降伏し，もっと創造的に扱うことが可能になったのだ。

　私のような人間が極端な教条主義と主流文化からの狂信的なひきこもりに至るような問題が，本物であることを認める必要があると思う。変化によって，言葉にできない予期せぬ苦しみがもたらされ，その苦しみを心理療法の儀礼に文化的に埋め込まれている象徴体型に統合したいという欲求が生じる（Lévi-Strauss（1949）のStrenger（2002）からの引用）。完全に自律的な自己を望むことは，心理療法的実践もその一部である現代の西欧的文化においては，いまだに主要なものであるように思える。個性や，自分の人生と行動の責任を引き受けることや，主体性や支配感覚を得ることや，無意識を意識化することを強調することによって，私たちはみな危機に陥り，失われたもの，存在の生き生きとした関係性の探求へと導かれたように思える。東洋文化において非常に重要な遵守と降伏は，この探索の一部のように思える。このような探索への欲求や，学び変化する際に，安全に

依存したいという欲求が認められなかったり，満たされなかったりすると，自律が生み出されることはなく，関係者への虐待と倒錯へとつながるのだ。

原註

1 ―ラトキン（1993）やリチャードソン（1995）（Roy（1998）による引用）による元カルト支持者の研究は，2つのグループを確認している。新しいタイプの支持者は20代の理想主義者で，カウンターカルチャーの探索に意味を求めており，30, 40代の支持者は信念の世界に「幻滅してきた旅人」とみなされる。どちらのグループも重大な病理的特徴を示すわけではない。

2 ―降伏についての論文は1983年に初めてニューヨーク大学で発表され，1990年1月に *Contemporary Psychoanalysis* 誌に掲載された。その論文は再編集され，1999年，ミッチェルとアーロンによって関係性精神分析のセミナー論文の一部となった。

訳註

i ―Human Potential Movement／1960年代にアメリカから生じた社会運動。実存主義などの影響を受け，人間に隠されている潜在能力を引き出すことを目的とした。

ii ―チェコ生まれのフランス人作家，ミラン・クンデラの小説『存在の耐えられない軽さ』を踏まえた言い回し。人間の心が外界から孤立した存在ではなく，つねに外部からの影響を受け，文脈に依存せざるをえないことの苦しさを表現している。

iii ―Acadian／北米東部大西洋岸に入植したフランス人移民を祖とする人々。カナダにおける最大のフランス系民族であるケベック人とは異なる文化とアイデンティティを持つ。18世紀半ばのフレンチ・インディアン戦争の際にイギリス国王への忠誠を拒み，追放され当時スペイン領であったニューオリンズ（現在のルイジアナ州）に移住した人々は，ケイジャンと呼ばれ独自の料理や音楽で知られる。

iv ―Primal（Scream）Therapy／アメリカのサイコロジスト，アーサー・ヤノフによって創始された心理療法。患者を誕生時の原初的苦痛の状態に退行させ叫ばせることによる一種のカタルシス療法。ジョン・レノンとオノ・ヨーコが受けたことで有名になった。イギリスのロックバンドのPrimal Screamの語源である。

v ―以下が完全な引用である。「私は分析における患者の希望，特に初期のものは，純粋に退行的でもなければ（ボリスの欲望の可能性を窒息させるものとしての希望），純粋に進歩的なものでもない（バリントの「新規蒔き直し」としての希望や，ウィニコットの意識的で自然な自己治癒のプロセスの概念）とみなすのが一番役に立つということがわかった」。

文献

Atwood, G.E. and Stolorow, R.D. (1984) *Structures of Subjectivity : Explorations in Psychoanalytic Phenomenology*. Hillsdale, NJ : Analytic Press.

Atwood, G.E. and Stolorow, R.D. (1993) Faces in a Cloud : *Intersubjectivity in Personality Theory*, 2nd Ed. Northvale, NJ : Jason Aronson.

Ayella, M.F. (1998) *Insane Therapy : Portrait of a Psychotherapy Cult*. Philadelphia, PA : Temple University Press.

Bacal, H.A. (1995) Discussion of "Countertransference : What the Self Psychological Lens Obscures" by Suzan Sands. Paper presented at the 18th Annual International Conference of the Psychology of the Self, San Francisco, CA. September.

Balint, M. (1968) *The Basic Fault : Therapeutic Aspects of Regression*. London : Tavistock Publications.（中井久夫＝訳（1978）治療論からみた退行――基底欠損の精神分析．金剛出版）

Brothers, D. (1995) *Falling Backwards : An Exploration of Trust and Self Experience*. New York, NY : W.W. Norton.

Brothers, D. (2001) Ghosts of the silver screen and other self-psychological reflections on the acceptance of death. Paper presented at the 24th Annual International Conference on the Psychology of the Self, San Francisco, CA. October.

Brothers, D. and Lewinberg, E. (1999) The therapeutic partnership : A developmental view of self-psychological treatment as bilateral healing. In A. Goldberg (Ed.) *Progress in Self Psychology*, Vol.15. Hillsdale, NJ : Analytic Press, pp.259-284.

Brothers, D. and Richard, A. (2003) The cult of certainty : A self-psychological view of the quest for "unembedded being" in a coercive training program. Paper presented at the 26th Annual International Conference on the Psychology of the Self, Chicago, IL. November.

Bucci, W. (1997) *Psychoanalysis and Cognitive Science : A Multiple Code Theory*. New York, NY : Guilford Press.

CBS affiliate. (1981) Cult of Cruelty. Five part television series, Los Angeles, CA. May.

Dorpat, T.L. (1996) *Gaslighting, the Double Whammy, Interrogation and Other Methods of Covert Control in Psychotherapy and Analysis*. Northvale, NJ : Jason Aronson.

Eigen, M. (1999) The area of faith in Winnicott, Lacan and Bion. In S.A. Mitchell and L. Aron (Eds.) *Relational Psychoanalysis : The Emergence of a Tradition*. Hillsdale, NJ : Analytic Press, pp.1-37.

Frawley-O'Dea, M.G. (2003) Supervision is a relationship too : A contemporary approach to psychoanaltyic supervision. *Psychoanalytic Dialogues* 13-3 ; 355-366.

Frawley-O'Dea, M.G. and Sarnat, J.E. (2000) *The Supervisory Relationship : A Contemporary Psychodynamic Approach*. New York, NY : Guilford Press.（最上多美子・亀島信也＝訳（2010）新しいスーパービジョン関係――パラレルプロセスの魔力．福村出版）

Ghent, E. (1992) Paradox and process. *Psychoanalytic Dialogues* 2 ; 135-159.

Ghent, E. (1999) Masochism, submission, surrender : Masochism as a perversion of surrender.

In S.A. Mitchell and L. Aron（Eds.）*Relational Psychoanalysis : The Emergence of a Tradition.* Hillsdale, NJ : Analytic Press, pp.211-242.

Ghent, E.（2001）Need, paradox and surrender : Commentary on paper by Adam Phillips. *Psychoanalytic Dialogues* 11-1 ; 23-41.

Ghent, E.（2002）Wish, need, drive : Motive in the light of dynamic systems theory and Edelman's selectionist theory. *Psychoanalytic Dialogues* 12-5 ; 763-808.

Hart, J., Corriere, R. and Binder, J.（1975）*Going Sane : An Introduction to Feeling Therapy.* New York, NY : Jason Aronson.

Hart, J., Gold, S. and Cirincione, D.（1973）Feeling therapy and primal therapy : The Topanga seminar. Presented at Topanga, CA. March.

Kohut, H.（1971）*The Analysis of the Self : A Systematic Approach to the Psychoanalytic Treatment of Narcissistic Disorders.* New York, NY : International Universities Press.（近藤三男・小久保 勲・笠原 嘉・滝川健司・水野信義＝訳（1994）自己の分析．みすず書房）

Kohut, H.（1977）*The Restoration of the Self.* Madison, CT : International Universities Press.（本城秀次・本城美恵・笠原 嘉・山内正美＝訳（1995）自己の修復．みすず書房）

Kohut, H.（1984）*How Does Analysis Cure?* Chicago, IL : University of Chicago Press.（幸 順子・吉井健治・緒賀 聡・渡辺ちはる＝訳（1995）自己の治癒．みすず書房）

Lecomte, C. and Richard, A.（1999）The supervision process : A selfsupervision developmental model for psychotherapists. Paper presented at the 22nd Annual Conference on the Psychology of the Self, Toronto, Ontario.

Lichtenberg, J.D., Lachmann, F.M. and Fosshage, J.L.（1996）*The Clinical Exchange : Techniques Derived from Self and Motivational Systems.* Hillsdale, NJ : Analytic Press.

Mitchell, S.A.（1993）*Hope and Dread in Psychoanalysis.* New York, NY : Basic Books.

Mitchell, S.A.（1997）*Influence and Autonomy in Psychoanalysis.* Hillsdale, NJ : Analytic Press.

Mithers, C.L.（1994）*Therapy Gone Mad.* New York, NY : Addison-Wesley.

Orange, D.M.（1995）*Emotional Understanding : Studies in Psychoanalytic Epistemology.* Hillsdale, NJ : Analytic Press.

Orange, D.M., Atwood, G.E. and Stolorow, R.D.（1997）*Working Intersubjectively : Contextualism in Psychoanalytic Practice.* Hillsdale, NJ : Analytic Press.（丸田俊彦・丸田郁子＝訳（1999）間主観的な治療の進め方——サイコセラピーとコンテクスト理論．岩崎学術出版社）

Phillips, A.（2001）A celebration of the work of Emmanuel Ghent. Psychoanalytic Dialogues 11-1 ; 1-21.

Preston, L. and Shumsky, E.（2004）Who tore the web？Thoughts on psychoanalytic authority and response-ability. In W.J. Coburn（Ed.）*Progress in Self Psychology.* Vol.20. Hillsdale, NJ : Analytic Press, pp.189-206.

Rieveschl, J.L. and Cowan, M.A.（2003）Selfhood and the dance of empathy. In M.J. Gehrie（Ed.）*Progress in Self Psychology.* Vol.19. Hillsdale, NJ : Analytic Press, pp.107-132.

Rogers, C.R.（1957）The necessary and sufficient conditions of therapeutic personality change. *Journal of Consulting Psychology* 21 ; 95-103.（伊東 博＝訳（2001）パーソナリティ変化の必要十分条件．In：ロジャーズ選集——カウンセラーなら一度は読んでおきたい

厳選33論文（上）．誠信書房）
Rogers, C.R. and Dymond, R.F.（Ed.）（1954）*Psychotherapy and Personality Change.* Chicago, IL：University of Chicago Press.（友田不二男＝訳（1977）ロージァズ全集10──成功・失敗事例の研究．岩崎学術出版社／友田不二男＝訳（1977）ロージァズ全集13──パースナリティの変化．岩崎学術出版社）
Roy, J.-Y.（1998）*Le Syndrome du Berger : Essai sur les Dogmatismes Contemporains.* Paris：Boréal.
Sandler, L.（1995）Identity and the experience of specificity in a process of recognition. *Psychoanalytic Dialogues* 5-4 ; 579-593.
Scharff, D.E.（2004）Commentaries on "Masochism, Submission, Surrender. Masochism as a Perversion of Surrender" by E. Ghent. IARPP Online Colloquium Series, Ghent Colloquium. November 1-23.
Stern, D.N.（1985）*The Interpersonal World of the Infant : A View from Psychoanalysis and Developmental Psychology.* New York, NY：Basic Books.（神庭靖子・神庭重信＝訳（1989）乳児の対人世界──理論編．岩崎学術出版社／小此木啓吾・丸田俊彦＝訳（1991）乳児の対人世界──臨床編．岩崎学術出版社）
Stolorow, R.D. and Atwood, G.E.（1992）*Contexts of Being : The Intersubjective Foundations of Psychological Life.* Hillsdale, NJ：Analytic Press.
Stolorow, R.D., Atwood, G.E. and Orange, D.M.（2002）*Worlds of Experience : Interweaving Philosophical Dimensions in Psychoanalysis.* New York, NY：Basic Books.
Strenger, C.（1998）*Individuality, the Impossible Project : Psychoanalysis and Self-Creation.* Madison, CT：International Universities Press.
Strenger, C.（2002）From Yeshiva to critical pluralism : Reflections on the impossible project of individuality. *Psychoanalytic Inquiry* 22-4 ; 534-558.
Tageson, C.W.（1982）*Humanistic Psychology : A Synthesis.* Homewood, IL：Dorsey Press.
Timnick, L.（1981）*Nineteen File Suit Against their Ex-Therapists.* Los Angeles Times. June 30.
Tolpin, M.（2002）Doing psychoanalysis of normal development : Forward edge transferences. In A. Goldberg（Ed.）*Progress in Self Psychology.* Vol.18. Hillsdale, NJ：Analytic Press, pp.165-190.
Winnicott, D.W.（1960）Ego distortion in terms of true and false self. In The Maturational Process and the Facilitating Environment. New York, NY：International Universities Press.（牛島定信＝訳（1977）本当の，及び偽りの自己という観点からみた自我の歪曲．In：情緒発達の精神分析理論．岩崎学術出版社）

2

ある妻の物語
関係性システムの視点から

リンダ・ローボルト＋ドリス・ブラザーズ

　リチャード・ローボルトから自らのバー・レヴァヴ教育協会（BLEA）への関与と，カルト的スーパーヴィジョン・グループ（Raubolt, 2003）への参加についての勇気ある感動的な報告にコメントするように頼まれて，私（ブラザーズ）は光栄に思った。私はカリスマ的指導者と支持者の間にあまりにもよく形成されるように思える，強烈な結びつきに関する考えについて述べる機会を歓迎した。共同作業を通じて（リチャードは私たちの論文が掲載された『グループ』誌の特別編集員になっていた），私は彼の妻のリンダと知り合った。この美しく快活で知的な女性にとって，夫が BLEA の過酷な支配にとらえられていた時期とはどんなものだったのかと私は思いを巡らした。そんなとき，リチャードから再び電話をもらった。今度はリンダがこの本のために体験談を書くのを手伝い，コメントしないかと頼まれた。私は非常に勇気ある試みに再び参加できることを光栄に思った。私はリンダに BLEA 時代の年表を作ってほしいと頼んだ。それから私たちは顔を合わせ，リンダが私に送ってくれた驚くべき記録について検討した。そのほとんどはリンダが苦しい試練の間に付けていた日記から取ったものだった。9月の午後，数時間も一緒に座りこみ，私たちはリンダの心が締めつけられる，感動的な旅路について話し合った。以下はリンダの物語である。

　アメリカのロマン主義者で文筆家のエリザベス・ピーボディは 1834 年

に，人は人生から「人間に起こりうるすべては現在の楽しみのためか未来のための教示であるという単純な信条」を学ぶべきだと書いている。ここから私の物語を始めよう。

●1971年

　私たち夫婦の精神が結ばれたのは1971年5月7日ミシガン州デトロイトの聖ヨハネ・バプテスト・ビザンチン教会であった。ともに若く孤独で，リチャードと私は未来を求める旅に出た。その道はニューヨーク市に通じ，そこでリチャードは心理学の研究を始めた。伴侶兼同業の探索者として，私たちは多くの訓練のためのセッションに出席し，そのなかには精神統合療法，ゲシュタルト療法，サイコドラマ，ダン・キャスリールの「叫び療法」さえ含まれていた。リチャードは精神分析の訓練プログラムに落ち着き，私は精神分析的心理療法を行いはじめた。

　私はリチャードのことを，男性として，夫として，分析家の「卵」としてよく知っていると思っていた。人生について，そして何が重要だと考えるかについて，私たちは共通言語を育んでいた。いつも全く同じものを見ていたと言っているのではなく（実際，150cmと180cmの身長差では無理というものだ），私たちには明らかに違いもあった。しかし，私たちの共通言語によって，いつも何とかお互いに心を通わせてきたのだった。

　そして人生は続く。

　リチャードの訓練プログラムは続き，長男が生まれ，インターンのために私たちはミシガンに戻った。見聞を広めるために，リチャードは訓練課程と専門家のグループを探しつづけた。そしてとうとう見つけたのだ！　リチャードと私が共有していた言語が盗まれることがありうるなどとは少しも気づいていなかった。私たちの共通言語は，全くなじみのない言葉や考えによって置き換えられることになるのだった。しかし，リチャードは傍目から見ればいとも簡単にこの新しい言語を信奉するようになり，

最終的には語彙も文法も流暢になった。利用できる教科書もなく，私はこの新しい異質な言葉を理解することができなかった。

私は自分が知っていると思っていた人のことを全くわかっていなかったのだ。そして人生は続く。

●1982年

私がルーヴェン・バー・レヴァヴ博士に初めて会ったのは，夫が前年に入会した団体であるミシガン集団療法協会（MGPS）の春期集会に，子連れで同伴した時だった。そのとき，長男は7歳，次男は9カ月だった。リチャードが私をルーヴェンに紹介したとき，ルーヴェンは挨拶の代わりに「いつまで母乳をあげていたんだね？」と尋ねた。無礼な質問にひるみ，私はしばらく間を置いてから「必要なだけ」と答えた。私の疑いと不信はその瞬間に生まれた。私は後にこの男と彼が設立した心理療法の訓練研究所であるバー・レヴァヴ教育協会（BLEA）のことが大嫌いになった。なぜならそのために私の夫婦関係と家族は壊滅的な影響を受けたからである。

MGPSと関わるようになって，リチャードはルーヴェンだけでなく残りのBLEAの教員ともつきあうようになった。私たちはBLEAがMGPSを当時支配していて，その後も続くことになることにほとんど気づかずにいた。私にとってMGPSとBLEAはつねに同じ穴のむじなだった。ここまでがMGPSで，ここからはBLEAなんてことは全く言いようもなかった。MGPSに関わりはじめた最初の数カ月で，リチャードは「良い人たちだろう？　君にもよくしてくれる」とよく言っていた。そのときは，ルーヴェンの耳障りな口調以外には何も疑わしいことはなかったが，私は警戒しつづけた。リチャードを評価し，親切なように見えるが，こいつらはいったい何者なんだろうと私は思っていた。私と同じように，彼らはリチャードを信用し，夫の優れたセラピストとしての資質を認めているように見えた。だが次第に，夫がどれほど頭が良く創造的かを本当は理解していながら，

夫のことを気づかってはいないことがわかってきた。自分たちの目的を達成するために，夫を利用することにしか関心がなかったのだ。今となっては明らかだが，夫は彼らのプログラムを西ミシガンにまで広めることを期待されていたのだった。

●1986年から1990年

　リチャードはその春，MGPSの会計に選ばれたが，実際にその仕事をすべて行い帳簿を付けたのは私だった。協会の代理の財政担当として，私はBLEAとMGPS，これらを作り出した個人について多くを学ぶことができた。私にとって，彼らはみな性格も行動も瓜二つに見えた。個性というものがみなかすんでいた。彼らの会話は自分自身ではなく，組織を中心に回っていた。さらに彼らは私たちについてあらゆることを知りたがった。

　この期間，リチャードがルーヴェンとBLEAの教員との関係を深めるにつれて，私は大会や夕食や他のMGPSが後援する催し物についていった。一度，私たちはBLEAの資格担当理事で医療ソーシャルワーカーのナタン・ハルパスの家にブランチに招かれた（リチャードにとってはいろいろな人々と知り合いになるチャンスだった）。ナタンは私たちが新しい家を買ったのを知っていて，そこにいた全員の前で，リチャードに「いくらで買ったんだね」と尋ねた。驚いたことにリチャードはこれに答えたのだった！　私は激怒した。どういうつもりでこの男はそんな個人的な質問ができるのか？　私たち二人の秘密と思っている情報をなぜリチャードはそんなに簡単に話してしまったのか？　リチャードはこういった事柄を話す許可を私に求めなかった。突然私は自分のプライヴェートな生活が嘲笑の的になったことに気づいた。それが最初にリチャードを失うかもしれないと感じたときだった。私はナタンに気を許してはならないことがわかった。

　この頃，リチャードはBLEAによって開かれる週1回のセミナーに出席するようになっていた（彼はルーヴェンから個人的に無料での出席を招待

されていた)。リチャードは私たちの住んでいたイーストグランドラピッズからデトロイトまで，2時間半かけて車でセミナーに通った。夫の突発性の「不安発作」が始まったのはこの運転の間だった。夫がこのセミナーに出席しつづけるにつれて，発作の頻度と激しさは増していった。リチャードと私にとって人生は急速に劇的に変わっていたのだ。私たちはビルを買い，他のセラピストを呼び寄せ，大きな精神科クリニック，専門心理学センターを開設した。センターはさまざまな郡の機関のために，個人療法と集団療法，心理査定を行った。私はこの重要な事業の経営管理者と施設管理者となった。自分の人生が極端にストレスに満ちたものになっていたのがわかっていたから，私はリチャードの不安もストレスに関連するものではないかと思っていた。

　不安発作が体の病気でないかを調べるために，リチャードは精密検査を受けたが，何も異常は見つからなかった。発作は和らぐ様子もなかったので，夫はルーヴェンと面接してみるのがいいのではないかと思っていた。私は夫に付き添ってデトロイトに行くことに了承し，面接の終わりにルーヴェンは，私に面接室に来てほしいと言った（飛んで火にいる夏の虫だった)。ルーヴェンは私に尋ねた。「リチャードの発作で心配なことは何ですか？」。私は次のように答えた。「一番心配なのは，リチャードが事故を起こして死んでしまうことです。夫は運転している間にこういう発作になったことがあるんです。そうしたらリチャードを亡くすだけでなく，ひとりで家族を養い，クリニックの責任を全部引き受けることになってしまいます」。

　ルーヴェンは私がリチャードのことでなく，自分のことしか考えていないと厳しく責めた。私はリチャードを専門家として，家族として助けるために責任を負ってきたのに，ルーヴェンはリチャードがひとりで結婚における責任を全部担っているのだと私に告げた。リチャードは私を心配しなければならないので，自分の世話をすることができないのだとルーヴェンは言った。そして，リチャードの感じている重圧を和らげるためにどうするつもりなのかと尋ねた。私は答えなかった。私はリチャードの不安は自

分のせいだと思って，ルーヴェンの面接室を去った。そこから私の悪循環が始まった。

　ルーヴェンに決めつけられて，私は自分自身について信じていたことを全部疑うようになった。私はいつも，ほんの子どもの頃から，自分は途方もない責任を負っていると考えていた。私が7歳のとき，父が「重症のうつ病」と説明されたもののために入院した。私は父の頭に残った電極の跡をいまだに覚えている。それは父が当時まだ27歳だったのに受けた電気ショック療法の名残りだった。退院して家に帰ると，父は「お前は頭の良い子だ。お母さんがこの苦しみを乗り越えられるかどうかはお前にかかっているんだ」と言った。その言葉によって，私が「父の娘」であった世界はねじまげられ，私と父との関係も変わってしまった。父はそれまでは頼りになる強い男だった。父には本当は悪いところなんかないのだと思って，私は「起きてよ。自分でできるでしょう」と言えたらいいのにと思った。今では，私は父が贈り物をくれたのだと思っている。まわりからの支えがどれほどわずかでも，それによって自分自身と他人をケアするやり方を私は学んだ。それから数年後，私がBLEAから生き残ることができたのは，少なくともいくらかはこの孤独な力によるものだということがわかる。

　不安発作が激しく頻回になるにつれて，リチャードはMGPS／BLEAにますます依存するようになった。ルーヴェンはすでに私を問題だと認めていたので，リチャードはひどくルーヴェンとナタンに頼り，二人が喜んで与える支持と理解を求めた。私は人生で重要な男性に気持ちのうえで再び見捨てられたと感じた。

　次の日記の記載は1990年1月26日のものである。

　　ディックは今朝，最近私があまりそばにいるような気がしないと言った。ディックは二人の間に距離を感じている。私もその距離を感じていた。しかし，ディックとは違って，私は距離を楽しんでいる。もううんざりだ。結婚に最悪の時がなかったわけじゃないが，これほどのことはなかった。これはひょっとして終わりの始まり？　残念な

がらもしかしたらそうかもしれない。もし自分の深いところを見つめたら，今にも噴火しそうな怒れる火山を見つけるだろう。世界の何よりも息子たちを愛していて，ディックのことも本当に愛しているが，私の人生は責任の連続になってしまった。あらゆる人々の，あらゆる責任を取るのにうんざりしている。泣き叫ぶこともできただろう。もしディックに言ったらこんなふうに反論されるだろう。「嫌な気分になっているのは君だけじゃないんだ」……ディックはいつも「人生を手に入れる」と言う。でもどこで見つけたらいいのだろう。自分がそうしたいのかどうかもわからない。忘れちゃダメだ。もっと前向きにならなければ。頼りになるのは自分だけだ。気持ちを引き締めて，この人生とつきあっていこう。起こってしまったことをつべこべ言っても仕方がない。何とかうまくやってみせる。切り抜けてみせる。少なくとも次に危なくなるまでは，持ちこたえてみせる。

　がっかりしたことに，リチャードとナタンとの関係はますます親密になっていった。ナタンが心理学で博士号を取ろうと決意したとき，リチャードはカリフォルニア州サンタ・バーバラのフィールディング研究所を紹介した。卒業生として，リチャードは熱心にナタンを研修候補生として推薦した。ナタンが研究所に受け入れられると，リチャードはナタンのために必要な博士課程のインターンシップを私たちのオフィスで始めた。このインターンシップの一部として，ナタンはリチャードが紹介した患者と心理療法を行った。私たちは面接室に家具をそろえ，秘書をやとったが，費用は請求しなかった。だが，ナタンは患者から受け取ったお金をすべて自分のものにした。しかし，リチャードがデトロイトのナタンのオフィスでスーパーヴァイジーたちと面接をしたとき，スーパーヴァイジーたちはリチャードが行った仕事のためにナタンのオフィスに支払いをし，ナタンは料金の40%を自分のものにした。リチャードはこの不公平な図式をおかしいとも思っていなかった。私は激怒した。
　リチャードはまたナタンが指導する集団スーパーヴィジョン・プログラ

ムに参加するように知人を誘った。リチャードの評判は手堅かったので，誘われた人々は熱意をもって加わった。プログラムがグランドラピッズで1990年5月に始まってすぐに，夫と私は大げんかをした。ナタンは私たちの自宅に滞在し，私たちの自宅かオフィスでグループを行った。ナタンを客として迎えるのは，ひどく腹立たしかった。もう一度私たちは，私の賄いを含むすべてを提供し，そしてナタンがすべてのお金を自分のものにした。もっと頭に来たのは，ナタンが私たちと生活をともにしてくれることに感謝すべきだとリチャードが考えているという事実だった。私がこの取り決めに反対すると，リチャードはひどい軽蔑のまなざしを向けた。夫の私への言葉がますます乱暴で侮辱的になるにつれて，私は自分が夫にとって重荷になっていることがわかってきた。恐らくルーヴェンが正しく，私が問題なのではないかと不安になった。しかし，それからまた，リチャードが以前は決してこんなふうに人を罵倒することはなかったので，こうした激しい言葉と態度をスーパーヴィジョンで学んだのだろうと想像するしかなかった。

　週末のマラソン心理療法（28時間の集中的な集団療法のセッション）は，BLEAモデルの重要な部分であり，だからもちろんリチャードは参加するよう招待された。夫はまだデトロイトでは誰からも心理療法を受けていなかったが，夫とナタンは二人ともこれが一番有効だろうと考えていた。リチャードは私が支持的でないと感じていたが，私の日記の記述は異なっている。

　1990年11月17日付の日記に，私は書いている。

> ディックはナタンと一緒に週末マラソン療法に出ている。夫にとって意味深い体験ならばいいのだが。夫は恐怖と不安に食い尽くされている。非常に長い間そうだったと思う。たぶん，今週末でこうした重圧は和らぐだろう。ディックを失うという不安がいつも頭のなかにある。私にとって，一番つらいのは，ディックの人生で一番大切なものが自分ではないということだ。彼を責めることはできない。私は自分

が，この価値のない固まりをちょっとでも長く支えようとして松葉杖を探している情緒的な障害者のように感じている。将来に何の夢もないと認めるのは難しい。私は将来ではなくて明日のためだけに生きることにした。私は明日が永遠に続くと固く信じている。

●1991年

　私には心理療法が絶対必要だと決めつけて，リチャードはBLEAの誰かのところに行くように勧めた。これでもちろん私は大爆発だ。私は自分の個人的な考えを「ああいう人たち」と共有することなど，天地がひっくり返ってもありえないと答えた。しかし私はリチャードが正しいのではないか，私は平静さを失っているのではないかと心配になった。私はいつも父の娘だったと言われてきた。父を追っていた悪魔が今，私の後を追っているのか？　その影が私を打ち負かすのを何度も予想しながら，私は肩越しに後ろを振り返りはじめた。もしリチャードが正しいのならば，誰も私を救うことはできないのだ。
　1991年3月17日の日記に私は書いている。

　　私はイーストグランドラピッズの「キチガイ女」になりつつあると思う。私はこのあたりでは狂った女ということになっている。夫は私と何も分け合おうとはしない。もう私が何かを分かち合うのは自分だけだ。

　まさに私がこのように弱っていたときに，ナタンのスーパーヴィジョン・グループのメンバーで私たち夫婦の数年来の知人であった女性が，突然私と親しくなろうと近寄ってくるようになった。彼女とリチャードは二人でBLEAとそっくりな心理療法グループを始め，長い時間を一緒に過ごした。リチャードからの圧力もあって，私は彼女の接近を受けいれた。彼女に会うと悲惨な結果に終わり，彼女は私より

リチャードのことがわかっていると何度も繰り返す始末だった。その数カ月，私が何とかかきあつめて残してきたリチャードへの信頼もすべて消え去った。夫は私からどんどん遠ざかり，「彼ら」にどんどん近づいていることがわかった。

1991年5月17日に私はこう書いている。

　夫がいるのに，どうしても彼に安心して自分の気持ちを伝えられない。わかっている。夫は……（集団スーパーヴィジョンでは）気持ちを他の人と共有できるけど，私とはできないのだ。夫がこの妄想から解放される方法を知っていればいいのにと思う。私は嫉妬している。いつものように私はひとりで自分のなかの悪魔を始末する。子ども時代を振り返ると悲しみに圧倒されて，前に進めない。子どもの頃に欠けていたものに大人になってからたどりつき，やりおおせると心に決めて，私は悲しみを怒りに変えようとしている。しかし，現実は，子ども時代のことが頭を離れようとしない。私個人の財産は身に余るほど十分だが，気持ちのうえでは私は「ホームレス」だった。

この時期の終わりに日記には「何も感じない」という記載があり，結婚に関しては逃れることのできない「ブラックホール」と記されていた。私はうつで参ってしまい，何度も虚脱状態のようなものに陥った。私は体がばらばらになって，内部に深く落ち込んでいくように感じた。
　もう一度，私は内なる声に救われた。6月14日の日記に私は書いている。

　過ぎたことをくよくよ言ってもしょうがないでしょ，リンダ？　大人にならなきゃ。何を悲しまなければいけないわけ？　そう，また元気を出して，やっていくのよ。人生が天国なんて誰が言ったの？　何でもばっちりだって誰か言ったの？　ほとんどの人よりずっとうまくやったと思うわ。ありがたく思って，わんわん泣くのをやめて，思いっ

きりやるのよ。友達は自分だけとでも言いたいの？　だから何？　私の舵取りがまずかったり，がっかりさせたりしたことがある？　ないでしょ！　だからガミガミ言うのをやめて，生きていくのよ。

この時点で私は，自分には多くの側面があり，それらはみな異なるが完全にばらばらではないということがわかってきた。私は古い「私」を何とか押さえつけていたが，日記のなかの力強く生き生きとした声は，深く隠れながらも時折現れていた。私の問題は，「彼女」がいてくれないと，他者への愛情も含めて何も感じないことだった。

● 1992 年

リチャードはデトロイトでBLEAの仲間から心理療法を受けはじめた。私は夫がセラピストの選択を間違えたのではないかと思った。「君に何がわかる？」とリチャードは言った。私は心のなかで「何も」と答えた。私が何を考え，何を感じているかはもはや重要ではなかった。リチャードがすべての答えを知っているように見えた。私にとって，リチャードが心理療法を受けて唯一良かったところと言えば，彼が毎週金曜日にデトロイトに行ってしまい，ひとりになれてほっとしたことだった。私たちの憎しみはエスカレートし，何回も激しい口論になった。明らかにリチャードは私が怒っていることに怒っていた。夫は（BLEAの攻撃的な心理療法のモデルである）危機動員療法の技法を体験して，以前より好戦的になっていたが，一方私は怒りを表現することで自分の決意を固めるようになった。リチャードはBLEAに巻き込まれ，スーパーヴィジョン・グループと自分自身が受けている心理療法を含めて，人生のあらゆる側面を支配されていた。

あるとき，リチャードはオレゴン州ポートランドでルーヴェンが講師を行った集中的な心理療法のワークショップに出席した。スーパーヴィジョン・グループの誰もが出席した。ワークショップの前は，誰もがリチャー

ドを「ディック」と呼んでいた。夫はワークショップから戻ると，自分のことを「リチャード」と呼んでほしいと言った。夫はこれが自分にとって転機なのだと言った。私はしつこく繰り返した。初めて会ったときも，結婚したときも，あなたはディックだったし，私にとってはディックのままなのだと。リチャードは BLEA にもらった名前で，私にとって他人になってしまった人の名前だった。今では，夫のことを家族以外の人に話すときはリチャードと言う。しかし，家では私はまだ夫をディックと呼ぶし，他の家族もそうである。

　自分自身の生命を維持したいという決意は，最初はじわじわと，それからますます力強く定着していった。私とリチャードの間の溝は深まるばかりだったが，私の誕生日に，リチャードが私に友達になるように促した女性と買い物に外出した後に，問題は山場を迎えた。この外出後，私はその女が絶え間なく私の信用を貶めるようにしていたことがはっきりとわかった。リチャードが信じているのはその女であって私ではなかったから，弁護のしようもなかった。ここに至って私は自分の態度を明確にすることを決意し，リチャードに次の MGPS のフォーマルなダンスパーティーには出席しないと言った。それどころか，私はこれ以上 MGPS や BLEA の行事に出席しないと心に決めていた。それが私の独立の「誕生日」だった。翌週，リチャードは MGPS のダンスパーティーにひとりで行った。私は家にいて，長男が学園祭のダンスパーティーに最後に行ったときの写真を取り出した（息子は 1993 年 6 月に卒業する予定だった）。私はいたいところにいる。後になってわかったのだが，これは私の人生の画期的な出来事だった。私はついに夫と MGPS／BLEA にノーと言ったのだった。

●1993 年

　私がリチャードと MGPS／BLEA にノーと言っている間，リチャードはイエスと言っていた。彼は MGPS の会長に選ばれた。大会長として 2 年，

会長として2年，最後は会長顧問として2年，合計6年関わることになった。リチャードは多くの時間をデトロイトで家族から離れて過ごさなければならなかったが，会長職とそれに伴う責任を熱意をもって引き受けた。私は怒って反対した。私が問題にしたのは夫が家族を置き去りにしようとしているということだった。リチャードは私がMGPS／BLEAの友人たちを妬んでいると言って責めた。もちろん，私は妬んでいた。私には友達がいなかったのだから。

　これは1993年3月の日記の記載からである。

　　問題は昔は頼れるのは連れ合いだけだったという事実にあるのだと思う。今，夫には新しく見つけた友人とセラピストがいる。私には自分しかいない。またしてもひとりぼっち。賭けに負けたような感じだ。しかしどうして負け犬になれるというのだ。私は負け犬じゃない。息子たちがいるし，息子たちに愛されているから。本当に私の世界にいるのは息子たちだけだ。

　リチャードがMGPSの会長を引き受けたことは，最後の一押しになった。最後に夫に直面化した後，私は日記を書くのをやめた。詳細を記録してはいないが，MGPS／BLEAに関わるすべての状況と，この時期の恐ろしい瞬間のひとつひとつが今でも頭に浮かんでくる。この時期，息子たちと過ごした心温まるときも多かった。私がMGPS／BLEAの時代を生き延びることができたのは，主に息子たちのおかげだった。

◆1995年

　8月，ブラジルのサンパウロで行われた国際フェレンツィ会議で論文を発表する間に，リチャードは大きなパニック発作に苦しんだ。私はこの危機の間，夫がBLEAのセラピストに助けを求めることを一度たりとも考え

ようともしないのに驚いた。その代わりに夫は自宅に電話をしてきて，私はもう一度，夫の命綱になった。私は夫をなだめ，アメリカに戻る早い便を確保できるよう手伝った。BLEA の策略とやり口に関する疑念はこれまでいつもリチャードのなかに潜んでいたのに，夫は答えを求めようとはしていなかったのだ。いったん無事に家に着くと，BLEA というパズルのピースがはまりはじめた。これは夫の MGPS／BLEA との関係の終わりの始まりだった。リチャードは BLEA の心理療法は受けつづけたが，何か違うものを必要としていることに気づいた。BLEA のモデルはもはや機能していなかった。

　サンパウロは私にとっても重要な転機だった。この出来事によって，私がそれまで何とか味わわせまいとしてきた災難に子どもたちは脅かされた。私は自分自身の外傷が世代を超えて反復されることは避けようと心に決めていた。巻き込まれる情緒的な負荷がわかりすぎるほどわかっていたので，私は父親を世話する責任から息子たちを逃れさせたかった。

　このときまで，息子たちには私たちの対立を知らせないようにしていた。リチャードが物理的にも気持ちのうえでも頻繁にいなくなってしまうので，私たちは小さな三人家族になったつもりで，人生の浮き沈みを夫なしで切り抜けていた。長男は大学に入学して忙しくなり，次男は高校でスポーツに夢中になったので，二人に隠しておくことは簡単だった。しかし，リチャードがブラジルから電話をかけてきたとき，息子たち二人は家にいて，危機的状況は隠しようもなかった。私は心を決めると，二人を座らせ，夫の陥っている苦境について話した。私はリチャードが情緒的に困難な状態にあり，パニック発作に苦しんでいると説明した。夫は長い間飛行機に乗って，ニューヨークで長い待ち合わせをしてから乗り換え，明日戻るはずだ，と私は伝えた。長男はすぐにニューヨークに父を迎えに行くと言い出した。「ひとりにしておけないよ」と長男は断固としていった。父を助けたいという息子の優しく思いやりのある申し出に，私は深く心を揺さぶられた。私もきっぱりと答えた。「いいのよ。大人なんだから。自分でちゃんとたどりついて，帰ってこられるわ」。それでも，長男はグランドラピッ

ド空港に私と一緒に父を迎えに行くと言って曲げなかった。

　私は息子たちを，二人が知っている身なりも申し分なく素晴らしく自信に満ちた男性に，もはや似ても似つかない父親に向き合わせる準備をする必要があることに気づいた。しかし私は息子たちが，あらゆる人間のもろさをもった父親を見ることが重要だと判断した。心ない復讐からではなく，夫の回復を目撃する自信があるからこそ，父親の奮闘する姿を見せたいと思った。私は夫が立ち直る力を見つけられることがわかっていたのだ。

◆1996年

　アメリカ中の多くの同業者と連絡を取った後，リチャードは有名な自己心理学者の治療を受けることを決意した。私にとっては，この医師は救世主だった。私たちが今あるのは彼のおかげである。最初リチャードはBLEAのセラピストがこの変化を応援してくれるだろうと思ったが，そのセラピストはすぐにリチャードが重大な間違いを犯していると言い出した。セラピストは自分との心理療法をやめると，リチャードは強烈な怒りを感じることになるだろうとほのめかした。リチャードの忠誠心を試すかのように，ある女性セラピストは「家族を見捨てるのと同じだ」と非難した。リチャードはそれから，きっと痛烈な反対にあうことになるとわかっていたにもかかわらず，スーパーヴィジョン・グループを去ることを決意した。ナタンは自分にはふさわしくないということがわかったのだ。自分の人生に対する統制感を取り戻したいという夫の決意はもう揺らがなかった。夫の力は戻ってきていた。

　「ブラジル危機」と私たちが呼ぶようになったこの事件によって，私はリチャードと今までとは違う関係を育てる機会をもつことができた。自分の体験したことに気持ちをくじかれ，夫は不安定になり混乱した。これで手がかりが，つまり私が再び自分をねじこむことができる裂け目ができたのだ。そのとき，夫の関心は私に向かっていたので，夫にどんなふうに

自分が感じたか，最初は試しに，それからもっと力を込めて率直に説明することができた。言葉を通じて，私は夫が自分にはどう見えているかを伝えることができた。私も驚いたのだが，立派なことに夫は報復しなかった。その代わりに夫は，私が魂を，傷つきを，怒りを，憎しみを，そして，そう，愛をそそぐ言葉に耳を傾けた。失ったものを取り戻せるのかは，まだ疑わしかったが，もしできないとしても，私たちは新しいものを，生命力と尊敬に満ちたものを生み出すことができるだろう。もう一度愛し合えるようになれるのだろうか？　私たちは失われた時を埋め合わせるために，数日にわたるとも思われた時間を話しつづけた。私たちの関係にふりかかった病を洗い流すことができるような，二人だけの空間を作り出す必要があった。そうするために私たちは身を引いて，他人から距離を取った。これはプライヴェートな作業だった。

　時々思うのだが，私たちは奇跡的にうまくやった。私たちの傷はまだ痛み，いろいろなときに傷口が再び開きそうになった。しかし，MGPS／BLEA 時代から回復して，私たちは以前より強く，支え合うことができ，愛し合えるようになった。私たちはついに地獄から生還したのだ。

　1996 年 5 月 7 日，私たちは結婚 25 周年をフォーマルな夕食会をして祝った。私たちの旅はまだ始まったばかりで，その絆は日を追うごとに強く，分かちがたくなっている。そしてそう，ナタンとその妻も，あの女性セラピストとその夫も，2，3 人の"BLEA ボット"も（あの人たちはロボットみたいなものなのだ），私たちの忍耐と勇気と愛を祝して招待した。あの晩，私は力がみなぎり，一秒一秒を楽しんでいた。

　その春，リチャードは MGPS の会報の記事で，あえて BLEA の心理療法実践のモデルに疑問を投げかけた。予想通り，夫は激しい怒りを買うことになった。ルーヴェンは，リチャードの指導者としての資質だけでなく，誠実さにも疑問を投げかけ，夫を辱め，卑しめるためにありとあらゆる手を尽くした。リチャードはこの「不満の嵐」を見事に堪え忍んだ。MGPSの会長として，夫は 1996 年まで毎月会合に参加した。任期を半年残して，夫は出席するのをやめた。もし自分が必要なら電話で連絡できるだろう，

と夫は言った。でも彼らは二度と連絡してはこなかった。

●1998年

他のBLEAのメンバーたちとリチャードの接触は限られていたにもかかわらず、ルーヴェンは明らかにどこからかBLEAが心理療法のカルトだとする論文をリチャードが書いているという噂を聞きつけたらしかった。ルーヴェンはリチャードに元気でいるのかを確認する手紙を送ってきたが、リチャードは返事を書かなかった。そしてリチャードが論文を書き終えた日に、ルーヴェンは患者に撃ち殺された。

ルーヴェンの訃報を聞いて、さまざまな感情が打ち寄せた。最初にルーヴェンのカリスマと権威が引き起こした被害に腹を立てた。ルーヴェンがパーティーで、いつもダンスや話をしたがって私につきまとってきたとき、どれほど骨を折って彼を避けたかを思い出した。それから、私は悲しくなった。特に、ルーヴェンを殺したときに自らともう一人の患者の生命に終止符を打った若者のことを思って彼は自暴自棄になり、絶望して、怒って、それであんな暴力的な行為に突き進んだのだ！ でも一番強い感情は安心だった。ルーヴェンが私の家族に侵入して来ることはもうない。彼の忌まわしい影はもはや私たちの生活を暗くすることはないのだ。私はもう自由に話せる。この数年の恐ろしい沈黙はついに終わったのだった。

● 人生は続く……

リチャードと愛情と勇気と忍耐を分け合っているからこそ、私の物語を今語ることができる。この破滅的な試練を通して身についた知恵に感謝したい。平穏と静けさと幸福と愛情が私の人生にバランスを与えた。というのは私は今や「知的な同士かつ家庭の明かり」（Elizabeth Peabody 1835年9

月）になれたからだ。

　私たちが二匹のアイリッシュ・ウルフハウンド（ベルとブリナ）と一緒に住んでいる素晴らしいわが家「月の息吹の荘園」で人生は続いている。結婚35年を迎え，リチャードと私は，もう一度同じ言葉を話しながら，未来に蓄えられたすべてを探索しつづけている。

● 不確実感・外傷・関係性システム

　リンダ・ローボルトは，最初期からBLEAを警戒し信頼しなかったと語っている。リチャードとは異なり，リンダは裏切りをそそのかす呪詛に決して屈しなかった。しかしリンダの物語が痛いほど示しているように，リンダがBLEA時代に体験した外傷はリチャード自身が体験したものに劣らず破壊的なものだった。リンダの苦しみをどう理解したらよいのだろうか？　なぜリンダはこの試練を乗り越えられたのか？　リンダは人生と結婚を元の状態に戻す力をどこから見つけてきたのか？　私はリンダのセラピストでもなく，相談相手というわけでもないので，この問題にはっきりとした答えを出すことはできないと思う。いや，はっきりした答えがありうるのかさえ自信がない。にもかかわらず，リンダの話のいくつかの側面は，私が展開している外傷に対する関係性システムズアプローチ，不確実感とその間主観的調整を中核とするアプローチから検討するのに向いている（Brothers, 2000, 2001, 2003a, 2003b；Brothers and Richard, 2003）。最初にこのアプローチを手短に要約し，これがリンダの境遇にどう関わってくるかを示そうと思う。

　私が関係性システムズアプローチと呼んでいるものは，非線形力動的システムズ理論・カオス理論・複雑系理論など，いろいろな呼び方で呼ばれているものを起源にしている。この理論的な観点は多くの著名な精神分析家（たとえばBeebe and Lachmann, 2002；Coburn, 2002；Stolorow, 1997；

Sucharov, 1998, 2002）によって臨床状況に当てはめられている。力動的システムの原理を人間の早期発達に応用した心理学者のエスター・セレンとリンダ・スミス（1994）によれば，これらの原理は「構造とパターンが多くの個別の部分の協力からどのように生じるのか，という秩序と複雑性の発生という問題に関わってくる」(p.xiii)。

　つい最近まで，私は外傷を非線形力動的システムズ理論家が言うような「個人という局所的なレヴェル」で理解しようとしていた。このレヴェルでは外傷は，自己体験の発達と維持と回復に必要とされる体験，自己心理学者が自己対象体験と呼ぶものを自分や他者が与えてくれるのではないかという信頼を裏切ることに関わっているように思える（Brothers, 1995）。私は今では，この理解はかなり限定されたものだと思っている。関係性システムズ論的観点からすると，心理的に生き残れるかどうかに不確実感をもつ体験が間主観的に調整されるプロセスが完全に崩壊してしまうことも，外傷には含まれていると思う（Brothers, 2003a, 2003b）。

　調整という概念を私は使うようになったのだが，この調整は生きたシステムのなかにいる人々の互恵的な関わりと相互的な影響から生じる秩序の多様性に関わってくる（Beebe and Lachmann, 2002；Stolorow and Atwood, 1992）。何らかの調整行動が共有される体験をすると，必要な関係性の体験が，いつも，予想通りに，頼りになるものとして利用できる見込みが高まるので（確信を強めるので），私はすべての調整には不確実感の調整という側面があると示唆してきた。これが意味するのは，感じること，知ること，カテゴリーを形成すること，コミュニケートすること，時間を感じること，思い出すこと，忘れること，空想すること，間主観的調整プロセスに関わるこれらすべてのことが，不確実感の間主観的調整にある程度貢献するかもしれないということである（Brothers, 2007）。

　私の考えでは，不確実感を調整しようとするシステム全体に及ぶ努力が失敗に終わったり，破綻したりするとき，私たちは混沌，あるいは力動的システムズ理論の言語によれば「カオス」を体験しがちである。今や，組織を解体させるような体験は不可避であるだけではなく，心理的な生活

のために必要に思える。マホーニーとモーズ（1997）は，たとえば，「連綿と続く組織の解体」（p.187）という点から発達を概念化している。揺らぐことのない秩序という考え方自体が，私たちのほとんどが生きることと結びつける無秩序な複雑性には異質なものに見える。一方，外傷は全く異なる体験である。不確実感を調整するために行う努力が一時的に妨害されたときに生じる組織の解体とは対照的に，外傷を特徴づける深刻な混乱は，生きているシステムを脅かして消滅させようとする。関係性の世界から次々と生じ，そこに秩序を与えるシステムから発生する確信が破壊されるときに，この大規模な混乱が生じるのではないだろうか。

　ストロロウとアトウッド（1992）が**体験の構造**あるいは**組織化原理**という言葉を使い，オレンジ（1995）が情緒的確信という言葉を使ったのと同じように，私は**システムから発生する確信**（*systemically emergent certitudes : SECs*）という言葉を使っている。SECs が関係性の欲求を満たすために必要だと考えられるようになった条件であるとすると，SECs の破壊は心理的に生き延びられるという確信が崩れることを意味する。人生に安定性，秩序，意味を与えていたものが突然失われて，外傷を受けたシステムの内部で人々は心理的な絶滅の恐怖を，コフート（1971）が適切にも「崩壊不安」と名づけたものを体験しているように思える。さらに，SECs が破壊され，以前にシステムのなかで不確実感を調整したものが機能せず，自暴自棄で極端なやり方の不確実感の調整が行われやすくなる。こうした極端なやり方は白か黒かという二分法的な考え方を使うことや，かたくなに守られた極端に固くもろい確信を作り上げることによって，オレンジ（2000）が言うような体験を単純化して「脱複雑化する」努力を含むことが多いのである。

　リンダは夫から見捨てられることを，外傷的な裏切りとしてだけでなく，再外傷化としても体験しているように思える。コバーン（2002）によれば，心理現象の意味とは，あるシステムの歴史のなかで起こったことが現在の状況と環境と一緒になって複雑に相互作用しながら生じる。信頼している男性に見捨てられたと感じたのは初めてではない，とリンダは語った。リンダは子どもの頃に父親に見捨てられている。重症のうつのために入院し

て，父親はリンダに母親の情緒的な欲求の世話をしなければならないと告げた。いつも頼りになる強い男の「父の娘」であることをもはや確信できず，リンダは父親の指示を心に深く刻んだ。言い換えれば，他人の情緒の安定の責任を引き受けることで，他人との必要な関係を保つことができるという信念を含む，強いられた確信がリンダのなかで形作られたように思える（同様な確信はアリス・ミラー（1979）によって記述された，子どもの頃に重荷を背負いすぎて，親の代わりをさせられた患者たちの間にも見られる）。

リンダの確信は BLEA 時代にほとんど消えてしまったように見える。これまで見てきたように，家庭と子どもたちの面倒をみる責任を引き受け，MGPS の運営を行い，夫の BLEA の催し物や行事，多くの他の支援の活動につきあったにもかかわらず，それでもリンダは愛した男性の情緒的な喪失を体験していた。そして，傷つけたうえに侮辱までして，バー・レヴァヴは，リンダの自分が信頼できて頼りになる世話役だという感覚を徹底的に攻撃し，夫に重荷を与えたと責め立てた。

心理的に生き延びられるという確信が外傷的に失われることの重大な側面は，コバーン（2001）が「現実感」と描写したものの破壊に関わっている。愛情をもった責任のある妻としての経験が槍玉に挙げられたとき，リンダの現実感，まさに彼女の正気が攻撃されたことは疑いがない。夫が自分より他人を信頼しているとわかって，リンダはどれほど打ちのめされただろうか！　この攻撃によってリンダは，詩人のアドリエンヌ・リッチ（1979, p.192/*328*）がそう呼んだ，信頼できる他人のいない世界の「断崖に張り出す吹きさらしの岩棚」に押しやられた。無関心な人々と（あるいは）敵意に満ちた人々に囲まれた絶望的な孤独のテーマが，リンダの物語にはあふれている。リンダは日記に「いつものように私はひとりで自分のなかの悪魔を始末する」と書いた。リンダが「イーストグランドラピッズのキチガイ女」になってしまうのを心配したのも驚くには当たらない。

リンダは自分が狂わずにいられた理由にそれとなくふれていたと思う。リンダはバー・レヴァヴの死後，ついに「自由に話せる」と感じたと語っ

ている。「私のこの長い年月にわたる恐ろしい沈黙がついに終わったのだ」とリンダは言っている。しかし，私が見る限りでは，リンダは試練の間，決して黙っていたわけではない。リンダは自分の声を，真実を，日記に記録していた。私の考えでは，リンダが日記を書くことは素晴らしい癒しとして不確実感の調整を構成していた。日記を書くことは，オレンジ（2000）が「証人になること」として特定したものにも関わってくる。リンダは自分の耐えた荒廃と，この荒廃への情緒的な反応を，苦労して何度も何度も描写しながら，自分の強さと人に尽くす強さによって生き延びるのだということを，自分自身とおそらく想像上の読者に言い聞かせていたのだ。

　破壊的な外傷の影響から回復するときに，自己体験が実際により強く，より生き生きとしうるという期待のもてる可能性が，関係性システムズ論の視点によって可能になると思う。マホーニーとマーキス（2002）は「システムが陥った混沌から何とか抜け出すことができると，そこから新しく生じるシステムはさらに複雑で，潜在力をもったものになる傾向がある」（p.798）と述べている。極端なやり方の不確実感の調整が断念され，関係性のなかで生きていくことの予測の難しさや曖昧さに耐える能力が増すにつれて，個人のなかではこういうことが起こっているのではないかと思う。リチャードが助けを必要としてもう一度リンダに向かい合ったとき，夫の面倒をみる役割よりも自分の本当の価値が大切だということが，リンダにはもうわかっていたのだと思う。自分自身が夫の力を借りずに生き延びることができたということと，生き残ることが世話をすることによって決まるのではないということを自らに示して，リンダは結婚を再構築するという，ひどく困難ではあるが深く満足できる仕事に心を開く準備をしたのだ。

　リンダが語った物語は，カルトを生き延びる人々の関係性システムの一部になってしまうことで，同じように再外傷化されてきた人々の沈黙の苦しみを救うのに役立つかもしれない。もし私がよく考えるように，すべての生きるシステムが何らかのレヴェルで相関しているならば，おそらく私たちはみな生き残りなのだ。

原註

1 ― 1999年6月11日，以前グループに参加していて入院が必要と治療が中断され，統合失調症と診断されていた27歳の青年が，レヴァヴのオフィスの集団療法のセッションに乱入し，銃でレヴァヴと女性1名を殺害，4名にけがを負わせた後に自殺した。

訳註

ⅰ ― Daniel Harold Casriel（1924-1983）／アメリカの精神科医。新同一性プロセス（New Idendity Process）と呼ばれる叫び，ハグなど基本的欲求を肯定した集団療法を行った。
ⅱ ― Crisis Mobilization Therapy／レヴァヴが提唱した心理療法の技法。個人療法，少集団療法，長時間の大集団療法を組み合わせ，セッションのなかで直面化を多用し，患者にストレスを加えて強い感情を喚起させたうえで克服することを目的とする。レヴァヴは挑発的な服装をしている女性にセッション中に服を脱ぐように指示した事例を論文で発表して議論になっていた（The Argus-Press. Sep, 30, 1999）。
ⅲ ― Adrienne Rich（1929-2012）／アメリカのユダヤ系フェミニズム女性詩人。

文献

Beebe, B. and Lachmann, F.（2002）*Infant Research and Adult Treatment : Co-Constructing Interactions.* Hillsdale, NJ : Analytic Press.（富樫公一＝訳（2008）乳児研究と成人の精神分析――共構築され続ける相互交流の理論．誠信書房）
Brothers, D.（1995）*Falling Backwards : An Exploration of Trust and Self Experience.* New York, NY : W.W. Norton.
Brothers, D.（2000）Faith and passion in self psychology, or, swimming against the postmodern tide of uncertainty. Paper presented at the 23rd International Conference on the Psychology of the Self, Chicago, IL, November.
Brothers, D.（2001）Ghosts of the silver screen and other self-psychological reflections on the acceptance of death. Paper presented at the 24th Annual International Conference on the Psychology of the Self, San Francisco, CA, November.
Brothers, D.（2003a）Clutching at certainty : Thoughts on the coercive grip of cultlike groups. *Group* 27-2/3；79-88.
Brothers, D.（2003b）After the towers fell : Terror, uncertainty and intersubjective regulation. *Journal for the Psychoanalysis of Culture and Society* 8-1；68-76.
Brothers, D.（2007）*Toward a Psychology of Uncertainty : Trauma-Centered Psychoanalysis.* New York, NY : Routledge.
Brothers, D. and Richard, A.（2003）The cult of certainty : A self-psychological view of the quest for "unembedded being" in a coercive training program. Paper presented at the 26th

International Conference on the Psychology of the Self, Chicago, IL, November.

Coburn, W.J.（2001）Subjectivity, emotional resonance and the sense of the real. *Psychoanalytic Psychology* 18 ; 303-319.

Coburn, W.J.（2002）A world of systems : The role of systemic patterns of experience in the therapeutic process. *Psychoanalytic Inquiry* 22-5 ; 654-677.

Kohut, H.（1971）*The Analysis of the Self : A Systematic Approach to the Psychoanalytic Treatment of Narcissistic Disorders.* New York, NY : International Universities Press.（近藤三男・小久保勲・笠原 嘉・滝川健司・水野信義＝訳（1994）自己の分析．みすず書房）

Mahoney, M.J. and Marquis, A.（2002）Integral constructivism and dynamic systems in psychotherapy processes. *Psychoanalytic Inquiry* 22-5 ; 794.813.

Mahoney, M.J. and Moes, A.J.（1997）Complexity and psychotherapy : Promising dialogues and practical issues. In F. Masterpasqua and P.A. Perna（Eds.）*The Psychological Meaning of Chaos : Translating Theory into Practice.* Washington DC : American Psychological Association, pp.177-198.

Miller, A.（1981）*Prisoners of Childhood*（R. Ward, Trans.）. New York, NY : Basic Books.（Original work published in 1979）（山下公子＝訳（1996）新版 才能ある子のドラマ——真の自己を求めて．新曜社）

Orange, D.M.（1995）*Emotional Understanding : Studies in Psychoanalytic Epistemology.* New York, NY : Guilford.

Orange, D.M.（2000）Discussion of Doris Brothers' "Faith and Passion in Self Psychology, or, Swimming Against the Postmodern Tide of Uncertainty". Paper presented at the 23rd Annual International Conference on the Psychology of the Self, Chicago, IL, November.

Raubolt, R.（2003）Attack on the self : Charismatic leadership and authoritarian group supervision. *Group* 27-2/3 ; 65-77.

Rich, A.（1979）On Lies, Secrets and Silence : Selected Prose, 1966-1978. New York, NY : W.W. Norton（大島かおり＝訳（1989）嘘，秘密，沈黙．——アドリエンヌ・リッチ女性論1966-1978．晶文社）

Stolorow, R.D.（1997）Dynamic, dyadic, intersubjective systems : An evolving paradigm for psychoanalysis. *Psychoanalytic Psychology* 14 ; 337-364.

Stolorow, R.D. and Atwood, C.E.（1992）*Contexts of Being : The Intersubjective Foundations of Psychological Life.* Hillsdale, NJ : Analytic Press.

Sucharov, M.（1998）Optimal responsiveness and a systems view of the empathic process. In H. Bacal（Ed.）*Optimal Responsiveness : How Therapists Heal Their Patients.* Northvale, NJ : Jason Aronson.

Sucharov, M.（2002）Representation and the intrapsychic : Cartesian barriers to empathic conflict. *Psychoanalytic Inquiry* 22-5 ; 686-707.

Thelen, E. and Smith, L.B.（1994）*A Dynamic Systems Approach to the Development of Cognition and Action.* Cambridge, MA : MIT Press.

3

外傷の素描・翻訳・愛の対話
リンダ・ローボルトとドリス・ブラザーズへの個人的返信

リチャード・ローボルト

● 編者のメモ

　目立った自己開示は非難を受けるかもしれないし，専門的な文章に感傷は認められないと批判されるかもしれないが，私は前章にコメントするという編者の特権を行使している。本書は，心理療法家と精神分析家の訓練に関する深刻な内容を扱っている。そしてまた，そうした訓練課程が正しい目的から逸脱し，外傷的な虐待が行われて深く情緒を揺さぶられた人々についての本でもある。

　外傷とは孤独に関するものである。専門家としての外傷が人との間に起こったものであったとしても，それでもその外傷は孤独に関するものである。おそらく人との間に起こったもののほうが，よりいっそう孤独なものなのだ。専門家としての外傷によって心はすさみきり，関わるすべての人を歪めてしまう。傍観者というものは存在しない。配偶者も例外ではないし，損傷を避けることもできない。ある外傷が別の外傷を癒し，相互作用し，また新たな外傷を生み出しながら，二人の人間性から離れたところで，そのような外傷は人を消耗させる。共有していたものは破壊され，恐怖が支配し，深い傷つきが生じる。苦しみに苛まれ無力になり，心は閉ざされ，気力も萎えてしまう。そして，砕けた抜け殻だけが放置される。自

己の中核は深く内側にこもりながら……孤独に言葉もなく剥奪されて。あてもなく待たされ，それでも絶望的な願いが打ち勝っていた。眠れる森の美女は時間も空間も停止したまま放置された。隔離され，意味と目的を奪われ，愛情に満ちた世界から沖に流されてしまって，生けるものの地である世界に再び戻れるのだろうか？　どうやったら再び愛せるようになるのか？　癒しを始められる愛の言語とは何か？　それはどんなふうに見え，どんな感触で，どんなふうに聞こえるのか？　目覚めてみると，かくも深き眠りを引き起こした外傷によって愛情生活がより刺激的になっているのに気づく，そんなことが起こるためにはどうしたらいいのだろうか？

● **外傷の素描**——私自身の物語

　私が生まれたときに母はそこにいなかった。途中で道に迷ったのだ。母は子どもを望んではいなかった。父だけを母は愛した。父と一緒にいるための代価が私だったが，母はその支払いに気持ちを込めることは決してなかった。私は母からの父への贈り物だった。父はスポーツ競技や庭仕事のために，それからもちろん名前を継がせるために贈り物を棚から下ろした。私の名前ではなく，父の会社の名前だ。つながりははかないものだったが，ほしくもない子どもというお荷物を抱えた母親がくよくよ悩むことはなかった。母と私は互いにかなり距離を取った。沈黙が私たちのコミュニケーションであり，二人とも相手のことを知らなかった。二人とも警戒し，恐れていた。それでも母は，こっそり心的幻影（Abraham and Török, 1994）として私のなかに入り込んで傷をつけ，その傷は影と不在と見知らぬもので満たされた。私は母の存在を症状（悪夢・孤独・ひどい腹痛を伴った動けなくなるような不安発作）としてしか感じられなかった。こうしたすべての症状は偶然にしては多すぎ，理屈に合わなかった。あるいは少なくとも推論し理解する私の能力を超えていた。私は取り憑かれていたのだ。

　新しい教師が舞台に現れた。彼はずるがしこく，誘惑的で，私を歓迎し

た。話しかける前から，彼には私の気持ちがわかっていた。彼の教えには魔力があり，それで空っぽだった私は確信と積極性で満たされた。彼が求めたのは権力と複製で，征服を実行するクローンを生み出した。彼はスタイナー（2003）の言う師匠の類型のひとつで，「魂の吸血鬼」（p.3）だった。戦争で鍛えられたこのイスラエルの精神科医は私を救い，自分の私兵にした。タフでなければ生きていけず，服従が愛の器だった。危機が創造され，実体を欠く空虚な身振りと手腕が彼の戦略だった。そうした興奮は眠りを誘った。私は任務を放棄したが，そのときには自分の大部分を失っていた。私は自分のものでない声を身につけていた。

　ブラジルのサンパウロにおいて，戦場でひとり見知らぬ人々に囲まれて，私は怯えて人生に逃げ帰った。外国で再びひとりになって，そこで私は自分が生きている人生と矛盾するような論文を発表した。自分がまさにそのなかで溺れかけている外傷に関する論文。溺れる自分のまわりには無力な人々がいた。私を最初に分析した分析家もそこにいて，私よりもびくびくし，苦く軽い灰をまぶしたような言葉を私にかけた。私のなかにあったものはすべてこなごなになった。ひとりぼっちの恐怖に食い尽くされ，私は汗と涙まみれになった。イスラエルの戦士たちは退却した。私は彼らの力を求めることを望まなかった。戦士たちは私を救うことはできなかった。自己嫌悪でいっぱいで，もうそれ以上の援軍は必要なかった。私の胸ははりさけそうだった。いまだ取り憑かれながら，優しい言葉とちっぽけな安全を探し求めていた。

　家に電話。驚いたような声が一度。かすかに怯えが混じるが，まだ優しさに包まれている。「どうしたらいいの？」。

　「助けて。切らないでくれ。ひとりにしないでくれ」「ここにいるわ。いつだっていたでしょ？　助けてあげる。家に連れて帰るわ」。愛しい声が電話を通じてはじけ，私の心に住みついた。私は耳を傾けてもらった。私はひとりではなかった。そうやって癒しは死者を甦らせ，もう一度夫婦の絆をもたらした言葉で始まった。

　私の旅路で，2番目の分析家はドイツから現れた。ヒトラーから逃れる

際に，彼は孤独を学んでいた。アインシュタインのような髪，いたずらっぽいバリントに似た笑顔の写真を何枚も見たことがあり，分析の世界では尊敬されている人物だった。彼の態度は堅苦しかったが，言葉と気持ちは優しかった。コフートよりコフートらしかった。私のコンサルテーションは悲しみで満たされた。私は自分の人生を語り，心象風景と怯えと恐怖について話した。穏やかに彼は座り，動かなかった。彼は他機関への紹介を提案した。

「いいえ。あなたに会いたいのです」「それなら会いましょう」と彼は完全にドイツ語なまりで答えた。

「でも私は遠くから来ていて，仕事もあります。分析に通うことはできません」。

この古典的な訓練課程を受けた年配の訓練分析家は答えた。「それなら伝統的でない分析をしてみましょう。もしあなたがお望みならばですが」

最初の面接は対面法で，椅子は1.5メートルも離れていて，まるで世界を隔てているかのようだった。私は「ずいぶん離れているんですね」と言った。

私のもっと近づきたいという気持ちを聞いて，招き入れた優しさとともに，彼は言った。「カウチのほうが慣れているものでね」。そうやって私たちは，隔てられた距離に苦労し，時間に邪魔されながら分析を始めたが，命綱はしっかり私の魂に結びつけられた。自分が異分子であるということを思い知らされた。

● 理論に関する思考——個人的視点および他の視点から

外傷とは孤独と沈黙に関わるものであり，癒しと和解は，繰り返し話すことに関わる。同じ話を同じ言葉を使って繰り返すことは，体験をリアルにするために必要である。会話し，言葉，何らかの言葉を探すときに，自分自身の言葉が，自分の外側で体験を形作りはじめる。恐怖が言葉をもち

はじめ，解離から来る否認，沈黙，ひきこもりに風穴をあける。言語が最初に，理性のために理性の構造を形作る。最初は感情から切り離された，うつろいやすく不毛で知性化された言語が，影のなかに潜む恐怖の詳細を認識し，意識の中にもたらそうとする試みになる。無意識のなかにあって，以前は否認されていた連想，イメージ，素描は，知性化された描写に混ざり合って現れてくる感情の色合いとともに形をなしはじめるかもしれない。これは，不規則で飛躍のあるプロセスである。新しい命が生を受けるのである。

　骨身を惜しまない，我慢強い対話で話し尽くすことが動きを生み出す。行ったり来たりを繰り返すのだ。「**これって本当に？　本当にこんなこと**が……」「**こんなこと**がどんなふうに起こったの？」「どうして**こんなこと**を起こしてしまったんだろう」。苦痛と絶望であざなわれた縄にからみつかれたかのように，恥ずかしさが体を走る。**それ**を変えるには，誰かに**それ**を話すことが必要だ。

　苦痛の記憶は中途の駅まで退く。存在はするものの，わずかにせよ脇に追いやられる。それで新しい記憶を浮かび上がらせることができる。もっと通時的な（事件前後の）記憶，もっと広く深い，自分に当てはまる記憶，こうした記憶は自分の人生のより完全な語りの再現である。外傷は人生という物語，「私」として知られる多くの断片に混ぜ込まれる。これこそが私そのものであり，J・ヴィダ（私信 2004）が記しているように「不必要な苦痛はない」のである。こうした外傷体験は降伏と取り入れを通じて統合される。降伏というのは外傷に当てはめるのが難しい言葉であるが，私はゲント（1990）が示唆する「防衛的な障壁を解除する必然的な帰結としての，自己の開放と拡張の性質」（p.108）として，「偽りの自己が屈するという意味での降伏を可能にする，深く心の底に埋められているか凍りついている，何かへの切望」という意味で使っている。私の考え方によれば降伏とは，内部での損傷に身を委ね，深く受け入れ，そして自分自身と世界と一体になるために再び手放すことである。孤独のために人は自分の頭がおかしく隔離されているように感じてしまうが，その孤独を癒しはじめ

ることはできる。

　降伏はいつも可能とは限らない。傷があまりに深いので，それ以上傷つきやすいままでいることに耐えられないということもありうる。心を痛めている外傷を受けた人々，特におそらく専門家として外傷を受けた人々は，囚われの身になり，意志を奪われ，途方に暮れたままだ。服従が降伏に取って代わってしまっている。再びゲント（1990）によれば，服従とは「他者との作業のなかで自分自身を愛すること，何らかのやり方で主人の奴隷になること」（p.115）である。服従とは搾取と罠にかけることに関わるものである。道に迷い，偽りの自己は外傷的な攻撃者への同一化を通じて強化される。私たちは今フェレンツィの領域にいる。だから外傷を受けた人々は，自己を失い，全く依存的になり，恐れ，怯え，攻撃者の心のなかへの入り口を探すのだ。解離し，道に迷い，主人である攻撃者のようになろうとして，彼らはつながりを，憧れに満ちた愛着を，安全感を求める。主人と同じになろうとすることは，攻撃の技術をマスターして，自分ではなくなろうとすることである。奴隷になることは，破壊されたように感じることである。「私はお前を自由に辱めていいのだから，私が辱められることはもうない。そういう権力が私を自由にするだろう」。

　もちろんそれは幻想であって，安全を求める絶望的な懇願ではあるが，攻撃性が開放されているため愛そうとする人にはつらいものとなる。私は仏陀の言う飼い慣らされない心を生きていた。コーンフィールドとフロンズダル（1993）は，仏陀の説明を次のように訳している。「友よ，飼い慣らされず，支配されず，注意を向けられず，制限されない心ほど，苦しみをもたらすものを私は知らない」（p.85）。ほんのわずかの傷つきやすさを匂わせるだけで，目一杯の虐待的な力がやってくる。「私が弱いのではなく，お前が弱いのだ。お前を破壊して自分を救うとしよう」。無意識的な否認された攻撃性は，見かけ上は援助に偽装し，「お前のためだ」という旗のもとに私は行進し，過酷なまでに妻を攻撃した。自分の無力さに直面することができず，怒りに突き動かされ，「愛情のこもった直面化」に間違って導かれ，私は妻を作りかえようとした。私は妻と自分の違いをなくそ

とし，彼女の自立をつぶそうとし，彼女の言葉を奪おうとした。ありがたいことにそれには失敗したのだが。

妻は反撃したが，私は気にとめなかった。妻は何度でも元気を取り戻すのだった。正義はいつも私の側にあった。私は絶対的で原理主義的なやり方で言語を所有した。私は何が適切で何が正しいのかを定義し，また定義し直した。例外はなく，解釈の余地もなかった。言い換えも口を封じられた。サンパウロの事件がこの同一化を木っ端みじんに引き裂いた。「ああ，私はいったい私はどこにいたんだ？　妻はどこにいたんだ？」。

◆ 愛の言葉への帰還

妻はそこにいた。決してどこにもいかなかった。結びつきを捨てたのは妻ではなかった。明らかに妻を見捨てたのは私で，数年間いないも同然だったのだ。空虚な隔たりがあった。私は何かを失っていた。地下室をこじ開けるために何かを探す手順に溺れてしまい，私の人生は自分をリアルで積極的で生き生きしたものに感じるにはあまりにも陳腐なものになってしまっていた。怒り，孤独を感じて，私は今までとは驚くほど違うものに安らぎを求め，気がつくとグロテスクで外傷的なもののなかにいた。私は途方に暮れ，むなしさを感じていた。私たちはやりなおすことができるのだろうか？　この暴力の体験をひどく歪んだ愛情だと言い換えることができるのか？　私たちはもう一度愛に降伏することができるのか？

「ちっとも話を聞いてくれなかった。私のことなんてどうでもいいの。あの人たちみたいになってほしいんでしょ？　あなたは私の魂までほしがったのよ。優しかったあなたはどこにいっちゃったの？　私が結婚したのはこんな人じゃなかったわ。あなたのことがわからない。あの人たちはあなたを支配しているのよ。あなただってじれったいでしょ？　私より他人を優先するのよ。でもあなたが壊れてくれてよかったわ。この日を待ち望んでいたの。待っていたのよ。愛しているわ。私のところへ帰ってきて」。

私は耳を傾けた。泣いた。謝罪した。自分を見つめた。見えるものは気に入らなかった。自分がつけた傷，過去の自分。私は多くのものを取り入れていた。母親の冷たさ，最初の分析家の傲慢さ，怪しげなイスラエルの精神科医の残酷さ。私は過去の自分を憎悪した。妻の愛情のこもった言い換えを通じて，私はこの変容を見つめ，受け入れることができるようになった。もはや否認することもなく，妻の「変わるのよ。もっともっと」という叫びを聞くことができた。私はずっと昔に忘れられた言語を思い出さなければならなかった。脳卒中の患者のように，私は再び愛の言葉を学ばなければならなかった。本物の親密さの言語のために間違った服従の言語を捨てることを学ばなければならなかった。親密さは隷属の言葉によって強制されるのでもなく，罪悪感によって薄っぺらになることもないのだ。和解によって，ずっと間違った場所に置かれ，あって当然と思い，ほとんどなくしかけていた誓いを見出したのだ。

　そう，こうした外傷的な出来事は私を変えた。何らかの方法で過去の私と未来の私を暴いた。危険で，暴力的で，攻撃的な私の側面を暴いた。錯乱として簡単に流すことはできなかった。これらは受け入れ，所有し，統合しなければならない，私の新しい一部だった。フェレンツィよりはアブラアムとトローク（1994）の言うものに近い，私にとっては困難で苦しい取り入れのプロセスだった。私は以前，取り入れを「悪い対象を内在化する」病理的なプロセスと考え，受け入れていた。初期の論文で私は，攻撃者への同一化に比べて「取り入れは，より心の深層にあり，消耗をもたらす，傷つき固定された内的状況である」（Raubolt, 2004, p.39）と書いている。そのとき，外傷的な因子がもうひとつ私のなかにあった。私は有毒な脅しを吸収したのだった。私のなかにもうひとりの侵入者を完全に呼び込んでしまっていて，この幻影が棲みつくもうひとつの地下室を作りあげていた。そうした侵入者は私の外部にいる存在としてもはや見ることも，戦うこともできなかった。恐ろしいことに私は自分が恐れているものになったかもしれないのだった。

　アブラアムとトローク，より具体的にはモラドとヴィダ（2004）は，取

り入れを違う角度から捉え，理解している。アブラアムとトロークは取り入れを「絶え間ない獲得と同化のプロセスであり，外界の出来事や影響力であるだけでなく，広がっていく自分自身の欲望と感覚を収容する積極的な潜在力」(p.9) と定義している。私は獲得と同化，調整と変化のような新しい概念を見出した。私がするべきだったのは「情緒とパニックと混乱に直面して，ある種の一貫性を生み出す」ことだった（p.14）。

あるいは違う言い方をすれば，私はレーワルド（1978）が「道義的責任」と言っていることを育てなければならなかったのだ。(「ならなかった」と言うと強制ということになるのだが，そういうことが言いたいわけではなくて，私には本当に道義的な命令のように感じられたのだ)。レーワルドにとって，これは自分自身の歴史を「手に入れる」こと，すなわち，現在の生活を生み出すために歴史を改訂し，再編成し，変容させることを含んでいる。カルトの名前ばかりの感情から抜け出して生きることができて，私は過去から切り離されすぎることも，からめとられすぎることもない場を手に入れた。

私はこれまで否認しようとしてきた多くのことを受け入れはじめた。再び自分の気持ちを話し，相手を愛することで，余裕ができ，攻撃性が必要で要求さえされていたときがあったことに気づいた。

以前のなまくらな私には，身を守り，イニシエーションを受け，挑戦し，成し遂げるための切れ味の良い刀が必要だった。愛と攻撃性は一緒に混じり合い，人生の基礎を形作っていた。自分の攻撃性を認め，私はかつての自らの空虚さに挑んでいた。攻撃性と一緒に，何十年もの間沈黙した心の領域（飛び地）を見つけ出し，それを満たす力がわいてきた（Abraham and Török, 1994）。私は，いなくなった母親を見つけ，別れを告げることができた。そして私の2番目の分析家は簡単にこう言った。「少年は男になりつつあるのですね」。彼のいたずらな妖精のような微笑みは変わっていなかった。

私は傷が完全に癒えたと言っているのではない。自分のなかの空虚を満たすために，そうした苦痛を引き起こした，漂う満たされなかった願望を

もっとしっかりと握りしめるために，体験しつづけなければならないすべてと「ともに作業する（work with）」ようになるために，私はこの体験を書きつづける。今や「ともに作業する」とは，少なくとも私にとっては興味深い，すべてを根底から揺さぶるような概念である。ヴィダは個人的な会話（2004）で，私に「作業し抜く（work through）」とは悲劇的なまでに誤った概念だと示唆した。外傷は決して去ることはない。外傷は決して何もなかったことに戻ることはない。ヴィダの言葉を引用すれば，「何度も，たくさん『ともに作業すること』によって，外傷はある程度，編み直され，変形されるが，外傷はいつも厳然としてそこに存在する」。メラニー・クライン（1960）は，45年前に心的生活の還元し難くつかみどころのない性質，つまり，存在の多様な変動状態について書いている。心の健康とは，人生の荒波を溺れることなく航海するようなものである。葛藤のない人生や，情緒的な問題を完璧に克服するという考えは，幻想であり，捨ててしまうのが一番である。そして人生は続く。でたらめで予期しがたいが，そう，活気にも満ちている人生が。

原註

1 —「ひとまとまりのプロセスとして見るならば，取り入れは3つの連続する段階からなる。(1)（良いことでも悪いことでも）新しいことや，見慣れぬことが自分のなかに起こる。(2) この新しい「もの」が自分にしたことに注意を向ける。遊びやファンタジー，投影（あるいは何らかの他の活動）を通じて，これに自分を慣らす。要するに，新しい「もの」を自分のものにするのだ。(3) 起こったことに気づき，その起こったことに自分が徐々に邂逅していくのに気づくようになる。その結果今では，すべての取り入れのプロセスに自分の情緒的な生活の内側の場所を提供することができるようになった。私はまたなぜ，どのように「自分」の視野が修正されたり，広がったりするのかがわかったのだ。

訳註

ⅰ —『増支部経典』。

文献

Abraham, N. and Török, M.（1994）*The Shell and the Kernel : Renewals of Psychoanalysis.* Chicago, IL : University of Chicago Press.

Ghent, E.（1990）Masochism, submission, surrender : Masochism as a perversion of surrender. *Journal of Contemporary Psychoanalysis* 26 ; 108-136.

Klein, M.（1960）*On mental health. In Envy and Gratitude and Other Works（1946-1963）.* New York, NY : Dell, 1975.（深津千賀子＝訳（1996）精神的健康について．In：メラニー・クライン著作集5──羨望と感謝．誠信書房）

Kornfield, J. and Frondsdal, G.（1993）*Teachings of the Buddha.* Boston and London : Shambhala.

Loewald, H.W.（1978）*Psychoanalysis and the History of the Individual.* New Haven, CT : Yale University Press.

Molad, G. and Vida, J.（2004）From identification-relations（of power）to introjection-relations（of love）: A note on identification with the aggressor. Workshop presentation for psychoanalysis, history, dream and poetry organized by the European Association for Nicolas Abraham and Maria Török, Paris, October.

Raubolt, R.（2004）Charismatic leadership as a confusion of tongues : Trauma and retraumatization. *Journal of Trauma Practice* 3-1; 35, 48.

Steiner, G.（2003）*Lessons of the Masters.* Cambridge, MA : Harvard University Press.（高田康成子＝訳（2011）師弟のまじわり．岩波書店）

4

精神分析における自己愛的権威主義

ダニエル・ショー

　少し前に私は，所属している精神分析研究グループで短いコントのテープを流したことがある。ずいぶん前に録音したもので，エレイン・メイとマイク・ニコルズが精神分析家と患者を演じていた。ずいぶん昔からこのコントを聴くたびに何度も大笑いしていたので，今となっては馬鹿だったと思うのだが，典型的なお堅い学者集団が，柄にもなく身をよじらせ，笑いの涙を拭きながら，自分たちみんなに関するジョークを楽しむところを上機嫌になって想像していた。このコメディで，患者（ニコルズ）は分析家（メイ）に，来週末がクリスマスイヴだから家族と過ごそうと思うので，週5回の面接の最後の回を休まなければならないと話す。患者が自分を見捨てる計画を聞いてたちまち動揺して，メイは患者がセッションを休もうとする欲求を探索し，詮索し，熟考し，連想することを要求することによって，分析的なスタンスを保ち，急激に広まる自己断片化をごまかそうとする。ニコルズがただクリスマスイヴには家族といたいだけだと主張するのに直面し，分析家ははらはらと涙を流し，それから絶望のためにすすり泣き，ついには怒りのためにどなりだす。分析家が埋め合わせようとするのを助けることもできず，問題を解明しようとしつづける彼女を置いて，患者は静かにメリークリスマスと言って退室する。私がテープを止めると，みな黙りこくってしまった。何人かは，聞きながら磔にでもされるような不安を感じたとようやく告白した。話はそれ以上ほとんど進まなかった。私たちはすぐに検討しようとしていたテーマに話を変えた。芸能界ふうに言ったら，私はすべったのだ。そのときはなぜ私がそのコントに何度も大

笑いしたのかは言葉にならなかったが，今は言葉にできる。このコントのおかげで，いつも存在するけれどたいてい完全に分析されていない精神分析家の自己愛を，私は笑うことができたのだ。笑うといっても，笑い飛ばせるわけではないのだが。

　自己愛は患者の問題であるが，精神分析の専門職と，すべての精神分析家にとっても全く同様に問題である。私たちの職業には最初から自己愛の問題という影がさしており，私たちはいまだにその問題に適切に取り組もうと努力している。分析家として，私たちは長く患者の自己愛に関心をもち，また教師やスーパーヴァイザーとして，精神分析家の候補生の自己愛に関心をもってきた（たとえば Brightman, 1984-1985）。しかし，私たちが目にするのは，分析家，教師，スーパーヴァイザーとしての自己愛ばかりということがますます多くなってきている（Cooper, 2004 ; Hoffman, 1998）。

　この章では，私は分析家の自己愛的な側面を探索し，特に精神分析家の訓練に関わるような，自己愛と権威主義の関連について検討する。私は個人スーパーヴィジョンの文脈から権威主義について検討し，自己愛的権威主義がどのように悪性化し，心理療法的なコミュニティを汚染するかを検討したい。

● 専門家の自己愛

　フロイトは自己愛の概念を 1914 年に定式化し，自らを他の分析家による分析を必要としない唯一の分析家であるとみなし，自分は従わなくてもよい精神分析のルールブックを作り，革新的な弟子たちを追放し，自分が支配できる人物を優遇することによって，自己愛のより問題ある側面を行動化しつづけてきた。権威によって支配することと，反対者を抑制することは，当時は専門職として精神分析を確立するという重要な目的のために必要な手段に思えたかもしれないが，長い目で見るとこれらの方法は効果がなかったことがわかっている。それどころか，バリント（1968）が描き

出したフェレンツィの分析の世界からの追放は，外傷としてこの業界に今でも影響を与えている。私たちの専門関連の出版物や学会でも，精神分析学派のライヴァル同士の間で共通基盤を見つけようとするように徐々になりつつあるが，権威的で近親姦的な訓練システムのなかで猛威をふるう派閥争いと内輪もめの権力闘争（Levin and Reed, 2004）のために，アメリカの一般人の大部分はもはや，「精神分析」というときにそれが何を指すのかがさっぱりわからないという困った事実につながったのは確かだと思う。

「悪性」という言葉がふさわしいような，考えられる最悪の自己愛というものは，幸運にもフロイトが実現したわけではない。フロイトの著作は尊大な傾向と深刻な誤りにもかかわらず，深遠な繁殖力をもっていた。心理療法家は親でも，神の使いでも，全能の神でもないが，多くの患者にとってはこれら3つを合わせた潜在的な転移の対象となる人物であるため，最悪のシナリオでは患者とスーパーヴァイジーをほとんど完全に支配し，心理療法の名のもとに与えられた権力によって，単なる自己愛の充足のために支配し，搾取することが思いのままになる。

訓練や臨床の現場でセラピストが行使することのできる権力の濫用と，研修生と患者が受ける被害は過小評価されるべきではない。もしこれらの問題に十分注意を払わないならば，専門職として訓練研究所の活力と統合性という点からも，一般の人々の信頼を保つという点でも，法外な代価を払うことになる。さらに重要なことに，私たちは研修生と患者を虐待から守り，「害を与えない」という道徳的な義務を担っている。ということは，これらの問題をそれが始まるところから，つまり候補生の訓練，教師とスーパーヴァイザーの訓練から考えなければならないのである。こうした虐待の存在は，私たちの専門職につきまとう自己愛的権威主義の存在に結びつく。そのような濫用の事例を提示する前に，私の自己愛の考え方，自己愛と権威主義の関連についての考え方を示そうと思う。

● 病理的，悪性自己愛

　病理的ナルシスト[1]とは，私の考えでは，道徳的にも，物質的にも，優劣の問題にとらわれた人である。もちろん誰もが，ある程度こうした問題には関心をもっている。虚栄心，恥，プライド，羨望，支配の願望をもたない人はいないのである。これらの問題に対するこだわり，その広がり具合，優越感を保つために行う行為の程度が，こういった関心が病理的かどうかが決まる重要な要因である。

　病理的自己愛は，深く抑圧された恥と，劣等感と羨望の感覚への防衛として，もろい妄想的な意味での優越感にしがみついている。こうした感情は典型的には原家族において外傷的に植えつけられ，強化されたものである。病理的ナルシストは病理的ナルシストの子どもであり，攻撃者としての親に深く無意識的に同一化している。病理的ナルシストは，無意識のうちに自分のなかに植えつけられた劣等感と恥の感覚を外在化し，内部の有毒な恥を否認しようとして何度も自分のなかからはじき出し，自分のまわりの人のなかにそれを引き起こそうとする。このプロセスはベンジャミン（2004）とデイヴィーズ（2005）が「熱いポテトを手渡す」と呼んだものである。この恥の強迫的な否認と外在化は，自己愛精神病とでも言うべきレヴェルに到達するかもしれない。自己愛精神病においては，病理的ナルシストは自分の疑いようのない正しさを信じるようになり，異議のある人やはむかう人を，敵意があり，残酷で，頭がおかしく，無知で，道徳的に不快であるとみなす。病理的ナルシストは，自分はいつも正しく決して間違わないと信じているので，衝突したり不平を言ったりする人々は守勢に回される。なぜなら病理的ナルシストによれば，相手がいつも間違っていて，正しいことはないからだ。

　揺るぎなく非難されようのない完璧さへのこだわりは，ナルシストの絶望的な支配への欲求を表していて，自己愛と権威主義を結びつけるもので

ある。権威主義的な服従を過酷に要求することは，万能的な支配と優越を維持するための病理的自己愛欲求に基づいている。権威主義は病理的自己愛のように，他者を劣ったものと定義し，あらゆる可能な支配方法を使って他者を劣ったものにしつづけようとする。病理的ナルシストはフェアベアンの言う道徳防衛（1952）の反対のようなものを使うのだ。彼らは誰か他の人に悪いことのすべての重荷を背負わせ，いつも自分自身の道徳が優位であると主張する[2]。

　ニコルズとメイの寸劇で分析家が示した，むきだしで生々しい依存は，まさに病理的ナルシストが絶望的に身を守ろうとして行うものである。病理的ナルシストは，依存の問題に関わる早期の深刻な外傷に苦しんでいて，依存することをひどく恐れている。ナルシストにとって依存は，不名誉にも自分が見下げはてるほど弱々しく，完璧でも万能でもないということを意味することになっている。屈辱的な依存の問題を解決するために，ナルシストは他者，配偶者（または子ども），部下，学生，スーパーヴァイジー，患者の依存を引き出す。ナルシストは，自分を究極的な裁判官に見せかけるために権威的な地位を使うことで他者を依存させる。そしてナルシストが支配しようとするのは惨めな人（それゆえ病理的ナルシストによって救われうる）か，軽蔑すべき人（それゆえいなくても構わない）であると宣言する。それほどすぐに影響を受けない人に対しては，誘惑して誇大的な寛大さを見せびらかすことで支配し依存を引き出すのだが，後になって，自分の万能感に少しでも異議を唱えられると，軽視や侮辱に切り替える。ナルシストは絶対確実な正しさを想定し，恩恵や冷遇を分配し，他人の自尊心を自分の判断に基づかせようとする。他者のなかに道徳的な怠慢や劣等感を引き起こし育てることによって，病理的ナルシストは自分自身の恥ずべき依存を躁的に否認し，自分の軽蔑すべき依存を他者に投影することによって，万能的な自己への信頼を強める。

　すべてのナルシストが権威的な人物として機能しているわけではないが，自己愛はいつも権威主義の裏に隠れていると私は信じている。権威主義において，権威的な人物は自分自身がまわりの人々からいつも献身的な注意

を集め，服従されるのが当然だとみなしている。権威的な人物は，自分の万能的な正しさを信じているので，病理的自己愛と結託して，裏切り，脅し，強制，抑制，搾取といった対人関係の行為を正当化する。権威的な人物にとって，目的（耐えがたい恥と依存に対する防衛として妄想的な万能感を維持すること）はいかなる手段をも正当化するのだ。

悪性自己愛は，社会病質への傾向，すなわち性的暴行，窃盗，恐喝，脅迫，殺人などの犯罪を犯し正当化する能力があるという点で，病理的自己愛と区別される。悪性ナルシストと同じように，病理的ナルシストは残酷なことが多いが，それでも犯罪にまでは至らないものだ。

● 日常的な自己愛的権威主義

心理療法の世界には病理的自己愛，悪性自己愛の例はたくさんあるが，はるかにありふれているのが，教師やスーパーヴァイザーとしての役割におけるちょっとした分析家の自己愛の押しつけである。スーパーヴィジョンにおけるささいな自己愛のこのような日常的な例に焦点を合わせてみたい。なぜならそういうものはどこにでもあるけれど，十分に吟味されていないと思うからだ。私の挙げる例は，精神分析の理論や文化は権威主義から遠ざかりつつあるにもかかわらず，精神分析家の訓練における自己愛的権威主義の痕跡が，いかに訓練状況にしつこく残っているかを示そうとしたものである。次に挙げるスーパーヴァイザーたちは60〜70年代に教育され，90年代後半までに現代的な自己心理学・間主観性・関係性理論への関わりで有名である。それはつまり，彼らの理論が，権威主義的であると予想されるもっと正統的な学派の人々とは一線を画しているということである。私が記述する出来事は，スーパーヴィジョンの体験におけるささいな過ちの例であり，そのような過ちがなければスーパーヴィジョンはもっと建設的な体験になっていたかもしれない。そういったことは，スーパーヴァイザーがかなり寛容で，知的で，一生懸命やっているにもかかわ

らず起こっている。しかし，このような混乱が私や仲間の候補生の訓練で起こったとき（実際そういうことはよく起こったのだが），私たちは混乱し，寄る辺なく，怯え，不名誉に感じた。（穏やかなものであれ，深刻なものであれ）いじめ，恥ずかしめ，脅し，責任を負ったり過ちを詫びることを拒んだりするという精神分析の伝統は，少なくともフロイトと症例ドラにまで遡るルーツがある。この治療は現在では，情動調律が失敗した無神経なものとして広く認められていて，フロイトとフェレンツィの間で意見が食い違っている(Berman, 2004／第1章参照)。私のスーパーヴァイザーたちは自分が人にするよりも，自分の分析家とスーパーヴァイザーからこの種のことをはるかに多くされてきただろうと思う。しかし，時々，過去がフラッシュバックのように甦り，私は「昔々」なされていたような自己愛から生じる誤りに迎えられた。

　自己愛的行為の世代間伝承の問題に加えて，分析家はもちろん自分自身の自己愛的傷つきやすさの歴史をスーパーヴィジョンという状況に持ち込んでくる。分析家は自分の職業を選ぶにあたって，深く心に秘めた理想的な野心，つまり権力と名声を求める自己愛的な関心をしのぐ野心を実現していることが多い。助けたい，優しくしたい，世話をしたい，理解したい，癒したいという願望は，多くの分析家が高く評価する愛他主義の表現である。私たちの多くは，援助する人の成長と変化のプロセスの証人になれることに絶えず感動し，感謝する。しかし，このような動機だけでなく，もっと利己的な動機も存在し，それは非常にありふれたことだと思う。これらのなかには，分析家自身を「正気で健康な人間」として認めさせる手段として専門職としての地位を利用するというものがあり，たいていは親やきょうだいから狂気を投影されたことに対する防衛である。気の狂った親から自分を区別し分化する必要があったのかもしれないし，家族の誰かを救うことができなかったから，人々をうまく救うことに駆り立てられるのかもしれない。現在重要な他者との間に，あるいは早期幼児期の内的対象との間に起こる権力闘争で，より高い道徳的根拠を見出そうとしているのかもしれない。自分が無価値だという感覚を消そうとして，援助者とし

ての徳を積もうとしているのかもしれない。たしかに私たちの職業選択の動機は複雑で多重決定されていて、いつもある程度は、自己愛的欲求が実現されたものである。名声、権力、支配力の獲得はどこかで混じりあっていて、私たちの名声、権力、支配力も保険会社や、保険会社がお気に入りの行動主義者たちの非常に効果的な攻撃に直面しているのだ[ii]。

　上記に述べたような、職業選択に影響するさまざまな個人的、歴史的要因は、私たちの自己愛のどこが傷つきやすいのかを決めるのに重要な役割を果たし、次に、仕事という点で私たちが権威主義のスペクトラムのどこに位置するかを決定する。権威を想定せずに専門家になることはできない。専門家の自己愛が問題になるのは、権威的になることで権力や支配を求めてしまうとき、言い換えるなら、過小評価、見下し、脅し、叱責、辱めなどの手段によって、絶対的に正しく支配的になるときである。人が自己愛的に傷つきやすくなればなるほど、権威主義的支配が防衛的に用いられる可能性が高くなる。

　分析家、教師、スーパーヴァイザーとして、私たちはみな（少なくとも）以下の４つの領域の自己愛的傷つきやすさと戦わねばならない。どれも、私たちが教師やスーパーヴァイザーとして権威を確立しようとする際に、権威的な支配行動につながる可能性がある。(1) 理想化を促し、自分が無力ではないかという不安を防衛するために、優れた専門的技量と権力を示す誘惑、(2) 羨望、競争、負かされることへの恐れ、(3)（コメディでエレイン・メイが苦しそうに表現していた）賞賛され、自分が必要とされていると思いたいという欲求。拒否されるのではないかという不安を伴う、(4) 自分の名声、特に機関内での名声への関心。スーパーヴァイザーの理論的なオリエンテーションにかかわらず、これらの傷つきやすさがスーパーヴィジョンのプロセスに、いつでも現れる可能性がある。そのような傷つきやすさによってスーパーヴァイザーは、自己顕示、脅し、辱めなどの自己愛的な行為を行ってしまう。こういった行為はスーパーヴァイザーの優越性を主張し、スーパーヴァイジーの劣等感と依存の感覚を強めるのである。

スーパーヴァイザーが自分の役割を，古典的な伝統に則って客観的で教育的な専門家として見ようと，現代的な関係性学派（Frawley-O'Dea and Sarnat, 2000）のように埋め込まれた参加者として見ようと，上記の一般的な自己愛的傷つきやすさと，多くのより個人に特異的な傷つきやすさは，ささやかなものかもしれないが，必然的にスーパーヴィジョンの作業のなかに現れるものである。

● 精神分析的スーパーヴィジョンにおける日常的な自己愛

　典型的で日常的な権威的スーパーヴィジョンの瞬間と思えるものの例をふたつ挙げたいと思う。私は1996年に医療ソーシャルワーカーの資格を取得し，2000年にニューヨーク市で精神分析の訓練を終えた。スーパーヴァイザーたちは熟練し，非常に知的で，誠実に打ち込む精神分析家で，ほとんどの人間と同じように自己愛的な傷つきやすさがあった。スーパーヴァイザーたちのなかに病理的自己愛をもつ者がいたと思っているわけでは決してない。しかしながら，権威から権威主義へ境界線が踏み越えられ，スーパーヴァイザーの自己愛的な問題の存在が示唆された，彼らとの作業における瞬間をここで吟味してみたい。

● スーパーヴァイザー 1

　分析の訓練課程の2年目，私は毎週のスーパーヴィジョン面接のほとんどを，人を見下すところのある説教臭いスーパーヴァイザーに腹を立てながらも言いなりになって過ごしていた。「手短に，簡潔に」と彼女はある日私に言って，分析家がどんなふうに話すべきだと考えているかをやってみせた。私は分析家が時々するステレオタイプの話し方が全く好きになれなかった（エレイン・メイのコメディみたいに聞こえるのだ）。そして，私はそんなステレオタイプのまねをするつもりはなかった。付け加えるな

ら，私のスーパーヴァイザーは自分が教え諭していることを必ずしも実践せず，おそらく自分も時々ぺちゃくちゃしゃべりつづけることは，まあ確実なところだった。そんな考えはおくびにも出さず，私はうなずいていた。私は反抗的で自己愛的な候補生にはなりたくなかった。スーパーヴァイザーに十分服従しない候補生はよくそんなふうにレッテルを貼られるのだ。スーパーヴィジョン面接の後半でついに本当の喧嘩になった。私が逆転移に困っていると打ち明けると，それに応えて彼女は本を取り出し，分析技法についてまるまる1頁を読んだのだ。私が逆転移で苦闘していることに，彼女が知的に処理すべき技法的誤りとしてしか関心をもっていないことに失望し腹を立て，私は苛立ちを示した。彼女はびっくりして，あなたに良いものをたくさんあげようとしているのに受け取らないつもりなのか，とたしなめた。1週間後のセッションで，私は権威のある人と関わるのが時々難しいのだと言ってとりつくろおうとした。彼女はせいぜいうなずくぐらいで，何事もなかったかのように先を進めた。私たちがそれ以上検討することはなかった。

　1年の研修での共同作業から最も影響を受けたことは，くどくど話すなという小言が内在化されたことで，それからずっと頭を離れない。しかし，私は言葉を抑えているうちのどれだけが患者のためで，どれだけが「思想警察」的な考え方から生じているのかが時々わからなくなる。そのような心構えを私は拒絶したのだが，いつのまにか忍び寄り，知らないうちに私を辱めるのだ。

　私の考えでは，賞賛され，恐れられ，模倣されたいという欲求は，スーパーヴァイザーの自己愛の表現である。スーパーヴァイジーがどう話し考えるべきかというモデルとして自分のことを提示するスーパーヴァイザーは，スーパーヴァイジーが模倣すべき偶像としてのスーパーヴァイザーを求めていると仮定している。一方，ほとんどのスーパーヴァイジーは自分自身の権利として，人間として分析家として発達し，成長するために援助と励ましを求めていると思う。もし私たちがスーパーヴァイジーに，自分自身の偏見と好みに基づいた技法的論理的モデルを提供するなら（もちろ

んいつでもそういうものなのだが），少なくとも，自分で偏見と好みを認め，ある程度好みの偏りを説明し，彼らに自分自身のものを作るようにはげます義務がある。このような情報を曖昧にしておく意味は，私には理解できない。

多くの研究所で，おそらく年季奉公より協力関係を奨励しようと心から望んで，スーパーヴァイジーにスーパーヴァイザーを評価させるようになった。しかし，スーパーヴァイジーがスーパーヴァイザーへの批判をきちんと明らかにすることはまれだと思う。スーパーヴァイザーを批判するスーパーヴァイジーは，しばしば自己愛的（投影に注目）と診断され，扱いにくくさらに分析の必要があるなどと研究所から判断される恐れがあるのではないかと感じ，実際にその恐れはあるからだ。指示に従うのが多くのスーパーヴァイジーにとって安全な道だ。権威に挑むことは研究所内でのスーパーヴァイジーの評判を損なうという罰を受ける恐れがあり，将来患者を紹介してもらえなくなったり，卒業後に，訓練分析家になったり，教えたり，スーパーヴィジョンを行ったり，訓練委員会で働くといった研究所で重要な役割を担う機会を失うことを意味するかもしれない。

● **スーパーヴァイザー 2**

訓練課程の最後の年に，私はある患者をスーパーヴィジョンで取り上げた。その患者のことは非常に気に入っていた。私は，彼女の言うことに耳を傾けるのに苦労していることを話した。その苦労は，ひどく恥ずかしい思いを彼女が防衛しているのではないかという私の感覚に関連していた。それゆえ，彼女は時々，私と会話を交わすときに，非常にわざとらしい，芝居がかったペルソナを使っているように見えた。そのペルソナはいくつかの面接に現れていた彼女のもうひとつの側面であると思えるもの，より関係的で，思慮深く，生き生きとしたバージョンの彼女とは，はっきりした対照をなしているように見えた。

私と患者はこのことについて話すことができるようになりはじめていて，

私はこのことをスーパーヴァイザーに話した。芝居がかったペルソナではなくて本当の彼女に関わり，結びついていることがわかったという趣旨で，私は患者に語った言葉を繰り返した。患者がどう反応したかを聞こうともせず，スーパーヴァイザーは顔色を変え，表情をこわばらせ，厳しく，中学のとき以来聞いたことがないような非難口調で言った。「そんなことを彼女に言うなんて，自分を何だと思っているんだ？」。

　私は候補生になって4年目で，スーパーヴァイザーたちに頼りきってはいたが，びくびくするのにはうんざりしていた。だから私は顔をしかめて，スーパーヴァイザーの目を疑わしげに見つめた。まるで「本気でそんな失礼なことを言ってるんですか？」とでも言うかのように。気詰まりな一瞬の緊張の後，彼は口調を和らげた。スーパーヴァイザーは非難を弱め，もっと円滑に話を進めた。翌週になって初めて，私たちは起こったことに話を戻し，ワークスルーしようとした。同じ患者について報告するとき，スーパーヴィジョン後の患者との面接の間，スーパーヴァイザーが私のすべての介入を，相槌まで含めて，否定的に評価すると想像していたことを伝えたのだ。スーパーヴァイザーはためらうことなく「先週は私もストレスがたまっていたのかもしれない。非難されると思い込んでいないで前向きに作業を進めるべきだ」と言った。起こったことの処理を始めたのは私だったが，彼の告白はありがたく，そこからうまくやることができた。しかし，私のスーパーヴァイザーへの信頼はこのときからいくぶん揺らいだということも，言っておかなければならないだろう。

　スーパーヴァイザーは，自分が辱め脅したことを説明するのを厭わなかったが，私がそのことを持ち出すまではしなかったし，平然として謝罪もなかった。もちろん，スーパーヴァイザーが，あまりに説教じみたやり方，つまり辱めるようなやり方で性急に反応して，間違ったり，判断を誤ったりするということは十分考えられることである。こういうことはほとんどのスーパーヴァイザーに遅かれ早かれ起こりうるし，実際に起こるものである。しかし私の考えでは，そうなった場合スーパーヴァイザーは，スーパーヴァイジーと一緒に起こったことの跡をたどり，破綻を修復する

責任がある。スーパーヴァイザーにそのような処理をしようという気持ちがないと，スーパーヴァイザーに辱められたり，脅されたりすることに傷つきやすくなっているスーパーヴァイジーは，普通の状態よりもずっと認めてもらえない不安を募らせるかもしれない。そうなると，スーパーヴァイジーが事例を提示するときに行う作業は，スーパーヴァイザーの承認を受けることや，スーパーヴァイザーの特定の理論的技法的好みに主観的に偏り，スーパーヴァイザーの自己愛的関心によって形作られたスーパーヴィジョンの必要条件を満たすことにあわせて組織化されるかもしれない。スーパーヴァイジーは従順さに基づいた「偽りのスーパーヴァイジー自己」を発達させるようになる。私の考えでは，これによってスーパーヴァイジーは患者のなかにも同じような偽りの自己を作り上げる可能性が非常に高くなる。

　提示した例について考えるにあたって，私はこれらのスーパーヴァイザーがどんな自己愛的傷つきやすさに影響を受けたか特定することを避けようとしてきた。なぜならそんなことはわからないし，もしわかったとしてもそうした情報を開示するのは適切ではなく，憶測に基づいてしまうからだ。この議論で重要なことは，このようなスーパーヴァイザーが服従させるために辱めたり脅したりするといった権威主義的な行為を行うのは，自己愛と権威主義が結びついていることを示しているということだ。これらふたつの例において，スーパーヴァイザーは特に自分が評価している理論的技法的原則を破ったとみなされたスーパーヴァイジーに対して，強い態度を示しているのがわかる。ふたつの事例とも辱めと脅しの要素があるが，最初の事例ではスーパーヴァイザーはスーパーヴァイジーが自分の好みを受け入れ，自分と同じように話すことを期待したのがわかる。2番目の事例では，スーパーヴァイザーは決裂の一因となったことを認めるのを厭わなかったが，最初の事例は決裂があったにもかかわらず，スーパーヴァイザーは自分たちの間に起こったことをそれ以上探索しようとしなかった。両事例ともに，私が描写した行為は候補生に自分を認めてもらえないので

はないかという不安をかき立てる手段として、スーパーヴァイザーが無意識のうちに用いていたかもしれず、そのような状況はスーパーヴァイザーにより大きな権力と支配の感覚を与えるかもしれない。候補生は一般的に分析家になるために多くの投資をしているので、自分の実績に対するスーパーヴァイザーの評価を人間としての自尊心の基礎にしやすい。スーパーヴァイザーは個人的にも、専門家的にも、かなりの権力をもっていると研修生が一般的に感じていることを考慮すれば、なおさらである。スーパーヴァイザーや訓練分析家には自己愛がないという誤った考えによって、場合によっては研修生は勝ち目のない状況に追い込まれてしまう。スーパーヴァイザーはいつも「正しく」、研修生はいつも「自己愛的」であるから、研修生はいつも対立しながら「難題を抱え」なければならなくなる。スーパーヴァイザーとスーパーヴァイジーが権威と権威主義の間に線を引くようにならないといけないのはここであり、さもないと訓練課程は洗脳に変わる危険性がある。従順と同調を優先して、候補生の個性と創造性を押さえつけることは、オーウェルの『1984年』バージョンの精神分析のように思える。私たちはみなこれを警戒しなければならない。

　スーパーヴァイザーとして、私たちは自分が間違うかもしれないことを受け入れ、認めることで、スーパーヴァイジーと研修生に自己愛的傷つきやすさを乗り越え調整する能力をモデルとして提供する機会をもち、不完全であることの不必要な恥と恐怖からスーパーヴァイジーを解放し、独自の専門的アイデンティティの感覚を発達させるのを助ける。そうすることによって、私たちは自らとスーパーヴァイジーと患者を、精神分析家訓練の文脈においては万能性への自己愛欲求の証明となる、権威的な隷属、洗脳、理論的教条主義から守ることができるのだ。

● 悪性自己愛的権威主義

　精神分析のスーパーヴィジョンにおいて、日常的な自己愛的権威主義が

どのように発生するかについてはすでに考察したので，心理療法のコミュニティや，権威主義的な教師に影響を受けたセラピストの間で，深刻な病理的自己愛による権威主義がどれほど破壊的になりうるかをよく知っておく必要がある。そのような場合，心理療法のコミュニティは，孤立し，妄想的で，荒廃の可能性のあるカルトになりうる。この本の第9章において，リチャード・ローボルトはこうした事態の衝撃的な実例を挙げている。次に挙げるのは，心理療法家が病理的自己愛的で権威主義的な宗教指導者にどれほど影響を受けてきたかということの実例である。この例では，紙数に限りがあるので多くの例からひとつだけを挙げるが，悪性自己愛の社会病質的傾向を見ることができる。

シッダ・ヨガという宗教団体は，瞑想とシッダ・ヨガ導師（現在はグルマイと名乗る50代前半のインド人女性）の崇拝によってスピリチュアルな啓発への道が開かれ，人は自分の悪いカルマを純化し，浄化し，他者のなかに神を認識し歓迎しつつ，自らのなかに神を体験するようになると説く。この教団の指導者たちが広い範囲で犯した性的あるいは他の形の虐待の事実が，リス・ハリス（1994）執筆の雑誌『ニューヨーカー』で十分裏付けのある記事として掲載され，さまざまなインターネットのディスカッション・グループで脱会したメンバーが教団について証言をしているにもかかわらず，シッダ・ヨガは，芸能人，知名人，芸術家，学者など富裕な信者を惹きつけている（Rodarmor, 1983参照）。

シッダ・ヨガが精神保健の開業臨床家に与えた影響はあまり知られていない。シッダ・ヨガ教団は精神保健従事者のための年次総会を80年代半ばから始め，私の知る限り1997年まで行われていた。まだ精神保健従事者ではなかったが，私はシッダ・ヨガ教団の信者だったときに，この総会の最初の2回に出席した。私は教団のスタッフが運営する一日がかりのセミナーのために，数百人の専門家がニューヨーク州北部の修養所に集まっていたのを覚えている。企画者から個人的に聞いたり目撃者として知るところによれば，このようなセミナーが主に奨励していたのは，すでにシッダ・ヨガを実践している精神保健従事者が，患者に教団に関わるように勧

誘することだった。セラピストはグルマイの写真の飾られた祭壇を面接室に飾るように教え込まれ，患者が祭壇に気づいて質問したときに，自分がシッダ・ヨガ瞑想をやってみて役に立ったことをどう話したらいいかアドバイスされた。これらのプログラムではシッダ・ヨガの信者であるセラピストが助言を受けながら発表し，シッダ・ヨガが心理療法の実践をどれだけ変えたか，シッダ・ヨガを患者とどれだけ共有したか，シッダ・ヨガが患者の人生をどれだけ変えたかという体験を議論もした。このようなセラピストは患者の集団をグルマイに会わせるために修養所に連れてきて，勧誘に尽力したとしてグルマイから特別な好意を向けられた。まだシッダ・ヨガに入信していないセラピストは総会で積極的に勧誘され，そこでさまざまな瞑想練習を通じて指導され，最終的にグルマイに特別にお目通りを許された。グルマイは明るい絹のローブを着て高貴な印象で玉座におさまり，御前に拝謁する人は足下にひれ伏すように求められた。

　信者であるセラピストに患者をシッダ・ヨガに勧誘するように促すだけでなく，グルマイは多くの信者を，彼らが求めているかいないかにかかわらず，精神保健従事者である他の信者に紹介した。シッダ・ヨガとグルマイへの結びつきを最終的に断ち切った幾人かの専門家の話によれば，グルマイは信者のセラピストから自分が紹介した人々の報告を求め，自分の取り巻きのメンバーのいる前で，しばしば嘲るような調子で，治療の詳細について話題にした。[3]

　グルマイは1980年代以降，実弟であるニチャナンダという名のライヴァル導師に対する長期の抗争状態に陥った（Harris, 1994）。この時期，グルマイの教団員はニチャナンダに嫌がらせをするために，地方のシッダ・ヨガ信者を組織化するように命じられた。最も悪名高い事件は，ニチャナンダの講演を聴く聴衆にスカンクの臭気成分が投げつけられたものだが，これは有資格の心理士によって行われ，その心理士はグルマイがよく教団員を心理療法に紹介していたうちのひとりだった。

　グルマイとその側近たちは他にもたくさんの違法で非倫理的な行為を犯し，正当化し，黙認してきた。そして上記の例のように精神保健従事者を

含む信者を説得し，同じことをさせた。悪性ナルシストは，次のような根本的な信念に基づいて行動する。「自分（この場合は，シッダ・ヨガの導師）は完璧で，優れていて，究極的な権利を与えられている。それゆえ目的のためには，いかなる手段もつねに正当化される。万能的な完璧さという妄想を完成するとためとあらば」セラピストが患者をシッダ・ヨガに勧誘するという明白な倫理違反を，解離しながら見過ごす場合のように，必ず自分自身の道徳的価値観を踏みにじることが必要になるにもかかわらず，権威主義的なコミュニティではこのような目的が信者に共有されている。病理的ナルシストを信じる者は，自虐的な立場に立って代理の病理的ナルシストとなる。指導者に完全に服従し献身することによって，指導者の目指すもの（指導者を潤わせると同時に権力を与えるように世界を変容させる概して万能的な計画）に取り組むことによって。[4]

　この10年，私はしばしばカルトの脱会者と面接するようになり，多くの他の権威主義的心理療法のグループについて学んだ。問題はみな共通であり，元教団メンバーのなかには開業臨床家に対する資格の取り消しを求める訴訟に成功したものもいるが，そのようなグループの指導者の多くは，そもそも専門的な資格をもっていないのだ。この問題に取り組むために，私たちは自己愛的権威主義を，その一番穏やかな形態から，最も病理的な形態まで，まずはより深く理解し，つねに注意を払う必要のある進行中の専門的な現象として認め，研究しなければならない。この章，そしてこの本全体はそうした目的に対するステップにすぎない。

● 結論

　専門職としての確立以来，精神分析家は自分たちの権力を理解し，責任を持って心理療法的に使おうとしてきた。権力とは決して扱いやすいものではない。権力とは潜在的には常に腐敗していくものだ。私たちには患者の自由を拡大するという目的があるのだが，訓練生の順応，従順，画一化

につながる訓練方法が確立されることがあまりにも多い。私が示そうと試みたように，権威主義を生じさせるのは，精神分析家の無意識の否認された自己愛である。権威主義とは権力の腐敗であり，自己愛的な傷つきやすさに対する防衛の手段として，隷属や支配のために対人関係的な方略を使うという特徴をもつ。

精神分析を専門職として蘇らせ，再活性化し始めているのは，権威を徹底的に検証するというポストモダン的傾向の影響が少なからずある。私たちの専門職としての自己愛のために，精神分析は老朽化の瀬戸際という危険な場所に追い詰められている。そこから精神分析を救い出すことができるのは，自分に率直になり，自己愛に直面し，権威と権力の使い方に関する前提すべてを疑うことができる意志なのである。

● 謝辞

ルー・アーロン，リンダ・ジェイコブス，ジル・サルバーグの批判と励ましに助けられたことに，感謝を表したい。「狂気と邪悪——サリヴァン派研究所の内部からの視点」という題で以前公刊された書評の部分使用を許可してくれた『現代精神分析』誌にも感謝したい（*Contemporary Psychoanalysis*. Vol.41-4, October 2005, pp.765-773）。

原註
1——私はこうした考えを以前に「カルトにおける外傷的虐待——精神分析的視点」（2003）で詳細に述べた。私の病理的自己愛に関する考え方は以下の著者から影響を受けている。ロゼンフェルト（1964），シェイファーに紹介されたロンドンの現代クライン派，フロム（1964），カーンバーグ（1985），コフート（1966, 1971, 1976），ジョセフス（1992）。
2——私はこの定式化を「家族の悲劇——病理的自己愛と道徳防衛の間主観的な網の目」というタイトルの論文でより完全に展開する予定である。
3——1995年に，私は，このような活動について知る人々とともに，シッダ・ヨガでの

虐待に関するオンライン・ディスカッション・グループで，総会に関する情報提供を行った。1997年に開催された最後の総会の参加者から，セラピストは患者を勧誘しないようにとはっきりと警告されたと聞いている。にもかかわらず，最近の2004年になっても，セラピストの面接室にグルマイの写真があるのを見つけた心理療法を受けている患者から問い合わせが続いている。
4 ― この力動はエーリッヒ・フロムが『自由からの逃走』（1941）において詳細に記述した。そのなかでフロムは「魔術的援助者」の概念について記述している。

訳註

i ― Elain May（1932-）アメリカの映画監督，脚本家，女優。脚本家として2度アカデミー賞にノミネートされている。このコント "Marry Christmas, Doctor" を演じていたときメイもニコルズも精神分析を受けていた。そしてメイと担当の精神分析家のディヴィッド・ルービンファインはお互いに離婚して，メイにとっては3度目となる結婚をした。ルービンファインはこれがスキャンダルとなり，訓練分析家の資格を剥奪された。二人の仲はその後疎遠になり，離婚はしなかったが別居し，ルービンファインは1982年に没した。

ii ― アメリカでの精神分析は60年代位までは社会的な地位の象徴として高額の費用を払って行われることが多かった。70年代から80年代にかけて保険会社が精神分析の費用を負担するようになった。精神分析には高額の費用がかかるため，70年代半ばから導入された医療費抑制のためのマネジッド・ケア（管理医療）と呼ばれる制度の対象となっていった。マネジッド・ケアでは保険会社が医療費の細目に関して細かく介入し，不必要とされれば保険の適用を認めない。これにより精神分析を受ける患者の数は減り，医学的エビデンスがあり，短期の治療で済む認知行動療法がもてはやされるようになった。1980年に公開された精神障害の診断と統計マニュアルIII（DSM-III）は，DSM-I, IIがもっていた精神分析的な色彩を薄め行動主義・生物学的精神医学の色彩を増し，保険適用の基準となった。

文献

Balint, M.（1968）*The Basic Fault. Therapeutic Aspects of Regression.* London : Tavistock Publications.（中井久夫 訳 治療論からみた退行――基底欠損の精神分析．金剛出版）
Benjamin, J.（2004）Beyond doer and done-to: An intersubjective view of thirdness. *Psychoanalytic Quarterly* 63 ; 5-46.
Berman, E.（2004）*Impossible Training : A Relational View of Psychoanalytic Education.* Hillsdale, NJ : Analytic Press.
Brightman, E.（1984-1985）Narcissistic issues in the training experience of the psychotherapist. *International Journal of Psychoanalytic Psychotherapy* 10 ; 293-317.

Cooper, S. (2004) State of the hope : The new bad object in the therapeutic action of psychoanalysis. *Psychoanalytic Dialogues* 14-5 ; 527-551.

Davies, J.M. (2005) Whose bad objects are we anyway ? Repetition and our elusive love affair with evil. *Psychoanalytic Dialogues* 14-6 ; 711-732.

Fairbairn, W.R.D. (1952) *Psychoanalytic Studies of the Personality.* London : Routledge & Kegan Paul.（山口泰司＝訳（1995）人格の精神分析．講談社）

Frawley-O'Dea, M.G. and Sarnat, J. (2000) *The Supervisory Relationship : A Contemporary Psychodynamic Approach.* New York, NY : Guildford Press.（最上多美子・亀島信也＝訳（2010）新しいスーパービジョン関係──パラレルプロセスの魔力．福村出版）

Fromm, E. (1941) *Escape from Freedom.* New York, NY : Farrar and Rinehart.（日高六郎＝訳（1965）新版 自由からの逃走．東京創元社）

Fromm, E. (1964) *The Heart of Man : Its Genius for Good and Evil.* New York, NY : Harper & Row.（鈴木重吉＝訳（1965）悪について．紀伊國屋書店）

Harris, L. (1994) O Guru, Guru, Guru. *The New Yorker*, November 14, pp.92-109.

Hoffman, I.Z. (1998) *Ritual and Spontaneity in the Psychoanalytic Process : A Dialectical-Constructivist View.* Hillsdale, NJ : Analytic Press.

Josephs, L. (1992) *Character Structure and the Organization of the Self.* New York, NY : Columbia University Press.

Kernberg, O. (1985) *Borderline Conditions and Pathological Narcissism.* Northvale, NJ : Jason Aronson.

Kohut, H. (1966) Forms and transformations of narcissism. *Journal of the American Psychoanalytic Association* 8 ; 567-586.

Kohut, H. (1971) *The Analysis of the Self : A Systematic Approach to the Psychoanalytic Treatment of Narcissistic Disorders.* New York, NY : International Universities Press.（近藤三男・小久保勲・笠原 嘉・滝川健司・水野信義＝訳（1994）自己の分析．みすず書房）

Kohut, H. (1972) Thoughts on narcissism and narcissistic rage. *Psychoanalytic Study of the Child* 27 ; 360-400.

Kohut, H. (1976) Creativeness, charisma and group psychology : Reflections on the self-analysis of Freud. In J.E. Gedo and G.H. Pollock (Eds.) *Freud : The Fusion of Science and Humanism : The Intellectual History of Psychoanalysis.* New York, NY : International Universities Press.

Levine, H. and Reed, G. (Eds.) (2004) Problems of power in psychoanalytic institutions. *Psychoanalytic Inquiry* 24-1 ; 1/139.

Rodarmor, W. (1983) The secret life of Swami Muktananda. CoEvolution Quarterly (Reprinted by permission of CoEv Q in two issues of CAN/FOCUS News, April-May 1984 ; 5-6 and Summer 1984 ; 5-6.

Rosenfeld, H. (1964) On the psychopathology and psycho-analytic treatment of schizophrenia. In H. Rosenfeld (Ed.) (1965) *Psychotic States : A Psychoanalytical Approach.* London : Hogarth Press.

Schafer, R. (1997) *The Contemporary Kleinians of London.* Madison, WI : International Universities Press.（福本 修＝訳（2004）現代クライン派の展開．誠信書房）

Shaw, D.（2003）Traumatic abuse in cults : A psychoanalytic perspective. *Cultic Studies Review* 2-2 ; 101-129.

Siskind, A.（2003）*The Sullivan Institute/Fourth Wall Community : The Relationship of Radical Individualism and Authoritarianism.* Westport, CT : Praeger.

[討論] 訓練体験における傷つきやすさ，カリスマ，外傷
4つの個人的な苦難の道のり

マーティ・リヴィングストン

　精神分析理論はいつも個人的な体験を反映している。作家が書き，理論家が理論化するのは，ひとつには混乱を引き起こす体験に対して主観的に感じる衝撃に秩序と意味を与えようと個人が試みているのである。外傷とは，圧倒され，ばらばらにされてしまうような出来事として定義される。環境から十分な援助を受けなければ，子どもは，時として大人も，自分の情緒的な体験を調整することができない。完全な絶滅の体験を避けるために，苦痛に満ちた耐えがたい情動はしばしば隔離され，解離される。理解し，理解されることを求め，アイデンティティと自己感をもう一度承認しようとするのは，こうした外傷を癒やそうとする努力の中心にあるメカニズムである。

　このような癒しを追求していくと，患者は治療を，専門家は訓練を受けるようになる。訓練研究所とその指導者は，心理療法を始めたばかりの患者にとってのセラピストのように，新規蒔き直しへの希望を表している。訓練プログラムの指導者やセラピストがカリスマ的であればあるほど，いたわりや意味を求める気持ちは強烈にかき立てられる。最も実り多い形で，カリスマは相手を傷つきやすくし，安全な環境のなかであるプロセスに身を委ねさせる。傷つきやすくなることによって，古い組織化原理は軟化し，内省することが可能になる。古い自己限定的な防衛が放棄され，新しい構造が可能になるのは，私が「傷つきやすい瞬間」として言及したときだけなのだ（Livingston, 2001）。傷つきやすい瞬間は変化への窓口なのだ。

『エンカルタ世界英語辞書』(1999) によれば，カリスマとは「熱狂，関心，愛情を，個人的な魅力や影響力によって他者に喚起する能力」と定義される。肯定的な形では，カリスマは自分自身の主観と情動を使い，つながりとプロセスを深める影響を与える。カリスマは信頼感と価値観に関連している。グループの指導者や教師の場合は，こうした価値や指導者の情熱的な信念は，安全感と探索し成長するための空間作りに貢献する。しかし，カリスマ的な訓練研究所やセラピストが，個人的な勢力の拡大と権力の欲求に駆られれば，意味と癒しを求める人は裏切られる。この本の第1部の各章は，病理的自己愛，権威主義的な隷属と支配，マゾヒズムと服従に関する報告と概念化である。こうしたことが起こるのは，指導者の抑えのきかない自己愛欲求が，訓練された自己内省や，分析的探索への関わりや，研修生と患者の福利という点から検証されていない結果である。バランスを取るために，少々欠点もある肯定的な力としてのカリスマとの私自身の体験を共有しようと思う。

　危機感を覚えさせるカリスマの側面とは，指導者の情熱が時に強引なものにまでなりうるということである。指導者の人格と信念を押しつけることは，損傷を与える可能性がある。しかし，空白の（中立的な）スクリーンとしてではなく価値観をもった人間として指導者を感じることは，実際，安全に深い体験をする鍵となる。グループのメンバーの関わりが虐待に近づき，お互いに攻撃し合い，貶め合うとき，指導者はそのような行為が「正しくない」ということを，強制的にでもはっきりさせることが重要である。グループの各メンバーの欲求とストレスに耐える能力を敏感に理解しつつ，強引さと分析的探索への献身によって，カリスマ的指導者は患者に不快な空間に少しだけ長くとどまることを促すことになる。それによって以前に否認されていた苦痛な情動を含み込む感覚が得られるのだ。

　カリスマは傷つきやすさと信頼をもたらす。傷つきやすさは心理療法で生じる変化において重要であるが，恥や，混乱や，不健康な影響に対して傷つきやすいということでもある。このような話は第1部の各章で語られている。これらは傷つきやすさが露呈した話であり，再外傷化と混乱の話

であり，勇気と忍耐の物語でもある。第1部の執筆者は癒しと意味を見出すために努力を続けている。彼らが書くのは，自分の信頼が粉砕されたことをワークスルーするためである。愛する人々からの援助と支持を受け，心理療法的に反応することができたので，彼らは自己体験の組織化を再確立することがかなりできている。癒しのプロセスを続けるために，混乱と混沌に意味を与えるために，承認と理解を求めて，彼らは書いている。彼らが書くのは，私たちに警告するためでもある。

　カリスマ的指導者の犠牲になる危険性とともに，自分自身の自己愛とカリスマの落とし穴にはまる危険性も執筆者は警告している。この辛辣な警告は一考に値する。執筆者は勇敢に，そして明晰にも，このような体験を共有してくれた。彼らの旅に心を動かされない人はいない。分析的な理解という究極の目標を求めるものはみな，子ども時代と訓練体験において似たような裏切りに苦しんだことがあると思う。記述された外傷体験に同一化し，その苦しみをいたわり，共鳴するのは私にはたやすい。こうした体験に同一化できず，おそらく保護者に虐待されたという感覚への同一化を否認する必要がある人も読者のなかにはいるかもしれない。ともかく，この警告を受け入れ，戒められた危険に備えるのは私にはたやすかった。しかし，私はまたこの警告自体も警戒している。おそらく私がこれらの警告の対象にも同一化しているからだ。この頁に記された人々のように，悪性で破壊的な指導者のカテゴリーに自分が入ると思っているわけではない。しかし，若い頃，私はグループの指導者として自分自身の傷つきやすさ，人間性，情緒的関わりを利用することに熱中して，多くの同僚を不愉快にし，批判された。私たちの業界は1960年代に厳格な非人間化が期待されるようになってから，徹底的に変わってしまった。私が当時，作り上げ語ろうとしていたことの多くは，今ではベイカル（1985）の「最適の反応性」という概念の範囲内で考えられる。当時はどんな個人的表現でも指導者の側から見ると，「境界の侵犯」であり，「行動化」であるとみなされた。そういう状況に人々は居心地悪さを感じ，若く比較的新しいグループの指導者として，私は防衛的になった。傷つき，教師たちに裏切られたと

思って，私は20年で学問の世界から身を引いた。

　自分自身が誤解され，危険人物として扱われた経験があるので，私は指導者が危険だと決めつけることや，研修生が自分独自のカリスマ性を育てるのに水をさすことにかなり慎重である。これまでの章に危険が詳述されているにもかかわらず，私はカリスマの価値について話したい。カリスマ的で危険だとレッテルを貼られるのを避けようとしすぎると，赤ん坊ごとお風呂の水を捨ててしまう危険があると思う。自分独自の情動的で，創造的で，力強く情熱的な性質を捨ててしまう危険が。たぶんすでにお気づきだろうが，私はこれらの章を普通のやり方で「検討」しているのではない。個人の苦難の道のりとそうした傷つきやすさを共有するために分析は必要ない。そうではなく，私は個人的に反応することを，カリスマとの私自身の戯れを共有したいと思う。これまでの人生で，私は自分がたくさんの癒しの道のりを通ってきたと思う。私が書くのも，理解されるためであり，癒しのためである。しかし，少なくとも今のところ，私の連想は再外傷化にはつながらない。そうではなく，私はカリスマ的リーダーシップの両面を体験し，自分を裏切り者とも，裏切られた人とも，もはやほとんど感じていないことを幸運に思う。

　私の父親はこの上なくカリスマ的な人物だった（少なくとも親戚一同が父を描写する限り）。父のことを話してくれた人はみな，父を暖かく，力強く，素晴らしい人として記憶していた。父は母の人生を変えただけでなく，祖父母とおじおばたちの人生も変えた。3歳のときに父が亡くなり，私の人生と自己感には埋めることのできない穴があいた。父が死に，私に残ったのは，カリスマと期待をかき立てる指導者への飢えだった。私はまた，父のような男になりたいという実現不可能な欲求を感じた。それは小さな男の子にとっては非常に難しい課題だった。父を早くに亡くしていたので，徐々に脱理想化する機会がなく父は神のままだった。子どもの頃，私は父の教えていた学校で，父のような利己心のない献身と精神力という性格をもつ学生に毎年父の名前がつけられた「ジョージ・サンデルマン・メダル」が贈られたことを覚えている。私にとって父は，一人前の男を作

り上げる世界的に有名なアメリカン・フットボールの監督のように思えた。父は素晴らしい中学校の体育の教師だった。父の死はそれ自体が外傷的な裏切りだった。大人になって分析を受けて初めて，父が私を見捨てることを「選んだ」わけではないと感じるようになった。

　このような生育歴のために，明らかに私は情熱的な指導者と理想論に弱かった。私の分析家は，私の父親像に似て，力強く，深く尊敬され，おそらく崇められていたと言ってもいいような人だった。彼は訓練の責任者で，私の訓練研究所では個人分析，集団療法の両部門で非常に影響力をもった人物だった。どんな研究所の会合や集まりでも，彼の低くよく響く声は部屋に入るとすぐにわかった。彼は私の個人分析も集団療法の分析も担当し，私の教師であり，重要な管理者だった。境界はきわめて不明瞭だった。彼はエディプス葛藤の中核的な重要性を教条的にまで強調した古典的なフロイト理論の信奉者だった。母親との早期の葛藤に中核的な要因として焦点を合わせた論文を書きはじめると，彼は私に非常に腹を立てた。彼は私の最初の論文を読んで，患者のエディプス力動を無視していると怒って厳しく私を責めた。いまだに彼の不機嫌の容赦なさを生々しく甦らせ，彼の言葉をはっきりと思い出すことができる。彼は私にこう言った。「論文はまあまあだ。だが，たいてい誰にだって父親がいるってことを忘れている」と。

　あるとき私が彼に反対すると，おそらく非常に軽蔑し挑発的に，彼は治療をやめるぞと脅した。私の訓練はどうなるのかと尋ねると，彼は私にかみついた。「君は決してフロイト派にはなれないということだ。リヴィングストン派にでもなるんだな」。今思い返せば，自分自身の考えを育むのはそう悪いことではない。しかし，フロイトとフロイト派の研究所に必死に所属したいと思っている若者にとって，これは忘れがたい外傷的な瞬間だった。私はその後何時間も泣きつづけた。私は孤独な遠い道を歩むことを宣告されたように感じていた。私の軽視と対人的距離は「分析不能」だとも彼は言っていた。その晩遅く，私は自分の涙と失うことを恐れる気持ちが成長への突破口だということに気づいた。私は結局ひとりの人間にすぎなかったのだ。私は翌日，私の分析家のところに戻りこのことを彼と

共有することができた。このことは私にとって本当に転機となった。私は数年後，自分が人間であるということを心に刻み込むだけでなく，力強い男に影響を与えることもできるということに気づいた。私の分析家もまた人間だったのだ。彼の理論では，このことを相互主観的な相互作用として取り組むことは決してできなかっただろう。それでも，私が取り組んだプロセスを彼が理解してくれれば，「まあまあ」だった。

　では，私がこの出来事を語るのはなぜなのか？　分析家のカリスマ性と十分に取り組まれない自己愛の危険性がどんなものかわかってもらうために，私はこの話を共有しようと思った。私は後に彼が別の訓練生の治療を途中でやめたことがあるという話を聞いた。彼は本気だったのだ。私がゆっくりとたどりついた結論は，自分は危機に瀕しある意味で傷ついたのだが，自分の受けた分析に関する全体的な感触は，昔も今もこの人は私が成長するのを助けたというものなのだ。彼は私が自分のなかの男性性を見つけるほうに背中を押してくれて，暖かい，力強いリーダーシップとしてのモデルとなり，それは自分のなかでも価値のあるところになった。

　私の分析家と彼のカリスマ性について私がはっきり覚えていることは，言葉にならない感覚的な印象なので伝えるのが難しい。私が彼の存在や，情熱や，熱意を一番感じたのは，矛盾するようだが，彼が何も言わない時だった。マニーがグループで患者が自分のなかに新しい力を見つけて興奮するのを喜び，体全体で笑っていたのが目に浮かぶ。自分が彼に対して感じていたことを表現しようとしたとき，彼がどんなふうに私に注意を向けたかを感じ取れる。私が怒り狂っていても，深い愛情を感じていても大差なかった。彼の表情，姿勢，癖でさえもみな「さあ，あなたに関わる準備はできている。私は受け入れられる」と告げていた。まぶたに焼きつき，時たま自分でもやってしまう癖は，彼がよくやっていた単純で静かな手招きする動作だ。近づくかどうかは結局自分の責任だったが，彼は直接的な気持ちのふれあいをはっきりと歓迎していた。このように気持ちをぶつけることができることは，カリスマ的なスタイルに密接に結びついていた。

　ある出来事が彼のカリスマ性の一部として私の心に今も残っており，私

は自分のなかでその出来事を大切に思うようになっていた。時々，集団療法のメンバーの誰かが早くに部屋に来て，マニーの椅子に座った。誰が彼の席に座ったかということから感じ取れる意味によって，マニーはさまざまに反応したが，それはいつも刺激的な意義深い体験だった。実際，マニーはグループに衝撃を与えた。ある日，彼が教えている訓練中のグループ・セラピストのクラスで，患者がセラピストの「席を取って」しまったときの居心地悪さが話題になった。多くのセラピストは，この挑戦に反応すべきか，患者が「罰を逃れる」のを許すべきか迷ってしまうと口にした。議論の末に，彼らはマニーがそのような出来事をどのように扱うかを知りたくなった。そこで私は自分がマニーの椅子に座ったときのことを話した。彼はやってきて，何も言わず別の椅子に座ったのだ。グループが進むにつれて，私は椅子がだんだん大きくなっていくような体験をしはじめた。とうとう私はこの感覚を表現し，そのことが非常に意義深い体験につながった。クラスの人々はいぶかしがって，マニーにそのような挑戦に対する反応をどうやったら自分のなかに含み込むことができるのか尋ねた。彼の答えは「残っている席がシャンデリアの上だとしても，私はまだリーダーだよ」というものだった。私は彼の言いたいことがわかって，心から笑った。

　マニーについて私が一番思い出すのは，彼の精力的で情熱的な存在感だった。私にとって，カリスマ性は彼の重要な部分だった。それは自由と個性への愛として，本当の精神分析精神の感覚に中核に結びついていた。自分をかけがえのないものにしようと奮闘することに関わる人間として彼の存在を感じることによって，私が私であることが可能になった。その「私」とは情熱的で，力強く，時にカリスマ的になる能力を含んでいる。自己心理学的な基礎と，私と妻のルイーザ（Livingston and Livingston, 2006）が「継続する共感的焦点」と呼んだ患者それぞれの主観的／情動的体験に戻ることを強調したおかげで，私はカリスマの力を手なずけて，時に力強く，時に優しく，個人が思慕という形で私のところに持ち込んでくる隠されていた傷つきやすさに敏感に反応することができるのだ。患者や訓練中のセラピストが私たちにもたらす微妙な信頼を裏切るつもりがないならば，患者

のなかにも私たち自身のなかにもあるこのような隠れている傷つきやすさと自己愛欲求を理解することは，力強さと情熱とカリスマ性を伴わなければならない。父と同じようにマニーは，私の分析を終えてすぐに，あまりにも早く突然亡くなった。彼が1960年代後半以降のこの業界での変化のなかを生き抜いたなら，私の示唆している知恵やバランスにたどりつけたのかということに思いを巡らすことがよくある。ベテランの臨床家と理論家になってから彼と話してみたかった。私が成長したのを見て，私と話をするのを彼が喜ぶだろうということが私にはわかっている。

　第1部の各章の警告は，すでに述べたように筋が通ったものである。しかし，ダニエル・ショーが第4章で「自己愛的病理」と呼んでいるものから実習生と患者を守ろうとして，力強さ，情熱，優しさを抑制することで彼らと自分自身のアイデンティティの一部を欺いてはならない。

文献

Bacal, H. (1985) Optimal responsiveness and the therapeutic process. In A. Goldberg (Ed.) *Progress in Self Psychology*, Vol.1. New York, NY : Guilford, pp.202-227.
Encarta World English Dictionary (1999) Microsoft Corporation.
Livingston, M.S. (2001) *Vulnerable Moments : Deepening the Therapeutic Process.* Northvale, NJ : Jason Aronson.
Livingston, M.S. and Livingston, L. (2006) Sustained empathic focus and the clinical application of self-psychological theory in group psychotherapy. *International Journal of Group Psychotherapy* 56-1 ; 67-85.

第2部
論理的・技法的考察

Section II
Theoretical and Technical Considerations

6
密かな対人支配法
セオドア・ドーパット

　魚は水から出るまで水のなかを泳いでいることがわからないと言われている。同じようにほとんどの人は家族のなかで，学校で，職場で，すべての人生でさらされている微妙で密かな対人支配，隷属，虐待というものがわからない。いたわり尊敬し合った操作的でない関係を体験して初めて，どれほど密かに他者から操作され，支配され，虐待されているかがわかるのだ。この章では，私は日常生活や精神分析的治療におけるさまざまな密かな対人支配法の幅広い使われ方やその意味について記述し，考察してみたい。

　密かな対人支配法には，ある人間がさまざまな操作によって他人を支配する「ガス燈化」や，その他のさまざまな種類の投影同一化が含まれる。密かな対人支配法を定義する特徴とは下記のふたつである。(1) ある人間が他人の感情・思考・行動を支配しようとして行う行為・操作・実践。(2) その行動や実践は密かに行われる。密かに，という言葉で言いたいのは，こうした行動はあからさまで直接的に行われるのではないということである。私の「密かな対人支配」の定義では，他人を隷属化し，支配し，虐待するために個人によって用いられる，暴力の脅し，あからさまな怒りの表現などの公然とした支配法や言語的虐待は，かんしゃく，非難，敵意に満ちた悪口などの他人への明らかに敵対的な行動と同様にはっきりと除外される。

　この章は，密かな対人支配法と，他の洗脳方法，そしてそれらが分析的交流を含む対人関係に与える影響に焦点を合わせて，こんなにも多くの

人々が，日常生活においても，分析治療においても，その存在と重要性に気づかない理由についてもふれたい。

　解釈・疑問・直面化・明確化などを含むどのような介入も，対人支配と隷属化を目的に使われうる。質問や直面化などの方法は臨床家によって密かな対人支配法としてよく使われているというのが私の主張だが，いつもそうだと言っているわけではない。特定の介入が支配，命令，脅しを意図して行われたかどうかを合理的に推論し判断するためには，介入が行われる文脈を吟味するしかない。

　相互作用の力動を理解するためには，おそらく治療的介入は患者を支配したり，嫌がらせをしたり，操作したり，名誉を傷つけたり，えこひいきをしたり，辱めたり，脅したり，「ガス燈化」するために驚くほど使えるということを認識しなければならない。

　以下に，私は開業臨床家がさまざまなやり方で（たいていは無意識的に）使っている密かな対人支配法を臨床例を使いながら列挙して説明し，こうした実践の結果が患者と治療プロセスに与える影響について論じたい。

● 投影同一化と密かな対人支配法

　私が論じようとするほとんどすべての対人支配の方略と方法は，別種の投影同一化とみなされるかもしれない。精神分析的治療で洗脳法が使われることを知らない（否認している）人が多いのは，投影同一化の概念が広まっているためでもある。精神分析の理論家のなかには，投影同一化を精神病状態，あるいは他の深刻に混乱した患者にだけ見られる原始的防衛と限定する人がいる。投影同一化を使う一般人も精神保健従事者も，想像をはるかに超えるほど多いのである。まれな防衛どころか，投影同一化は二者あるいはそれ以上の人々の間の意思伝達と関わりの最もありふれた様式のひとつである（同様の見解は，Bion（1959），Langs（1978）参照）。

　投影同一化を含む最も効果的なコミュニケーションは，自分が操作され

ていると被害者が知らないものである。投影同一化の最も破壊的な効果のひとつは，被害者が自分たちに投影されたものに同一化するときに生じる。被害者が自分たちが原因とされた否定的で病理的な考えを信じず，投影同一化によって生じていたどんな否定的な取り入れからも脱同一化できるときに，投影同一化の有害な効果は無効化する（Dorpat, 1985）。

オグデン（1982）の投影同一化が3つの側面（(1) ある種の防衛，(2) ある様式のコミュニケーション，(3) 原始的共生的な対象関係）をもつとする見解は広く受け入れられている。

セラピストが密かな対人支配法を使うと，相互の投影同一化によって特徴づけられる病理的共生的な様式の交流が生み出される傾向にある。心理療法的文脈ではこの様式の相互交流は，ラングス（1978）によってタイプB領域と呼ばれている。タイプB領域では，セラピストも患者も広く投影同一化を用い，二者関係の他方を破壊的な投影同一化のコンテナとして使う。さまざまな精神保健従事者の心理療法の訓練生や，精神分析の候補生との臨床的スーパーヴィジョンの体験を通じて，タイプB領域が精神科や精神分析実践においてありふれたもので，心理療法家と分析家はしばしば無意識的に病理的な様式の関係性を伝承したり，維持したりするということがわかっている。ラングス（1976, 1978, 1979, 1980, 1981）は，精神科レジデントのための心理療法セミナーで，精神分析的心理療法の実践において，Bタイプ領域が驚くほど普及していることを示唆している。

投影同一化と，さまざまな密かな対人支配法の多くに生じる基本的な相互交流のメカニズムは，ある人が（恥，罪悪感，不安のような）混乱させる考えや情動を他人のなかに引き起こすように，操作するものである。操作と，その操作が被害者の思考と感情に与える影響を通じて，加害者は被害者を支配する。投影同一化において，主体はまず無意識的に自らの望まれない側面を他人に投影し，対象にいわば主体の否認された情動や他の心的内容を含み込むように圧力をかける。

恐怖，恥，罪悪感などの情緒を引き起こすことは，大集団や組織（政府，学校，教会，軍隊など）と同様，家族においても行われる，個人の認知と

行動を支配し調整するための強力な方法である。

● 治療状況における密かな対人支配法

● ガス燈化

　ガス燈化とはある種の投影同一化であり，被害者がよりたやすく身も心も加害者に従うように，被害者に自分の判断，知覚，現実検討能力を疑わせることによって，加害者（個人あるいは集団）が被害者の精神的な機能に影響を与えようとするものである（ガス燈化のより包括的な議論のためには，『ガス燈化——二重の邪眼，尋問など心理療法と分析における密かな支配法』第 2 章参照）。

　ガス燈化は，個人と集団が対人関係的・社会的支配を他の個人や集団の心的機能に及ぼすために使う，さまざまな方略や技法に共通する強力な対人関係力動である。ガス燈化はカルト，ファシスト全体主義，共産主義体制において，政治犯や戦犯の強制的な管理と弾圧に使う多くの洗脳，教化技法における重要な特徴である。

　さまざまな種類のガス燈化はふたつの決定的な特徴を共有している。ひとつは，個人の心的能力に関する自信を減じ，破壊しようとすることである。この最初の目的が達成されると，2 番目の目的は被害者の感情，思考，行為を支配することになる。

　他人を恐がらせ，罪悪感を与え，恥を感じさせることで，操作する人間は自分自身の信念を押しつけ，他者の感情，思考，行為を支配する地位に立つ。これは，日常生活，心理療法の場面，カルト指導者の思想改造とマインドコントロール操作にも用いられるガス燈化の基本的なメカニズムである。ある種の広告や多くの社会的交流は，ある人物が他人を支配しようとしているものであり，この原理に基づいている。

● 質問

　質問は，特にもし反復的に指示的に行われるならば，臨床家が患者の心的機能とコミュニケーションを支配できる方法となりうるし，実際にそのように用いられている（対人支配法としての質問の使用をより包括的に考察するには『ガス燈化――二重の邪眼，尋問など心理療法と分析における密かな支配法』第 3 章参照）。私が前著で示したように，質問は患者に，精神分析の方法と目的に反するようなある様式の考え方とコミュニケーションを促しがちだ（Dorpat, 1984, 1991）。質問は患者のコミュニケーションをタイプ A モードのコミュニケーション（派生的コミュニケーション，象徴的コミュニケーションとも呼ばれる）から，タイプ C モード（文字通り皮相で非個人的で情緒のないコミュニケーション）へと変えてしまうことが多い。

　経験不足で不安を感じている心理療法家は，質問することに関する共通の相互交流パターンがあることに気づく。時折，そのようなセラピストは沈黙のようなフラストレーションに耐えられないか，耐えたくないときに，患者に質問することで状況を調整しようとする。タイプ C モードのコミュニケーションを採用して防衛的になるのが，患者の典型的な反応である。

● 防衛解釈

　ロマス（1987）は，多くの古典的な分析家がよく訓練された沈黙,タフさ,支配力などの，防衛解釈において価値があるとみなされることの多い男性的な性質に重きを置きすぎたという説得力のある議論を提示している。性的アイデンティティを保持するために，そのようなタフな分析家は，自分たちの存在のあり方を女性のあり方から区別しようとするだけでなく，女性の領域を劣ったものとして定義しようとする。

　私から見ると，防衛解釈への過剰な欲求をもつ心理療法家がいると考えている点で，ロマスは正しい。セラピストが患者の防衛をそのように熱心

に攻撃するのは，患者を支配し，隷属させようという隠された意図の再演を構成している。私のスーパーヴィジョンの経験からは，不適切な無意識の防衛解釈が過剰に行われるのは，患者を支配する目的でなされることが多いということがわかっている。自分の防衛に対するこのような強力な攻撃と直面化に反応して，患者は言いなりになるか，タイプＣの反応をするのが普通である。そのような反応は次のような臨床例によく現れている。

セラピストと患者の間に，反復的ではあるが無意識的なサドマゾヒスティックな相互作用が起こり，そのなかでセラピストは繰り返し非共感的に，患者が知性化と情動の隔離の防衛をしていると直面化しつづけた。

患者は社会から孤立した中年の科学者で，深刻な自己愛の問題があり，根深い劣等感と恥の感覚に苦しんでいた。顕在的なレヴェルでは，患者はこれらの解釈に従順で，ひきこもりや，タイプＣのコミュニケーションで反応した。セラピストは攻撃的に次のような介入を行った。「今日はどんな気持ちになりましたか？」「言葉が棒読みで，気持ちがこもっていませんよ」「頭で考えすぎていますね。もっと気持ちを込めて話せませんか？」。気持ちのこもらない知性化された様式のコミュニケーションについてセラピストが行う，性急に繰り返される直面化と解釈に対して，意識のレヴェルでは患者は従順に抗議もせずに応答していた。

セラピストが患者の防衛に関して介入した後の，患者の一次過程の派生体（すなわち，情動，イメージ，メタファー，語り，非言語的なコミュニケーション）を検討してみると，患者がセラピストの介入を無意識的には攻撃的で，屈辱的であるとみなしていたことがわかる。防衛に関する介入を患者がどれほど辛辣で屈辱的であると体験していたかをセラピストに知らせるために，患者の一次過程派生体を利用するというのが，私がスーパーヴァイザーとして努力したところだった。

たとえば，ある日面接が始まると，患者はいくぶんつかえながら，控えめに，セラピストとの前回のセッションの後にたどりついた洞察

について語りだした。特徴的なよそよそしく注意深いやり方で，彼は自分がクリント・イーストウッドの映画の「中毒」になっている理由について新たに理解したことを話した。患者は自分が夢中になっているのを，恥ずかしさや劣等感の補償としてイーストウッドに同一化しているためだと理解するようになったと説明した。

このとき，セラピストは「恐くないふりをして強がっている子どもみたいですね」と口を挟んだ。患者の心の状態と，新しい洞察に対して感じていた控えめなプライドに対する，調律を欠いたセラピストの不適切で無神経な言葉に，患者は最初耳を疑った。それから，患者は抑うつ的になり，次の面接で心理療法をやめたいと言い出した。幸運にもセラピストはスーパーヴァイザーの助けもあって，自分の「強がっている子ども」についてのタイミングの悪い防衛解釈がどのように鏡映転移を破綻させ，抑うつ的な反応を促進させていたかを理解することができていた。セラピストはそこで患者の抑うつ的な反応に自分自身がいかに関わったかを認めることができて，自己対象転移と心理療法の同盟を回復することができた。

● **直面化**

直面化という技法は，支配し，指示し，辱めを与え，君臨するために用いられる。精神分析技法に関する古い文献には，直面化を受容できる有効な技法として描写しているものもあるが，精神分析治療を行い，教育し，スーパーヴィジョンを行ってきた自分自身の体験から言えば，直面化が心理療法のプロセスを促進させるような場合は少数しかない。直面化は反治療的な投影同一化であることが多く，そこでは，セラピストは意識的，無意識的（こちらのほうが多い）に，恐怖，罪悪感，恥，不安などの苦痛な情緒を生み出すことによって患者を脅すか，少なくとも影響を与え支配しようとする（直面化に関する同様の見解に関してはLangs（1982）を参照）。

● 話を遮る？　それとも言葉を重ねる？

　話している他人の言葉を遮ることは，特に大きな声で，命令するように言うならば，個人が対人的状況で優越性や他者を支配する欲求を主張しうるもうひとつのやり方となる。

　しかし，すでに話している人に話しかけることが，いつも支配的で虐待的というわけではない。他の人が話しているのに話しはじめるけれど，気持ちのうえでも内容的にも最初に話していた人に調律できている人は，言語学者のタネン（1990）の言う「言葉重ね」を行っているのかもしれない。タネンの考えでは，言葉を重ねる会話は，破壊的ではないし，支配や他人の権利を侵すことを意図するものでもない。そうではなく，言葉を重ねることは協働的であり，関与，参加，関わりを示す手段である。タネン（1990）は会話のパターンにおける地域差について記述している。アメリカ西海岸出身の人は東海岸の人の言葉を重ねる会話の習慣を，礼儀をわきまえずに会話を支配したいという欲求であると間違ってとらえることが多い（私も20年前はそうだった）。

● 急な話題の変更

　心理療法場面でセラピストが急に話題を変更すると，患者は情緒的な破綻，断片化，混乱を起こすかもしれない。そのような予期せぬ混乱を招く介入は，セラピストの未解決の逆転移の問題から生じることが最も多い。この技法の無意識の側面には，他人を脅したり，支配したりする欲求があることが多いが，いつもそのような欲求があるのだと考えているわけではない。突然の話題の変更は精神分析的対話を乱し，非共感的で患者の心の状態に調律されていないので，混乱を招くのである。この種の介入によって患者は情緒的に不穏になり，混乱してしまうことが多い。そのような混乱を引き起こす介入への反応として，多くの患者はひきこもり，タイプCモードのコミュニケーションと防衛に変わっていくかもしれない。

● 断片化と患者の体験

　患者の関心やそのときの心理状況に関係のない細部に焦点を合わせた質問や解釈といった介入は，患者を惑わせ，体験を断片化し，自己対象転移を破綻させる。そのような介入は少なくとも一時的な情動の動揺と混乱を起こすだろう。この種の介入の断片化の影響はムカデが「34番目の足，どうかしたの？」と聞かれて混乱し，歩くことができなくなったという話によく現れている。

　次の臨床例では，分析家が語られた夢の詳細に患者の注意を向けることで体験を断片化させ，患者は混乱して，従順なタイプCのコミュニケーションに退行しはじめた[2]。

　　不安発作と複数の男性との混乱した関係のために分析を始めた32歳の既婚女性が，寝室にいる夢を見た。彼女は頂が雪に覆われた近くの山々の美しい景色の見える日当たり良い寝室を描写した。太陽の光がベッドの近くの窓から差していた。拳銃がドレッサーの上に乗っていた。患者が自分の夢と最近の夫との喧嘩に関する連想について不安そうに数分間話題にした後，分析家は彼女を質問で遮った。「銃について何が心に浮かびましたか？」。

　　患者はもちろんという調子で答えた。「ペニスが心に浮かびました。銃っていうのはペニスの象徴だと思います。ええ，夢のなかの銃は私のペニス羨望と関係があると思います」。患者は単調な声で続け，連想は機械的で曖昧になっていった。情緒はすべて話から抜け落ち，残りの時間，彼女のコミュニケーション・モードはタイプCモードが優勢だった。

　　分析家からの非共感的な質問は患者の心のバランスを乱すものであり，患者の不安に十分な調律を行っていなかった。さらに，分析家の介入は未熟で，侵入的だった。なぜなら彼女は顕在夢のこの細部につ

いて連想していなかったからだ。

　分析家の混乱を引き起こす介入への反応として，患者は一時的に自己断片化の脅威を体験した。この断片化をなだめ，それ以上認知的情動的に統制がきかなくなるのを避けるために，患者は自分を守り，分析家から遠ざかる方法として，タイプCのコミュニケーションを使うことに切り替えた。拳銃がペニスの象徴だと患者が情緒の欠けた反応をしたのは，迎合的な反応であり，患者は無意識のうちに考えることを期待されていると思ったことを分析家に語ったのだ。

　あからさまな言語的虐待と密かな言語的虐待という異なる様式を論じて，エヴァンズ（1992）は次のようなタイプの密かな言語的虐待を列挙している。「制止」「逆襲」「見くびり」「冗談に偽装された言語的虐待」「妨害とそらすこと」「軽視」「こそこそした攻撃」。

◆ 日常生活における対人関係の密かな支配法

　ガス燈化や他の密かな対人支配法は，私たちの文化においてありふれた関わりの様式であり，精神保健従事者を含むほとんどの人々はその存在に気づかなかったり，当たり前のこととみなしたりしている（Carter, 1989 ; Elgin, 1980 ; Evans, 1992 ; Tannen, 1990）。密かな支配法は，西欧社会においてほとんどすべての個人が語り合い，関わり合うやり方に埋め込まれている**時代の生み出した方法**である。他人との意思疎通の**ほとんどの時間**をこのようなやり方で行う人もいる。

　この章の目的のために，私は密かな対人支配法と，密かな言語的虐待を同義語として使っている。なぜなら私の考えでは，さまざまな密かな対人支配が虐待でないことは，例外があったとしてもごくわずかであるからだ。

　密かな対人支配法や他の洗脳法の使用に関する臨床的な観察から私の達した発見と結論は，ふたつの点で，カルト指導者による言葉の暴力の研究

とマインドコントロール法の調査のような同系の分野の研究者の発見と結論に類似している（Langone, 1993a ; Singer, 1995）。第1に，個人および集団スーパーヴィジョンで臨床的に繰り返し観察したことと，数百時間の心理療法と精神分析の面接記録を調査したことから，こうした洗脳方法の使用が広まっていることが明らかになった。臨床家が密かな対人支配を使う頻度，スタイル，方略には重要な差が見られるものの，使用自体は驚くほど普及し広まっている。第2に，臨床家と患者の双方が，密かな対人支配法の虐待し支配する性質に，意識の上では気づいていないということが非常に多いということがわかった。私の非公式な臨床観察と，同系分野の研究者から話を聞いてみてもうひとつわかったことは，あからさまなものも密かなものも言語的虐待には普遍的な属性が存在するということである。その属性とは，支配し，隷属化させ，他人に権力を及ぼすことを狙っているということである。怒り，軽蔑，憎しみ，羨望，その他多くの感情や目的は，あからさまなものでも密かなものでも，虐待的コミュニケーションに表現される場合もされない場合もあるが，他者を支配しようという願望はつねに存在している。

私の主要な発見と結論は，フェミニズム研究，言語学，マルクス研究という3つの異なる分野で実施された調査によって支持されている（Chodorow, 1989 ; Flax, 1990）。特定の個人や集団が他の個人に支配や隷属を及ぼす西欧社会には，ある関係のパターンが広まっているということを，上記の3分野における多くの研究が支持している。フェミニズム研究は男性による女性の支配を強調し，記録し，説明しようとし，タネン（1990）やエルギン（1980）の研究によって，男性は女性よりも言語的虐待を多く行う傾向にあるということが示されている。マルクス学者は資本主義国家では，富と権力と地位を持つものが所有せざるものを隷属化しているということを強調している。

密かな対人支配法が自覚されないまま広まっていることに関して私の達した結論は，すでに述べたようにアメリカにおける個人の話し方のパターンの広範な調査によって支持されている。タネン（1990）はコミュニケー

ションにおける性差を調査し，男性は勝つか負けるかのヒエラルキー的社会順列のなかを生きていると結論づけている。タネンは次のように述べている。「この世界では，会話は交渉である。交渉において人々は可能ならば優位に立ってそれを維持しようとし，他人から押しのけ追いやられまいとする。そうすると人生とは自立を保ち，失敗を避けるための競技であり闘争となる」(p.25)。

エヴァンズ（1992）はその著書『言語的虐待関係』において次のように記している。「言語的虐待は支配の問題であり，他人に権力を及ぼす手段である」(p.13)。この後には次のような文もある。「すべての言語的虐待は隷属化し支配することである」(p.40)。カーター（1989）は，言語的虐待に関する書物で言語的虐待の主要な力動は被害者を支配しようとする欲求であることを強調し，並はずれて虐待的で他人を隷属化し支配したいというしつこく根深い欲求からそういう行動を取った人間の重要な例として，ヒトラーを描き出している。

● エルギンの貢献

言語学者のスゼット・エルギン教授[ⅱ]（1980）は，私の知る限り精神医学や精神分析の文献には記されていない，ありふれた密かな言語的虐待について描写している。アメリカの文化において多くの人々はこの種の投影同一化を行いもし，犠牲ともなっているが，日常生活や心理療法におけるその存在や意義について気づいている人はあまりいない。この種の心理的虐待は，エルギン（1980）によれば，女性よりも男性により多く見られる。

このタイプの投影同一化において情緒的に混乱したメッセージは，主体のコミュニケーションのいわば前提として隠されている。精神分析的な用語を用いれば，メッセージの優しい顕在内容が，虐待的なメッセージからなる潜在内容を覆っていると言えるだろう。

次の例は最後のものを除いて，エルギン（1980）の本から取ったもので

ある。これらの例では，最初に「明示的なコミュニケーション」が，次に「言葉にされない前提」が示されている。3番目の項目に「喚起された情動」を加えたのは，被害者の情動反応はこの種の密かな言葉による虐待の重要な相互作用の結果だと考えるからだ。喚起された情動と苦痛に満ちた情動に結びついた認知によって，このようなコミュニケーションは人を虐待し混乱させるものになる。

例1 **本当に**私のことが好きなら，ボーリングになんか行かないでしょ？
前提 あなたは本当は私のことが好きじゃない。
喚起される情動 罪悪感・恥

例2 子どもたちのことが**心配**じゃないの？
前提 あなたは子どもたちのことなんかどうでもいい。子どもたちの面倒を見るべきだ。そうしないのは良くない。
喚起される情動 罪悪感・恥・抑うつ感

例3 いくら**年寄り**だってこのくらいのルールはわかるはずだ。
前提 年寄りであることは良くないことだ。
このルールを理解するのにたいした知性や能力は必要とされない。
喚起される情動 罪悪感・恥・抑うつ感

例4 子どもがまだ小さいうちに母親が学校に戻ることに反対する父親**もいる**だろう？
前提 学校に戻るのは良くない。自分は他の父親とは違う。自分は人とはちょっと違うし，優れている。なぜならお前が学校に戻るのに反対しないからだ。
喚起される情動 不安・恐れ・罪悪感・恥

例 5　何年も心理療法を受けてきた患者に，セラピストは尋ねた。「まだ人があなたのことを好きかどうか気になりますか？」。
　前提　人が自分を好きかどうかまだ気にしているなんて子どもっぽい。人が自分を好きかどうか気にしつづけるのは良くないことだ。
　喚起される情動　恥・不安・怒り

　エルギンが説明しているように，密かな言語的虐待の被害者はそのようなコミュニケーションの虐待的側面に気づかないかもしれない。なぜなら表層的（すなわち顕在的）に連なる言葉ではなく，前提に気をつけることも，注意を払うことも教わっていないからだ。結果として，被害者は表層的なレヴェルでは口にすると優しくもっともらしく聞こえることに反応して傷つき，侮辱されたと感じることになる。エルギンによれば，この種の言語的虐待の加害者は被害者と同様に，自分のコミュニケーションの虐待的な性格について自覚していないことが非常に多い。この種の言語的虐待から身を守るために，エルギン（1980）は加害者のコミュニケーションに含まれる有害な前提に同一化しないように気をつけることを勧めている。

　身を守るための第 2 の方策として，エルギンは被害者や被害を受ける可能性がある人に，「コンピューター・モード」と呼ばれるコミュニケーションを採用することを勧めている。コンピューター・モードとは，一般的で抽象的な話をし，体の動きと情緒的表現をできるだけ減らすのである。エルギンの勧めるコミュニケーション・モードは，ラングス（1978）がタイプ C コミュニケーションと呼ぶものと同じである（コンピューター・モードとタイプ C コミュニケーションに関しては Dorpat（1993）を参照）。

● 「人々に対する権力と支配」の理想化

　支配し，虐待する，強制的な様式のコミュニケーションと対人的な関わりは，多くの西欧社会の言語パターンに埋め込まれている。なぜなら人々

に対する権力は，西欧の世界では理想化され，追求されているからである（Gruen, 1988）。人を支配することへの情熱に関する趣味が悪く気がかりな例は，ヴァン・フリートや類書の人気である。ヴァン・フリート（1983）は，人を支配し意のままにするテクニックについてのセミナーや著書を書くことで生計を得ている。

　人気のある本，『他人を支配し意のままにする25ステップ』のなかで，ヴァン・フリートはこの本を読み彼の勧めに従うことで，読者は「他人に対する権力・影響力・支配力を手にすることができ，**人を完全に思いのままにすることができるようになる**」と主張している（p.7／強調は筆者）。

　ヴァン・フリートは，個人の手に入る対人関係的な権力を理解している少数の人間のうちのひとりであり，恐れや欲望などの強い情緒を他人の心のなかに引き起こすやり方を知っている。フリートは密かに人を支配するための効果的な方法や，これらの方法がどんなところで人間の情動や動機についての知識を必要とするかを詳しく解説している。フリートは，欲望をかき立てて，欲しくもない車を買わせることを勧めている。もし欲望をかき立てて人を支配できないならば，フリートは恐がらせることを勧めている。ヴァン・フリートは「もし欲望をかき立てて人を動かせないなら，やり方を変え，恐怖をかき立てることで人を動かせ」と言っている（p.131）。

　フリートお勧めの対人支配のもうひとつの方策は，人の弱く傷つきやすいところを責めることだ。罪悪感のかけらも見せずにフリートはこう勧めている。「自分を守れないような弱いやつがいつも狙いだ」（p.141）。ヴァン・フリートは自分の強制的で虐待的な方法論を正確にも「言葉による洗脳」と記述している。

　無意識のあるレヴェルで，ヴァン・フリートは，自分が勧めるやり方の非倫理的で非常に非道徳的な性質に疑念をもっているように思える。私がこう推測するのは，フリートが自分のテクニックが合法的で道徳的に正しいという途方もなく防衛的な主張をしているからだ。

　してほしいことをさせるために人を自分と同じ考え方に改宗させる，

> 強力で完全に**合法的な**テクニックとして洗脳を使うのは，たしかに**違法でも不道徳でもない**。　　　　　　　　　　（p.217／強調は筆者）。

　ヴァン・フィートは 18 世紀に何千人もの人々をキリスト教に改宗させたジョン・ウェスリー[iv]の異常なカリスマ的能力を，「行動パターンを変える」ための洗脳法の例として引用している。ヴァン・フリートはウェスリーのような伝道者が改宗をもたらすために使う方法と，全体主義の政治体制が洗脳のために使う方法との類似点を異常なほど鋭く理解している。政治や心理療法やカルト宗教において責任のある権威者は，被害者に実際のあるいは想像上の弱点や不十分さを，それが道徳的なものでも，認知的なものでも，精神医学的なものでも，まず何とか確信させてしまえば，不運な被害者を支配することができる（政治，宗教，心理療法のカルトにおける洗脳法の使用についてのさらなる情報は，『ガス燈化』の第 9 章参照）。

　ヴァン・フリートが推薦する「つねに反復することは洗脳成功の秘訣である」という言葉は，患者を支配するために何度も防衛解釈することの有効性を説明している（この例としては『ガス燈化』の第 4 章で，分析家シルヴァーマンの症例報告で行われている防衛解釈の繰り返しについての私のコメントを参照）。

　ヴァン・フリートの本を読んで最初に私が感じたのは，勧められている非倫理的なテクニックへの憤りと，読者が彼の策略とテクニックに従うことで経済的成功と，人々に対する権力を持てるという主張が信じられない気持ちだった。さらに内省し検討した結果，洗脳法によって職業的経済的成功が得られるだけでなく，人々に対する権力や支配も得られるというヴァン・フリートの結論は正しいと認めないわけにはいかなかった。

　密かな対人支配法と同様に，あからさまな対人支配法の使用も，ビジネスや放送関係の専門職においてはありふれていて人気のある成功への道筋なのである。依頼料が最も高く，成功した人という評判をとる弁護士が，刑務所の壁の外で生きる人のなかで想像できる限り最も卑しく，節操のない，残酷なまでに支配的な人間ということはよくあることだ。彼らは 21

世紀のアメリカの「殺し屋」なのである。

　私が司法精神医学で体験したことは，アメリカの司法制度に関するベンソン弁護士（1991）の評価を支持するものである。今日の，訴訟の主導権が当事者に委ねられる対審主義は，弁護士にとって戦争のような雰囲気を生み出している。そのなかで，弁護士たちは依頼人からどんな代価を払っても，使える手段は何を使っても勝つように重圧をかけられる。弁護士が倫理的に行動すれば，競争で不利になることが多い。ベンソンは次のように結論づけている。「成功するためには不愉快で押しつけがましく，時には嘘つきにさえなることをその本質的な性格から奨励するような専門職を，私たちはこの国に生み出したのだ」（p.10）。

● 機関によって行われる洗脳のテクニック

　精神保健従事者によって主に無意識に行われる密かな対人支配法は，いくつかの点でさまざまな（たとえば政治，教育，宗教などの）機関によって用いられる思想教育，洗脳，社会的支配法に似ている。主な違いは，これらの機関はほとんど意識して故意に密かな対人および社会的支配法だけでなく，あからさまな支配法も使うのに対して，臨床家は密かな方法だけを行い，これらはほとんど無意識的に行われていることである（カルトにおけるあからさまな／密かな対人支配法，洗脳法の使用に関する検討は『ガス燈化』の第9章参照）。

　多くのタイプの精神科治療と心理療法は系統的に患者の行為をシェイピングし，支配し，指導するための方法を実行するように意図的に組織されている。指示的な技法への支持が広がっていることは，心理療法家ジェイ・ヘイリーの最近の著作とセミナーで明らかにされている。約30年前，彼は精神分析家が支配的で指示的な方法を使うという皮肉に満ちた反論を書いた（Haley, 1969）。精神分析家を攻撃するにあたって，ヘイリーは精神分析家を患者と「ワン－アップの関係」にあると非難し，患者を「ワン－

ダウン」の状態に置く技術の達人であると批判した。ヘイリーは「指示的な」方法に対する態度を変えたように見える。なぜなら今やヘイリーはセラピストに「指示的」療法を行う方法を教えるために，ケープコッドで夏期講習会を行っているのだ。

　精神分析治療で密かな対人支配とあからさまな対人支配を使うことによる有害な影響は，そうした対人支配法を使うことが精神分析の認められた目的，方法，伝統に矛盾するという事実からきている。患者がセラピストのコミュニケーションの性質や目的について矛盾するメッセージを受け入れるようになる状況で，患者はベイトソン（1972）が言う二重拘束状況に置かれるかもしれない。「私の言うことは指示でも指図でもありません。私の目的はあなたを啓発することであって，支配することではありません」というセラピストの暗黙の，あるいは明示的なメッセージは，セラピストの指示的で支配的で操作的なメッセージとコミュニケーションと矛盾してしまう。

● 行動変容療法

　行動変容療法の明示的な目的は，患者の行為を報酬と罰を使うことで管理することである。スキナーはオペラント条件付けに関する発見と理論は科学であると主張しているが，彼は何か新しいことを発見したわけでもないし，何か古いことを私たちに啓発してくれるわけでもない。人間とある種の他の哺乳類は（たとえば，母熊は），他の個体，特に子どもに対する社会的な支配を達成し，訓練するための効果的な手段として，何百万年の間，報酬と罰を使ってきた。スキナーは，私の意見では，知識や科学に対して重要な貢献を行ったわけではないが，報酬と罰の系統的な利用を通じて（人間を含む）動物の行為をシェイピングし，管理する効率的なテクノロジーと，効果的な方法論を発達させた。

● 行動変容療法の心理学的影響

　次の臨床例は，行動変容がどのように偽りの自己パーソナリティ構造と偽りのコミュニケーションを形成し，強化することを助けるかを明らかにしている[3]（偽りの自己病理を持った患者の臨床的症例研究については『ガス燈化』の第4章を参照）。

　　抑うつと自殺企図の治療のために精神病院に入院した32歳の独身男性。病院のスタッフは行動変容療法で治療を行い，好ましい行為に報酬を与え，「病的な」，他の言い方をすれば好ましくないとみなされた行為に罰を与えることで彼の行為を管理し修正しようとした。彼は精神科のスタッフが自分の言うことに耳を傾けず，理解しようとしないのに深く失望するようになった。実際，ほとんどの時間，スタッフは彼を無視した。時々，どうでもいいような「行為」のために，不可解なやり方で誉めるときを除いては。
　　スタッフは自分が感じていることや考えていることに興味がないのだ，という現実的な判断を彼はするようになった。しかし，スタッフは時々彼のどうでもよく表面的に思える「行為」に非常に関心を示した。スタッフは礼儀正しいとか，他の患者と「仲良くした」とか，病室を片付けたとか，気持ちの良い身だしなみだとか言って，彼を誉めて，「報酬」を与えた。
　　共感的に理解されておらず，自分の体験が全く承認されていないとがっかりするのが嫌で，彼はスタッフから求められていることに敏感になり，徐々に何をするとスタッフから誉められ，精神科病棟から退院できるのかを学んだ。何よりまず，彼はいつも正常を演じるべきだった。さらに，彼は自分の本当の気持ちを表現すべきではなく，自分の問題を話してスタッフを悩ませるべきではなかった。

私が今描写したものは，もちろん，偽りの関わり方を強化し，維持するための公式あるいはレシピである。精神科病棟の行動変容プログラムによって，患者はあまりにもうまく症状を抑制し，自発的な感情や思考を隠し，一番重要なことには他者に関わる偽りの方法をシェイピングし，維持することに成功した。手短に言えば，行動変容療法は患者の真の自己を抑制し，偽りの自己を支持し，部分的にシェイピングを行ったのだ。精神科病棟でそのような人間性を奪われる情緒的に有害な体験をしたために，セラピストが自分の個性を押し殺したり，「行為」を支配したりしないと患者が信頼できるようになるまでには，数カ月もの心理療法が必要だった。

● 集団否認

　被害者と同様，加害者も，密かな対人支配と虐待の方法の存在にも重要性にも気づいていないことが多いという事実を記載している他の研究者には，カーター（1989），エルギン（1980），エヴァンズ（1992），ラコフとコイン（1993），タネン（1990）がいる。
　カーター（1989）によれば，意図的に言語的虐待を行う人は1％にすぎない。彼の考えでは，「20％は防衛機制として半ば意識して行っている。残りは特別な場合にだけ，たいていは無意識的に意図せず行っている」（p.9）。
　エルギン（1980）は，言葉によるコミュニケーションの支配的で虐待的な側面に無自覚であることが特に男性に広まっていることについて論じている。エルギンは「男性は**たいていその事実を意識することなく**，言語的虐待を行うように育てられるということを既知の事実として受け入れよう」（p.286／強調は筆者）と結論づけている。
　密かな対人支配法に系統的に服従し，宗教，政治，心理療法のカルトの支持者になる人は，抑圧者によって操作され，搾取されることの外傷的な側面を理解しないことが非常に多い（Singer, 1995）。家族や，カルト，以

前のセラピストによってこれらの密かな対人支配と虐待にさらされ，私が診察し治療してきた患者は，ほとんどは，これらの抑制的な習慣の事実も，意味も否認している。その否認は被害者が幼児期の性的，身体的虐待の被害者のように，累積外傷に気づくことへの防衛としての否認をワークスルーできるようになり，外傷体験の意義を理解しはじめるまで続くのである。

　精神保健従事者だけでなく，一般の人々にもさまざまな密かな対人支配と虐待法に対する無自覚が流行し，広まっていることはどのように説明されるのだろうか？　もちろん，無自覚の程度にも質にも個人的な差はあるが，西欧社会の多くの人々は，これらの習慣のさまざまな側面を集合的に否認していると思う。私はこの集合的な否認によって，密かな言語的虐待の影響だけでなく，存在にすら気づかないということが広まっていることのかなりの部分を説明できると思うのだが，実証することはできていない。

　密かな対人支配法の密やかさは，コミュニケーションの虐待的，支配的な性質を隠すのに部分的には役立っている。私の専門的な経験において，多くの密かな対人支配法を用いるセラピストは，そのような方法を合理化し，自分のコミュニケーションの支配的で差別的な側面を否認する。たとえば，デワルド（1972）は，私を含む他の臨床家が差別的で支配的な質問の仕方とみなすものを合理化し，質問は患者を基本ルールに従わせ，沈黙を避けさせるために必要であると述べている。

　言語的虐待の被害者の非常に多くが，自分たちが支配され，虐待されていることに無自覚であることは，カルトで同様なことが起こるのを観察している調査者によって明らかにされている。カルトの専門家であるランゴン（1993b）やシンガー（1995）の報告によれば，カルトのメンバーは巧妙なテクニックやマインドコントロール法にほとんど気づかないうちに，自分の行動や考えや感情を型にはめられてしまう。カルトはうまく信者を支配することができる。なぜなら，どんなときでもほとんどの信者はまだ自分が支配され，虐待され，搾取されていることに気づかないか，それより頻度は少ないが，表現することへの不確実感，恥，恐怖のために，その

ような気づきを表現できないからである。

　次に示すのは，内科と外科のレジデントに関わる集団の否認のよくある短い例である。以前の著作で，訓練中のレジデントとレジデント訓練プログラムの卒業生は，身体的心理的に虐待的で有害な訓練プログラムに情緒を混乱させる面があることを否認しがちだったということを報告した（Dorpat, 1989）。ここで特に念頭にあるのは，週に百時間を越えることも多いレジデントに要求される長時間の過剰労働と，それに伴う疲労と睡眠不足のことである。何カ月もレジデントが耐えてきた外傷とストレスを否認することは，仲間と教師との関係によって組織され，形作られていた。レジデントが訓練研究所の人々から受け取る無意識のメッセージは，仕事のストレスと，その身体的精神的健康への有害な影響を軽視し，見くびれというものだ。実際，多くのレジデントは困難な仕事のスケジュールが自分の個人的，職業的成長に非常に多くのものを与えてくれたかという明らかに誤った主張によって，自分たちの状況を合理化していた。

　グループにおいては自己とともに，スキーマ[4]が情報の流れを形作る。どのようなグループにおいても，関連するスキーマはメンバーによって共有されていて，スキーマの部分集合が「私たち」なのである。個人と同じように，大集団も小集団も否認や自己欺瞞を被りやすい。レジデントの集団において，ストレスやその影響を否認するのに使われるグループ・スキーマは「文句を言うな！」と言語化できるだろう。ビオン（1959）によれば，集団心性の非常に重要な側面は，不安を喚起する情報の扱い方に関する基底的想定である。ここにはグループのメンバーが否認すべきことに関して無意識のうちに共謀することが含まれる。

　グループの人々は非常に多くのスキーマを共有するようになり，そのほとんどは直接的に語られることもなく伝えられている（Reiss, 1981）。共有されているが，語られないスキーマの第一のものは，グループのメンバーが暗黙のうちに否認するように命じられるものである。グループのメンバーが否認しようとすることについて暗黙の，あるいは無意識的な選択を行うとき，彼らは共有防衛を確立しているのだ（共有防衛に関してのより

詳しい検討は Dorpat and Miller（1992）を参照）。

● 精神分析家の間の集団否認

アメリカ人の分析家や精神分析的心理療法家も，一般人と同じように密かな対人支配法を集団否認（あるいは無視）していると思う。この証拠として，さまざまな密かな対人支配法が目に余るほど繰り返して使われている事例の提示に分析家たちがどう反応したかを引用しよう。

治療に当たった分析家，マーティン・シルヴァーマン博士（1987）は，連続する4つの精神分析セッションの逐語記録を提供した。13人の著名な分析家がシルヴァーマンの面接記録を検討する論文を執筆した。4つの分析的な面接の中核的な相互作用の力動であると私がみなしているもの，すなわち，分析家とアナリザンドは継続するサド・マゾ的相互作用に没頭しているということを指摘し論じたのはマートン・ギルただひとりだった。患者も分析家も，この進行する病理的相互作用に明白な形でふれようとはしなかった。分析家が他の密かな対人支配法だけでなくガス燈化の戦略を繰り返し，二人の間にサドマゾ的な相互交流が生じていると考えることで，分析のなかで何が起こりどうして手詰まりが続いているかを説明できる統一的な視点が表れてくる。治療を行った分析家のシルヴァーマンと明らかに同じ古典理論のオリエンテーションを共有していた討論者のチャールズ・ブレナーにとっては，シルヴァーマンの分析行為にはどこにも批判すべきところがなかった。

● 否認は，否認されていることへの無知と非統制につながる

密かな対人支配法を使う人の無自覚さを論ずるとき，私はそれをふたつの要因，否認と無知に起因する可能性があると考えている。確たる証拠は

ないが，臨床経験と自己分析からわかるのは，密かな虐待や対人支配法が大幅に広まっていることの最も一般的な理由は否認という防衛であり，それに次ぐのは，密かな虐待と密かな対人支配法の存在やさまざまな意味についての知識不足（つまり無知）である。

否認反応に次ぐ理由である無視／知識不足について，前著では次のように説明した（Dorpat, 1985, 1987）。否認反応において，主体は心を乱すことや，もしかしたら何らかの点で心を乱すかもしれないと体験されることから注意の焦点をずらす。この心を乱すような対象からのずれを私は「認知的抑止」と呼ぶ。臨床的反応においてこの認知的抑止が生じると，主体が防衛的に否認しているものが何であれ，十分にそして正確に言語化することが妨げられる。こうして否認されていることが何であれ，否認によって二次過程の産物（すなわち言語表象）の形成が妨げられる。

私たちはこのような指示的な方法を用いる精神保健従事者や，他の人々を批判することは控えるべきだと思う。ほとんどの場合，彼らは意識的に他者を傷つけるつもりはなく，またほとんどの場合，集団否認のために彼らは自分がしていることと，その心理的な影響を自覚していないからだ。

否認の重要な結果は，責任の回避と，否認されていることの出所，すなわち「所有権」の拒否である。否認をする人は無責任なわけではなく，責任欠如（aresponsible）なのである。（接頭語の a は amoral と同じく否定を表す）。その場合，否認は意識的な責任の回避というよりは，ある行為に対する個人の責任の無意識的な拒否によって特徴づけられる。否認する人は，非倫理的で無責任にふるまおうと意図しているのではなく，むしろ自分が何をしているかわかってもいないのに，自分の行動に関して自己内省をやめてしまうのである。

否認のもうひとつの流れは非統制，すなわち否認してきたことが何であれ主体が統制できなくなることである。否認している人が否認していることを認めて責任を引き受けないと，否認されていることを直接的，意識的に統制することはできなくなる。精神保健従事者に密かな対人支配法が普及したことによる過剰で有害な影響は，ある種の非統制の状態なのである。

まとめると，否認は，否認されていることへの無知と非統制につながるということになる。

● 結論

　精神分析家や精神分析的なオリエンテーションのセラピストに比べると，それ以外のセラピストの方がさまざまな密かな対人支配法をより広範囲に使用しているということにほとんど疑問の余地はない。しかし，精神分析において，そのような洗脳法を使うことは，フロイトから続く精神分析の価値と伝統に反するものである。患者の自律の尊重，中立性の原則，非指示に置かれる価値は，洗脳法の使用に対立する3つの伝統的な精神分析の原理である。

　セラピストにあらゆる無意識の影響や暗示を除かせるのが私の狙いなのではない。なぜなら，そんなことは不可能だし，望ましくもないからだ。しかし，密かな対人支配法が及ぼす影響は人間の福祉と正常な発達に害をなしている。そのような方法が機能するよくあるやり方は，恥，罪悪感，不安など，数え切れないほどさまざまな形を取った人間の悲惨さをかき立てることによる。

　私が望むのは，この章が精神分析的心理療法家の役に立ち，密かな対人支配法を自覚し，無自覚あるいは否認をワークスルーし同定できるようになることである。このようにして，精神分析的心理療法は，セラピストが使用する洗脳法に従うことで生じる一時的な変化ではなく，患者の内部の構造的な力によって生み出される，本当に長続きする変化をもたらしうるのだ。

　精神分析の治療において，患者とセラピストの間の自由な探索を犠牲にして，教義の確かさを過剰に信頼するという過ちが広まっている。開業精神分析家が理論と方法を買いかぶり，対話の条件や内容を支配する権利をもっていると思ってしまうと，非倫理的な政治家や怪しげな訪問販売員と

同じような破壊的な過ちを犯すことになる。

　フロイトと後継者たちの発想や方法論は，癒すよりも支配するために使いうるし，実際，あまりにも多くの心理療法家が支配のために使ってきた。人々が意識的な知覚や判断を重視しているのを陰湿なやり方で傷つけ（たとえばガス燈化のように），常識を無視する技法を尊重し，当たり前のいたわりを辱めることによって，心理療法家はこれを行うのである。

　心理療法で権力を濫用することは，人間関係のテクニックを理想化することと結びついている（Lomas, 1987）。そこでは，人々が他人から当然期待していいあたりまえの気遣いや尊重を押しのける権利を要求したり，ほのめかしたりする理論を基礎にして，ある行動様式が推奨され，必要とされるのだ。

原註

1 ─ラングス（1978）はタイプA・B・Cの3つのコミュニケーション様式を記述している。タイプAは象徴的イメージと本物の情動によって特徴づけられ，セラピストにとっても患者にとっても最適のモードである。タイプBモードを定義する特徴は投影同一化である。タイプCモードを定義する特徴は，一次過程の派生体が存在しないことである。前著で私は，本物でないコミュニケーションからなる相互関係防衛の特殊な形を，タイプDモードのコミュニケーションとし，ウィニコット（1960）が偽りの自己（Dorpat, 1984）と呼んだものを定義する特徴として記述した。患者のコミュニケーション様式における変化の重要性は『ガス燈化』の第10章でも検討されている。
2 ─この臨床例はジョゼフ・リヒテンバーグ博士によっている。
3 ─この臨床例はロバート・バーグマン博士による。
4 ─スキーマは心を組織化し，心の内容として働く記憶構造である。スキーマは生きられた体験を組織化し，解釈するためのひな形として機能する。スキーマはそれが表す出来事をそっくりそのままコピーしたものではなく，むしろ人と出来事の間の特定の相互作用における規則性を表す抽象概念である。

訳註

ⅰ ─ガス燈化については本書第9章および第10章を参照のこと。
ⅱ ─Suzette Haden Elgin（1936-）／アメリカのSF作家。元サンディエゴ州立大学教授。

言語をテーマにした SF や詩を発表している。

iii ―James K. Van Fleet（1919?-2003）／第二次大戦，朝鮮戦争に従軍。退役後，カイロプラクティックを開業。対人関係操作に関する自己啓発本を多数執筆。

iv ― John Wesley（1703-1791）／イングランド国教会の司祭。アメリカ，イギリスなどで伝道活動を行い，メソジスト運動と呼ばれる信仰運動を指導した。この運動は彼に死後にメソジスト派として国教会から分離する。

文献

Bateson, G.（1972）*Steps to an Ecology of Mind : A revolutionary Approach to Man's Understanding of Himself.* New York, NY : Ballantine.（佐藤良明＝訳（2000）精神の生態学 改訂第 2 版．新思索社）

Benson, S.（1991）Why I quit practicing law. *Newsweek*, November 4, p.10.

Bion, W.R.（1959）*Experiences in Groups.* New York, NY : Basic Books.（池田数好＝訳（1973）集団精神療法の基礎．岩崎学術出版社）

Carter, J.（1989）*Nasty People : How to Stop Being Hurt by Them without Becoming One of Them.* New York, NY : Contemporary Books.

Chodorow, N.J.（1989）*Feminism and Psychoanalytic Theory.* New Haven, CT : Yale University Press.

Dewald, P.A.（1972）*The Psychoanalytic Process : A Case illustration.* New York, NY : Basic Books.

Dorpat, T.L.（1984）The technique of questioning. In J. Raney（Ed.）*Listening and Interpreting : The Challenge of the Work of Robert Langs.* New York, NY : Jason Aronson, pp.55-74.

Dorpat, T.L.（1985）*Denial and Defense in the Therapeutic Situation.* New York, NY : Jason Aronson.

Dorpat, T.L.（1987）A new look at denial and defense. *The Annual of Psychotherapy* 15 ; 23-47.

Dorpat, T.L.（1989）Abusive practices in medical training. *King County Medical Society Bulletin* 68 ; 20, 26.

Dorpat, T.L.（1991）On the use of questioning as a psychoanalytic technique. *Psychoanalysis and Psychotherapy* 9 ; 106-113.

Dorpat, T.L.（1993）The type C mode of communication : An interactional perspective. The *International Journal of Communicative Psychoanalysis and Psychotherapy* 8 ; 47-54.

Dorpat, T.L.（1994）On inauthentic communication and interactional modes of defense. *Psychoanalytic Psychotherapy Review* 5 ; 25-35.

Dorpat, T.L.（1996）*Gaslighting, The Double Whammy, Interrogation and Other Methods of Covert Control in Psychotherapy and Analysis.* Northvale, NJ : Jason Aronson.

Dorpat, T.L. and Miller, M.L.（1992）*Clinical Interaction and the Analysis of Meaning : A New Psychoanalytic Theory.* Hillsdale, NJ : Analytic Press.

Elgin, S.H.（1980）*The Gentle Art of Verbal Self-Defense.* New York, NY : Dorset.

Evans, P.（1992）*The Verbally Abusive Relationship : How to Recognize and How to Respond.*

Holbrook, MA : Bob Adams, Inc.
Flax, J.（1990）*Thinking Fragments : Psychoanalysis, Feminism and Postmodernism in the Contemporary West.* Berkeley, CA : University of California Press.
Gruen, A.（1988）*The Betrayal of the Self : The Fear of Autonomy in Men and Women.* New York, NY : Grove.
Haley, J.（1969）*The Power Tactics of Jesus Christ and Other Essays.* New York, NY : Avon Books.
Lakoff, R.T. and Coyne, J.C.（1993）*Father Knows Best : The Use and Abuse of Power in Freud's Case of Dora.* New York, NY : Teachers College Press.
Langone, M.D.（1993a）*Recovery from Cults : Help for Victims of Psychological and Spiritual Abuse.* New York, NY : W.W. Norton.
Langone, M.D.（1993b）Helping cult victims : Historical backgrounds. In *Recovery From Cults : Help for Victims of Psychological and Spiritual Abuse.* New York, NY : W.W. Norton, pp.22-47.
Langs. R.（1976）*The Bipersonal Field.* New York, NY : Jason Aronson.
Langs, R.（1978）*The Listening Process.* New York, NY : Jason Aronson.
Langs, R.（1979）*The Therapeutic Environment.* New York, NY : Jason Aronson.
Langs, R.（1980）*Interactions : The Realm of Transference and Counter Transference.* New York, NY : Jason Aronson.
Langs, R.（1981）*Resistances and Interventions : The Nature of Therapeutic Work.* New York, NY : Jason Aronson.
Langs, R.（1982）*Psychotherapy : A Basic Text.* New York, NY : Jason Aronson.
Lomas, P.（1987）*The Limits of Interpretation.* Northvale, NJ : Jason Aronson.
Ogden, T.H.（1982）*Projective Identification and Psychotherapeutic Technique.* New York, NY : Jason Aronson.
Reiss, D.（1981）*The Family's Construction of Reality.* Cambridge, MT : Harvard University Press.
Silverman, M.（1987）Clinical material. *Psychoanalytic Inquiry* 7 ; 147-165.
Singer, M.T.（1995）*Cults in Our Midst : The Hidden Meaning in Our Everyday Lives.* San Francisco, CA : Jossey-Bass.（中村保男＝訳（1995）カルト．飛鳥新社）
Tannen, D.（1990）*You Just Don't Understand.* New York, NY : William Morrow.（田丸美寿々・金子一雄＝訳（1992）わかりあえない理由――男と女が傷つけあわないための口のきき方10章．講談社）
Van Fleet, J.K.（1983）*Twenty-five Steps to Power and Mastery over People.* West Nyack. NY : Parker Publishing.
Winnicott, D.W.（1960）*Ego distortion in terms of true and false self. In The Maturational Processes and the Facilitating Environment.* New York, NY : International Universities Press. 1965, pp.140-152.（牛島定信＝訳（1977）本当の，及び偽りの自己という観点からみた自我の歪曲．In：情緒発達の精神分析理論．岩崎学術出版社）

7

草刈り，精神分析的教育，イデオロギーと権力と知識の絡み合いについて
歴史的・哲学的視点

パトリック・B・カヴァナフ

> 遠くの牧草地で人々が干し草を作っていて，彼らの頭は刈られる草と同じように揺れていた。遠くでは風がすべてを同じようなびかせているように見えた。
> ソロー

　35年か40年前の9月の早朝のことだった。私は郊外にある郡立精神病院に行く途中だった。街の中心部と一般の人々の日常生活からはほどよく離れているところだった。施設の敷地に近づくと，この立派な居住型治療施設の本館を取り囲む黒い鉄条網のついたフェンスに沿って車を走らせた。1マイルかそこら行くと鉄条網がとぎれたところがあり，私はスピードを緩め表門からグラウンドに入った。神経が高ぶるような感覚とともに，ヴィクトリア朝風の受付の建物に向かう，ゆっくりと長くくねった道を進んだ。そこで私は論文の最終段階を仕上げ，初めての専門職としての勤め先のオリエンテーションを受けようとしていた。

　長く曲がりくねった道を進んでいくにつれ，15人か20人の男性が芝刈り機で草を刈っているのが見えたのを今でも覚えている。男たちはよろめき重なり合ってお互いの後について列を作っていた。だから彼らがこわばってふらつきながら歩調を合わせると，7, 8メートルの幅の草を刈ることになった。晩秋から初冬のミシガンの朝の空はまだ黒っぽい灰色で，深い紫と豊かな青みがかった赤い筋がかかっていた。濃い霧が地面の上を

漂うように重くたれ込めていた。私は車を道の片側に寄せて，彼らを見つめた。男たちがぎこちなく歩き，草刈り機を押し，もはや刈る必要もない草を刈っているのは，全く不気味な光景だった。1列刈り終えると，彼らはくるっと回って，また列になって，よろめきながらも正確に少しずつずれて次の列を歩きはじめ，最後にはひとりひとり，厚くたれ込めた濃い霧のなかへと消えていった。数分後，彼らはおよそ6，7メートル以上先の濃い霧のなかからひとりひとり再び現れた。しばらく眺めた後，私は再び車のエンジンをかけ，てっぺんが尖塔になった受付の建物への道を進み，そこで鉄条網の内側にある施設のコミュニティへの参加が許可される最終的な書類を書いた。

　敷地が約360ヘクタールのこの施設に備わっていたのは，自前の農場，動物や穀物を育てるのに必要な設備，患者が運営するクリーニング店兼雑貨屋，印刷所と公報，警察と消防署，公民館と病院，患者とスタッフの生活のための居住地，7,000人を越える元患者が葬られている墓地などだった。それぞれの墓石には，名前ではなく，患者のカルテ記録に対応する四桁の数字が書かれていた。入所すると3296というようなカルテ番号が，各人に割り振られるのだった。このカルテ番号がその人物のコミュニティでの身分証明になった。コミュニティのお役所的な社会の複雑な迷路のなかで，その番号は入所の時から，たいていは墓場までつきまとうのだった（Hunter, 1998）。この堂々とした巨大建築群のなかで，75の建物のうちの多くはAからZまでのアルファベット順に並んでいた。A棟はもちろん受付の建物で，B棟はスタッフの住居，C棟は患者が運営する店舗。D〜G棟は元患者を意味し，その住まいとなっていた。これが施設の生活のABCであり，人々を抱える構造だった。

　そこに滞在した年月の間，私が徐々に学ぶようになったのは，このカルテ番号と建物のアルファベットはある種の共通言語だったということだ。つまりこの言語は技術主義による実践であって，居住者にとってもスタッフにとっても，討議による理性的行動を確立し，社会的現実を構築し，社会的な一貫性の感覚を提供するのに機能的に貢献していた。黒い鉄条網の

フェンスに囲まれた内側のこのコミュニティには独自の文化があり，その文化においては，制度的な（制度化された）思考，信念群，中核的価値観の体系によって世界とA棟を通ってやってくる人それぞれをどう考えるかが構造化され，意義を与えられ，正当化された。施設的な理性と言説によって，コミュニティにおけるものごとの自然の秩序が定まった。スタッフと患者の間のヒエラルキーの高い順に並んだ関係から，権力と名声が必然的に生じた。特権と特典が，正気と狂気の二分法による区別から生じた。そうすることによって，施設の言説は鉄条網の内側の世界を，理解しやすく，把握が可能で，一貫したものにした。これが社会秩序のABCであり，スタッフ（正気の人々）にとっても，居住者（狂気の人々）にとっても，その秩序が毎日の組織の生活の生きた体験を構造化していた。
　この同じ意義の体系に従って，コミュニティの歴史的な表現のようなものが記される文脈も生じた。たとえば，草刈り機をあらかじめ決められた列に沿って押している人々はコミュニティで愛情を込めて「ロボ隊」と呼ばれていることを，やがて私は知ることになった。それは「ロボトミーを受けた人々の部隊」を省略していうものだった。1940年代から50年代に遡ると，施設で好まれた心を病んだ人への治療法はお決まりのロボトミー（前頭前野白質切除）だった。精神科治療の発達において，当時のロボトミーは気分や行為を変えるための，高度で科学的な最先端の精神科介入法だった。敷地の入口で私に黙って挨拶をしていた人々は，以前の，過ぎ去った日々の濃い霧のなかに消えかけている時代の考え方の生ける記念碑だった。ロボ隊はコミュニティの歴史の教科書における象徴的な1章をなしていた。
　時代は変わり，心理療法的健康管理サーヴィスを提供するにあたって，精神病や効果的な治療戦略や施設の哲学と実践を構成するものに関する社会文化的，哲学的前提も変わった。そして時間の経過とともに，この特別な施設は規模を縮小した。もっと具体的に言うと，カルテ番号のついた患者は脱施設化し，アルファベット順に並んだ建物は壊され，黒い鉄条網のフェンスは取り除かれた。患者が住んでいたアルファベット順に並んだ建造物の解体は，郊外が徐々に周辺部に広がるにつれて少なからず土地の資

産価値が上がったという社会政治的経済性の影響を受けて，制度化（された）治療哲学を文字通り脱構築（建）することとして理解できるだろう。残された少数の建物は，改築され改名され地域の精神科病院として周辺コミュニティに精神科サーヴィスを提供しつづけている。患者が運営していた店があったところでは，黄色のM字のロゴのついたマクドナルドがコミュニティの人々にハンバーガーを売っている。

　施設の敷地を去って以来，私はいくつか他の居住型治療施設や，大学，博士課程前後の訓練プログラム，大学付属病院を訪れる機会があった。何年にもわたって，私は徐々に鉄条網に囲まれた居住型のコミュニティと，教育施設のかなりはっきりした類似性に気づくようになっていた。さまざまな教育とスーパーヴィジョンのスタッフとして，私は精神分析の教育と訓練においてイデオロギーと権力と知識が分かちがたく，ほとんど検証されないまま絡み合っていることを十分に知り，正しく認識するようになっていた。濃い霧の中から出たり入ったりして，刈る必要もない草を刈り，そうすることでずっと昔に過ぎ去った歴史的な時間や考え方の記念碑となっていたロボ隊のことを，自分がますます頻繁に思い出しているのに気づいた。多くの点で，精神分析の研究所，理論的信念，経験的な研究は，19世紀の実証哲学の前提，すなわち実証的医学イデオロギーから偽造された自らの概念で構成された鉄条網で隔離され，孤立したままであるように思える。そうしたイデオロギーが人間を住まわせるのは，DSMというアルファベット順に並んだ建物と，5%水準の正しさで科学的に生み出された人間に関する知識体系について語る，経験主義的な言説のなかなのである。

　精神分析教育と訓練における権威主義的な実践と権力の行使についての研究への貢献として，この章はイデオロギーと権力と知識が絡み合ったものを以下の4点を考察することによって検証する。第1に，垂直的，ヒエラルキーとして組織された教育機関，技術主義的理性，制度的言説の構造の下に横たわる理論的，哲学的前提（この文脈では，研究所の内部の権力の権威的行使にも，最近増えているより大きな精神分析コミュニティの

範囲内のものにも考察が加えられる）。第2に，精神分析的な知識体系の下に横たわる理論的哲学的仮定。知識の生成とその獲得のプロセスを支配する医学の実証的なイデオロギー，精神分析家のアイデンティティ形成におけるイデオロギーと知識と権力の絡み合いが与える決定的な影響力。第3に，権威主義と権力の問題と，これに対する精神分析教育の神髄である訓練分析の社会政治的，社会経済的文脈。第4に，教育と訓練の研究所モデルに対するいくつかの代案。特に，アメリカ精神分析協会によって最近行われた調査である戦略的市場構想の結果（Zacharias, 2002）を考えると，これらの問題を早急に検討する必要があるように思える。

戦略的市場構想とは，精神分析がより多くの患者を得られるように，精神分析家，精神保健従事者，患者を調査したものである（Zacharias, 2002）。調査の対象となった集団間の認識と態度は，啓発的ではあったが混乱を生じさせるものでもあった。精神分析家は権威主義的で，高慢で，よそよそしいと感じられていた。調査によって明らかになった認識，態度，問題は非常に根が深く，精神分析家がたとえばコミュニティに対するアウトリーチ・プログラムを展開して社会貢献するなど，もっと熱心に関わり社会的な意義をもとうと単純に努力することで解決できるようなものではなかった。実はこの章が提起するのは次のような疑問なのである。「このような精神分析家の認識や態度の種が知らないうちに蒔かれ，栄養を与えられ，耕されるのは，精神分析教育と訓練が組織される教育機関や，その知識体系や，分析家のイメージの基礎をなす理論的，哲学的前提によってなのだろうか？　この理論的，哲学的前提によって，権威主義的で傲慢でよそよそしいという分析家の認識と態度が生み出されるのだろうか？」。

この章は懐疑的な現象学者の視点から書かれており，精神分析の技術の研究に貢献することを意図している。

● 制度的な構造，理性，言説 ── 理論的・哲学的前提

> 20世紀の最後の最後になって，私たちの17世紀的な組織は崩壊している。
> ほとんどの組織がどれほどニュートン主義的であるか注目してみると面白い。
> 宇宙の機械的イメージは組織にも移植され，構造とそれを構成する部分が強調された。
> マーガレット・ウィートリー
> 『量子時代のニュートン主義的組織 ── 制度的な構造・理性・言説』

　実証主義の文化のなかに生まれた精神分析は西欧文化の落とし子であり，精神分析教育は時代の産物だった。フロイトは，ダーウィン生物学の前提，考え方，歴史的アプローチに深く影響を受けている。実際，フロイトは「心の世界のダーウィン」（Jones, 1953）として知られている。ダーウィンの歴史的アプローチは種の問題に対する科学的解決を与えた。ダーウィンの生物学的研究によって，科学的な探索の方法としての歴史的なアプローチの有効性が，地質学の無機質の世界から生物学の有機物の世界へと拡張された。『ヒステリー研究』（1895）の出版とともに，ブロイアーとフロイトは科学的な探索法として歴史的アプローチを採用し，それを人間の心と心的現象に適応した。進化論的生物学はある考え方をモデルとして提示し，それによって精神分析理論は人間と精神生活の発達が連続し，秩序があり，自然で，法則に支配されるということを理解することができた。つまり進化論的な原理と方法論によって，精神分析は生物学的，科学的基礎に根づいたのだ。そして自然科学のひとつとして，古典的な精神分析は，進化論的生物学の一見すると自然に見えるヒエラルキーを反映して，人間の世界を発達的なヒエラルキーに並べるという傾向をもっていた（Strenger, 1998）。精神分析の理論，実践的な技法，教育機関の概念的基礎は，この現実世界の想定されている自然のヒエラルキーに基づいていた。実証主義の文化においては，実証主義者の思考は社会形成の唯一の形態，すなわちヒエラル

キーと支配の原則を支持する制度的な構造に委ねられる（Giroux, 1997）。

1920 年にマックス・アイティンゴンが創設したベルリン精神分析研究所は，これらの支配の原則をタテ型でヒエラルキーとして組織された構造として現実化した。19 世紀の世界観に一致して，その制度的な構造は明確な権威の序列と指揮系統を与えていた。すなわち，研究所のはっきりした境界と区分によって，3 部門からなる教育システムにおける各要素／成分／部分の特別な機能や目的が明確に描き出された（Wheatley, 1992）。そのヒエラルキーとして組織された構造において，ヒエラルキーの上位に属するものは下位のものに対して権力と権威をふるう。権力はヒエラルキーとして組織された構造（訓練分析家，分析家，候補生），実証的医学のイデオロギー(症候学, 病因論, 病理学)，支持された理論的オリエンテーション（自我心理学），その周辺に精神分析教育が組織されるような分析家のイメージ（社会科学者－芸術家）からなる制度的言説を通じて表現される。制度的言説が権力を表現するのは，教育哲学と原理を定義し，教育実践を支配するこれらの標準，規則，規定という技術主義的な言葉を通じてなのである。

● 研究所の壁の内側の権威主義と権力の行使

初期の頃，ベルリン精神分析研究所が精神分析教育のために採用していたのは，三部門からなるシステム，すなわち制度的分析あるいは教育分析（訓練分析），（講義による）理論教育，スーパーヴァイズを受けながらの統制分析からなる教育モデルだった[iv]。1923 〜 24 年の冬に，ベルリン精神分析協会の訓練委員会は，候補生の学習行為と体験のそれぞれに標準と規定を押しつけた。そうすることでこれまで候補生が個人的，私的に選択していた領域で，制度的な分別と管理があらゆることに取って代わった。技術主義の理性が候補生の教育のそれぞれの局面の決定を左右した。精神分析は制度化された（Safouan, 2000）。標準と規定が今や候補生の選択にも適応された。個人分析は 6 カ月が求められ，担当する訓練分析家はあらかじめ指定された。訓練分析家と協力しながら，候補生が訓練の先の段階に

参加する準備ができるのはいつか，個人分析を終えるのはいつかが決められた。教育と訓練に関する決定には精神分析家＝教育者個人と各候補生の権限が及ばなくなり，研究所の権限に置かれた。この訓練委員会による権威主義的な力の行使とともに，精神分析教育は研修生中心とは対照的な研究所中心となった。

標準が標準を作り，規定が規定を作り，制度が制度化する。これらの標準と規定とともに，分析家，候補生以外の第三者が研究所の訓練の必要不可欠な側面となった。すなわち，研究所と分析家と候補生の三角化の勝利が広まったのである。精神分析教育の発展という物語において，候補生が研究所のヒエラルキーのシステムを通って教育的に成長し進歩すれば，結局理論的に，訓練分析家の権力，名声，特権，特典に到達することになる。研究所内部での最も低い地位の候補生から分析家へ，そして最も高い地位の訓練分析家への昇進は，研究所の管理と意志決定の支配のもとで行われる。そのようなヒエラルキーとして組織された研究所の根本に横たわる哲学は，次のように単純，簡潔に述べることができる。「成熟した究極の知者が，標準や規定，カリキュラムを通じて構造や指示を押しつけなければ，候補生は意義深い教育的環境や体験を生み出すことは全く不可能である」（Safouan, 2000）。19世紀の組織理論は，ベルリン研究所と教育モデルの基礎のひとつである。制度的な構造，教育哲学と教育モデル，科学的な歴史観と精神分析観は，分析の世界で長年不満が囁かれているのにもかかわらず，実質上1920年から変わっていない。過去80年間，技術主義的合理性の定量的な論理は，訓練分析の標準的な頻度に関する議論に主に焦点を合わせて，精神分析教育についての考え方の違いを議論する枠組みを定義してきた。「本当の訓練分析の定義は，週に2回，3回，それとも4回なのか？　そして週に何回セッションを受ければ本物の精神分析家になれるのか？」。

● 研究所の外側の権威主義と権力の行使

権威主義と権力の行使は，最近では研究所の壁の外にも及んでいる。

2001年の夏，アメリカの4つの主要な精神分析関連学会の教育的，政治的利害を代表する連立のコンソーシアムが，精神分析教育と訓練のアメリカにおける標準と規定を採択した。アメリカ健康管理認定基準は，候補生（精神保健従事者）の選抜と適格性を今や以下のように定義し規定している。広範囲な教育講義の受講（少なくとも3年），訓練分析の頻度と期間（週3回を少なくとも3年），スーパーヴィジョンで統制された事例（二人の成人の事例，少なくとも週に3回）。また訓練研究所は候補生評価委員会を通じて候補生の教育体験を評価する責任を公式に負っている。これらの基準を採用することによって，精神分析教育は，よりいっそう自らの技術主義によって守られ，訓練中の候補生をさらに幼児化し，教育研究機関における思想の多様性をせばめている。**そして私はロボ隊が現れては濃い霧のなかに消えるのをますます頻繁に思い出しているのに気づいた。**

標準が標準化し，規定が規定を作り，制度が制度化し，幼児化させる。実際，国際精神分析協会の前会長であるオットー・カーンバーグは，精神分析教育を批判して，訓練を受けている候補生の幼児化だけでなく，私たちの教育研究所が20世紀の他の研究分野の知的な前進から繭にこもったように孤立していることにも言及している（Kernberg, 2000）。付け加えるなら，自らの専門である精神分析の知的前進からも孤立しているのである（Kavanaugh, 1999a）。より大きなコミュニティにおける制度化された権力関係を通じて，組織化された精神分析は，精神分析家のアイデンティティ，目的，倫理が認可済みの研究所を卒業した精神保健従事者だけのものであると表明している。アメリカ健康管理認定基準の採用とともに，コンソーシアムの教育官僚的な合理性によって，前世紀から積み残されているかなり困惑し，混乱する質問に解答が与えられている。「精神分析とは何か？」「精神分析とは健康管理専門職，あるいは特殊な専門職である」「精神分析教育とは何か？」「精神分析教育とは国民健康管理認定基準を満たす研究所で行われる教育体験の証明済みの有効性のことである」「精神分析家とはどんな人なのか？」「精神分析家とは認可された研究所を卒業した精神保健従事者である」。このようなかなり循環する論法で，コンソーシアム

は医学の専門分野としての精神分析の発展においてある程度政治的な目標を達成し、実証的な歴史観、知識観、科学観を支持する哲学的前提を是認し、精神分析教育を21世紀まで継続し、ベルリン研究所の科学的、病理的な伝統、すなわち1920年以来の精神分析的教育と訓練を組織化する概念、目的、内容、ひな形を提供する伝統を保っている（Kavanaugh, 2001）。組織化された精神分析によって政治的権力が権威的に用いられることが、研究所の壁の外にも今や広がり、教育理論、精神分析的思考、他の関連分野における概念展開が全盛期の間に革新的に進歩したことを打ち負かそうとしている。

1923〜24年の冬に法制化された分析家、研究所、候補生の三角関係は、2001年の夏に法制化された分析家、研究所、政府の同じように複雑な三角関係と密接に絡み合っている。組織化された精神分析の制度化した言説は、さまざまな政府機関と結びつき、今や精神分析教育と訓練を標準化し、調整し、さらに制度化しようとしている。健康管理専門職としての分析家であることが、私たちの開業臨床家や教育者としてのアイデンティティを構成し、暗黙のうちにまたあからさまに精神分析教育の性質と目的を規定し、分析的文化の教育戦略を標準化し均質化し品質管理を行っている。さらに一歩進んで、コンソーシアムは独立した自治権のある精神分析のアメリカ認定委員会を設立しようとしている。健康管理職資格の歴史を考えれば、すべての精神分析家に政府が発行する精神分析実践のための資格が地平線の向こうに見えはじめている。訓練を受ける権利の政治的・哲学的・経済的問題は、回答済みのようにも思える。政府が発行する精神分析実践のための資格を取得するのに候補生を訓練し証明書を与えることができるのは、認定された研究所だけになるだろう。しかし答えなければならない質問がもうひとつある。教育機関の権威的な実践が、冷淡な技術主義的合理性に導かれ、教育と真理のただひとつの正当な源泉であるという尊大な主張と結びつき、権威主義的で冷淡で傲慢であると思われている卒業生の分析家は、本当にそうなってしまうのではないか？

もし精神分析が私たちの教育、政治的機関が自称する通りのものだとす

れば，アメリカでの精神分析は，数字とアルファベット順に並んだ病気，障害，欠損の構造のなかで意味を与えられ収容される人々という概念をもった医学的思考法である。DSM-IV は精神病理，治療，治癒要因への没頭が共同体で共有されたことの記念碑である。研究所内で，教育哲学と実践を特徴づけるイデオロギーと権力と知識が絡み合ったものは，教育と訓練のためのアメリカ健康管理認定基準の形で，その壁を越えて今や広がっている。研究所が開業臨床家に政府が発行する精神分析実践のための資格を与えることになるので，この問題を論じることはよりいっそう重要になる。精神分析を実践する資格を支えている知的，概念的基礎とは，何だろうか？　心理療法的知識体系という経験的に未実証の仮説を支える理論的，哲学的前提とは，何だろうか？

● 精神分析的知識体系――哲学的，理論的前提

> 実際まさに哲学的言説に私たちは挑み，切り崩さなければなりません。なぜなら，この言説が全ての他者に規則を定め，言説についての言説を構成するからです。このような哲学のロゴスによる隷属化は，大部分が力から生じ，**すべての他者を同一者の秩序に還元するのです。**（強調は筆者）
> リュス・イリガライ『ひとつではない女の性』

　精神分析の医学モデルが哲学，それも論理実証主義哲学の伝統に基づいていることは，一般に認められていないとまでは言わないが，十分正当に評価されていない。科学における自然主義，線形的な時間，決定論，原子論の考え，法則定立の原則と科学の無道徳主義という哲学的前提は，19世紀の世界観あるいはモデルという現代的思考システムの基礎をなすものである（Kavanaugh, 1999a ; Slife, 1997）。医学イデオロギーで満たされたこれらのあまり問題にされてこなかった哲学的前提は，精神分析の医学モデルの認識論的，知的な基礎を築くために結びついている。19世紀の形而

上学の影は，精神分析の知識体系のいまだ実証されない仮説に投げかけられつづける……ロボ隊は，そうした以前の考え方への生ける記念碑であった。

● **実証主義と合理的な語りの文化**──自然主義

　『ヒステリー研究』（Breuer and Freud, 1895）は 19 世紀後半ドイツのより大きな文化的な文脈，実証主義の文化のなかで生み出された。そこでは世界や物理現象を理解するのに，理性，理論，合理的な説明からの逸脱がほとんど許されない。『ヒステリー研究』（1895）において，ブロイアーとフロイトによって提出された仮説と追求された研究様式は，何かを知るための認識論的な方法が文化的な組織のなかで自然主義哲学と混交した 19 世紀の世界観に基づいていた。そしてそれが知識の科学的研究と前進のために哲学的な文脈を提供していた。自然主義は世界が心の影響を受けずに理解可能で，複雑であらかじめ定められた自然の設計図通りに，合理的な自然の法則に従って機能しているということを仮定している（Ronca and Curr, 1997）。壮大で統一的な合理性が，これらの錯綜した複雑な設計図の根底には存在する。自然は，合理的で知的な労働者であり，そこから生み出されるものはある世代を成長させ，発展的に前進させるような力と特質を備えていると理解されていた（Robinson, 1989）。さらに，自然主義は自然，生命，科学の統一理論を想定し，その理論においては全ての自然現象は予測可能で合理的な自然則によって支配される。人々と社会は，この自然の法則と設計図の一部であるとされる。すなわち，物質界の他の全ての自然現象のように，世界と人々は共通原理と合理的な法則に従って機能している。実証主義の文化では，自然科学の合理性の原理は，推論にすぎない社会科学の基礎となる解釈学的原理よりはるかに優れているものとみなされる（Giroux, 1991, 1997）。フロイトは，この歴史的な文脈，構築，付随する状況に埋め込まれていた。フロイトの心理的な洞察と理論は，この好戦的な合理主義と実証主義に付随するものとして生み出された。

　『ヒステリー研究』（1895）の出版によって，精神分析は，歴史的な学問

として創始された。フロイト（1914）にとって，ブロイアーによるアナ・Oのカタルシス治療は，「ヒステリー患者の症状が過去の人生の場面に基づいて作られるという基本的な事実」（p.8）を明らかにした。その出版とともに，精神生活の原因－結果の関係を理解する革新的な方法が導入された。ヒステリー患者は，回想で苦しんでいるのだ。症状は，恣意的で気まぐれどころではなく，筋が通っていて，意味と目的を持っていた。アナ・Oの人生の過去の出来事は，現在の症状形成の原因として重要だった。フロイトの新しい心の概念では，歴史的アプローチは，科学的探求の主要な様式であった。非常に不合理な内容を理解する非常に合理的な方法が発見されたのだ。アナ・Oの回想は，歴史モードでの思考と理解というフィルターを通っていた。そして，アナ・Oの回想は時代の優勢な観点，合理主義者の話法である歴史的実証主義から理解された。

　合理主義者の認識論は，当時の科学・哲学・芸術と同様に，精神分析にも普及した。フォーダム大学の英語学教授のウォルター・ケンドリック（1996）はこの時代の文学を論評して，『ヒステリー研究』（1895）の背景となっている合理主義的観点が，19世紀中頃から後半にかけて書かれたイギリスの小説における話法と全く一致していた点を指摘している。『ヒステリー研究』に登場する人々の話に含まれている中核的な仮説のなかには，たとえば，あらかじめ与えられた合理的な本質のなかに確固とした実在論的基礎が存在するという考えがあった。

　　つまりどれほどひどい仕打ちや愚かさが話のなかに現れても，たとえ不合理なことが語られるときでも，語り手も聴き手も理性的に観察し理性の勝利を信じる論理的でわかりやすい書き方に支えられて冷静を保っていた。　　　　　　　　　　　　（Kendrick, 1996, p.106）

『ヒステリー研究』の読者に語りかけるフロイトの健全で知的で賢明な声は，アナ・Oと読者が生まれつき同じ理性を備えていると想定していたことは間違いないと，ケンドリックは主張している。合理主義者の前提，

価値，信条によって，心理力動的な考え方が組織され，合理主義者の文法と構文によって，症状形成を説明する諸法則が構造化された。そして，合理主義者の態／声（voice）は，歴史的実証主義の真理からアナ・Oの症状の不合理な内容を語った。合理主義者の認識論は，特定の理論的，哲学的前提に基づいている。

● **歴史的因果的現実**──法則定立の原理

　実証主義的な伝統における科学者−歴史家として，分析家は知ることができるひとつしかない本当の過去について歴史的なアプローチを通じて調査し，歴史上の出来事を過去の回廊に見出された対象として発見し，その出来事が起こったことの証人となる。実証主義的歴史観においては，「歴史家の調査の対象は，まさに，たったひとつしかない本当の過去にある対象なのである。歴史について論争が起こったとしても，そうした対象の存在論的な完全性が損なわれることは決してない」（Gay, 1974, p.210/*282*）。

　分析家は個人史の歴史家として機能し，個人の過去の出来事の記録を解読し，語られている話の外部にいるかのように話す。このような実証主義的歴史観において，分析家の言語が指すのは，歴史的な対象と現在の症状の全体像において因果関係的な影響力だけである。実証主義的な伝統に従って歴史的，因果関係的な実体を仮定することによって，分析家は症状の起源をより以前の（より原初的な）発達段階にまで遡ることができるようになる。それは，ダーウィンが機能的に類似した有機体の起源を，同じ原初的な構造にまで遡った（Ritvo, 1990）のと同様である。歴史的，因果関係的実体を仮定することで，精神分析は法則定立的な学問（nomothetic discipline）として発展することが可能になった。ギリシア語で**合法的**を意味する *nomos*，**知識**を意味する *thetikos* からの派生語である *nomothetic* という言葉は「合法的な知識」「合法的な主張」「教義」と訳することができる（Lemiell, 1987）。生物学的科学の一分野として，精神分析は20世紀のほとんどの間，自然科学の経験的な方法と仮説に基づいて，自らをモデル化しつづけた。

● **線形的な時間と決定論**

　時間と場所，論理と因果関係が直線上に配置できると仮定することによって，過去の外傷が心理的に現在の症状または欠損を必然的に決定するという精神分析の決定論的な基礎が築かれた。実証主義的な伝統においては，時間の連続性と空間の近接性は，精神的な現象の因果的説明を決定する際に自明なものとされる。時間と場所，論理と因果関係を直線的に配置する考え方によって，医学モデルを組織する概念の枠組みである徴候学，病因論，精神病理学の基礎的な仮説が与えられる。その仮説に従えば，異常と思われる行為が症状として理解され（症状学），早期の外傷的出来事を抑圧することによって生じ（病因学），その抑圧が客観的で知覚しうる世界への現在の適応に干渉する（精神病理学）のである。

　『ヒステリー研究』（1895）のなかで，たとえば，アナ・Oの人生の過去の外傷的出来事は，線形的な時間と空間の連続体の特定の点に位置づけられている。次に，これらの過去の出来事が，彼女の後の症状を決定する。つまり，時間的に先行する出来事はそれに続く出来事に，因果的，決定論的，発達的に関連をもっているのである。事実と一致する科学としての歴史観を含む，全ての科学的プロセスは，線形時間（Slife, 1997）のこの見えない線に沿って起こらなければならない。アナ・Oの症状は過去の外傷的な出来事が偽装された形で再現されたものであり，過去の人生の実在の人々や出来事に対応していると理解された。アナ・Oの症状は，こうした大昔の出来事によって決定され，生み出された。つまり，アナ・Oの当時の症状は，以前の時間と空間から生じた意味と目的をもっていたのだ。この空間－時間的な枠組みによって，現在の症状から過去の出来事を回顧的に推論することが可能になり，それによって，たまたま現在の症状を構成することになったと思われることを精密かつ正確に起源へ遡って再建することが可能になる。

　精神分析の医学モデルは，次のようにかなり素朴に仮定しつづけている。「個人の歴史は経験的であり，そのなかで起こっていることやこれから起

こることは，個人の早期幼児期の環境のなかで起こったことが大きな原因となっている」。現在に先行する過去，結果に先行する原因のような教義的な結びつきは，1895年の『ヒステリー研究』の公表以来，心，因果関係，科学などの概念の基礎であった。そのような前提は分析の世界ではあまり問題にされず，検証されてこなかった。時間と空間，論理と因果関係が直線上に配置されるという仮説は，ニュートン的な空間と時間の概念の前提となっていて，物理的に独立した別個の自律的実体として理解されている。現代的な心と因果関係の理論は，この空間と時間の文脈のなかで発展した。ニュートン学説の枠組みに根ざした因果論は，精神分析的な思索をデカルト的な心の見方に委ねる。そのような見方に従えば，行動は身体的なもの（現実）の外的客観的な状態と，心（空想）の内的主観的状態の相互作用の結果として理解される（Child, 1996）。このニュートン＝デカルト的世界観の基礎をなす理論的哲学的仮説が，現代的な精神分析学派（たとえば欲動心理学，自我心理学，対象関係論，自己心理学）による思索の多くの前提となりつづけている。

● 無道徳主義と論理的原子主義

　前世紀の大部分の間，精神分析の世界では，認識論的な理想として科学が掲げられてきた。精神分析理論，プロセス，解釈は，経験主義者の命題と教義と一致し，分析家の主観を越えたものでなければならない。科学とその方法論がその価値，可能性，イデオロギーの文脈によって影響を受けないかのように，さらに言えば，科学的な知識自体が心の影響を受けず価値中立的（すなわち非道徳的）であるかのように，経験主義者は客観的，科学的な基準を達成しなければならない。言い換えれば精神生活を支配している法則定立の原理と法則は，客観的な知ることのできる世界に「そのまま」単純に存在し，自然と社会の法則と同じように発見されるのを待っていると信じられている。このように，社会科学で生み出される研究，科学，経験的な知識は，歴史的，文化的，社会経済的影響の外側に存在するという現代的

な誤った考えが続くことになる。精神分析の構成概念を経験的なものとして承認することは，心の科学としてこの学問を承認するためには欠かせない。

一般的な医学イデオロギーでは，経験的な研究は以下のような仮説に基づいている。「人間が体験する全てのことは，基本的な要素とその要素間の相互関係に還元して分析することができる。その結果，心理的なプロセスの複雑性は減じられ，予言でき，測定可能で，法則に従った行為に単純化される」(Russell, 1985)。論理的原子主義は，論理実証主義と手を携えて進んでいる。つまり，双方ともに人間というものはこれ以上分割できないような体験の総和であると仮定しているのである。こうした哲学的前提に基づいて，数値化された知識と説明を発見しながら，科学はあらゆるものを客観化するまなざしのなかにとらえることができる。実際，筋金入りの還元主義者にとっては，魂も経験に基づかせることができる。すなわち，神経科学においては，魂は脳波の活動に還元される。しかし，そのような因果論でほのめかされる心理学は，その認識論と同様に完全にデカルト的である（Hyman, 1992）。

● 真実を守るものとしての研究所──イデオロギー，権力，知識の絡み合い

> 研究所による訓練は，多分精神分析とは正反対の性質をもつだろう。
> アダム・リメンタニ『アメリカ精神分析協会誌』(1974)

● 主体のデカルト的構築

デカルト的な世界において，主体は完全に意識的，自律的，一貫していて，自らを知り，語られることなく語るものとして構造化されている(Sarup, 1993)。アイデンティティと存在は，思索と合理的な心に見出される。つまり，「我思う故に我あり」，考えることは人間性の本質である。デカルト的な世界では，自明で二分法的な形而上学が，世界と人々について考え，語ることの基礎である。すなわち，神聖／冒涜，精神／身体，外的な客観

／内的な主観の間の二分法的な区分が，論理，信念，価値の二進法のなかで発展する。デカルトは外的な物質の世界と内的な心の世界を区別し，物理的なものは精神的なものとは異なる存在であることを証明したと主張した（Clarke, 1997）。そうすることで，近代的な主体は，理性的な思考に従属する身体をもった理性的な主体として構成された。これが身体に対して精神を優遇する二元論的解決であった。デカルト以降の科学が没頭してきたものは，心身の間に生じる相互作用であった。このような観点からすれば，概念的なものは身体的なものよりも優れている。つまり，認識，思索，客観は，情熱，直観，主観より優れている。デカルト的な伝統においては，身体は知，思索，知識の源であるとみなされないので，精神分析教育とはすなわち精神の教育のことである（Capra, 1982 ; Hooks 1994 ; Maher and Tetreault, 1994）。

● **言語，知識，真実**

　実証主義的な文化においては，「現実的なものは，思考のなかで再現することができる。現実的なものは，『そこに』存在し，外的で普遍的な主体として理解され，『真実』は現実的なものに対応するものとして理解されうる」という存在の形而上学的な仮説に基づいて，知識体系が生み出され組織される（Flax, 1990, p.34）。実証主義的な世界観では，世界はひとつだけであり，その世界は，社会や人々と同じように，同じ自然で普遍的で合理的な法則に従って機能している。現実と人々に関するこのような科学的視点は，世界と人々についての唯一の合法で中立で客観的な見方，知り方，考え方を構成する。つまり，科学とその方法論は知識を生み出す唯一のパラダイムなのである。知識を科学的に生産し獲得することを通じて，実証主義的な合理性は人々を技術的に支配することに言及する。存在の形而上学の基礎をなしている仮説は，言語，知識，理論，真実と数直線上に並ぶような関係を構成している。静的で線形化された確固たるニュートン学説の世界では，言語は対象に基づいている。そして，知識は，あるがま

まに発見される客観的で鏡のような現実の反映として理解される。言葉はそれが再現する物体と一致し，対象あるいは因果関係を表し，そして単に反映する。なぜなら物体は実際にそこに存在するからである。発見された合理的な知識として真実を理解することによって，知識は，現実の世界に対応した科学的で「もの」的な対象に変化する。このように，知識は，客観的で，境界が明確で，文脈から自由であり，その意味を構成する個人的，政治的，文化的伝統とは全く無関係であるように見える。実証主義者は現実と世界に，言葉と知識に関わることによって，精神分析的な知識を知ることや教えることや学ぶことが可能になる。実証主義者は言語，知識，理論，真実に関わることで，研究所で知識を生み出し獲得する基本原則を定義した。

　知識は蓄積されるものなので，精神分析理論は，新しい発見がなされるたびに絶え間なく発展し，洗練され，前進しうる。結局，理論は精神病理的疾患，病因，症状について科学的に発見された（法則定立の）法則，概念，原理を表すようになった。客観的な臨床観察と一致する理論的な実体が構築され，人から人へ伝えられることが可能となった。新鮮味のない考え，調理済みの理論公式，他の人々も「そうあるべき」決定済みのやり方からなる知識体系が，発見された真実が記される神聖なテキストに客観的に記録され，研究所の標準カリキュラムに記載され，症状のさまざまな理解を生み出す歴史的，因果関係的な実体について合理的な知識が発見されたと教えられるかもしれない（Kavanaugh, 1998）。このような経験的な分析的言説に由来する知識体系は，事実に基づき公理として与えられるもので，本質的に道徳的価値観を欠き，文化的，歴史的文脈の外に存在しているものとして教えられる。アメリカでは特に，分析家の知識体系は，より確実で，予測可能で，説明的になった。つまり，理論は，有意水準0.1%の正しさを求めることに結びついた。実証主義者の言語，知識，真実への関わりは，受け取った知恵を学ぶことを促すが，残念なことに，内省的な思索をくじきもする。

　分析的文化においては，科学とは知識を生産するモデルである。つまり，

研究所は知識を獲得する場所なのである。実証主義者の伝統においては，自己の真実を知ること（訓練分析）と他者の真実を知ること（講義とスーパーヴィジョン）に特権的に関わることが，精神分析の教育と訓練における不可欠の側面となっている。精神分析教育のための唯一の正式な中核として，研究所は理論的な真実を守るものとなり，教えることの科学，すなわち教育学（pedagogy）を通して，この真実を教えた。ギリシア語で「少年」を意味する *paidos*，「導くこと」を意味する *agogos* から派生した言葉である pedagogy は，原義からすると「少年を導くこと」という意味である。1923〜24 年の冬にベルリン精神分析協会の訓練委員会によって課せられた制度的な知恵と管理は，候補生を導きつづける。科学が発見してきた，自己と他者についての知識体系によって，特定の理論が事実かどうかにかかわりなく。候補生は受動的に知識を受け取り学ぶ一方で，教師は能動的にこの知識を伝え，教える。研究所は理論的な真実を守るものである。研究所の制度的な言説はこの理論的な真実の声で話され，理論上の事実という真実らしさにまぎれて，他者のための事実（理論）・利益（倫理）・真実（知識）を知っているか，知りつつある人々は，分析家が社会科学者＝芸術家であるという決定済みのイメージであることを語る計画済み，承認済み，決済済みの学習プログラムを通じて，道徳的な献身を行うのである。

● 知識体系と分析家のアイデンティティ形成

　研究所の教育哲学，環境，科学的知識の主要部分が，尊大で，権威主義的で，よそよそしい分析家のイメージを，無意識のうちに育てあげているのだろうか？　社会科学者−芸術家としての分析家のイメージを基に，教育戦略が組織される。そのような組織化によって，分析家は「すべての精神分析の主張は，科学に基づいた知識を人間的な思いやりの創造的芸術性と調和させる弁証法の結果である」というフロイトの遺産を実現している（Bornstein, 1985）。科学としての精神分析の学習と実践において，分析的な環境はあからさまにではないが，暗黙のうちに次のようなものとして理

解されている。すなわち，「患者の連想や気分や心の状態という生データが組織化される心的法則を，分析家が理解しようとする科学的な実験室のようなもの」であると。科学的な方法論は，ギリシアや中世の哲学的伝統である理性的直観主義をモデルとし，聴くこと，理解すること，反応することの枠組みを提供する。つまり，分析家は，患者に耳を傾け（生データを観察し），面接中で順になされた観察に基づいて仮説を公式化し，独立変数を操作するように解釈によって介入し，介入の正確さを，患者の考え，連想，心の状態といったそれに続くデータによって判定し，誤りとして除くか，正しいものとして認めるのである。実証主義を踏襲して，科学的研究法が精神分析のデータ収集のモデルである。自らの数値化された理論と方法論によって自己承認をするような，経験的な医学システムの思索が発達したのだ。

　精神分析の実証主義－科学的伝統に傾倒する人々は，精神分析の解釈のためのより科学的な基礎を提供するような「推論の規範」を執拗に求めつづける。このような推論の規範があれば，

　　臨床的介入の基礎となる対応基準はますます洗練されることになるだろう。もしいつか，そのような方法論が開発されたならば，理論的，臨床的主張の根拠が少ないという現在の情けない状況をかなり改善することができるだろう。なぜなら**特定の介入の根拠となるような患者の言動を明確に述べることができるからだ**。(Boesky, 2004, p.8／強調は筆者)

　ボウスキーによると，そのような推論の規範を作る目的は，研究所でひとつのセッションのプロセス研究のためのより良い方法論を開発することであり，さらに特定の解釈をあてはめる基準をうまく教えることである。このように，法則に従う知識が発見され，法則定立の原理と法則が多くの個人ひとりひとりにあてはまるという幻想が育っていく。実証主義的な合理性は，教育機関で人間の発達に関する精神分析理論を，分析的言説で人間を，技術的に支配することを支持する。

決め手となるようなところでは，21世紀の経験主義者と19世紀の合理主義者の間にはごくわずかな違いしかない。両者とも，言語と現実が一般的に対応しているという同じ仮説を共有しているのだ。両者は，世界の本質が何なのかを立証する方法が異なるだけである。経験主義者は，先験的な推論によって自明の真理を理性的に仮定するというより，科学とその方法論を通じて実際の論理的分析によって結論を導くのである。21世紀の経験主義者にとっては，ニュートン理論を基礎にした科学，方法，説明に基づくデカルト的合理的な客観主義が，知的洞察に頼る19世紀のアリストテレス的な合理的直覚説に取って代わっている。にもかかわらず，両者ともに実証主義的な伝統の科学者なのである。つまり，両者とも，科学的探求にはただひとつの形しかないということを支持する厳密な技法，数式，法則的な規則性に傾倒している。経験主義者と合理主義者双方の伝統において，社会科学者－芸術家としての分析家の課題に変わりはない。すなわち，分析家は内的精神的な出来事と，これを決定づけ引き起こす外的社会的現実の間に存在している再現可能な構造と，法則に従った関係を探し求める。このような歴史的因果的現実についての知識が有効でありうるのは，発見される知識が客観的で科学的な場合だけなのである。したがって，知識の探索において，分析家は幼児期の出来事と現在の症状あるいは発達的な欠損の因果関係を科学的に承認しなければならないので，歴史的事実は物語的事実から，事実は虚構から切り離されなければならない。デカルトの心身二元論の構築と首尾一貫するように，分析家は最終的に人間の精神的な機能と有機体の神経基質の結びつきを承認しなければならない（Gedo, 1999 ; Rubinstein, 1997）。

● イデオロギー，権力，知識の絡み合いを問題にすること

　精神分析教育の研究所モデルでイデオロギー，権力，知識が絡み合っていることと，権威主義的で，尊大で，冷淡な分析家のイメージの間には何か関係はあるだろうか？　実証主義的な原則，標準，対応基準は，分析の

世界のまわりに鉄条網のフェンスのようにはりめぐらされていて，人格発達や，多様な病理の状態の基礎をなす因果的要因や，治療と治癒的な要因といった支配的な言説を知る人として，分析家をみなすような知識体系を生み出している。知識に対するそうした権威的な関係によって，分析家は他者に関する／他者のための理論的真実に対して特権的な関係に位置づけられる。精神分析教育を通して分析家は，たとえば，ある症状の意味，その症状の原因，最終的に症状につながった幼児期の環境の病理の程度を知ることができる。しかもそういうことを，患者に会いもせず行うことがあり，そうやって分析家が傲慢で，冷淡で，権威主義的であると思われるのをもっともなことにしてしまう。社会科学者－芸術家というイメージを描きながら，精神分析教育と訓練が組織され続ける。しかし，この科学者の概念は19世紀後半の社会科学に根ざし，芸術家の概念は19世紀半ばの芸術および小説観に根ざしている。ドナルド・スペンス（1987）が指摘しているように，分析家はこの科学と芸術の間のどこかに存在する認識論的な中立の立場を取り，科学者と芸術家両方の特権を主張して，どちらかの決定的な基準に縛られるのを拒否している。

　ニーチェ（1901）によって，力への意志という概念で理解され，力と知識の関係についてのフーコー（1969）の言説で詳述されているように，研究所の入口では，知識は権力なのである。簡潔に述べれば，「『真実』の発見と称するすべての考えは，未実証の仮説を立てる人々が，語りかける人々に対して力への意志，いや，隷属化の意志を表現しているのにすぎないのかもしれない」（Snyder, 1988, p.xii）。

　残念なことに，知識が権力であるという考えは，精神分析教育が目標とするような分析家のイメージにすでに埋め込まれているようだ。無意識の動機の秘密と，その動機が人格発達において果たす役割を発見することが誘惑的に形作ってきたのは，科学者－芸術家として人間行動を予測し，支配する能力をもつ精神分析家のイメージであった。このような社会科学者としての分析家のイメージや理解には，ある程度の傲慢さ，冷淡さが埋め込まれていないだろうか？　そのような全知の能力と権力を所有するとい

う幻想は，分析家のアイデンティティ形成の基礎的で重要な側面と相容れないものとして理解されるほうがよいのではないだろうか？

　精神分析知識体系が権力と交わるのは，分析家の心のなかで，ものごとが未実証の仮説をどのように再現しているかということから，ものごとが分析家のためにどうあるべきかということに，規範的な基準が移行してしまうときである。これは，分析家の理論的な真実が何であろうと（欲動心理学，自我心理学，対象関係論，自己心理学）変わらない。

　さらに，分析家が他者を評価し，その人の価値，目的，動機，意図を表明し，個人の政治的，社会的，個人的な自由と責任を，直接的または間接的に削減するとまでは言わなくても，影響を与えることを道徳的に正当化したり義務であるとしたりそういう力をもっていると主張するときに，知識は権力と交わるのである（Kavanaugh, 1999b）。精神分析理論と実践が人間に関する規範的な概念に基づくとき，人間の概念を一般化し全体主義化することは，精神分析の開業臨床家と教育者にとって核心的な倫理問題をはらんでいる。実際，単なる認識論的な学説である以上に，実証主義は「良心の呵責を抑え，支持者に学説の参照枠がイデオロギー的性質をもつということを見失わせる強力なイデオロギーである」（Giroux, 1997, p.20）。

　実証主義の理論的，哲学的仮定を前提として，私たちの教育官僚的な研究所の制度的言説は，古典的な認識論の象徴を知り，考え，知覚する方法を反映し，具体化したものである。つまり，制度的言説は19世紀の歴史観，科学観，因果関係観を前提としていた人々と生活について，知り，考え，知覚する方法を再現している（Bevan, 1991）。

　アメリカの，精神分析教育，理論，実践は，理論から予測される結果に順応し，服従することを暗黙のうちに（あからさまに，とまでは言わないが）期待されながら組織されている。キンチェローが示唆するように，そのことが精神分析教育に与える影響にはうんざりするものがある。

　　実証主義的な文化では，教育はある種の社会調整となり，人間を現

状維持する運命へと導く。「現状」の形成を「あるべき状態」と対比させて内省することを，実証主義的な文化は避ける。言い換えると，**実証主義的な文化の技術主義的な合理性のなかでは，歴史が日常生活に影響し関連することを意識する余地はない。**

（Kincheloe et al. ; Giroux 1997（p.x）より引用／強調は著者）

　精神分析教育ではイデオロギー，権力，知識が絡み合い，精神分析という歴史的な学問を型にはめて，最も大切にしてきた仮説，理論的信念，考え方に疑問をもつことのできない反省と批判の乏しい学問にしてしまった。教育機関は，候補生個人の歴史意識に対して明確に反歴史的な態度と関係を無意識に促してきたように見える。どうしてこのようなことが起こりえるのか。ある人間に関する心理的な法則，説明，意味が，文化的文脈に関係なく発見できるのなら，分析の世界の現在の思索，理論化の多くは歴史的に中立なものとなり，自らに関する無批判な内省を知らず知らずのうちに強化するだろう。経験に基礎を置く心理学や処方や知恵は，まるでそうした知識が，育まれた歴史的文脈や人間とは関係なく存在するのかのように，人々についての歴史的で一般化された人間味のない知識となった。実証主義的な合理性と歴史の様式は，矛盾するようだが，歴史の価値を下げ，個人的な歴史への意識と洞察の重要性を徐々に蝕んでいる。そして私はロボ隊が現れては濃い霧のなかに消えるのをますます頻繁に思い出しているのに気がついた。

　多くの点で，教育機関では受け取られた知恵がこだまのように響きわたり，人々と人生についてデカルト＝ニュートン仮説に基づく分析的正当性がリサイクルされ，アルファベット順に並べられたDSMに人々が住むようになった。個人の判断と意思決定が制度的言説によって選択されるような技術主義的なシステムでは，批判的な思索は萎縮してしまう。倫理的意思決定と歴史意識が，精神分析教育者，開業臨床家，候補生の日常生活から切り離されているから，批判的な思索をしないことが奨励される。もちろん，制度的言説において既得権をもつ人々の利益になるようなときは除

くのだが。ますます標準化されて品質管理をされる分析的文化においては，イデオロギー，倫理，政治的な行動という個人的な理論への欲求と関心は，はるかに遠ざけられてしまう。歴史の影響力と日常生活への関連を意識する余地が，教育官僚的な制度のなかにもあるのだろうか？　実証的医学イデオロギーによって文脈化された教育機関は，19世紀の世界観を概念の基礎にして時のなかで凍りついたままである。凍りついた時間のなかで，研究所はどんどん取り残されていく。

● 精神分析研究所の壁のなかの不満の囁き──訓練分析

> 訓練分析家は，精神分析において「全能」に当たるものをもっているとみなされる……。研究所に関する誤った考えが，意識的，あるいは無意識に，訓練プログラムに浸透している……。
> さらに，誤った考えは宙に漂うだけではない。
> それらは，制度的な実践へと形を変えるのだ。
> ジェイコブ・アーロー『アメリカ精神分析協会誌』(1969)

1923〜24年の冬，精神分析研究所が制度化された直後に，私たちの教育哲学と実践への不満の囁きが，訓練研究所の通路で反響しはじめた。それは研究所の訓練の形を，精神分析理論に合わせることのできないことに関連した不満であった（Safouan, 2000）ほとんどの不満は訓練分析に集中する。訓練分析とは，無意識のプロセスと自己の力動について深く何かを知る機会を候補生に提供する教育的な体験であり，精神分析教育の中核である。コンソーシアムによる健康管理認定標準の採択で，研究所は訓練を行う権利を確保している。研究所内で強制的な訓練分析を通して候補生を訓練する権利をもっているのは，訓練分析家だけである。

ジャクリーン・ローズ（2000）は，ベルリン研究所での精神分析教育と訓練の開始にまで遡る精神分析の訓練への簡潔な批評と批判を手際よく集めている。ローズはたとえばマックス・アイティンゴンの，国際訓練委員

会へのほとんど謝罪に近い報告書から下記の文章を引用している。「誰も，言葉の正確な意味で純粋な精神分析を学んでいません」，さらに「制度的分析あるいは教育分析が心理療法の分析と異なる点は，特別な技法があるというところではなく，ベルリンではこういうのですが，追加の目的をもっているというところなのです。その追加の目的が心理療法的な目的にまさるとも劣らないのです」（Eitingon, 1927 ; Rose, 2000, p.4 で引用）。追加の目的とは何か？ 精神分析は，訓練分析を通して教育可能なのか？ 訓練分析が教育的な目的と心理療法的な目的をもつことに，本来的な矛盾はないのか？ ベルリン研究所の開設初期に，最初の訓練分析家であるハンス・ザックスは制度的分析，すなわち教育分析のために，ふたつの目的を正式なものとした。「ひとつはフロイトと仲間たちによって非常に苦労して蓄えられた無意識の理解を伝えること，そして，もうひとつは**学派の理論的立場に絶対的な従属を強いることである**」（Fine, 1987, p.93 ／強調は筆者）。

　訓練分析とは，訓練分析家や研究所が言う理論的な真理を刷り込む制度化された洗脳にすぎないのか？ 1920 年にベルリン研究所が設立されてから精神分析運動のなかのあらゆる軋轢と分裂の中心に，訓練分析を巡る論争があった。そして，訓練分析に対する不満は積年にわたるものであり，たとえば，アナ・フロイトの「候補生を分析する際の，古典的技法からの逸脱」（1938）への明白な批判や，「分析を通じての教育の問題」は「まるでタブーの話題のように」（1969）（Rose（2000）による引用（pp.2-3））誰も書こうとしないというテレサ・ベネデクの観察に，こうした不満は反映されている。このような不満の囁きは，他のより新しいものと一緒になって，研究所モデルの教育と訓練，特に訓練分析の矛盾する目的と目標に対する不満の，大きな歴史的な声となっている。

　リューインとロス（1960）は，訓練分析の環境となる制度的な曖昧さと混乱の長年にわたる歴史について語っている。リューインらは候補生と分析家を，時に対立し補い合い交替する，ふたつの概念的な枠組みとシステムのなかにあるものとして描写している。候補生は変化と治癒という目的のための分析的探索の対象であると同時に，理論と技法を学ぶ目的で教育

的な指導の対象であるという維持するのが難しい立場に置かれている。訓練分析の間，候補生はいつ候補生で，いつ患者で，いつアナリザンドなのか？ 制度的分析（教育分析）の補足的な目的が，心理療法的な狙いよりも優先されてしまい，訓練分析は分析家や研究所の特定の世界観を伝えるパイプにすぎなくなり，不幸にも候補生の連想の素材に耳を傾けたり翻訳したりすることが犠牲にされているように見えることがあまりにも多い。キルスナー（2001）が論じているように，候補生が処方された理論的な真実を訓練分析を通じて獲得すると，しばしば「間違った専門知識」の展開につながる。

> 制度的な「間違った専門知識」は聖別のオーラを醸し出し，訓練分析家が役割としてではなく師弟関係に基づいて，秘伝の継承のように受け入れられた真実を伝えた。資格を取るのに必要な知識のレヴェルに比べると，実際の知識のレヴェルははるかに低く，疑似宗教的な思索とかけひきでその差を性急に埋めようとする。　　　　　（p.195）

このような聖別のオーラによって，権威主義的で，傲慢で，冷淡な分析家の認識と態度に実体が与えられているのだろうか？ つまり，研究所を卒業した分析家のこの「間違った専門知識」は，より個人的な体験に基づいた自己に関する知識を無視し続けるという犠牲のもとに，「学ぶべき」理論的真実を受け入れることに関係しているのだろうか？ この間違った専門知識は，他者の支配的な言説を万能的に知っているという，権威主義的な態度と思い上がったポーズの双方によって伝えられる補償的な傲慢さに育っていくのだろうか？ そして，聖別された光り輝くオーラのなかで，万能であるという傲慢は，無知という不吉な無力感を変装させる仮面として使われているのではないだろうか？

サーファン（2000）が示唆するように，候補生の自由連想は制度的な（制度化された）沈黙の規範のなかで展開される。訓練分析のその沈黙のなかでは無意識のプロセスと力動は声を出すことも許されない。キルスナー

(2000, 2001) は，訓練分析家の地位によって，ヒエラルキーの保護と聖別に基づく権力が保たれているという考えを述べている。こういうことがよくあるのは残念なことだが，無意識のプロセスと力動を黙らせることが，気づかないうちに候補生の語られることのない教育体験になってしまう。研究所の壁の内側で分析的言説に関わることが可能なのだろうか？　候補生が訓練分析家の理論的信念や，制度的な義務および倫理的責任と相容れなかったときに，その連想はどれくらい自由になれるのだろうか？　候補生が研究所のために訓練分析を受け，後に自分自身のために個人分析を受けるということがよく起こることの背後には，分析家，アナリザンド，研究所の間に，訓練分析におけるある種の無意識の体験を認めず述べないという無意識的な共謀がおそらくあるのだろう。そのような場合，訓練分析は，卒業のために終了すべき必修の研修にすぎなくなる。そして，そのような場合，研究所を囲んでいる鉄条網のフェンスによって，訓練分析で候補生は無意識のプロセスと力動に入り込めず，認められないように思える。

　訓練分析家は，研究所に対して責任がある一方で，候補生に対しても責任があるという，候補生と同様に受け入れがたい立場に置かれている。研究所の代弁者としては，訓練分析家は制度的，倫理的な責任を負っており，なかでも決して軽くはない責任となるのは，候補生の精神分析家の卵としての適性と進歩を評価することである。一方，候補生の代弁者として，訓練分析家は心理療法で指針や野心をもたずに，候補生の自由連想に均一に漂う注意を払って聴くという本質的に矛盾する責任を担っている。コンソーシアムの教育と訓練基準の採択によって，訓練分析家は，今や候補生の教育に対してさらに法的，倫理的責任を負うようになったため，よりいっそう受け入れがたい立場に置かれている。法的，倫理的責任を引き受けることによって，訓練分析家は研究所，候補生，政府の三重の代弁者となった。コンソーシアムの基準ができることで，候補生の自由連想が訓練分析家，研究所，政府の資格組織の特定の社会政治的イデオロギーに従うように，あからさまに圧力をかけられるとまではいかないまでも，暗黙のうちに期待されることはないのだろうか？　制度的な言説が広がるにつれ，法

律的，倫理的，政治的現実が付け加えられ，訓練分析家は，素朴に候補生の連想の素材に耳を傾け翻訳することよりむしろ，分析の質の保証と成果を重視する分析を保証することを強調される。訓練分析家が研究所の教育モデルの一部になりえないと言いたいわけではない。そうではなくて，研究所の教育モデルは訓練分析家の分析家としてのアイデンティティの一部になりえないと言いたいのだ。訓練分析家が忠実に従うのは，つねに，分析的言説と連想－解釈のプロセスだけであるべきだ。そういう仕事は，コンソーシアムの精神分析の教育基準が採用されるなら，不可能とは言わないまでもますます難しくなるのだ。

● **権力，権威主義，訓練分析**

　ヒエラルキー構造に組み込まれている人々は，ヒエラルキーで自分より上位にあるものが正当であると考える傾向がある。たとえば，現実と人々に対する科学的視点や，経験的に引き出された理論的な知識体系や，政府が発行する資格による健康管理の専門家としての分析家を承認するために，研究所は政府に権力と権威を求める。そうすることによって，研究所版の精神分析と理想像が正しいとされる。研究所内で，より高いヒエラルキーにいる人々を正当であるとするまさにその傾向が，訓練分析家と研究所，候補生と訓練分析家の関係にもあてはまる。つまり，このヒエラルキーによる配置を正統とすることが，ヒエラルキーの階段を登るに従って，権力と地位，特権と特典，経済的な安定と幸福を集められるという錯覚に翻訳されるのだ。候補生に正当性を与える際の訓練分析家の権力と役割の問題は，候補生の将来の職業的な成功の問題から切り離すことができない。訓練分析とそこから得られる成果の背景には，経済的なものがあるのだ。たとえば，候補生が必要な推薦を受けるのは，卒業し，開業するために必要な政府が発行する資格を取得し，研究所で教え，患者を紹介され，一流の学術誌に論文を載せ，結局は訓練分析家になるためなのだろうか？　教育機関の文化において，成果を重視した教育と訓練分析は，職業的に成功す

るための手段である（Kavanaugh, 1998, 1999c）。「権力，後援，患者の紹介，収入は，継承問題，つまり，患者を紹介されることを通じて正当性と料金で聖別される問題と絡み合っている。訓練分析家という身分に聖別されることによって候補生を受け入れることができる。それによって正当性は大きくなり，週に4，5回面接する患者をより多く担当することができる」（Kirsner, 2001, p.206）。技術主義的な合理性と言説によって，ヒエラルキーの原則を維持することや，個別化された歴史意識の重要性を否定することが既得権につながるならば，私たちの職業にどのような犠牲が払われるのだろうか？　服従と順応の精神分析を学ぶ人が，学んでいる教育機関で提案される前もって考えられ，承認された考え方，あり方，知り方に服従し，従うことを期待されるという見方には皮肉な類似性がある。制度化した沈黙の掟が共謀し，訓練分析の無意識のプロセスや力動を「知らない」ことが確保されるとき，候補生にはどんな代償が求められるのだろうか？　そして私はロボ隊が現れては濃い霧のなかに消えるのをますます思い出しているのに気づいた。

　権力が堕落し，絶対的な権力が絶対的に堕落するならば，次のような問題が生じる。1923〜24年の冬にベルリンで始まった，候補生の教育に関わる研究所の絶対的な権力によって，教育研究所と教育的実践は決定的に腐敗してしまったのか？　「訓練プログラムでの権力の行使や濫用にもっと敏感になれ」とか，「制度的な構造や哲学のさまざまなところを変えたり，別のものにせよ」といった忠告も，実証主義の伝統におけるイデオロギー，権力，知識の複雑な絡み合いは見逃がしてしまう。個々の管理者，訓練分析家，スーパーヴァイザーがどれだけ優しく，穏やかで，共感的であっても，制度的な構造，教育哲学，分析家のイメージは，19世紀の世界観に根ざしたままである。実証主義的なイデオロギーは，教育機関・理論・研究の諸側面を支配しつづける。アメリカ精神分析協会傘下の，議論のあるところではあるものの主要とされるアメリカの精神分析研究所の政治史と内部構造の内幕を，おそらく最も徹底的にさらけ出す報告書において，キルスナー（2000）は最終的に，そのような制度の問題の背後にある重要な

側面のひとつが，もともとは人間学的な学問だったものが，自らを実証的な科学とみなして宣伝をし，宗教のように研究所として組織化されていったことだと結論づけている。最終的に，分析の文化におけるこの根本的な誤解が精神分析の発展を遅らせ，精神分析教育を聖別のプロセスと同様にしてしまった（p.233）。

● 教育の代替モデル

> 私たちは，差異である……私たちの理性は，言説の差異であり，私たちの歴史は時間の差異であり，私たちの自己は仮面の差異である。忘れられてはいるが回復可能な起源とはほど遠く，差異とは私たちが生じさせるのであり私たちそのものである散らばりなのである。
> ミシェル・フーコー

文化と精神分析は，分離できない。時代が変わるにつれて，精神分析を構成する諸側面（理論，実践，教育，倫理）の基礎をなす社会文化的，哲学的前提も変わっていく。実際，文化は文化によって最も必要とされる精神分析を生み出すのだ。たとえば，1970年代以前は，理論と実践としての精神分析を説明し定義するのに，この国には一般的なコンセンサスがあった。歴史，科学，因果関係の実証主義的な概念は，おおむね疑われることのない前提を精神分析理論の発展のために提供した。命題の真偽を事実との一致に求める考え方，法則，エヴィデンスは，実証主義的な観点から見た理論上の真実と合致するデータの収集のために，客観的な枠組みを作った。しかしながら，過去の4半世紀の間，精神分析の理論，倫理，教育の概念上の基礎が，実証主義の鉄条網のフェンスの外で，疑われ，挑戦され，再考されるにつれて，実証的医科学としての精神分析の神話は崩壊してしまった。この同じ4半世紀の間に，科学は，自然の想定される自然なヒエラルキーに基づいた，人間と既存の体制の基準となる概念から離れつつある（Strenger, 1998）。人間についてのより現代的な概念は，過ぎし日のヒエラルキーのモデルから，複雑な力動的システムのより世界規模で

相互作用的なモデルの方へ進んでいる（Kavanaugh, 2000）。アメリカ健康管理認定基準を採用する際に，組織化された精神分析は，まさしく精神分析の概念と意味が過去の4半世紀の間に変わったということを見過ごしてしまったようである。コンソーシアムがアメリカ健康管理認定基準を採択したことによって，分析の世界での現在の理論的多元主義が精神分析教育に提示した問題は時期尚早に排除されてしまう。

現代の精神分析は，概念化と理論における豊かで創造的な多元論によって特徴づけられる。少し挙げてみるだけでも，実存－人間性心理学，関係性学派，トランスパーソナル心理学，哲学的心理学，統合的心理療法，解釈学的心理学などのより現代的な方向性から生じるさまざまな理論的方法論的立場の間に，差異の世界が生じている。これらの多様な心理学は異なる哲学的前提に基づいており，人間の基本的性質に関する異なる理解を前提とし，人間について知るための異なった方法論を仮定し，分析的言説のために非常に異なる目的，目標，理解を想定している。人生，人間，現実を見，知り，表現するこのようなさまざまな方法によって，精神分析は不可逆的に変えられてしまった。精神分析が一枚岩だった時代は，明らかに過ぎし日の思い出である。実際そんなものが本当にあったとしたらの話ではあるが。最新の精神分析再考のための課題は，知識体系の知的および概念的基礎だけでなく，知識体系を獲得する条件を再考することも含んでいる。私たちは伝統的な教育機関と組織構造，教育哲学と教育モデルの根底にある前提，教育を組織していくような分析家のイメージを問題にしなければならない（Kavanaugh, 1995, 1999b, 1999c）。

過去の4半世紀の精神分析を創造的に再考するためには，そのためなら教育を受けたいと思えるような精神分析の特有の概念と意味に，制度的な構造と教育形態を合致させながら，教育と訓練の問題に取り組まなければならない（Kavanaugh, 1998）。たとえば因果的経験的な科学としての精神分析は，解釈学的な学問としての精神分析とは根本的に異なる概念上の枠組みに由来する。因果的経験的理論によって私たちは，デカルト的世界観を与えられるが，一方，解釈学が焦点を合わせるのは基本的に反デカルト

的な観点である。同じ教育哲学，教育モデル，教育実践において両者の観点を首尾一貫して結びつけることは，事実上不可能である。**精神分析とは何か？** という疑問に対するさまざまな答えによって，**精神分析教育を構成するものは何か？** という疑問に対するさまざまな答えが形作られる。たとえば，実存主義者＝人間主義者としての精神分析家，懐疑的な現象学者＝解釈学者としての精神分析家，詩人－哲学者－芸術家としての精神分析家のアイデンティティ形成に役立つような教育プロセスと体験とはどのようなものだろうか？　精神分析に関するこれほどはっきりと異なる複数の考え方に合致するような制度的な構造と教育の形はどのようなものだろうか？

ニーチェとハイデガーによって創設された差異の哲学によれば，世界は世界の解釈の世界であると認識される。精神分析のより現代的な理解を特徴づける差異の世界は，人間の行為についての，多くのありうる，同じように有意義な解釈について語っている。分析的言説のユニークさと複雑さを知り，翻訳し，語ることを熱望する人々は，個々の理論を適切な教育と合致させるように学ぶ機会がなければならない。コンソーシアムによる教育と訓練のためのアメリカ健康管理認定基準によって示唆されるように，実証的医学のイデオロギーは現代の精神分析の多元論を打ち負かした。もちろん着られないのでなければ，全員がフリーサイズを着るということが続くのだ。組織された精神分析が権威主義的な権力を行使しているにもかかわらず，アメリカ合衆国の教育的，哲学的，政治的な差異によって，精神分析教育の問題に再び焦点が絞られている。精神分析は，21世紀の文化的な文脈に沿って，考え直され，書き直され，解釈し直されているので，精神分析理論の多元主義によって，分析の世界で教育哲学，教育モデル，教育戦略の複数性が尊重され，推奨されなければならない（Kavanaugh, 1999c, 2001）。

ヨーロッパの分析の世界では，訓練プログラムの多様性によって精神分析の多様で学際的な品質がより十分に保存されている（Meisels and Shapiro, 1990）。ベルリン伝統の教員中心のモデルとウィーン伝統の研修生中心のモデルは，利用できるヨーロッパの訓練モデルのうちのわずかふたつにすぎない。差異との共存は，北米の分析の世界での問題解決のヒントとなるだ

ろう。訓練の可能性を連続するスペクトラムととらえれば，一端には研究所モデルが，反対の端には，組織構造を全く持たない教育機会が位置する (Hyman, 1990)。教育の可能性のこのようなスペクトラムは，現代の精神分析的思索の多様性を認め，制度的な教育を学習中の特定の理論に合致させ，研修生の教育体験の個人的な性質を意義深いやり方で認めるという3つの利点がある。スペクトラムのより構造化されない側に位置する3つのモデル，ミシガン・モデル (Hyman, 1990)，自由連想モデル (Thompson, 2000)，ある種の規制緩和原則に基づく精神分析家の社会形成モデル (Safouan, 2000) は説明の例として役立つだろう。この3つのモデルそれぞれの教育哲学と原則は，精神分析教育が研究生中心になりうるというジークフリート・ベルンフェルト[vii] (1962) の見方を，さまざまな程度に反映している。

　おそらく，それぞれの教育哲学とモデルにおいて最も革新的なのは，精神分析の勉強のために大部分を自分で選んだカリキュラムを，自ら決定し意欲を高め選択する存在として候補生を基本的に見るというあり方である。訓練課程を物語るそれぞれのあり方が，教育プロセスの基礎的で統合的な特徴として個人の責任と批判的思考法を評価し奨励する。つまり，候補生は自分自身の専門家生活の信頼できる執筆者であると理解される。たとえば，候補生は精神分析の思索と理論のさまざまな側面を誰から学び，他者との分析的対話としてのスーパーヴィジョンを誰から受け，個人分析の体験を誰から受けるかを決める。このように精神分析に興味がある人々は，自分自身が決定権を握りながら，精神分析のスーパーヴィジョンや教育的な体験と個人の分析を，自分よりは少しは知識があり信頼に値する人に求めることができるだろう。ウィーン・モデルでは，分析がいつ終わり，分析家としての自己の資格がいつ認定されるかを最終的に決めるのは候補生である。一般の人々を守る必要があるという古くさい言い尽くされた議論があるにはあるが。分析家としての自己を認める権威は，分析の終結の問題と密接に結びついている。結局のところ，どこで分析を終えるかは候補生自身にしか答えられないのである。他者の無意識的な体験，プロセス，心理力動を翻訳する権威というものは，自分が分析を受ける体験から生じ

る。分析的言説の実習によって，多くのことを学ぶことができる。しかし，教えられることはほとんどない。なぜなら人間の体験というものは，分析であろうとなかろうと，教えられるものではないからだ。

　21世紀の精神分析教育は，伝統的な社会制度の構造，受けいれられている知識，価値，道徳的な姿勢が前提とするもの，文化と個人の構成された体験を疑うための自由を前提として組織されなければならない。これは，精神分析の講義による学習，勉強会，個人指導，スーパーヴァイズを受けながらの精神分析の実践，自分自身の個人分析の体験を通じてすでに受け入れられている精神分析の制度的な（制度化された）真理と倫理の知識，価値，姿勢を疑う自由を含んでいる。そして継続的な相互の同一性探索において分析家としての自分，アナリザンドとしての自分を疑うことも含んでいる。このような精神分析教育の概念は，健康管理専門家としてのアイデンティティを前提とせず，求めず，受け入れない。実際，分析家としてのアイデンティティ自体は，継続的に問い直されなければならない。このような懐疑的な問いは，逆説的に聞こえるかもしれないが，分析家としてのアイデンティティの主要な側面になるのである（Kavanaugh, 1999b）。こうしたアイデンティティの形成に貢献している教育的体験は，精神分析の研究，実践，体験を軸に回りつづける。しかしこれらの体験を支える概念の基礎は，生物学，医学，自然科学に対立する哲学，人文科学，芸術に再び置かれている。どこか他で解説されていると思うが，精神分析教育は精神分析の技術（たとえば批判的思索の技術，つなぎの言葉の技術，コミュニケーションの技術）を巡って組織されるかもしれない。このような技術が，哲学者－記号論者・歴史家・詩人－芸術家としての分析家のアイデンティティ形成に貢献するのである（Kavanaugh, 1988, 1999a）。

　ジルー（1991, 1997）が記しているように，常識的な前提を，その起源，展開，目的から評価するとき，批判的思索は基本的に政治的な行為となる。残念なことに，実証的医学イデオロギーは，精神分析教育に関する批判的思索を妨げている。実証的医学イデオロギーは，事実として提示されることへの疑問を促さず，事実を受けいれ，適応することを促す。しかし，自

らの隠されている前提と歴史的伝統を疑う精神分析によって，私たちは継続的に自らの専門職としての歴史を疑うという難しい努力を行っている。そのような努力はおそらく自分の歴史から逃れる最初の一歩であり，そうすることによって，精神分析教育の将来の再構築に参加する最初の一歩ともなるのである（Kavanaugh, 2000）。「歴史の自己形成のプロセスを意識することは，当然と思われている**現在の制度的な取り決めを正統化する前提を突破するための重要なきっかけである**……批判的思索は，歴史に根拠を持つ解釈学的理解の形を必要とする」（Giroux, 1997, p.27／強調は筆者）。歴史認識と歴史意識が過去を内省するプロセスを可能にする。批判的思索は，個人の歴史感覚に完全に結びつき，それを基礎にしている。

　標準があることで標準化が行われ，制度があることで制度化が行われ，精神分析家がいることで精神分析化が行われる。そしてほとんどの場合，教育的伝統に反対すると，権威と権威的人物への未解決の陰性転移であると傲慢にも解釈されてきた。しかし，研究者のコミュニティとして，私たちはコンソーシアムの政治的な連立と哲学的な前提にもかかわらず，教育的伝統の根底にある前提を問題にしなければならない。私たちが21世紀の分析家を，19世紀の歴史的文献に書かれているかのようにみなしつづけないためにも（Kavanaugh, 1998）。コンソーシアムがアメリカ健康管理認定基準を採択したことで，私たち自身の業界にいるロボ隊はさらに施設化され，もはや刈る必要もない草刈りをしつづけている。そうすることによって，教育機関はもはや歴史になった時代とずっと昔の考え方の生きた遺跡となっている。精神分析の将来に関してはどうだろうか？　おそらく，クリストファー・ボラスは，最も簡潔にそれを述べている。「精神分析は，『精神分析運動』を生き延びなければならない。もし精神分析が精神分析家とその学派よりも長生きをするならば，精神分析は成長し，発展するだろう。しかし，そんなことはまだ起こってはいない」(Kirsner, 2000, p.21 による引用)。

訳註

ⅰ ── Henry David Thoreau（1817-1862）／アメリカの作家・思想家・詩人・博物学者。引用は『コンコード川とメリマック川の一週間』（1849）から。

ⅱ ── Eloise Hospital ／ミシガン州ウェイン郡にあった精神病院，救貧院，結核療養所からなる巨大病院。最盛期は78の建物が立ち，敷地面積は東京ディズニーランド，ディズニーシーを合わせたものの3.6倍，葛飾区の348ヘクタールを上回った。1930年代には催眠療法のミルトン・エリクソンも勤務した。現在そのほとんどは廃墟となっている。

ⅲ ── Margaret J. Wheatley（1941）／経営コンサルタント。組織論を専門とする。引用は『リーダーシップとニューサイエンス』第2章から。

ⅳ ── ベルリン学派は訓練分析，講義による理論教育，統制分析は各段階をクリアできるまで次の段階に進まず順々に行い，訓練分析家とスーパーヴァイザーは別の分析家が担当するべきだとした。一方，フェレンツィを中心とするブダペスト学派は3部門を同時に進め，訓練分析家とスーパーヴァイザーは同一分析家が担当すべきだとした。

ⅴ ── 正確には精神分析教育認定協議会（Accreditation Council for Psychoanalytic Education, 略称 ACPE inc）。2015年1月現在10カ所の研究所・プログラムが許可を受けている。

ⅵ ── 棚沢直子・小野ゆり子・中嶋公子＝訳（1987）言説の権力，女性的なものの従属．In：ひとつではない女の性．勁草書房，p.89

ⅶ ── Siegfried Bernfeld（1892-1953）／精神分析家，教育学者。オーストリア・ハンガリー帝国（現ウクライナ）にユダヤ系として出生。ウィーン精神分析協会，ベルリン精神分析研究所のメンバー。ナチスの迫害からアメリカに逃れ，教育学者として活躍する。

ⅷ ── 原典は Molino, A.（Ed）（1997）*Freely Associated: Encounters in Psychoanalysis with Christopher Bollas, Joyce McDougall, Michael Eigen, Adam Philips and Nina Coltart*. London : Free Association Books, p.50.

文献

Arlow, J.A.（1969）Myth and Ritual and Psychoanalytic Training, in Three Institute Conference on Psychoanalytic Training. Pittsburg Psychoanalytic Institute, Pittsburgh, PA.

Bernfeld, S.（1962）On psychoanalytic training. *Psychoanalytic Quarterly* 31 ; 453-482.

Bevan, W.（1991）Contemporary psychology : A tour inside the onion. *American Psychologist* 46-5 ; 475-483.

Boesky, D.（2004）A neglected problem about clinical evidence. *Free Associations : Newsletter of the Michigan Psychoanalytic Institute and Society* 34-l ; 8-9.

Bornstein, M.（1985）Freud's legacy : Science and humanism. *Psychoanalytic Inquiry* 5 ; 87-98.

Breuer, J. and Freud, S.（1895）Studies on hysteria. Standard Edition 2 ; 1-307.（金関 猛＝訳

（2004）ヒステリー研究（上・下）．筑摩書房）

Capra, F.（1982）*The Turning Point : Science, Society and the Rising Culture.* New York, NY : Simon and Schuster.（吉福伸逸＝訳（1984）ターニング・ポイント——科学と経済・社会，心と身体，フェミニズムの将来．工作舎）

Child, W.（1996）*Causality, Interpretation and the Mind. Oxford Philosophical Monographs.* Oxford : Clarendon Press.

Clarke, D.S.（1997）*Philosophy's Second Revolution : Early and Recent Analytic Philosophy.* Chicago, IL : Open Court.

Cohen, A. and Dascal, M.（1989）*The Institution of Philosophy : A Discipline in Crisis?* New York, NY : Open Court.

Fine, R.（1973）*The Development of Freud's Thought : From the Beginnings（1886-1990）through ID Psychology（1900-1914）to Ego Psychology（1914-1939）.* Northvale, NJ : Jason Aronson.

Flax, J.（1990）*Thinking Fragments : Psychoanalysis, Feminism and Postmodernism in the Contemporary West.* Los Angeles, CA : University of California Press.

Foucault, M.（1969）*L'Archéologie du Savoir.* Paris : Gallimard.（*The Archeology of Knowledge and the Discourse on Language*, transl. A.M. Sheridan Smith. New York, NY : Pantheon. 1972）（中村雄二郎＝訳（1970）知の考古学．河出書房新社）

Freud, S.（1914）On the history of the psychoanalytic movement. *The International Psycho-analytical Library*（no.7）. E. Jones（Ed.）（Vol.1）. New York, NY : Basic Books.（福田 覚＝訳（2010）精神分析運動の歴史のために．In：フロイト全集 13——1913-1914 年．岩波書店）

Gay, P.（1974）*Style in History.* New York, NY : Basic Books.（鈴木利章＝訳（1977）歴史の文体．ミネルヴァ書房）

Gedo, J.（1999）*The Evolution of Psychoanalysis : Contemporary Theory and Practice.* New York, NY : Other Press.

Giroux, H.A.（1991）*Modernism, Postmodernism and Feminism : Rethinking the Boundaries of Educational Discourse.* Albany, NY : State University of New York Press.

Giroux, H.A.（1997）*Pedagogy and the Politics of Hope : Theory, Culture and Schooling.* New York, NY : Westview Press.

Hooks, B.（1994）*Teaching to Transgress : Education as the Practice of Freedom.* New York, NY : Routledge.

Hunter, G.（1998）Forgotten cemetery blocks development. *The Detroit News*, November 1, pp.1-2.

Hyman, M.（1990）Institute training and its alternatives. In M. Meisels and E.R. Shapiro（Eds.）*Tradition and Innovation in Psychoanalytic Education : Clark Conference on Psychoanalytic Training for Psychologists.* Hillsdale, NJ : Lawrence Erlbaum, pp.77-85.

Hyman, M.（1992）The causal theory of perception. *Philosophical Quarterly* 42 ; 277-296.

Jones, E.（1953）*The Life and Work of Sigmund Freud.* New York, NY : Basic Books.（竹友安彦・藤井治彦＝訳（1969）フロイトの生涯．紀伊國屋書店）

Kavanaugh, P.B.（1995）Postmodernism, psychoanalysis and philosophy : A world of difference for the future of psychoanalytic education. Paper presented at the International Federation for Psychoanalytic Education's VI annual conference, Toronto, Canada, November.

Kavanaugh, P.B. (1998) How will bodies of knowledges speak the psychoanalyst of the 21st century? Some thoughts on the arts of psychoanalytic education. President's address presented at the International Federation for Psychoanalytic Education's IX annual conference, Fordham University, Lincoln Center, New York, NY, November.

Kavanaugh, P.B. (1999a) Thinking about psychoanalytic thinking : A question (ing) of identity, purpose and ethics. President's address presented at the International Federation for Psychoanalytic Education's X annual conference, Sir Francis Drake Hotel, San Francisco, CA, November.

Kavanaugh, P.B. (1999b) An ethic of free association : Questioning a uniform and coercive code of ethics. Psychoanalytic Review [Special Issue]. M.G. Thompson (Ed.) *The Ethics of Psychoanalysis : Philosophical, Political and Clinical Considerations* 86-4 ; 643-662.

Kavanaugh, P.B. (1999c) Is psychoanalysis in crisis ? It all depends on the premise of your analysis. In R. M. Prince (Ed.) *The Death of Psychoanalysis : Murder? Suicide? Or Rumor Greatly Exaggerated?* New York, NY : Jason Aronson, pp.85-100.

Kavanaugh, P.B. (2000) The decline of history as reminiscence, knowledge and tradition : Reclaiming an historical sense in psychoanalytic thinking. Paper presented at the Michigan Society for Psychoanalytic Psychology's 20th Year Commemorative Program, Southfield, MI, November.

Kavanaugh, P.B. (2001) Codes of silence and whispers of discontent : Pedagogical, philosophical, and political differences in the analytic culture. Paper presented at the XII annual interdisciplinary conference of the International Federation for Psychoanalytic Education, Ft.Lauderdale, FL, November.

Kavanaugh, P.B. (2001) The future of psychoanalytic institutes. *Psychoanalytic Psychology* 18-2 ; 195-212.

Kavanaugh, P.B. (2004) Psychoanalysis and its discontents. *Psychoanalytic Psychology* 21-3 ; 339-352.

Kendrick, W. (1996) Writing the unconscious. In L. Adams and J. Szaluta (Eds.) *Psychoanalysis and the Humanities. Monographs of the Society for Psychoanalytic Training 6.* New York, NY : Brunner Mazel, pp.97-118..

Kirsner, D. (2000) *Unfree Associations : Inside Psychoanalytic Institutes.* London : Process Press.

Kirsner, D. (2001) The future of psychoanalytic institutes. *Psychoanalytic Psychology* 18-2 ; 195-212.

Kirsner, D. (2004) Psychoanalysis and its discontents. *Psychoanalytic Psychology* 21-3 ; 339-352.

Lemiell, J.T. (1987) *The Psychology of Personality : An Epistemological Inquiry.* New York, NY : Columbia University Press.

Lewin, B.D. and Ross, H. (1960) *Psychoanalytic Education in the United States.* New York, NY : W.W. Norton.

Maher, F.A. and Tetreault, M.K. (1994) *The Feminist Classroom.* New York, NY : Basic Books.

Meisels, M. and Shapiro, E.R. (Eds.) (1990) Tradition and Innovation in Psychoanalytic Education : The Clark Conference on Psychoanalytic Training for Psychologists. Hillsdale, NJ :

Lawrence Erlbaum.

Nietzsche, F.（1901）*The Will to Power*, transl. W. Kaufmann and R.J. Hollingsdale. New York, NY : Random House, 1967.（原 佑＝訳（1993）ニーチェ全集 12・13──権力への意志（上・下）．筑摩書房）

Ritvo, L.R.（1990）*Darwin's Influence on Freud : A Tale of Two Sciences.* New Haven, CT : Yale University Press.（安田一郎＝訳（1999）ダーウィンを読むフロイト──二つの科学の物語．青土社）

Robinson, D.N.（1989）*Aristotle's Psychology.* New York, NY : Columbia University Press.

Ronca, I. and Curr, M.（1997）*A Dialogue on Natural Philosophy（Dramaticon Philosophiae）.* Notre Dame, IN : University of Notre Dame Press.

Rose, J.（2000）Introduction. In M. Safouan（Ed.）*Jacques Lacan and the Question of Psychoanalytic Training.* New York, NY : St. Martin's Press, pp.1-49.

Rubinstein, B.（1997）Psychoanalysis and the philosophy of science. *Psychological Issues, Monograph 62/63,* R. Holt（Ed.）. Madison, CT : International Universities Press.

Russell, B.（1985）*The Philosophy of Logical Atomism,* D. Pears（Ed.）. Chicago, IL : Open Court.（高村夏輝＝訳（2007）論理的原子論の哲学．筑摩書房）

Safouan, M.（2000）*Jacques Lacan and the Question of Psychoanalytic Training,* transl. J. Rose. New York, NY : St. Martin's Press.

Sarup, M.（1993）*An Introductory Guide to Post-Structuralism and Postmodernism. 2nd Ed.* Athens, GA : University of Georgia Press.

Slife, B.（1997）Challenging our cherished theoretical and therapeutic assumptions. Paper presented at the Michigan Society for Psychoanalytic Psychology's Fall Workshop. Oakland University, Rochester Hills, MI, November.

Snyder, J.R.（transl.）（1988）Introduction. In G. Vatimo（Ed.）*The End of Modernity : Nihilism and Hermeneutics in Postmodern Culture.* Baltimore, MD : Johns Hopkins University Press, pp.vi-lviii.

Spence, D.（1987）*The Freudian Metaphor : Toward Paradigm Change in Psychoanalysis.* New York, NY : W.W. Norton.（鈴木浩之＝訳（1992）フロイトのメタファー──精神分析の新しいパラダイム．産業図書）

Strenger, C.（1998）*Individuality, the Impossible Project : Psychoanalysis and Self-Creation.* Madison, CT : International Universities Press.

Thompson, M.G.（2000）*Free association : A technical principle or a model for psychoanalytic education ?* Psychologist-Psychoanalyst 20-2 ; 8-11.

Wheatley, M.J.（1992）*Leadership and the New Science : Learning about Organizations from an Orderly Universe.* San Francisco, CA : Berrett-Koehler.［revised in 1999 and 2006］（東出顕子＝訳（2009）リーダーシップとニューサイエンス（第 3 版）．英治出版）

Zacharias, B.L.（2002）Strategic Marketing Initiative. American Psychoanalytic Association : Marketing Research Report. Unpublished report. New Gloucester, ME : The Zacharias Group.

8

制度のクローン化

精神分析訓練における模倣

ミシェル・ラリヴィエール

　もし，フロイトが「自我とエス」で示唆しているように，性格が同一化によって形成されるならば，自我は自らをかつて愛したものになぞらえるので，性格とは戯画化に近く，模倣の模倣である。プラトンが追放したかった芸術家のように，私たちはコピーのコピーを作っていることになるが，プラトンの芸術家とは違って，私たちにはオリジナルはなく，事実上存在しない何者かへの類似性が無限に継承されるだけなのである。

アダム・フィリップス『精神分析というお仕事』

　模倣はいかなる与えられた言説のテーマでもなければ対象でもない。模倣を，まね，複製，シミュレーション，類似，同一化，類推などの言葉に直接，単純に置き換えることはできない。もしこうしたそれぞれの概念がどこかで模倣を意味し，使用し，連想させるのならば，独創性，創作，真正性，正しさという概念も同様であるということを忘れるべきではない。模倣が主張すること，模倣が意味することは，他の言葉で言うなら，純粋で，汚染されず，無垢で傷つかないものは何もないということである。模倣によって，私たちは，逆説的に，すべての純血が混血であることを思い出す。それは分析家も同じである。
　模倣して言えば（すなわち，模倣の浸透する性質を考慮に入れるなら），もし，真正性という言葉で，由来，出生，権威が純粋であると同時に議論の余地のないことが理解されるならば，分析家は真正性の問題に悩んでいると言えるだろう。だから制度への欲求が生じる。制度というものは，真

正性というもののお墨付きをもたらすと信じられている。そんなものはお墨付きがなければいつだって信じがたいし，実際この上もなく疑わしいのだが。もちろん，こんなものは全く幻想である。どのような知的な順応主義が制度を支配しているか実感するためには，しばらくそのような環境にいりびたるだけでよい。実際に，賞賛に値する知的な厳密さを示す人間が業界に数名いるにしても，大多数は教条的な硬直性しか示せず，本物の疑問に全く耐えることができないだろう。要するに，分析の世界（もちろん，それは一枚岩ではないし，分裂していないわけでもない）は，無意識に共通してさらされていることによって一体となっているというよりは，偉大な分析家であるフロイト，ユング，フェレンツィ，クライン，ラカンなど「指導者」とか「導き手」（総統＝フューラー）とみなされる人々に惹きつけられ忠誠を誓うことによって一体となっている。しかしここで私が関心を向けようと思うのは，ラカンとその支持者だけであって，もっと一般的な制度の問題ではない。

　分析家との同一化という，すべての分析制度に普及していたことの作用と副作用に対抗することを願って，ジャック・ラカンは1964年6月にパリ・フロイト派を設立した。ラカンの目には，精神分析は，いわば，精神分析に再適応する必要があるように映った。精神分析がアメリカに亡命した後に果たすようになった矯正的な機能を放棄する必要があった。ラカン理論はメラニー・クラインのものに似たフロイトの構造論の読みに基づいていた。自我（*das Ich*）を，エス（*das Es*）から徐々に分化してできた結果や産物として見たり，現実の再現（その機能が個人の衝動を含み込み，維持することであるような）として見たりすることはどうしてもできないという読みである。ラカンは，反対に，自律的自我などというものはないと考えた。自我は，個人が外的現実に適応するための道具ではない。異なるイマーゴを借りることを通して次第に構造化される審級である。言い換えるなら，ラカンは同一化の概念を再検討し，同一化を何らかの決定的なアイデンティティの構築という視点からではなく，むしろ終わりのないプロセスであるという視点から，権威，支配とアイデンティティの幻想を根本

的に脱構築することを目指した。ラカンが強調したのは,アイデンティティが言語の産物,創造物であるということであり,文字通り（すなわち,ラテン語の語義で）フィクション（作られたもの）であるということである。そうすることによってラカンが支配することのできない舞台に引きずり込むのは分析家彼自身（あるいは分析家彼女自身,とアダム・フィリップスなら間違いなく言うだろう）なのである。ラカンが問題にしたのは,分析家の権威である。権威がまさに自分の存在や思索の可能性の逆説的な条件であり,同時に自己壊乱的な盲点でもあると認めることを分析家に求めるのは高望みがすぎた。そんなことを求めるのは,（権力と知識を使うことを問題にするだけでなく）権力と知識に対する分析家の転移関係を問題にすることを求めるようなものだった。分析家がおそらく「心理療法的な」利益を,もっと重要なことには,専門家としての経済的な多くの利益ももたらす理論をどうやって疑うことができただろうか。そして,その権力と知識への転移が制度のなかで制度によって慎重に準備され,保存され,永続化されていたなら,どうやって分析家が転移についての概念を評価し直すことができただろうか？　実際,分析家たちはそうはしなかった。

　分析家たちは否認を行い,パリ・フロイト派に加わった。それはラカンが政治的に,倫理的に,理論的に,臨床的にさえ支持したほぼすべてのことをまさに否認するものだった。実際ラカンの支持者の大多数は,ラカンがあれほど明確に述べていたこと,つまり,精神分析が何とか生き残ることができたのは,国際的精神分析協会（International Psychoanalytic Association : IPA）によるフロイトの概念の歪曲のためだった,ということさえ読み取ることができなかった。私の考えでは,これは私の知る限りラカンの弟子や読者の誰からも提起されてこなかった絶対的に重要な問題である。これは偶然ではない。IPA を設立するというフロイトの決断に対するラカンの解釈に従おうとするなら,ラカンがなぜ同じ戦略を繰り返すことを選んだかを自問することを強いられるからだ。いったいなぜ,ラカンは自らの軍勢を自分自身が失敗にしかつながりえないと宣言していた道に向かわせることを選んだのか？　未解決のパラドクスがここにはある。1957

年に精神分析が生きながらえたのは IPA がフロイトの概念を理解しそこねたからだったと力強く明確に述べたラカンが，なぜ 8 年後に必然的に同じ誤解に至るとわかっていた道筋に弟子たちを導くことを選んだのだろうか？　ラカンは，見込みのない希望をもちつづけていたのだろうか？　ラカンは，弟子がもっと良い判断をするとか，権威に別のやり方で関わる能力があると見込んでいたのだろうか？　それともフロイトの弟子たちが屈した理想への服従から自分の弟子たちを救い出す能力が自分にはあると見込んでいたのだろうか？　私は，ラカンがそれほど単純だったとは思えない。カントを読んでいたラカンは，どのような制度によっても精神分析は自らの領土（domain［英］Gebiet［独］ditio［羅］），場（field［英］Feld［独］），なわばり（territory［英］Boden［独］territorium［羅］），居住地（domicile［英］domicilium［羅］）を区切ったり，詳細に描写したりできたことはないということが本当によくわかっていた。精神分析の正当性がひとりでに確立されるわけではないし，精神分析の概念自体が（精神分析が生み出すものに関する言説と同様に）ひとりでに生み出されるわけでもないし，精神分析が含まれるべき分野に自らの用語を使って参入することができないということも，ラカンはわかりすぎるほどわかっていた。そして，制度によっては決して精神分析の本質を保つことができないということも。カントはこれらの問題を『判断力批判』の序説で検証している。デリダ（1970）は，カントのテキストを読み，明確に描写された「領土」（*Gebiet*）や「場」（*Field*）もなく，その領土を定義する特定の対象もないものが，それでも適正な「なわばり／地盤（territory or ground）」（*Boden*）をもつことがどのように可能なのかを説明した。

　ラカンが分析家に折り合いをつけることを望んだのは，まさにこの精神分析の正当性／正統化の問題である。ラカンの論証は，以下のようなものであった。IPA が 1912 年に結成されたというのは偶然ではなかった。実際，その時点での精神分析は，それまでの探索領域の限界を大きく越えるものにさらされ，開かれる必要があることに気づいてしまっていた。そういうわけで，フロイトはオットー・ランクとハンス・ザックスに，学術誌『イ

マーゴ』の創刊を通じて応用精神分析として知られる分野の研究を促した，いやもっとはっきり言えばそそのかした。これは，単なる個人的な挿話ではない。精神分析が適切と思われる探索分野の限界を越えるものを意識する必要性を認めて，フロイトは実際，精神分析の限界が正確にどこにあるかを自問する必要性を認めていた。言い換えれば，フロイトは精神分析が自らのアイデンティティへの不確実感を認める時代になったと支持者に話していたのだ。これは，ラカンがつねに私たちに思い起こさせようとしていたことである。精神分析は，その正当性を保証されることを望んだことは決してないし，決して望むことはできないだろう。精神分析はその「適切な」領域の明確で固い境界の範囲内でも，無事では決してすまないだろう。こういうことには非常に現実的で，実際的な（臨床的であるだけでなく政治的な）影響がつきものであり，それが IPA が設立された理由である。それゆえに，精神分析の制度的な基礎固めの問題は，精神分析の同一化の問題から切り離すことができないだけでなく，後から考えてみれば，精神分析がまさに自らの可能性を問題にする必要性を多かれ少なかれ意識的に認めることとして理解さえされるかもしれない。私が言いたいのは，国際的な基盤と評価を与える機能を持つ機関で精神分析を確立する必要性をフロイトが受け入れて以来，精神分析は，自らの基本理念に確信をもつ見込みをあきらめなければならないということを知っているのに，知らない（知りたくない）のである，ということである。言い換えると，精神分析の制度的な基礎固めを通してフロイトが目指したのは，精神分析が，いわば本来備わっていた不可能性への気づきから回復し，ひとつの基本理念による組織的，論理的統一にまとめられることだった。しかし，もちろん，事態はそんなに単純なものではない。

　というのは問題は，精神分析およびその仮説，推定，効果，有効性，実践が可能なのか不可能なのか，正当なのか正当でないのか，真実なのか誤り（虚偽）なのか，適切なのか不適切なのか，そのどれかひとつというわけではないからである。それゆえに，ラカンはすべての言説に対して用心深くし続ける必要性を強調することによって，精神分析の正当性を確立し，

制度化することを決定づけ，それゆえ，その「分野」の限界を詳細に描写することも決定づけたのだった。それなのに私が説明してきたように，ラカンは自分がフロイトの戦略を一度ならず繰り返さなければならないと感じていた。実際，ラカンはまず 1964 年にパリ・フロイト派を設立し，さらに 1980 年にその組織を解散した直後にもうひとつの組織である「フロイトの大義」を設立した。ラカンの死の翌年，今度は「フロイトの大義」が解散し，直後にラカンの娘婿で継承者であるジャック＝アラン・ミレールの主導によって「フロイトの大義派」が結成された。大義派はいまだ現存するし，無数の自称ラカン派の組織も存在する。それらはさまざまな人々によって創設され，あるものはラカン派の古株であり，またあるものはラカン派の福音の護衛に専心するますます広がりゆく聖職者のサークルへの新参者である。フロイトが精神分析の制度化を決断したことへのラカン自身の理解を考えれば，初期の精神分析の国際化への影響と余波に逆らおうとしたラカンの絶望的な決意の及ばないところで，この連続する組織設立の行為をパロディ的な結末として（どのような機関でも精神分析は具体化できないし，含み込めないし，保存することもできないことをきっぱりと認めることを強いられた戦略として）読んでも不適切とは言えないだろう。制度を守る塹壕が永続するという希望がみなどれほど幻想にすぎないかを明らかにすることによって，精神分析の制度の基礎を作ろうとしたフロイトの努力はまねることもできず，繰り返すこともできず，さらに，精神分析のまさに可能性と実用性は，その二重の不可能性を認めることに基づいていることを示すことは，ラカンの仕事のなかでも大勝負だったと言ってもいいだろう。言い換えると，ラカンが繰り返した組織の設立という行為は，精神分析と制度化というふたつの論理が根本的に相容れないことを逆説的に認めていると理解することもできる。フロイトの制度化戦略を繰り返すというラカンの決断をこのように理解した理由を，私は次のように考えている。1957 年の「精神分析と教育」という論文でラカンが示唆しているのは，フロイトは事実を完全に理解したうえで，彼の理論と方法を保存し，伝承する目的で IPA を設立したのだということだ。実際，IPA は特

にアメリカで，ほとんど（全部とまでは言わないが）理論と方法を誤って解釈し歪めさえしているので，フロイトはただ単に目的を果たせなかっただけだと考えたくなるかもしれない。しかし，そんなことは全くない，事実は逆であると，ラカンは言っているのだ。フロイトはまさに自分が望んだものを手にした。自分のメッセージが純粋に公式な形で保存されたのだ。威厳のある権威の精神によって明らかにされ，そこでは彼のメッセージには非常に明白な変更がなされていた。実際，フロイトという典拠によることを怠った「精神分析の文献」として知られている退屈な雑文集には，突っ込みどころひとつないとラカンは考えた。フロイトの最も基本的な概念が生き延びたのは，フロイト理論と方法の歪曲のおかげだった。精神分析の概念が生き残れたのは，誤解されたおかげだと言ってもいい。

　ラカンの出発点はそれまで誰も着目しなかったところからだった。ラカンが着目したのは，フロイトが「集団心理学と自我の分析」を執筆する10年前にIPAを創設したということだった。つまり，フロイトが分析の世界を制度化の道筋に進めたのは，指導者の機能も役割も，ヘーゲルの概念から借りた心酔という言葉で理解した大衆の自分への関わり方も，はっきりと同定する以前のことだったのだ。それなのに，ラカンはすべてを繰り返すほうを選んだ。まるで考えたこと，知っていることの責任を取ることさえできないかのように。このことも，単なる個人的な挿話にすぎないわけではない。これらの問題，パラドックス，矛盾に関して自問する必要がある本当に重要な唯一の問いは次のようなものである。「フロイトが精神分析の制度としての基礎を固めることを決断したことによって，どのような避けがたい否認がもたらされたのか？」。制度が自らの必要性を信じつづけるために，精神分析運動はどのような否認ならばただ繰り返せるのか？　答えは明らかである。「忘れられる」必要があるのは，無意識の発見を通じてフロイトは古典的な意識の概念を廃棄したということであり，制度が固執するのはまさに意識の概念なのである。なぜなら分析家を訓練したり，遺産（この場合はフロイトの遺産）を運用管理しようとすることは，（問題は今やラカンの遺産の場合でもまさに同様なのだが），いわゆる

訓練や管理の様式が何であれ，古来の意識を回復しようとすることなのである。それは，フロイトが私たちにつきつけている全体としての主体を想像できないことを認めるのを拒否することである。自我は分割されていて，自我はつねにどこか自らにとっても見知らぬものなのである。これは私が思うにはランボーの「私はひとりの他者である」という言葉によって最もよく言い表されている。私がこれから解説してみようと思うことは分析家「訓練」における模倣の重要性を説明するものである。

ラカンの書き方や話し方は他の誰のものとも似ていなかった。あるいはそう思えた。では「ラカンは誰に何が似ていたのか？」と尋ねることができるかもしれない。私はこう口にする誘惑に駆られる。「何にも，誰にも似てはいなかった」。ラカンは誰にも似ていなかった，そして，そのことはラカンが自分が全く孤独であるとよく強調していた理由を説明するかもしれない。これに対して，群衆，烏合の衆（ラカンは時々彼らを指してこう言った），支持者たちはすばやくこう答える。「あなたは孤独かもしれませんが，私たちはあなたがいなければやっていけません」。だから彼らはラカンのように書き，話した（そして似たような服装をして，似たようにふるまった）。まるでこんな決起のための旗印や，外部の人間に対して所属感を示してみることが，そうでなければ提供されたかもしれない制度の派閥的な保護主義よりも信頼できるとでも言うかのように。しかし，ラカンは彼らにこうしたことの責任を完全に取らせることができたわけではない。実際，このかなり痛ましい形の模倣は，「伝えることのできる唯一のものは文体である」というラカンの主張に応じる彼らなりの方法でもあった。これは，複雑な問題である。私の理解では，ラカンはその用語や発言を読みやすくするための知識を利用する基本原則をつねに破ることが必要であると考えていた。言い換えると，ラカンの立場は，フロイトが1895年にブロイアーと共著の『ヒステリー研究』において取っていた立場と類似していた。精神分析は，科学的な見せかけをすべて断念し，文学的な本質を受容することに基づいている。ラカンが分析家に考慮することを求め，折り合いをつけることを望んだのは，無意識の教授法は，本質的には模倣

の技術だということである。「分析家」という立場の候補者になれば，最初の精神分析の「モデル」，すなわち自分自身の分析を行ったフロイトに遡って注目せざるをえない。そのことが，私たちがこれまで慣れ親しんできたすべての剽窃ときょうだい殺しの競争の結果とともに，精神分析の歴史が永遠の「ジークムント・フロイトの模倣」として読める理由を説明する。分析家になる際に，好もうと好むまいと，人は何らかの点で避けがたくフロイト派の「教義」または「真実」の代表であると主張することになる。つまり，少なくともフロイトの名声を必要とし，フロイトの名前を使うことになる。しかし，こう問わねばならない。フロイト自身が「自分自身」に同一化することによって分析家になったと主張していたとしたら？ まさに精神分析のモデル自体が虚構とみなされるところまで同一化について内省しつくすことを拒む限り，古典的な意識の概念から効果的に離れることはできないだろう。本物であろうがなかろうが時代遅れの言葉を使うというフロイトの遺産は，多かれ少なかれ，この継続する模倣の努力のためだけに伝えられているということを認めない限り，私たちは精神分析が行おうとすることに抵抗しているのである。[1]

　ラカンの試みの主な難しさのひとつは，彼がつねに難問に直面していたということである。主観（性）の古典的な概念を廃棄することを目指す一方で，ラカンは知らないうちにアイデンティティの問題を重視していた。実際，ラカンはよりいっそう厳しい論理（と統辞）のくびきの下に自らを置きつづけ，そのくびきによってラカンの言説は行おうとしていたことを成し遂げるのを禁じられ，予想された道筋からそらされ，内部から崩壊させられてしまった。言い換えれば，ラカンの努力の解消できないパラドックス，克服できない矛盾は，ラカンが支持できないと主張したまさにその立場，自我中心の支配の立場がラカンの努力によって強化されることになったということだった。わざと難解に，時にはほとんどナンセンス詩に思えるように，奇妙で大げさで美辞麗句を並べた言葉遣いを実によくしながら，ラカンは絶え間なく暗黙のうちの意味のまとまりを分解しようとしていた。なぜならラカンの考えによれば無意識の真実は，一枚岩で，分

割,分解できない感覚と相容れないからだった。友人のメルロ＝ポンティから概念を暗黙のうちに借りて,ラカンは散漫さを維持することを目指した。しかし,ラカンは自分が勝ち目のない戦いをしているということを知っていた。広く誤読され誤解された『エクリ』を発表した直後に,その文章が読めたものではないと主張した人々に応えて,幻滅しつつラカンはかなり冷笑的に,10年もしないうちにフロイトの著作についての自分の解釈を共有すると認めた人々だけでなく,多くの認めなかった人々も,自分のように書くようになるだろうと述べた。彼は,正しかった。

　ラカンの支持者は,自分たちが聞いたこと,読んだことを声を合わせて繰り返した。そこにはあらゆる同一性の人工的で虚構的な性質に関して師が認めたことも含まれていた。ラカンは支持者にまさに自らのアイデンティティは要求することのできないものだと告げ,支持者はこれを繰り返したが,結局,自分たちの自我喪失性（Ichlosigkeit）[2]や,アイデンティティの根本的な不確実感について知ることが逆説的に与えた充実感,完璧さ,完全さの感覚を楽しむだけであった。

　しかし,これは結局,見かけほどは逆説的でないのかもしれない。実際,西欧の主観の歴史は予期された消失,永遠に生じ続ける消失の年代記（少なくともモンテーニュからブランショにかけて,とはいえフランスだけの年代記というわけではないのだが）の形を長く取っていた。さまざまな様式のこのような消失の例が,ニーチェ,ペソア,ピンチョン,サリンジャー,エンリーケ・ビラ＝マタスのような作家と哲学者の著作に無数に存在する。注目に値する映画「情事（L'Avventura）」の監督ミケランジェロ・アントニオーニのような芸術家がこの問題に取り組もうとした。「情事」において,登場人物たちが,リスカ・ビアンカ岩礁で友達のアナを探しているのは,ニーチェが死んだと言う神を探しているのと同様であり,ある意味で自分自身の失踪の可能性という謎を,彼らは扱わなければならないと気づくのである。あえて言うなら,ラカンの支持者ができる限り自らを目立つものにすることを主張するのは,不可避なこと,すなわちラカンの著作が強調した計画された主体の消失を実は避けようとしていたのだ。ラカンの支持

者は，主に出版を通して自分を目立たせた。組織の内外で，精神分析に関する学術雑誌は，突然増殖し，大手出版社は，業界で影響力の大きい分析家を編集責任者にした。精神分析理論の著作が，以前には見られなかったような数で発表された。セミナーは文字通り何百となく開催された。学術会議が絶えず組織された。言い換えると，ラカンの支持者は主に理論化を通じて自分を目立たせた。「理論（theory）」と「劇場（theater）」は同語源であり，*theorein*，すなわち「見つめること」と「目立つこと」というふたつの意味をもつ言葉が基になっていることを思い出すべきである。

　理論的なものと模倣的なものの関係というこのひどく複雑な問題について，ここで詳述することはできない。この問題はつねに西洋の文化につきまとってきたと言えば十分だろう。これはプラトンと同じくらい古い問題である。プラトンよりは私たちの時代に近い，幾人かの哲学者，とりわけニーチェ，ハイデガー，デリダは，この問題を説明するのに彼らの著作の大部分を捧げた。それぞれの思想家が自分なりのやり方で，少なくとも両義的でないような発言はひとつもないという周知の事実を表面化させた。ラテン語のことわざにあるように「（母親はつねに確実だが）**父親ははっきりしない**」のであり，そのはっきりしないものを「理論」は修正するように設計されている。そして，理論通りに決して事は進まない。実際，言語は明瞭に何かを指し示す（たとえば，ウィーン学派のメンバーならそう望んだだろうが）のにはもともと適していないことには，甘んじなければならず，ラカンはいつもそのことを強調していた。ジョージ・スタイナー[ii]がよく示唆しているように，言語が真実のための能力を失ったのではなく，言語は自己不信になりながら，沈黙の鋭い刃に作用せずにはおれないのだ。ホフマンスタール，カフカ，ウィトゲンシュタイン，カール・クラウス，カネッティ，ハイデガー，ツェラン，マンデルスタームなどスタイナーが絶えず言及する著者はみな，裁判官が言うように，「すべての真実を，真実だけを話す」ということが不可能であるということにふれ，語るのである。これはラカンの支持者がこれまで，多くは大喜びで繰り返すのをやめなかったことである。しかし，そのような立場が必要とする謙遜ができた

人はほとんどいなかった(そして,今もいない)。失われたものは彼らのものにならないし,なりえないだろう。仕事用の静かな部屋とテーブル(それから,カウチと椅子)だけでは,決して十分ではない。彼らは権威をふりかざすことができる精神分析の学派を必要としていた(そして,現在も必要としている)。ラカンの支持者は,フロイト的な自我の失墜が必要とし,ラカンが強調した,最も単純であるがゆえに最も厳密なレヴェルの知的水準にとどまることができなかった。彼らはその代わりに,スタイナーがどこかで「無遠慮な知性の欠落」として言及しているものを提供したし,今も提供している。彼らはラカンの「フロイトへの回帰」を,古典的,あるいはユダヤ＝キリスト教的「自己」の古い安定を揺るがし転覆させることの再確認として祝福する一方で,知らないうちに私たちが「私」とラベリングしている確固としたアイデンティティという虚構を強化している。分析家は誰も自分が詐欺師であるという感覚を完全に逃れることはできない,というラカンの示唆は明らかに顧みられなかった。そして,事実,彼らはまき散らされた自己の回復を,したがって,分析家の個人の権威の回復を望むことがどれほど愚かか理解することを拒否している。彼らが受け入れることができないのは分析家の立場に本来備わっている根本的な孤独であり,この立場は『この人を見よ』の序文でニーチェが定式化したものに似ている。「私は自分がつけにできるだけのお金で暮らす」というのがラカンの定式化だった。「**分析家は自らの権威になることも誰かの権威になることもできない**」という発言が意味するのは,分析家は自分の外側にある権威に従うことができないということである。分析家だけが,少数の他者の力を借りて,自分が仕事ができるかどうか,いつできるのかを知ることができる。「少数の他者」は,分析家が完全に独断で行う試練の準備を手伝うにすぎない。

　これは先ほど述べた,広まってしまった分析家個人の権威を元に戻すのが不可能であることと矛盾するように思える。実際は矛盾するわけではない。この権威が,安定したアイデンティティというもうひとつの虚構として存在するだけだということの別の言い方であるにすぎない。その言い方

に従えば，どんなアイデンティティも安定はしていない。この自己愛の傷つきこそが，どのような学説を選んだかに関係なく，分析家が制度に自らに重ね合わせることで治療を望むものなのである。リチャード・ウッドハウスへの手紙に，キーツは「詩人にはアイデンティティがない」と書いている。分析家は，詩人と同じくらい脆弱で不安定な人物だが，自分を見出すために部屋で他の人の声と混同されない自分の声が必要なので，書くことの力を借りることが多い。このような不安は，最も偉大な作家を含む，ものを書くすべての人々に共通のものである。フロイトは，ショーペンハウアーとニーチェを読むのをためらった。トーマス・マンはヘルマン・ヘッセの『ガラス玉演戯』を読むのをためらい，日記に「自分と同じことを考えている人が世界には他にもいるということを思い出すのはいつも不快だ」と書き，そうやって無意識にゲーテの「他人と同じように，人は生きているのか？」という問いを引用している。矛盾するのは，自分自身の声を必要とするためにラカンの支持者は，主人の声を借りて話し書くことが非常に多いのだ。ラカンの弟子はすべての弟子と同様に，考えるよりは覚えるほうが得意である。弟子たちは，主人の声で話し，主人の言葉で書き，主人の着物を着て，主人のクレブラ葉巻を吸った。憂鬱な模倣家は，自分自身の「著作」に碑文としてボルヘスの『汚辱の世界史』(1935)の序から次のような文章を使いたかったかもしれない。「これらの頁に書かれているのは自分で書く勇気がなく，（時に美学上の正当化をすることもなく）他人の物語の虚構化や改変を楽しんだ臆病者の無責任な戯れである」。

　ラカンの死からほぼ25年が経過しているが，問題は悪化している。その徴候は以下のように多面にわたる。あらゆる局面で尊大な教条主義，他派との交戦，自派への勧誘，転向が見られ，文体と表現は驚くほど模倣され，パリ・フロイト派の解体以来創設されたさまざまなグループと組織を分裂させる親戚同士の遺産争いに似た反目と復讐の情熱が見られる。ジャック＝アラン・ミレールは，フロイトが『自らを語る』で描いていた精神分析の俗世への拡大計画を再び呼び起こした。ほとんどのラカン派，特にミレール派にとって，精神分析は守られるべき大義である。ラカンの責任は桁外

れなので，ここでラカン個人の責任が精神分析の問題の現状においてどれほどのものかを正確に評価する必要があるのだろうが，それはこの章の限度をはるかに超えてしまう。実際，この問題に必要とされる忍耐力，注意深さ，慎重さをもって答えはじめるために，私たちはこの問題をフロイトの名を冠した組織として理解される精神分析に関する内省というより広い文脈に置き，どれほどさまざまな別の名前が，この場合はラカンが，傑出するようになったか，その名前が何を表すようになったかを，尋ねてみる必要があるだろう。

　ラカンは自らをフロイトの遺産相続人とみなしていて，それゆえ，フロイトがIPAを創立することで説明したいと思った問題を自分のものとして受け入れる必要があった。精神分析的に言えば，遺産とはいったい何なのか？　フロイトが「上品に葬り去られる」ことを保証するというより大きな目標をもって，「フロイトに還れ」という名目で学派を創設することが，自分自身の後継者にフロイトの支持者が知っていたのと同じ環境を生み出すだけになるということが，ラカンにわからなかったはずがない。言い換えればラカンは，フロイトの後継者が継承したのとまさに同じ返済不可能な負債を後継者に委ねていることがわからなかったはずがない。私たちが過去40年の間目撃していた先例のない模倣は，ラカンの政治的な浅はかさの多くの残念な結果のひとつにすぎない。

　もちろん私は，ものごとをあれほど急に終えてしまうことが，どれほどひどく不公平であるかは理解しているつもりだ。ここには検討すべき多くの問題があるが，紙面の関係でそれは許されない。ラカンの制度的な新たな試みはいろいろ欠点はあるのだが，この単純な事実は認めなければならないと言えば十分だろう。ジャック・ラカンの精神分析への貢献は，理論的にも，臨床的にも，制度的な観点から見てさえ，比類のないものである。

原註

1 ——これは私たちが1986年1月にミケル・ボーク＝ヤコブソンと行った会話を増補し

たものであり，私が当時共同編集者であった 学術雑誌 *L'Artichaut*（ストラスブール発行）に発表された。
2 ― 私の記憶が確かなら，この言葉はフーゴ・フォン・ホフマンスタールの「詩作に関する発言」において使用された（『チャンドス卿の手紙』）。字義通りに訳せば**無自我性（egolessness）**となる。

訳註

ⅰ ― カントはアプリオリな諸概念が対象と関連をもつときに「場」が生じ，場のなかで認識可能な部分が「なわばり」となり，「なわばり」のなかで正統性のあるものが「領土」になるとした。一方，経験的な概念においては「なわばり」のなかには「領土」はなく，単なる「居住地」にすぎないとした。
ⅱ ― Francis George Steiner（1929-）／批評家，哲学者。パリにオーストリア系ユダヤ人として生まれ，ナチスの迫害によってアメリカに亡命。言語，文学，文化を題材に批評活動を行った。
ⅲ ― ラカンの好んだ葉巻の種類。3つの葉巻をねじり合わせた形で販売される。スペイン語の蛇（culebra）より。

文献

Borges, H.L.（1935）*Historia universal de la infamia.*（篠田一士＝訳（1995）汚辱の世界史／砂の本．集英社）
Breuer, J. and Freud, S.（1895）Studies in hysteria. In : *Standard Edition 2*, pp.1-307.（金関 猛＝訳（2004）ヒステリー研究（上・下）．筑摩書房）
Derrida, J.（1970）*La vérité en peinture.* Paris : Champs Flammarion.（高橋允昭・阿部宏慈＝訳（1997）絵画における真理（上）．法政大学出版局／阿部宏慈＝訳（1998）絵画における真理（下）．法政大学出版局）

9

強制的な師弟関係
心理療法家訓練に偽装した洗脳

リチャード・ローボルト

>いかなる種類の感情も押しつけてはいけません。あらゆる確信の感覚は特に。[i]
>シャーンドル・フェレンツィ

>語り得ぬものについては沈黙しなければならない。[ii]
>ルートヴィヒ・ウィトゲンシュタイン

>「彼は，私たちのように話す」ということは
>「彼は，私たちのひとりである」というのに等しい。[iii]
>エドワード・サピア

　私が以前書いたように（Raubolt, 2003），私は心理療法カルトと描写すべきものに参加していた。その集団スーパーヴィジョンという形での訓練には，他の研究者も注目したいくつかの極端な支配法が含まれていた（Singer, 1990 ; Temerlin and Temerlin, 1982）。しかし，尊敬すべき人々の周辺につきまとうことで，この集団は人の心をより混乱しやすくし，直接的な洗脳方法と同様に密かな洗脳法をおそらくより効果的に使った。

　私は自分の個人的な体験と洗脳に関する文献の研究に加え，同じような虐待的な訓練を受けた人々をスーパーヴァイズすることによって，心理療法と精神分析における訓練の誠実さを脅かす権力，支配，説得の多様性に関心をもつようになった。特に個人言語の窃盗と考えられることに興味がある。この領域の探索を行う前に，まず臨床的なスーパーヴィジョンでは

なく洗脳を生み出す枠組みを示そうと思う。

　洗脳は，この章の趣旨では「所定の組織化された信念体系が同意を得ずに他者に組織的に押しつけられるプロセス」と定義される。心理療法に関して，理論上の／心理学的なモデルに見せかけているこのプロセスは，批判的思考法と他人に頼らない判断を制限しようとする。臨床的な作業に特有の複雑さ，曖昧さ，微妙さを認めるのではなく，洗脳は強制的に，単純化されて，ステレオタイプで「神聖な」教義を与える。リフトン（1961）によれば，「基本的な前提を疑うことを禁じることや，言葉を作り出した人，現在その言葉を使う人，言葉そのものに対して要求される尊敬のなかに，このような神聖さは歴然として存在する」（pp.427-428/445-446）。

　心理療法と精神分析は，特定の心理学的モデルの主要な提唱者によって，「科学的」方法として定義されるものに限定されている。すでに描かれた学説を支持する場合だけ，技法は適切であるとされ，受け入れられ，そして一番重要なことに，正しいとみなされる。真実が自らのものであると主張するような具体化されたシステムでは，臨床的な理論や方法は重要な進歩を遂げられない。

　最終的に，カリスマ的で権威主義的なリーダーシップが生み出す従順な忠誠心と，外傷と再外傷化のサイクルと，近親姦的な専門家の多重関係の発生によって，洗脳を成功させるのに必要な情緒的な接着剤が提供される。そのような忠誠心が生み出されるときに，異議を唱える声は，操作，脅迫，実習生の個人言語の窃盗によって沈黙させられてしまう。そのようなプロセスを通じて，実習生は弟子になる。実習生は，真理の所有者としてスーパーヴァイザー／訓練分析家を信頼する。そのような弟子は，「『前もって』（im voraus）スーパーヴァイザーの主張と判断に従う準備ができていなければならない。それによって，『前もって』転移と信頼が構成され，維持される。たとえ何が起こっても私は彼に仕える。なぜなら，スーパーヴァイザーはわかっていて，正しいから」（p.20）とルスタン（1982）は書いている。

● **誘惑または力によって**――洗脳の必須の要素

洗脳プロセスを私なりに概観してみると，以下のようなさらに注目する価値があると思われる要素と戦略が結びついていることがわかる。

(1) カリスマ的，権威主義的，支配的なリーダーシップ
(2) 二分法的，ステレオタイプ的な考え方
(3) 矛盾する多重な専門関係を助長する組織やグループによる連携
(4) 外傷化と再外傷化のサイクル
(5) 言語の窃盗

● **カリスマ的，権威主義的，支配的なリーダーシップ**

心理療法カルトの研究者（Dorpat, 1996 ; Langone, 1993 ; Temerlin and Temerlin, 1982）はカリスマ的，権威的，支配的なリーダーシップの決定的で普遍的な性質を中核的なものとして描写している。しかしながら，ハーウッド（2003）はカリスマ的リーダーシップと，利己的なカリスマ的リーダーシップを見分ける有益な方法をつくった。この章で私はこれに倣うことにする。鍵となる違いは，意図にある。カリスマ的指導者は，決意をもった精神力や指導力を必要とする危機や大義によって動機が高まることが多い。そのような指導者は，他の人間を励まして，影響を与えるために自らの人間的魅力を使う。それがうまくいけば，他の人間ががっかりしたり無力感に陥らないように，向上心と能力をかきあつめるだろう。指導者の人間的魅力は，状況が違えばあてにならない聴衆の，最高の長所を強化しようとする行動要請である。

対照的に，利己的なカリスマ的指導者は，他者を支配し，操るために自分の性格を使う。そのような指導者は，魅力的で，刺激的で，社交の場でくつろいでいて，自信があり，絶対の権威的な態度を見せることが多い。

彼らは自らの存在で不安を鎮め，抗いがたい答えをしばしばずばりと差し出す。彼らは日常的な心配ごとに，見かけ上は優しさと関心をもって耳を傾けることができる。表面的には，彼らは他人のためらいを歓迎し煽りさえするのに，自分自身に向けられる疑いは許さない。利己的なカリスマ的指導者は通例，男性であり，霊感と指針の言葉を分け与える力強さと影響力をもった父親像である。最初のうち，彼らは満足しているときは賞賛を惜しまず，脅かされていると感じたときだけ辛辣さをほのめかす。すべてを知る父親として，支持者である子どもたちの決断と成功を育むと主張する。弟子たちは，提示された真理への道を選ぶようになる。ポストモダニズム的な不安と疑念は，カリスマ的指導者の見識によって簡単に解決される弟子たちの無知の例として，不必要で価値のないものとして表面的には捨て去られる。この点で，権力はほのめかされるが行使されるわけではない。支持者が「真理」の誘惑的なメッセージに従うにつれて，権威の強さは増していく。

　そのような指導者が提供する信頼，誇大性，単純さに直面するとき，訓練生は移行のある時点で特に傷つきやすくなり（Dorpat, 1996 ; Tobias and Lalichm, 1994），外傷化のために空虚感を覚えたり，混乱したり，断片化したりする（Brothers, 2003 ; Raubolt, 2003）。訓練生はそれから支持者となり，利己的なカリスマ的指導者は，相互依存の関係のなかでの忠誠，あるいは，ブラザーズ（2000）が描写する「不確実感の間主観的な調整」を引き起こす。

　利己的なカリスマ的指導者のほうはというと，劣等感や抑うつの感情を避けるために影響力や支配力を使うことになる。そのような指導者は，「自尊心の調節者」（Kohut, 1976, p.417）として支持者から理想化され，依存される必要がある。自分自身が自己愛的な傷つきに苦しむことが多いので，他人から依存されることで指導者は回復する。嗜癖的に見えるプロセスにおいて，指導者はより多くの支配，追従，尊敬を求める。利己的なカリスマ的指導者は，パラノイア的で，我慢がきかず，虐待的であることが多い。寄生して得た活力を強めようとして，指導者は忠誠心だけを要求するようになる。

支持者は，ますます依存し，傷つきやすく，心配しやすくなり，マゾヒスティックな服従を通して指導者の高まる期待を満たそうとする。そのような服従は，ゲント（1990）によれば「他者の権力に我を忘れ，何らかの形でご主人様の奴隷になること」（p.115）であり，「束縛される安全とむなしさが限りなく広がる感覚だけ」（p.116）を与える。

　そのような指導者と支持者は，一緒にいるときだけ安全であると感じる。尊重され，生きることを実感し，自分が必要とされていると感じるために，お互いが相手を必要とする。お互いが相手に，自分では利用できないか，未熟すぎるために必要となる情緒の供給を行う。おそらく最も簡潔に言えば，お互いが相手をより完全であると感じさせるのである。

● **二分思考的，ステレオタイプな考え方**

　二分思考的，ステレオタイプな考え方を確立するのは，心理療法の実践に特有の複雑さと矛盾を取り除こうとしているのである。両義性は，洗脳のプロセスを邪魔する不確実感につながる。洗脳のプロセスは，単純さと絶対性に頼っている。そのような考えを記述する際に，リフトン（1961）は次のように書いている。「最も広域にわたる複雑な人間の問題が，簡単に記憶され簡単に表現される，短くてかなり量の減った決定的に聞こえる言い回しに圧縮される。どんなイデオロギーの分析でも1から10までこんな具合になる」（p.429/447）。まわりくどくない，直接的な確実性が必要とされる。いつもお決まりの戦略が，問題と介入をはっきり定めることによって不安を減じる。いかなる逸脱も許されず，許されるのは理論が描き出すものが定義する答えだけである。個性，創造力，思索，探索は，開放的で混乱を招くものとして退けられる。

　最後に挙げた探索という「否定的な能力」はキーツによって定義され，フィリップス（2001）によって以下のように引用されている。「人が事実と原因をつきとめようとして，いらいらすることなく，不確実感，曖昧さ，疑いのなかにいられること」（p.29）これは，最も脅威的な能力とみなさ

れるので，洗脳の間最も激しく攻撃を受ける。指導者／支持者の依存を妨げず，結果として，訓練構造全体を妨げないように，確実さと真理は保護されなければならない。

それでは，どのように真理は保護されるのか？　私が慣れ親しんだ組織のひとつ，バー・レヴァヴ教育協会（BLEA）は，無敵の雰囲気をかもしだす心理療法的なスローガンを繰り返し使った。元訓練生のグループセッションで，彼らはスーパーヴィジョンと自分が受けた心理療法の体験から例を引用した。スーパーヴィジョンは以下の「マントラ」，あるいは，リフトン（1961）の用語を使えば，「思考を中断させる決まり文句」(p.429/447) を含み，それらは面接ごとに，毎週，毎月，繰り返され，ついには疑うことなき法典となった。

含まれていた「マントラ」の実例。

(1) 心理療法には「私たち」はない。
(2) 集団療法は，恥を治療する唯一の方法である。
(3) 女性セラピストは，男性患者を治療することができない。
(4) セラピストは，患者の人生で，配偶者さえ上回る一番大切な人となるべきだ。
(5) セラピストは，部屋のなかにいる現実である。
(6) 現実的に考えれば〜するしかない。

心理療法のためのリストもほとんど変わらなかった。

(1)「あなたに手を貸させてください（私がいなければ変われませんよ）」。
(2)「あなたは，自分の感情に流されて行動している」（セラピストがある行為を認めない場合）。
(3)「あなたは頭で考えすぎている」（感じなさい，考えてはいけません）。
(4)「前より大きな声になるように5回繰り返しなさい」（「私は怒っ

ている」というような文章を，患者が怒り狂って叫ぶまで繰り返させ，その後に，患者は解放され，感謝することを期待される）。
(5)「地に足をつけ，ぐずぐずするのをやめ，深呼吸しなさい」（感覚の表現を手伝うために）。
(6)「はっきりと言いなさい」。

こうしたスローガンやマントラを思い出した後に，元スーパーヴァイジー／患者が治療方法に対する怒りと恥ずかしさの混じった吐き気と不信の体験を描写したことに注目したい。

● **多重関係を助長する組織やグループとの連携**

洗脳は，グループや組織において最も効果的に，説得力をもって完成される。訓練研究所は何が治療において適切かを，上級セラピストが有意義で真実であると考えたものを基礎（と偏り）にして定義するという危険を冒している。深く知ろうとしたり，疑問をもったりすると，疑いの目で見られることがあまりにも多い。神聖なテキストや人物が，訓練の超自我として動く。

バリント（1948）は，半世紀以上前に，精神分析家の訓練で同じような懸念について書いている。

> 一般的な目的は……強制的に候補生を伝承者に同一化させ，伝承者とその理想を取り入れさせ，この同一化から，生涯影響を与える強い超自我を育てさせることである。これは，本当に驚くべき発見である。私たちが候補生とともに成し遂げようと意図していることは，かなりの緊張に耐えることができ，必要な同一化，あらゆる自動的転移や思考パターンから自由な，強い批判的な自我を育てることである。ところが私たちの意識的な目的に反して，私たちの行為も訓練システムの機能も，これらの自我機能の弱体化や，特殊な超自我の強化にどうし

てもつながってしまういくつかの特徴をもっている。　　　（p.167/*320*）

　利己的でカリスマ的な指導者／スーパーヴァイザーの好みは知識として押しつけられる。それから主人の地位が贈られて，信者たちは主人の指示を求めてグループを形成する。フィリップス（2001）は，ラカンについて書く際に，他のアプローチにも一般化されるような精神分析家訓練に関する説得力のあるアドバイスを行った。

　　単なる教祖ではなくて，将来有益な影響力のある精神分析家になろうとするならば，新しい理論と目的をもとうとするのをやめて，その代わりに人の関心を惹きつけるような文章を書かなければならない。そして，自分自身の論文は教えるべきではないし，自分が評価する人の論文だけを教えるべきではない（精神分析的見地から見れば，どのような書き手も自分が言わなければならないとわかっていることに特権的な権威をもつことはできない）。ラカンの素晴らしい著作ではなく，ラカンの人生が私たちに教えることは，地位がもたらす名声が主目的であってはならないということである。巨匠の教訓は傾聴すべきものである。ラカンが書いているように，「体験から教訓は学べない」のである。　　　　　　　　　　　　　　　　　　　（pp.111-112）

　もちろん研究所や訓練グループに参加することがすべて破壊的であるというわけではない。グループとは，ここでは私は心理療法とスーパーヴィジョンのグループを指しているが，一般的にはこのふたつはスペクトラム状に連続する。
　ハーウッド（1998）は，簡潔にこのプロセスを解説している。

　　集団力動によって，（集団対象体験という）スペクトラムの一方の端に，連帯感，所属，愛着，安全感が可能になるが，もう一方の端には混じり合った情動，未熟な同一化，破壊的な激怒からの行動化が

生じ，参加者にとってもその目標にとっても「集団外傷体験」となり，カルトの集団自己のなかで個人の自己が破壊されることになる。

(p.163)

　集団外傷体験を生み出すような訓練グループは，スーパーヴィジョンが心理療法と意図的に混同される情緒的に強烈な体験を生じさせるカリスマ的／主人的指導者の指導の下にある。訓練生は患者として治療され，重要な相互作用はみなスーパーヴァイザーとスーパーヴァイジーの間で起こる。この相互作用はサディスティックになることが多く，たいてい挑発的で，露骨で，屈辱的な直面化である。スーパーヴァイジーはプログラムの教義についても，より危険なことには自分自身についても何も知らないと感じさせられてしまう。わずかでも批判的に考えたり主導権を握らせたりしないために，スーパーヴァイジーの自己が攻撃にさらされる（Raubolt, 2004）。シンガー（1990）はこれに同意して，そのようなプログラムが「中心をなす自己イメージに一致しているという中核的な感覚を，つまりまさに自己の現実感と存在感を攻撃する」（p.103）と結論づけている。

　そのようなグループは，指導者に権力，権威，信頼，そして最も魅力的なものとして，確かさという独特の才能をもっているように見せる特別な地位を与える。グループは，それからさらに沈黙がちに，従順になる。凝集性を得るために誰か一人を生贄に捧げて，指導者／主人にして誤ることのない父親の強さに融合したいという無意識の願望もある。リヴィングストン（1998）は，次のように書いている。「自分の輪郭をはっきりさせたいというあらゆる個人の欲求は，グループが基本的な類似性を求める欲求を脅かす。同じであろうとする要求は，危うい安全感と所属感を維持しようとする試みである」（p.63）。

　訓練生は，マクドナルド（1988）が「忠誠／裏切りの落とし穴」（p.58）と呼ぶものにはまる。もし何が正しく真実であるかについて，訓練生が訓練を受ける前の感覚に忠実なままでいるならば，そのような自立的な考え方はグループへの裏切りとなる。もし訓練生が疑いや，不安や，批判的な

疑問を押し殺してグループや組織に忠実であろうとするなら，自分を自分たらしめているどのような感覚も，最終的には自分自身をも裏切ることになる。この「落とし穴」にはまると，メンバーは渦のなかで選択の余地がなくなる。依存に基づく盲従が，唯一の出口となることがほとんどである。

　そのようなプログラムに参加していたあるスーパーヴァイジーは，自分の考えと，自分が受けていた訓練についての疑念を個人的に記録していた。彼の許可のもとに，ひとつの記載を引用してみたい。

> 　私がこうしたことを主観的にどう感じているかというと，自分自身の患者のことを考え，いったいどうやったらほとんどの患者に同じ道筋を歩ませることができるのかと考えると，本当に気が狂いそうになるのだ。たとえそれが多くの，いやほとんどの場合で効果的であったとしても（そんなことは認められないが），理屈から言って私にとっては嫌悪すべきものである。こんなことを言うと，どんな反応が返ってくるだろうか。誰も，私が抱いている感覚の一因となっているのはどんな考えか，どんな感情か，どんな見解か，どんな体験なのかを明らかにしようとはしないだろう。深い性格病理の証拠がもっと出てきてしまうかもしれない。人や状況を信頼しないということは，私のどこかが間違っているということなのだろうか？　いつでもそうなのか？　これは，間主観的な問題である。それ以外の何だというのだろうか？　こういう事態で一番危険なのは，セラピストが自分自身が正しいと考えることである。つまり，セラピストは多くのやり方で行動化する権利があると考えることだ。どんなスーパーヴィジョンと心理療法でも，こういうことはまだありうるし，起こりそうなことである。モデル化が生じるのだ。

　個人的でも専門的でもある交わり合う多重関係を通して，グループ・スーパーヴァイジーは，組織の指導者と上級セラピストに密接に結びついてもいる。上級メンバーによって始められるそのような関係は，スーパーヴァ

イザー／セラピストとして関わりつつ友達になることだけでなく，訓練生との社交的な関わり（たとえば，パーティー，誕生日，結婚式，記念日などの行事への招待など）も含まれる。一番心をかき乱されるのは，上級メンバーが採用する無数の矛盾する専門家役割（同僚，教師，親戚，スーパーヴァイザー，配偶者，親）である。ある著者（Bar Levav, 1990）は，父親が指導者になったマラソン集団療法セッションに参加した女性患者のことを記述している。重要な人間関係は，研究所のなかに限定される。関係者はみな，訓練研究所と各自の一体感を高めるために，この「情緒的な近親姦」（Pepper, 2002, p.285）を維持することで既得権益を守っている。

　そのような「情緒的な近親姦」は，しかしこの時代に特有なものではない。フォルツェダー（1994）は，精神分析の師弟関係のきわめて詳細な家系図，「スパゲッティ状の高速道路のジャンクション」（p.170）を作りあげるにあたって，個人的な親しさと専門的な関係が重なり合うのは「例外のない規則」（p.171）であったと結論づけた。調査に基づいて，フォルツェダーは次のような結論を出している。「私たちが精神分析の事実の歴史でわかることは，情緒の込められた関係のパターンまたは連続が繰り返されるということであり，その関係が近親姦的であれ，敵対的であれ，性愛的であれ，権力関係であれ，分析のさまざまな体験に混ざって，結局は関係者の混乱と苦しみに至るのである」（p.187）。

● 外傷と再外傷化のサイクル

　外傷性の依存を助長する危機状態を生み出すことで，恐れと恥が吹き込まれる（再燃させられる）。洗脳の「外傷と再外傷化のサイクル」という要素は，私がすでに記述した3つの要素の結果である。カリスマ的，権威主義的な指導者は，グループと組織の助けを求め，反体制派のスーパーヴァイジーに非常に挑発的で卑しめる言葉遣いをするのを正当化する。スーパーヴァイジーの言葉は，繰り返し疑惑，嘲笑，軽蔑で応じられる。指導者と同じ意見であってもほとんど安心はできない。なぜならそのような

スーパーヴィジョンの趣旨は訓練生の人間としての存在に風穴を開けることだからだ。

　たとえば，感情療法センターでは，そのプロセスは「破裂」と呼ばれた。ひどい恥ずかしさと恐れを感じて，実習生は自分たちを救う力をもつ唯一の人として指導者に頼るようになる。身も心も無力であると感じながら，実習生は一時的に熟考する能力と知性を失ってしまう。大人の訓練生は，フェレンツィ（1933）が効果的に記述している「虐待されて退行した子ども」になってしまう。そのような恐怖の深刻な影響を詳細に描写して，フェレンツィは書いている。「しかしながらその同じ不安がある頂点に達すると，子どもたちは攻撃者の意志に対して機械仕掛けの人形のように服従し，その願望のひとつひとつを見抜きこれを満足させずにはいられなくなる。完全に自らを忘れ去って，子どもたちは攻撃者に同一化するのだ」（p.162/*145*）。

　権威主義的な訓練プログラムを受けているスーパーヴァイジーは，以前に外傷体験で苦しんでいることが多い（Brothers, 2003 ; Raubolt, 2004）。これらの外傷には，身体的，性的虐待が含まれるかもしれない。より一般には，彼らはネグレクトや「外傷的孤独」を体験しているが，その結果「不幸によるテロ攻撃」（Ferenczi, 1933, p.166/*148*）を体験しやすい。子どもの頃，彼らは家族の障害をみな治したいという強迫的な欲求を育んできたことが多い。彼らは，特に母親的人物が失望したり，失敗したり，心配したり，恐れることに敏感だった。フェレンツィは以下のように記している。「もちろん，これは純粋な利他的な行為というだけなく，それと一緒に，失われていた安らぎ，気配り，配慮を再び楽しむことができるようになるためである。つねに不遇について不平を言っている母親は，子どもを生涯自分の子守役にするかもしれない」（p.166/*148*）。子守役，そう，今の議論に沿って言うなら，セラピスト／分析家にするということだ。

　そのような歴史の結果として，スーパーヴァイジーは誘惑的に操作されたり，嘘をつかれたり，教義のスーパーヴィジョンと訓練課程で再外傷化されることに非常に傷つきやすくなる。具体的には，早期の外傷は，「言

葉の混乱」(Ferenczi, 1933, p.156/*139*) を通して再活性化する。フェレンツィによれば，より低い地位の人々（子ども，スーパーヴァイジー，患者）が，虐待関係にあった強力な権威者（両親，スーパーバイザー，セラピスト）の面前で，「舌を結ばれ」(p.159/*142*)，自分自身の経験について話すことができなくなるとき，言語の混乱は生み出される。権威者が，自己愛的な欲求を満たすために自分自身の権力，支配力，地位の使用を否認することで，個人の機能が傷つけられるというのが，中核的な心理力動である。その人に特有の現実がファンタジーや嘘として退けられるので，解離的なプロセスが生じてしまう。こういった外傷の被害者は，権威者のそのような虐待に関する自分の体験，知覚，理解を疑うようになる。被害者は権威者の事態の見方を現実として信じるようになり，それと相容れない場合は自分自身の見方を歪んでいるとか，間違っていると思うようになる。

　退行的な依存と外傷的な傷つきやすさの状態を維持するために用いられる方法は，さまざまである。明らかに，訓練グループの他のメンバーの前で徹底的な屈辱を与えることは効果的で，つらいものだった。訓練生は，服の着こなし，文法の誤り，指導者／スーパーヴァイザーの結論への疑い，教えられていることにきちんとした感謝を表現しないことなどを批判される可能性があった。直面化は時に辛辣であり，いったん指導者が始めると，他のグループ・メンバーが加わり，ギリシア古典劇の合唱のように指導者を補足するのだった。強烈な恥ずかしさからさめざめとすすり泣くものもいれば，恐れから泣き叫ぶものもいた。ブラザーズ（2003）が指摘したように，そのような「情熱の炎上」(p.85) はお互いのために不確実感を調整することで，指導者と支持者グループの間の絆を強める。

　肌で感じながら激しい情動の刺激に接近すると，この結論はいっそう信用できるものになる。泣き叫ぶ，テニスラケットで枕やマットレスをへとへとになるまで叩く，最高28時間も続くマラソン・セッションによる睡眠遮断，無意味なことを叫びながら目の前で点滅するペンライトの光を目で追う，などが私が強制的な訓練グループで体験した「情動の掘り起こし」方法である。

これらの体験は，通常の思考構造が減退する一方で，圧倒的な激しい情緒を伴う意識変容状態を生じさせる効果がある。ダイクマン（1972）は，次のように書いている。「自動的な知覚と認識構造の取り消しによって，抽象的なカテゴリー化と分化は犠牲にされ，感覚の強さと豊かさが増強される」（p.36）。その結果，リントホルム（2002）が指摘するように「トランス状態となった人々は誇大的になるかもしれないが，暗示を受けやすくなり，権威的な人物の教示やほのめかしに無批判に反応するかもしれない」。シンガー（1990）は実習生が「外傷のロジックに従う催眠の被験者のように，たとえ矛盾していても，グループ（と指導者を私は加えたい）がつねに正しいことを確信する方法を学ぶ」（p.103）と述べている。最終的に，ヒンシェルウッド（1998）は精神分析観点から，「グループの情緒に飛び込むというショッキングな体験」は「甘美なほど抵抗しがたいと同時に，個人を屈服させる」と結論を出している。

　もっとありふれていて，微妙で強力な恥と屈辱と外傷的依存を引き出すもうひとつの手段は「ガス燈化」（Dorpat, 1996, p.32）である。この用語の由来は 1944 年に公開されたシャルル・ボワイエとイングリッド・バーグマン主演の同名の映画である。この映画で，ボワイエはガス燈の輝きを操作して，妻（バーグマン）に自分の頭がおかしくなっていると思い込ませようとした。心配し同情しているふりをしながら，ボワイエはこの微妙な操作を徐々に増やしていくが，妻に対してはそんなことが起こっていることを否定する。しかしドーパットは，以下のようにこの用語をもっと広い定義で使っている。「私が使う場合，ガス燈化という用語はいろいろな洗脳技法を含んでいる。洗脳者は，被害者の信念体系を徐々に蝕み，別の体系と取り替えようとしている」（p.33）。ドーパットは，以下のように結論づけている。「洗脳された個人とグループの研究は，虐待者の信じさせたいことに従い信じるように被害者が圧力をかけられるときに，まずどのように自分の判断を疑い拒否さえするようにしむけられるのかを示している」（p.35）。

　ここでの重要な要素は，指導者とグループが反体制派の立場に「訂正を

必要とする現実歪曲」というレッテルを組織的に貼る努力である。そういう異議を唱えるのは「頭のおかしい」人間だけだと説かれる。異議を唱えることは，個人の病理の証拠となるか，あるいはそもそもそんな発言はなかったことになった。そのような問題発言はたとえば次のようなものである。「不公平じゃないですか」。指導者は傷ついたようにふるまい，撤回させた後に，この発言を幼児的なやり方で世話をしてほしがる自己愛的な願望としてさらしものにした。この発言が正しい可能性もあることは確かだが，本当に正しいかどうかは全く考慮されなかった。

● **言語の窃盗**──ここでは個人言語の喪失が退行の言語となる

　私がこれまで確認した洗脳の各要素は，自立した考え（特に反体制的な声）を抑えようとする。私が個人の言語と記述しているまさにその構造が攻撃され，蝕まれ，最終的には盗まれてしまう。言語の窃盗について考えてみるのに，ラカン派の視点から言語発達について簡単に振り返ってみようと思う。いうなれば，始めに母子関係ありき，である。母子はお互いが完全に同一化し合い，お互いが相手を自分の一部として体験する。母親は赤ちゃんの分まで話し，そうやって赤ちゃんが母親の言葉を話して，母語で満たされるように保証する。もし母子の間に生じている結びつきを妨げることが起こらないならば，この融合は完全なものになる。

　子どもがどのように正常に近づくかは，赤ちゃんが母子の対話から分離する方法によって決定されるだろう。三角関係を通しての（象徴的な）父親（母子の間に割り込むあらゆる人物，あるいは機能）は，正常への道筋を作り出す（ここで言う「正常」とはラカンにとっては「神経症」である。なぜなら不連続と不確実感とともに生きることを意味するから）。母親とのこの分離によって，私が個人の言語と呼ぶものの発達が可能になる。

　この言語は，発達すると，たとえば，歴史，家族と文化の影響，教育，社会的地位，世界への向き合い方を反映する。この個人の言語は，好みの言葉の選択，言葉遣い，イントネーション，リズムがあり，独特の意味が

豊富である。そのような言語はたとえ不完全にしても，勇気ある自己定義の行為である。「私とは，大部分が話し方と話す内容である」。この言語は，私たちがどのように尋ね，議論し，描写し，要求し，交換し，自分とは分離した異なる他者と妥協するか，ということでもある。

　洗脳を通して，個人の言語は，直面化，嘲り，棄却によって直接，解体される。この言語は個人的なものなので，教義を伝授することで見いだされる確かさの探索を脅かすものとみなされる。

　この問題に関する最近の議論において，ラリヴィエール（私信2003）は次のように示唆した。「窃盗はすでに行われてしまっただろう。洗脳は，つねに全体主義である。洗脳は，他のものの余地を残さない。したがってどのような主観や分化も容赦されない」。

　オレンジ（2003）は精神分析において似てはいるが，微妙に異なるプロセスがあることを認めている。「「精神分析において疑念を打ち破るという特殊な状況は，精神分析理論の言語によってもたらされる自己防衛になりうる。精神分析理論の言語は，患者自身の問題や治療を誤解しているためだとして患者を非難することを可能にするのだ。これは患者自身の起こすトラブルや治療への誤解のために，患者を非難することを可能にする言語である。言語自体が，その時，恥ずかしめ非難するための間主観的なさらにもうひとつの文脈になる」(p.99)。

　個人の言語は，それからスーパーヴァイザーや組織の声と取り替えられる。この「新しい」洗脳の言語は，退行的である。制限と単純さが，精巧さと複雑さを支配する。それは，「母語」の再導入，すなわち，融合と確信と反復である。必要な依存を促進し，何が話されるか，どのように話されるか制御するために，この言語はしつこく，容赦なく，情緒的に締めつける。鍵になる言い回しと用語によって，類のない所属感を強化する凝集力が与えられる。

　付け加えれば，私が経験したBLEAの集団スーパーヴィジョンでは，特定の語句の使用が禁じられていた。たとえば「アンビヴァレント」（「～については矛盾する思いがある」など）という言葉は「弱すぎる」「手ぬるい」

「率直でない」と使用を禁じられた。言葉を和らげる表現(「～だと思う」「おそらく」「私には～のように思える」「もしかしたら～」「～かもしれない」「たぶん～」)を含む言い回しは，みな非難された。ニュアンスとか感触といった余地がない絶対性を求める執拗な圧力があった。すべてのスーパーヴァイジーは，同じように話すことになっていた。真実を追求するためにはあらゆるものを犠牲にすることができた。リフトン（1961）が指摘しているように，そのような態度は「言語は他の全ての人間が作り出したものと同じように所有され，操作されうる」（p.430）という根本的な仮説を反映している。

　たったひとつの言語しかないために，現実は狭く厳密に定められていた。そのような言語の側面が奪われてしまったと抗議することもできなかった。そして，語られないことは存在しないのだった。この「言語の偏向」（Lifton, 1961）は，束縛に基づく。リフトンによれば，個人は「いわば，言語を奪われる。そして，言語はすべての人間の体験にとってあまりにも重要であるので，考え，感じる能力は非常に限定されてしまう」（p.430/448）。次の非常に短い例が理解の役に立つかもしれない。

　　P　言いたいんですが……
　　T　（遮る）「言いたい」？　「言いたい」んですか？　「言う」んですか？
　　P　わかりました。こう言えると思います……
　　T　「思う」んですか（再び遮る）？　「思う」んですか？　きちんと言うのでなければ，他の人に話してもらいなさい。時間の無駄ですよ。

　この短い例で，患者が自分の考えを話し終えることが許されなかったということに注意してほしい。患者は，正しい言語を使用していなかった。この場合，患者は凍りついて，沈黙に陥った。患者は，それからわがままで（すなわち，恥ずかしさに従って行動していた），すねていると直面化された。患者のもともとの関心は，決して取り上げられなかった。長い沈黙は決して許されなかったので，患者は結局利用できる唯一の言語を話す

ことを強制された。そこではセラピストと患者の，スーパーヴァイザーとスーパーヴァイジーの間で何が「現実」であるのか明瞭な合意があった。セラピスト（またはスーパーバイザー）が面接室の「現実」であるならば，それ以外はありえないのだ。

◆ 結論

　私は，洗脳のプロセスを定義する5つの重要な特徴を確認し，検討した。(1) カリスマ的，権威主義的，支配的なリーダーシップ，(2) 二分思考的，ステレオタイプな考え方，(3) 矛盾する専門的な多重関係を助長する組織やグループとの連携，(4) 外傷と再外傷化のサイクル，(5) 言語の窃盗。

　洗脳が成功するかどうかのひとつの重要な基準は，実習生がスーパーヴァイザーや訓練分析家の言語，思考，行為の表現をどの程度採用し，自分自身のものにしているかということである。これは，比喩的な言語に対する直訳主義の勝利である。曖昧さと不確実感を排除して，教義を具体化するために，比喩，意味の遊び，象徴性，解釈を提供する比喩的な言語は解体されなければならない。直訳主義は，言語をなぎ倒し，曖昧さのない答えと道徳的な義務を主張することによって複雑さを保留にする。洗脳が完璧なものであればあるほど，同じように見え，同じように話す訓練生の数は増え，ひとつの声は他の声とほとんど区別がつかなくなる。模倣が君臨する。フェレンツィ（1933）はこの防衛を「攻撃者との同一化」と同定し，記述したが，明快さのためには，アナ・フロイト（1936）のこの防衛機制の精緻化が最もぴったりのようである。アナ・フロイトは，最も典型的には批判の形を取る攻撃性というものに関心をもった。たとえば，屈辱を受けることを恐れて，実習生は容赦ない評価を予想し，その被害を最小にするためにスーパーヴァイザーの心に取り入ることを学ぶ。スーパーヴァイザーに似ることで，この種のスーパーヴァイザーが非常に必要としているのにたいていは欠いている自己愛の供給源となる。

おそらく最も心配なのは，訓練生が攻撃性自体も自分のものにするかもしれないということだ。アナ・フロイト（1936）は，そのような変化が「脅される人から脅す人への」変化（p.113/90）であると示唆した。ラプランシュとポンタリス（1973）は，この結果を「役割の反転」として記述し，「攻撃された人が攻撃者に変わる」（p.209/122）と簡潔に記している。

　家族，友人，特に配偶者がいわれのない激しい批判を受けるに従って，攻撃性のサイクルが育つ可能性があり，実際によくそういうことが起こる。被害者になったという感覚は，表現できない激しい怒りの興奮状態を生み出す。弟子／訓練生はサディスティックな懲罰や見捨てられることを恐れて，リーダーシップに対する感情を表現することができないので，激しい怒りは親密な関係を食い荒らすのである。無力感を和らげ，自分の継続的な関わりを防衛的に正当化するために，訓練プログラムに要求される心構えから逸脱したといって，家族と友人を傷つけるような直面化にさらしてしまうかもしれない。そのようなプロセスによって洗脳の環は広がり，悲しいことに被害者は増えつづける。

訳註

ⅰ─Ferenczi, S.（1955）*Final Contributions to the Problems and Methods of Psycho-analysis*. New York, NY：Basic Books（森 茂起・大塚進一郎・長野真奈＝訳（2007）精神分析への最後の貢献──フェレンツィ後期著作集．岩崎学術出版社，pp.202-203．）

ⅱ─Wittgenstein, L.（1921）*Tractatus Logico-Philosophicus. Logisch-Philosophische Abhandlung*.（野矢茂樹＝訳（2003）論理的哲学論考．岩波書店）

ⅲ─Sapir, E.（1956）Language. In *Culture, Language and Personality*. Berkley, CA：University of Carifornia Press.（平林幹郎＝訳（1983）言語．In：言語・文化・パーソナリティ──サピア言語文化論集．北星堂書店，p.13）

文献

Balint, M.（1948）On the psychoanalytic training system. *International Journal of Psycho-Analysis* 29；163-173．（森 茂起・中井久夫・枡矢和子＝訳（1999）精神分析の訓練システム．In：一次愛と精神分析技法．みすず書房，pp.311-337）

Bar Levav, I.（1990）Challenging a therapeutic taboo. *Voices : The Art and Science of Psychotherapy* 26-4 ; 44-51.

Brothers, D.（2000）Faith and Passion in Self Psychology, or, Swimming Against the Postmodern Tide of Uncertainty. Paper presented at the meeting of the 23rd International Conference on the Psychology of the Self, Chicago, IL, November.

Brothers, D.（2003）Clutching at certainty : Thoughts on the coercive grip of cult-like groups. *Group Journal of the Eastern Group Psychotherapy Society* 27-2/3 ; 79-88.

Deikman, A.J.（1972）Deautomatization and the mystic experience. In C. Tart（Ed.）*Altered States of Consciousness*. New York, NY : Doubleday.

Dorpat, T.L.（1996）*Gaslighting, The Double Whammy, Interrogation and Other Methods of Covert Control in Psychotherapy and Analysis*. Northvale, NJ : Jason Aronson.

Falzeder, E.（1994）The threads of psychoanalytic filiations or psychoanalysis taking effect. In A. Haynal and E. Falzeder（Eds.）*100 Years of Psychoanalysis*. [*Special Issue of Cahiers Psychiatriques Genovois*]. London : Karnac, pp.169-194.

Ferenczi, S.（1933）Confusion of tongues between adults and the child. In M. Balint（Ed.）（1994）*Final Contributions to the Problems and Methods of Psycho-Analysis*. London : Karnac, pp.156-167.（森 茂起・大塚紳一郎・長野真奈＝訳（2007）大人と子どもの間の言葉の混乱——やさしさの言葉と情熱の言葉．In：フェレンツィ後期著作集——精神分析への最後の貢献．岩崎学術出版社，pp.139-150）

Freud, A.（1936）*The Ego and the Mechanisms of Defense, revised*. New York, NY : International Universities Press.（黒丸正四郎・中野良平＝訳（1982）アンナ・フロイト著作集2——自我と防衛機制．岩崎学術出版社）

Ghent, E.（1990）Masochism, submission, surrender : Masochism as a perversion of surrender. *Journal of Contemporary Psychoanalysis* 26 ; 108-136.

Harwood, I.（1998）Can group analysis/psychotherapy provide a wide angle lens for self psychology ? In I. Harwood and M. Pines（Eds.）*Self Experiences in Group Intersubjective and Self Psychological Pathways to Human Understanding*. London and Philadelphia, PA : Jessica Kingsley, pp.155-174.

Harwood, I.（2003）Distinguishing between the facilitating and the self-serving charismatic group leader. *Group Journal of the Eastern Group Psychotherapy Society* 27-2/3 ; 121-129.

Hinshelwood, R.D.（1998）Paranoia, groups and enquiry. In J. Berk, S. Pierides, A. Sabbadini and S. Schneider（Eds.）*Even Paranoids Have Enemies : New Perspectives on Paranoia and Persecution*. London and New York, NY : Routledge, pp.100-110.

Kohut, H.（1976）Creativeness, charisma, group psychology. In J. Gedo and G. Pollock（Eds.）*Freud the Fusion of Science and Humanism Psychological Issues* 9-2/3, *monograph* 34/35. New York, NY : International Universities Press, pp.379-425.

Langone, M.D.（Ed.）（1993）*Recovery from Cults : Help for Victims of Psychological and Spiritual Abuse*. New York, NY : W.W. Norton.

Laplanche, J. and Pontalis, J.B.（1973）*The Language of Psychoanalysis*. New York, NY : W.W. Norton.（新井 清＝訳（1977）精神分析用語事典．みすず書房）

Lifton, R.J.（1961）*Thought Reform and the Psychology of Totalism.* New York, NY : W.W. Norton.（小野泰博＝訳（1979）思想改造の心理――中国における洗脳の研究．誠信書房）

Lindholm, C.（2002）Charisma. Retrieved September 10, 2011, from www.BU.com, Boston University. <http://www.bu.edu/anthrop/files/2011/09/charisma.pdf>

Livingston, M.S.（1998）Harvest of fire : Archaic twinship and fundamental conflict within a community and in group therapy. In I. Harwood and M. Pines（Eds.）*Self Experiences in Group Intersubjective and Self Psychological Pathways to Human Understanding.* London and Philadelphia, PA : Jessica Kingsley, pp.58-69.

MacDonald, J.P.（1988）"Reject the wicked man". coercive persuasion and deviance production : A study of conflict management. *Cultic Studies Journal* 5 ; 59-121.

Orange, D.M.（2003）Why language matters to psychoanalysis. *Psychoanalytic Dialogues* 13-1; 77-104.

Pepper, R.S.（2002）Emotional incest in group psychotherapy. *International Journal of Group Psychotherapy* 52-2 ; 285-294.

Phillips, A.（2000）*Promises, Promises : Essays on Literature and Psychoanalysis.* London : Faber and Faber（reprinted New York, NY : Basic Books. 2001）.

Raubolt, R.R.（2003）Attack on the self : Charismatic leadership and authoritarian group supervision. *Group Journal of the Eastern Group Psychotherapy Society* 27-2/3 ; 65-77.

Raubolt, R.R.（2004）Charismatic leadership as a confusion of tongues : Trauma and retraumatization. *Journal of Trauma Practice* 3-1 ; 35-49.

Roustange, F.（1976）*Un destin si funeste.* Paris : Minuit.（*Dire Mastery : Discipleship from Freud to Lacan.* Baltimore, MD : The Johns Hopkins University Press. 1982）

Singer, M.T.（1990）Psychotherapy cults. *Cultic Studies Journal* 7-2 ; 101-125.

Temerlin, M.K. and Temerlin, J.W.（1982）Psychotherapy cults : An iatrogenic perversion. *Psychotherapy : Theory, Research and Practice* 19 ; 131-141.

Tobias, M. and Lalich, J.（1994）*Captive Hearts, Captive Minds : Freedom and Recovery from Cults and Abusive Relationships.* Alameda, CA : Hunter House.

10

[討論] ドーパット,カヴァナフ,ラリヴィエール,ローボルト博士が執筆した章について

モーリン・レシュチュ

　高く評価されている,4人の異なるオリエンテーションの心理療法家・精神分析家・集団療法家によって書かれたこの本の第2部の4つの章は,明確で力強いやり方で収束している。明らかに成長,発達,自己認識,自治を容易にすることを目的とする訓練と治療が,特定の状況の下でこれらのまさに同じ目的にどのように逆らって働くかを,4人はともに専門的かつ教育学的関心の幅を示している。4人の執筆者は,個人の領域や特異的な領域から,制度的システム的な領域までをカバーし,狭量な伝統と硬直した権威の重圧で成長と発達を阻害する訓練と治療の危険性に,私たちの注意を向けてくれる。20年以上の間トロント大学でレジデントの心理療法家の訓練を任され研究に携わる精神科医として,これらの問題は強い関心をもって私の心に刻み込まれた。

　私が取ろうとしているアプローチは,各章を個別に検討して,このような治療と訓練の不正使用と濫用を妨げ,癒すことが可能な方向性を記述する概観とまとめのコメントを行うことである。

● 密かな対人支配法 (セオドア・ドーパット博士)

　ドーパットは対人関係支配の密かな方法に焦点を合わせることによって,日常的な関係と,精神分析治療において密かな対人関係支配が広範囲にわ

たって行なわれていると断定する。対人関係支配がどれくらい広まっていて，どのくらいの頻度で起こっているかの推定を可能にする経験的なデータはないのだが，ドーパットの論点ははっきり表現され明確に説明されている。

　この章は，もともとドーパットの前著である『ガス燈化——心理療法と精神分析における二重の不幸，尋問，その他の顕在的な支配の方法』に掲載されていたものである。この書籍は，ボワイエとバーグマンによる名作映画のテーマからタイトルを取っている。その映画で夫は妻の体験と現実感を支配し歪めることで，妻に自分が正気を失いつつあるとゆっくりと入念に思い込ませようとしている。夫の最終的な目的は，一番貴重な財産を盗むことができるように，妻を支配し，彼女自身の判断力への信頼を弱めることである。

　ドーパットは，この章を通して，時には計画的に時には意図せずに，セラピストが密かな支配のメカニズムによって患者の体験と感受性を同じように支配するさまざまな方法について描写している。ドーパットはこうしたことが起こりうる多様なメカニズムを示すことで優れた仕事をしているが，対人関係支配の行使の裏にある動機を説明するのはあまり包括的ではなく，対人関係支配が基本的にセラピストの支配，権力，影響力への欲求，すなわち傷つきやすさを患者に投影することで，個人的な傷つきやすさの感覚に距離を取り，弱めようとする欲求に駆られたものであるという結論に読者を導いている。確かに，権力，仲介，自律，主張に関わる力動的な問題は，ほとんどの集中的な心理療法において目立つものである。世界のなかで患者がどう人に関わるべきかについての信念を妥当でないとするか，そうではなくて，これらの病理的な前提を再確認し，不適応的なパターンで身を守るか，どちらかの体験の一部になる機会を一瞬ごとにセラピストは与えられるだろう（Kiesler, 1996 ; Yalom and Leszcz, 2005）。一瞬ごとにセラピストとして私たちは患者の問題の一部や解決の一部になる。ドーパットは，セラピストが問題の一部になる多くのあり方を浮かび上がらせる。

　ドーパットの思索の多くはセラピストの使う投影同一化に基づいており，彼はこれを精神的な防衛としても，個人間のコミュニケーションの形態と

しても理解している。自己の体験の側面が他者に投影され，この投影を通して無意識的に自己の望まれない，耐えられない側面を活発に含み込もうとするとき，退行的で自我を弱めるプロセスが展開する（Goldstein, 1991）。対象が他の全体対象の投影を保つ，よりありふれた置き換えの転移とは異なり，投影同一化というより有害な形式においては投影されるのは自我境界の弱体化を伴う部分的な自己の体験なのである。セラピストが投影同一化を使うのは，被害者／患者に対する影響力を得るためのコミュニケーションの形式を獲得し，維持するためであるとドーパットは見ているようである。これは，投影同一化のよく理解されているもうひとつの用法と対照的である。すなわち，患者が自己の受け入れがたい側面をセラピストへ投影する状況である。セラピストの共感的な理解を強め，患者に理解と成長を促進するように希釈され，より含み込まれ，より毒の薄れた自己の体験を再び差し出すことを促すようなやり方で，セラピストがこれらの有害な体験を含み込み，新陳代謝し毒を薄めることができることに，患者は一縷の望みをかけるのだ。

　セラピスト，さらに言えば心理療法および組織のリーダーが，対人関係を支配し掌握するために密かに使っているいくつかの戦略と介入（ガス燈化，質問，防衛解釈，直面化，中断，言葉重ね，突然の話題の変更を含む）を，ドーパットは列挙している。それぞれのメカニズムは自分自身の心的な能力，知覚，判断に対する個人の信頼を破壊し損傷することを目的とし，それによってセラピストは衝撃を受けた個人の感情，思考，行動を支配するための手はずを整える。恥じ入らせ罪悪感をかき立て屈辱を押しつけることは，被害者を弱め加害者の力を強化する緊密に結びついた体験である。

　あからさまで繰り返される攻撃的な質問は，臨床家が患者の精神機能とコミュニケーションを支配するために使うもうひとつの方法であるとドーパットは記している。こうした形式の質問は，自己探索と自由連想を促すことを目的とせず，個人の自己感覚とコミュニケーションする能力を蝕み，無気力にすることを目的とする。質問は開くためではなく閉じるために，新しい情報を得るためではなく，個人がすでに入手した情報を信用できな

いものとするために使われる。

　患者の防衛を熱心に攻撃的に解釈することは，同じようにセラピストが相手を蝕み，弱め，支配するために使われるかもしれない。これは特に重要な点である。セラピストとして私たちは，介入に関して意図に対して責任があるだけでなく，影響についても重い責任がある。治療において悪い影響を生じさせるよくある心理療法的な誤りは，セラピストの誤りを患者の抵抗と混同して，セラピストが患者にとってもう役に立たないとわかっている介入を増やしてしまうことである。セラピストは，良識があり生産的に思える介入が抑制的で破壊的な影響を与える理由を一歩下がって振り返ることなく，やり方に問題があるのに中身を変えて解決しようとするかもしれない。心理療法の否定的な結果についての文献は，心理療法的介入の病原的影響を強調する。そのような介入は，患者を恥かしめ，非難し，批判し，患者はほとんど選択権がなくセラピストの意志に従わなければならないと感じてしまう（Aviv and Springmann, 1990）。ドーパットが詳述したことは，特にすべての開業臨床家に関連してくる。ドーパットの記載によって，逆転移に対応することができなかったり，私たちが患者に与える影響を無視したりする危険が明らかになった。これらの危険は理論についての信念によって覆い隠されているのだが，このテーマに関してはこの章で後ほどまたふれる。

　過剰で批判的な直面化，患者の語りを遮ること，患者を一度に別々の方向に動かそうとする散漫な介入は，すべてが患者を徐々に蝕む影響を与える。これに付け加えたいのは，大胆な解釈と並はずれて洗練された思索を患者に印象づけたいセラピストであり，自分の自尊心を高めるためには患者を黙らせたり，妨げたり，価値下げすることもあるかもしれない。

　ドーパットは，心理療法と精神分析の境界を越え，言語学，政治学，フェミニズム研究の分野にまで論を広げた。それは心理的，対人関係的に破壊的行為につながる「西欧の社会に広まっている，特定の個人とグループが他の個人に対して支配と隷属化を行う対人関係のパターン」を強調するためである。そのようなパターンは，富める者による貧しき者の搾取，強き

者による弱き者の搾取，男性による女性の搾取において明らかである。ドーパットもエルギンの著作を引用しつつ言語学に目を向ける。エルギンは言葉による虐待の言語学を研究し，言語における支配と隷属の微妙で，暗黙的な性質を強調した。その性質は思慮深い脱構築が欠けていて，コミュニケーションにおいてふるわれる影響力と権力を覆い隠すことが多い。

　私たちは，権力と支配が高く評価されるような社会のなかで，生活し，働き，仕事をしているので，患者をこのような搾取から保護するために，セラピストは臨床的な仕事のなかで生じるこれらの力動的な問題に特に気を配らなければならない。それは，セラピストの欲求が患者の欲求に優先する境界侵犯のわずかひとつの現れにすぎない。心理療法は，クライアントの成長よりセラピストの満足と安定に関わることが多くなってしまう。

　個人，患者，セラピスト，団体と組織のメンバーが自分の経験を客観的に見ることができ，過酷で搾取的な体験に目をつぶらないでいられることを確認するためには，思索にふける能力こそが重要である。否認の力は大きく，グループのなかで個人は，現状維持を永続させるために自分たちの共通体験のどの部分が否認され，リフレームされるかを暗黙のうち，無意識のうちに選択するかもしれない。個人が業界の人間の不正行為や境界侵犯への関わりに気づくことは少なくないが，最初はこの早期の現れを否認しているので，後になるとその不法行為に抗議することがだんだん難しくなる，と私は他の論文（Leszcz, 2004）で述べた。悪気なく参加してしまい，以前に間違って信頼してしまったことに関する恥ずかしさと罪悪感によって，更なる共謀が生み出される。こういうことは，患者を搾取しているというはっきりした広範囲にわたる証拠がある人間に，同業者が患者を紹介しつづけているというよくある現象を部分的に説明するかもしれない。模範となる人，同業者，教師に忠誠を誓うことが，非常に大きく破壊的な盲点を生み出してしまう。ドーパットが記しているように，否認は，自分の行動や業界内の行動に対する責任を無意識のうちに拒否する形態である。

　心理療法家は，患者に対して権力と影響を及ぼさざるをえない（Mitchell, 1993）。私たちの課題は，模範となる人に狭量で盲信的な忠誠を誓わず，

自分自身の欲求，欲望，逆転移的な反応に関して個人的な思いにとらわれることなく，この権力と影響力を建設的に，公平に使うことである。もし私たちがつねに効果をもたらすセラピストであろうとするならば，自分の否認を見抜き，痛々しく，時には恥ずべき自己認識に耐えることを厭うてはならない。心理療法の誤りの責任を認めず，受け入れようとしないことによって，私たちの作業過程の初期の誤りを修復することを妨げるような傲慢さが生じ，後になってからより大きく，より修復しがたい誤りのお膳立てをしてしまうのだから。

● 草刈り，精神分析的教育，イデオロギーと権力と知識の絡み合いについて──歴史的哲学的観点（パトリック・P・カヴァナフ博士）

ドーパットは患者とセラピスト間の臨床的相互作用に焦点を合わせているのに対し，対人関係支配と隷属化のより大きな社会での行使という文脈のなかで，カヴァナフはまったく異なる見方を取り，精神分析訓練の団体と組織に焦点を合わせている。均質化され，アイデンティティを拡散させる現代の精神分析家訓練と，自らの州立病院での初期の訓練場面の回想の間にカヴァナフが見いだした類似性は，不気味で動揺させるものである。カヴァナフは，精神分析家訓練の人を麻痺させる性質と，彼が施設の外で働いているのを見た，やる気も工夫も計画もなく，何も考えずに草を刈る一群の男たちの間にパラレルな関係を見ている。ロボトミー手術をされたロボ隊のメンバーは，明確な関心も，そしておそらく明確な自覚もなく，果てしなく繰り返し同じ運動を行っている。現代の精神分析家訓練が，この施設化された男たちの作業と同じくらい型にはまり，無気力になり，創造性に欠けていると考えるのは衝撃的なことだ。それでも，ロボトミーが標準的で，実際最先端の治療だった時代があったということを，カヴァナフは警告している。それゆえ，私たちが今のところこだわり，価値を置いている実践について謙虚である必要がある。

カヴァナフは次のように考えている。多くの点で「精神分析の研究所，

理論的信念，経験的な研究は，19世紀の実証哲学の前提，すなわち実証的医学イデオロギーから偽造された自らの概念で構成された鉄条網で隔離され，孤立したままであるように思える。そうしたイデオロギーが人間を住まわせるのは，DSMというアルファベット順に並んだ建物と，5%水準の正しさで，科学的に生み出された人間に関する知識体系について語る経験主義的な言説のなかなのである」。カヴァナフによれば，彼が描き出した権威主義的で傲慢でよそよそしい精神分析家を誕生させる権威主義的で根拠のない確信を作り出し，現状維持を永続化するのは，イデオロギー，権力，知識の混交なのである。ここでまた，私たちは皮肉な事態が繰り返されるのを目撃する。精神を高め，解放することを意図したプロセスが衰え，先細りになってしまう。カヴァナフは，こうした好ましくない結果の原因となる融通のきかない規則に縛られた訓練に挑んでいる。カヴァナフは，21世紀の現代の精神分析家訓練が前世紀からほとんど進歩がなく，1920年に設立されたベルリン精神分析研究所によって具体化されたのと同じ科学哲学によっていまだ支配されていると論じている。

カヴァナフの意見では，候補生，分析家，訓練分析家というヒエラルキーとして組織された構造によって，組織のなかで出世していくためには，教師やスーパーヴァイザーや訓練分析家に同一化し，彼らをモデルにしなければならないような状況が生み出される。このような状況では，思想の自由と思索のための余地を減らさざるをえない。従わない人々には重い制裁が科せられ，名声，協力関係，収入を失ってしまう。カヴァナフはこの章の全体を通して「標準が標準化し，規則が規則化し，制度が制度化する」と述べている。

カヴァナフは挑戦的で刺激的な問題を提起している。実践の水準とプロ意識を明確化し発展させることを妨げるような，自由形式の分析の訓練をカヴァナフが支持しているわけではおそらくあるまい。それゆえ，鍵になる問題は，思索の自由と内省の能力を減らすような不当な厳しさがないように，私たちがどうやって標準を確立し維持するかということである。体制および規範の厳守と，その分野と開業臨床家が必要とする個人の自律の

間のバランスを打ち立てるには,節度と常識が非常に貴重に思える。

　私たちは,自分たちが確かだとするものの限界を認めるために明快さと,透明性,十分な謙遜も必要としている。カヴァナフは次のように論じている。精神分析という職業は,実証主義の文化を越えた成長の恩恵を受けていた。実証主義文化はフロイトの独創的な著作を導いたが,いったん確立した根拠,論理,合理性への抗議はほとんど許容しなかった。「正しい」考え方と「間違った」考え方があり,このふたつの極の間の広大な空間が評価されることはほとんどなかった時代であった。カヴァナフの論文を読むと,科学革命に関するトーマス・クーン(1962)の著作が思い浮かぶ。クーンによれば,反論と反証が可能なときだけ,科学は本当に科学的であると言えるのである。もしそのような反論の可能性を妨げ,その代わりに絶対の確信を受け入れるならば,私たちは科学の下を去り,非本質的で無価値なものに向かうのである。

　臨床的な文脈のなかでは,分析家が作業し思索する余地を守るための重要な安全装置は,確信にとらわれないことと,過去が現在を形作るという一者心理学だけを信じる線形的な因果関係にとらわれないことのように思える。対照的に,患者と分析家の間に,いま・ここで作られる間主観的な現実を強調することによって,私たちは効果的で,思慮深く,気配りの行き届いた治療を提供することがもっともうまくできるようになるだろう。同様に,私たちの概念化の外部にあると思われる知識や情報の源が見えなくなってしまうというデカルト的分裂を防がなければならない。特異性にこだわると,複雑さに直面するのを避けることになる。確信することは正真性と創造力の敵でもあるように見える。候補生は,確信することによって知識が教師の行為を通して伝えられるという受動的な想定をするようになる。「神聖な」真実は聖別されたまま,カヴァナフがこのような知識を唯物化しうると認めるようなやり方で,世代から世代にまで伝承される。この「神聖な」真実を受け取る聖別された人間は,傲慢で,権威主義的で,よそよそしくならざるをえない。傲慢は分析家だけのものではないと,付け加えなければならないが。他者を治療する力を使うようなあらゆる専門

職の大部分は傲慢になりがちで，確かに外科医や内科医にとってもセラピストと同様に問題になっている（Ingelfinger, 1980）。おそらく，私たちは確信とそれに伴う権力に，病気を癒すという難しい作業を引き受けてもらいたいのだ。しかし，この力が不正使用される危険が大いにある。カヴァナフはさらに，たとえば次のように警告する。「分析家が他者を評価し，その人の価値，目的，動機，意図を表明し，個人の政治的，社会的，個人的な自由と責任を，直接的または間接的に削減するとまでは言わなくても，影響を与えることを道徳的に正当化したり，義務であるとしたり，そういう力を持っていると主張する時に，知識は権力と交わるのである」。もし，イデオロギー，権力，知識が絡み合ったものによって，元データの範囲や接近方法にさえ本当は存在する限界を無視して，自分の周りのあらゆることに確信をもって性急に理解するような態度が開業臨床家のなかに育つならば，精神分析の作業は，皮肉にも，そして悲しいことに人とつながるという人間的で類のない能力を失ってしまう。

　カヴァナフが一番心配しているのは，この絡み合いによって，分析が過去の中に凍りついたままになり，100年前の概念を基礎にしたままになってしまうことである。カヴァナフは，私たちは特に訓練分析家に用心深くしなければならないと記している。カヴァナフは最初の訓練分析家であるハンス・ザックスを引用している。ザックスはこのような形の分析の目標に関して以下のように述べたと言われている。「ひとつはフロイトと仲間たちによって非常に苦労して蓄えられた無意識の理解を伝えること，そして，もうひとつは学派の理論的立場に絶対的な従属を強いることである」これは訓練生に体験してもらいたい心を開いた教育とはとうてい言えない。敵意のある非難や，権威的な人物への陰性転移に苦労している人物という軽蔑的なレッテルを貼られることを恐れず，訓練研究所でこれらの問題を検討することができなければならないとカヴァナフは論じている。

　私自身が置かれている有利な立場は，共感的で反応性があって人情があると直感的に感じていたセラピストが，分析の訓練を追求した結果として，だんだん暖かみがなくなり，反応性が悪くなり，多くの点で心理療法的で

なくなるのを何度も見てきたということである。セラピストがマニュアル主義の心理療法を訓練されることの影響に関するヘンリーら（1993）の著作に重なるような方法で，私たちは暖かさ，柔軟さ，融通性，実際の能力を犠牲にしてかたくなさを要求する訓練による損失に注意を払わなければならない。

このような状況はどうやったら修正できるのか？　カヴァナフは，表裏のない多元的な訓練を主唱する。発見と創造性が，聖別に取って代わるべきである。分析モデルに関する多元論に加えて，教育哲学も多元化しなければならず，訓練をより個別で研修生中心にしなければならない。まず組織を存続させることにではなく，個々の研修生の成長と発達に焦点が絞られるべきである。カヴァナフが提唱するある種の支配の放棄が行われ，「候補生を，精神分析の研究のために大幅に自分でデザインしたプログラムに取り組み，自分で方向づけや動機づけ，選択ができる存在として基本的に見るような」環境がありふれたものになることを想像するのは難しいかもしれない。しかし，そうはいっても，分析家訓練のアプローチが教員中心から研修生中心に移行するのは，正しい方向への第一歩だろう。訓練と教育における説明責任をさらに強調することが重要な安全装置であると付け加えておきたい。この状況における説明責任が反映されるのは，さまざまな患者を治療する時の実習生の有能さを評価することであり，中断と失敗した治療の数を包括的に効果的に減らすことであり，彼ら自身の手による治療がどのようなときに進歩し，どのようなときは進歩しないのかを早くに確認する分析家のためのフィードバックの道筋ができることである（Brown et al., 2001）。

● 制度のクローン化——精神分析家訓練における模倣（ミシェル・ラリヴィエール博士）

多くの点で，ラリヴィエールの章は，カヴァナフによって記されたのと同じ関心について語っている。ラリヴィエールが嘆いているのは，精神分析家訓練の概念も実践も均一化を生じさせるやり方であり，彼の意見によれば，

クローン化に近いものであるということだ。明らかに，ラリヴィエールは自説の主張のために拡大解釈を行っている。同一化と模倣，クローン化，カヴァナフが書いているロボ隊の間には飛躍がある。この章の言葉遣いと文体は独特のもので，ラリヴィエールが信奉している価値と倫理のいま・ここでの分節化において，この部の他の論文と違っていることにも私は気づいた。

ラリヴィエールは，私たちが教師，指導者，賞賛の対象をコピーし，借用し，内在化し，模倣する限り，人のアイデンティティを構成するものはつねに模倣であるとコメントすることから始めている。ラリヴィエールは，精神分析訓練では模倣によってアイデンティティが形成されることが特に懸念されると強調する。なぜなら，模倣のプロセスは思索と実践における厳密で厳しすぎる正当性を強調するからである。これは，カヴァナフの言う精神分析の 3a，傲慢な（arrogant），権威主義的な（authoritarian），よそよそしい（aloof）と大して変わらない。分析研究所のなかでの忠誠に対する報酬と，リーダーシップと権威に反抗する人々に与えられる制裁は，さまざまである。レオ・ベラック（1980）は 25 年前に同じ現象を，ある論文のなかで指摘している。その論文では，アナリザンドが訓練分析家を模倣した強力な同一化を行う圧力を和らげるために，すべての訓練分析の一部として集団療法が提供されるべきであるという主張が行われている。ベラックは，心理療法グループが均質化への圧力に挑む理想的な手段であると主張した。ローボルトの章を読めば，このような主張の皮肉なところにすぐに気づくかもしれないが，私はベラックの立場が心理療法家の訓練においてより大きな真正性，創造性，個性，自己認識を育てる方法として，注目し考慮する価値があると信じている。

シャーンドル・フェレンツィ（Rachman, 1996 ; Rutan, 2003）は，型にはまらない考えをしようとして，当時の有力な指導者に挑戦しようとした多くの人々の一人であるが，結局は拒否され，中傷さえされることになった。フェレンツィが訓練されたセラピストの透明性を奨励したことで心理療法，精神分析，集団療法の実践に重要で革新的な貢献をしたと認められたのは，かなり後になってからのことだった。

ジャック・ラカンの貢献を記述するにあたって，ラリヴィエールはモデルとなる精神分析訓練研究所として，ラカンによるパリ・フロイト派の設立を詳述している。自らが呆然自失に陥った原因に直接，ラカンは取り組むことを切望した。それはつまり，アナリザンドが訓練分析家に無限に続く自由を失うようなやり方で従順な同一化を行う傾向である。ラカンは，分析家の歴史的な権威に挑もうとして，大きな抵抗にあった。ラリヴィエールの言葉によれば，それはすなわち「権力と知識に対する転移関係を（それを使いながら）疑うように求めることである」。支持者に権力と権威の継続を保証するようなシステムにどうやったら挑む気になるというのだろう？　ラリヴィエールはラカンの思索は疑うが，古典的で伝統的な分析的訓練研究所とは違うやり方で何とか機能できることを望んで，新しい分析的な訓練研究所を設立するラカンの勇気には疑いを挟まない。権威に服従することや，同一化を通して権力の聖別を受けたりすることを評価しないような訓練体験を作り出すことを，ラカンはどうして期待することができたのだろうか？　ラカンは自分の訓練研究所では，フロイトが精神分析として本来意図していたことを行えるだろうと思っていたと示唆することで，ラリヴィエールはこの問題に答えている。フロイトがもともと目指していたことというのは，教条的な確信の地位に就くというよりは，その限界を認めて受け入れ不確実感に直面することだった。おそらく，ラカンはこれらのふたつの概念上の枠組み，精神分析自体の枠組みと精神分析の制度化の枠組みが両立しないことに気づくことの再演として精神分析組織を創設し，解体したと，ラリヴィエールは記している。

　再びこのテーマが響く……人間を解放し，人間らしくすることを意図した実践が，人間を抑制して，支配する権力をもってしまうのだ。ラカンは，もうひとつのパラドクスを認めた。頭の柔らかさを要求すれば必ずある程度指図をすることになってしまうのだ。ラカンが精神分析家として本物の独創的な形の実践を示そうとすればするほど，弟子たちは彼をまねモデルとするようになり，避けがたい緊張がラカンの回りに必然的に起こった。ラカンは精神分析と訓練の伝統的なモデルに挑むという点では比類がな

かったが，不運なことに支持者と弟子を育てることにおいては無比というわけではなかったということを私たちは認めるだけである。ラリヴィエールの言う「独裁者」（そういう存在がいたかどうか論議を呼びそうな言葉であるが）に挑むときでさえ，ラカンは進んで自分を模倣する新人をスカウトせざるをえなかった。フロイトを批判し自らとフロイトを区別しようとしたが，うまくいかなかったということをある程度認めるのは，ラカンにとってどれほど苦しいことだっただろうか。フロイトの権威を逃れようとして，ラカンは別の見せかけと別の言語で権威を再創造した。

　ラカンは，分析家が自分の外部にある権威に少しでもひるんではならないと主張したが，強烈で時に微妙な傷つきやすさを，分析家は分析の作業をする際に体験する。おそらく分析の作業をするときに体験する，もろさ，傷つきやすさ，退行へと導く力のために，私たちは教師と先輩との同一化を通して自分自身の強化を求めるのである。ラリヴィエールが記しているように，この同一化は，訓練生が「部屋で他人の声と混同されないような自分の声を要求」する方法なのだろう。ラリヴィエールによれば，弟子というものがみなそうであるように，ラカンの弟子も自分で考えるより覚えるほうが得意だったのは，不運なことだった。ラリヴィエールの章を通して響いているのは，この嘆きである。

● **強制的な師弟関係**──心理療法家訓練に偽装した洗脳（リチャード・ローボルト博士）

　ローボルトの章は，さらに個人的で私事に踏みこむようなやり方で，虐待的で搾取的な集団療法家訓練の影響を記述している。権威主義的で自己愛的で利己的なリーダーシップに関してローボルトが自分で目にしたことの記述と，指導者が訓練生／患者を支配し，卑しめ，価値下げするプロセスには心が揺さぶられる。それがかなり人を動揺させるのは，珍しくて異常であるからではなく，ローボルトの記述する現象が広まっていることを，多くの別の人たちも報告しているからである。時が苦痛を癒し，熟考

する能力と情緒的な距離を生み出す必要があるので，セラピスト／訓練分析家による虐待の記述が公的に明らかにされるのに何年もかかるようだとしても，この問題は時代遅れになってしまうわけではない（Moses, 2003 ; Rachman, 2003）。

　ローボルトの貢献がいっそう説得力をもつのは，尊敬できる臨床家の取り巻きのグループ訓練者がこのような集団療法家訓練の強制と虐待を続けることがありうるからである。訓練と治療を混ぜ合わせることは，境界をぼやけさせて訓練生／患者の傷つきやすさと依存を強め，グループの指導者の意志に従えという指導者とグループからの圧力に，孤立した個人が挑むことを難しくするだけだろう。

　シャーンドル・フェレンツィの著作から引用して，ローボルトは個人的な言語の個別の意味が盗まれ，対話の機会が利己的な指導者によって確立された特定のパラダイムにだけ制限されてしまう強力な方法を記述している。利己的な指導者は他人の成長と発達にではなく，自分の誇大性と権力を保つことに関心がある。フェレンツィが雄弁に発言する「言語の混乱」は，もともとの形としては支配力や権威をもった大人が傷つきやすい子どもの体験を支配し子ども個人の言語を奪ってしまうというものだが，ある種の搾取的な環境では心理療法の訓練のレヴェルでも生じるかもしれない。より人間らしく表裏のないやり方で患者に関るというアプローチで自分自身の心理療法の言語を生み出したために，フェレンツィがフロイトにひどく制裁を受けたことは，かなりの皮肉である。

　悪意のあるグループの指導者が，個人の洗脳を促進するためにどのようにグループの圧力を加えるかを強調しているという点でも，ローボルトの章は重要である。ローボルトは，「禁じられ組織化された信念体系が本人の了承を無視して系統的に他者に押しつけられるプロセス」を記述している。この信念体系が，聖別された完璧な真実を話しているとみなされるとき，一種の集団思考（Janis, 1982）が環境を支配するので，抵抗することはよりいっそう困難になる。攻撃者との同一化，攻撃の対象になるのではないかという不安，破壊行為と共謀を続けることの不名誉，いずれから生じるに

せよ、グループ参加者は集団の圧力から逃れるのが難しいとわかるだろう。このような環境に中毒になると、メンバーは批判的な分析能力を奪われてしまう。内省的な思考は失われ、現れるのは「集団圧力から生じる、心理的な効率、現実吟味、道徳判断の悪化」である（Janis, 1982, p.9）。いくつかの場合、特に自己愛的に傷つきやすい個人がカリスマ的な指導者と一緒になる環境では、参加者が指導者という悪魔と自分の魂を担保に契約を結ぶことで共犯関係が成立し、参加者の傷つきやすい自己感覚と指導者の誇大性が保護される。批判的分析が病理的だと攻撃され転移と抵抗として解釈されるような環境では、必然的に心理療法は沈黙、圧迫、束縛、失敗に陥るだろう。ローボルトが記しているようにこのような状況をさらに有害にするのは、ある世代の訓練者と研修生の間で犯される不正行為が世代から世代へと伝承される可能性が大きいことである。外傷のサイクルが伝承され、境界と相互尊重の重要性は、世代を経るに従って価値下げされていく。

　ローボルトは、この種の破壊的な洗脳がどうやって起こりうるのかを調べるために細分化という戦略を使っている。ローボルトは、次のようないくつかの重要な要素を強調している。「カリスマ的で、権威主義的で支配的なリーダーシップ」「二分法的、ステレオタイプな考え」「矛盾する専門的多重関係を促進する組織や集団との連携」「外傷と再外傷化のサイクル」「言語の窃盗」。

　カリスマ的なリーダーシップそれ自体は、問題ではない（Horowitz, 2000）。問題なのはむしろ指導者のカリスマがグループの発達を保護し、利益を与え、促進するためではなく、他者の価値下げを通じて支配し、自らを高めるために用いられる時である。指導者の意図はこの重要な調整役であるが、善意でさえ破壊的な影響があるという先例がないわけではない。モーゼス（2003）は、責められ、蝕まれ、自分が悪いと感じることを強制された体験を記述している。彼女は高く評価され従来尊敬されてきたけれども、明らかに狂気が進行していた人を指導者としたグループに参加することに抵抗したのだ。「王様は裸だ」という考えを表明することは、激しい非難を招いてしまう。悪意がないときでさえ、訓練生／患者の疑う能力

が弱まっていると悪い影響が生じる場合がある。不確実感の相互調整において共謀することは、この場合はふたりの関係者、指導者と訓練生を必要とすると、ローボルトは強調している。もし共謀が実際に影響力をもつならば、同じようにありそうなのは、訓練生が恥と罪の意識によって「毒を喰らわば皿まで」で、この破壊的なプロセスにいっそう服従するようになってしまうことだ。

　性格的なもの以上に、ローボルトは洗脳のこのプロセスにおける重要な力は批判的な分析を論破して、ものが二次元（黒か白か、我々の敵か味方か）で見える環境を作る二分法的、ステレオタイプな考えの使用であると記している。曖昧さや不明確さは、すでに定まった真理に誰も挑まないように、この環境では除去されなければならない。議論は建設的なものではなく、鎮圧すべき反乱として見られる。ローボルトは、そのすべてが対話を否定し、抗議を排除するのに役立つ表現のリストを挙げている。このうんざりするほど繰り返された文章のそれぞれがセラピスト中心の集団療法をどのように反映しているかは印象的である。そうした集団療法においては、仲間は無視され世界は二分法によって見られ、住んでいるのは勝者と敗者、権力を持つ人と従わなければならない人なのだ。これは、おそらくドーパットが別のところで認めていた、言語に埋め込まれうる情緒的な虐待を反映するものである。潜在的な外傷を強烈に思い出させる体験を再訪することによってローボルトの腹の底からわき出る反応を読むと、実にいろいろなものがかき立てられる。

　そして境界の侵犯と、安全と尊重を維持する安定した環境の欠落は、洗脳において重要なもうひとつの装置である。どこまでが心理療法で、どこまでがスーパーヴィジョンや訓練課程で、どこまでが評価され、どこからが評価されないか、誰が内部の人間で、誰が主流をはずれているか、そういったものすべての境界線が絶えず変わるので、個人は混乱し、不安定になる。これらの力によって、メンバーは潜在的安全の源としての指導者に惹きつけられ、追放され優先順位の低い地位に格下げされる恐れとパニックで一杯になる。関与がさらに大きくなり、所属し、従い、適応する圧力

が大きくなるにつれて，社交的関係と専門家としての関係が混ぜ合わされることによって，さらに多くの圧力がこれに付け加えられる。

治療とスーパーヴィジョンの区別が曖昧になることは，特に問題である。患者として治療される訓練生は，抗議しても信用してもらえない。訓練生は必然的に徐々に蝕まれるように感じる。なぜなら抗議してもすべて退けられ，挑戦はみな抵抗，転移，病理とみなされるからである。このような環境は，個人の最も根源的な中核を攻撃する。特にそのグループ環境のなかで依存，排他性，熱心さ（投影同一化が頻繁に行われるような関係の特質）が育っているとき，環境からの信念体系を受け入れよという圧力は強力である。

ローボルトが追加した重要な力動は，洗脳のこのプロセスで起こる外傷が個人に与える影響に関わるものである。たとえば，ローボルトはこうした環境で指導者が実習生の精神に本質的に穴を穿つ力を指して「破裂」という用語を使っている。この言葉はまた，スーパーヴァイザーが恥，軽蔑，冷遇を通じて，訓練生を自由に攻撃し，蝕み，圧倒するように奨励されていることも示す。

はっきりしないのは，なぜ指導者はそのような破壊的なやり方でふるまうのかということである。私たちはこのようなサディスティックな反応をどのように理解したらいいのか？　おそらく，この反応は心理療法を求める人々と，心理療法家の訓練を求める人々が心理療法と治療の体験に持ち込むような傷つきやすさと関連している。一度外傷を負った人は，次に外傷的な影響を受けると搾取されやすくなる。おそらく，外傷を与えている指導者は，外傷を受けたことがあり，攻撃者と同一化している人でもある。この種のセラピストは，自分がケアしている他者に同様の行為をすることで，以前に攻撃され支配され嘲られ酷評された体験を克服しようとする。私は，これがローボルトの提唱する傷ついた癒し手という前提へのもうひとつの見解であることに気づいた。傷ついた癒し手という前提は被害者にとって適切な説明であるかもしれないが，私たちはさらに加害者も理解する必要があると思っている。虐待，情動調律の失敗，自己犠牲に慣れている傷つい

た癒し手は，虐待的で，搾取的な指導者のためのお似合いの相手になる。「言語の混乱」が続いて起こり，もう一回新たなサイクルが始められる。ローボルトは自分が参加した訓練グループで，どのように自我境界が崩壊し，感情がかき立てられ，境界が弱まり，捕虜収容所で起こりそうな尋問のプロセスが生じるかを写実的に記述している。洗脳と茫然自失に遭遇するのにわざわざ強制収容所に行く必要はないのは明らかだ。言語の混乱によって確実に反体派の声は鎮圧され，個人の言語はみな被害者から盗まれる。

　このような個人の言語の喪失のはっきりした例は見逃しようがない。しかし，ローボルトが警告するのはこうしたプロセスがもっと微妙な形で現れたものである。そこでは患者は，自己の諸側面を体験することが治療者のモデルや言語に適合しないから，そのような側面を治療プロセスに対して閉ざすことを強いられていると感じるかもしれない。実際，治療者の拠って立つ理論モデルが逆転移の強力な原因となっている可能性がある（Purcell, 2004）。

● 結論

　この4つの章を初めて読むと，私たちの仕事の現状について絶望してしまうかもしれない。しかし私はこれらの章を現実の重大な警告として読みたい。これらの章は，文脈をふまえて考慮されなければならない体験でもある。あらゆる患者のための心理療法が，最も重篤な性格病理を持った患者の治療の理解によって強化されてきたのと同じように，これらの4人の明晰な執筆者の記述は，私たちの訓練と治療が成長，学習，自律を促進させるという目的を果たしていることを確認し，気づかずにこれとは逆の体験に貢献しているかもしれないという危険も認識させることに役立ちうる。

　私たちの有効性の範囲を広げられるような，教師，スーパーヴァイザー，セラピストとして導きだせる原則とは何なのだろうか？　心理療法家の訓練は，技術の伝達だけでなく，価値，倫理，態度の伝達も含んでいる。他

の著作（Leszcz, 2004）で，私はドーパット，カヴァナフ，ラリヴィエール，ローボルトによって明確に表現された困難の防止に役立つようないくつかの一般的な安全策を提案している。

　これらの考慮すべきことには，セラピストが私生活にしっかり根づいていることの重要性も含まれる。仕事に満足することだけが，自尊心の源であってはならない。関連して考慮すべきことには，専門的な孤立を避けることの重要性がある。孤立することで内省の能力は抑制され，専門職としての生活で考える余裕が減ってしまう。仕事のことや考えたことを同僚に検討にしてもらい，仲間と同僚によるスーパーヴィジョンを利用することは，専門家として成長しつづける機会を増やす。さらに，そうやって検討することによって，臨床的な仕事や訓練環境のなかから現れ，セラピスト／訓練者の私的な生活から生じるかもしれない逆転移的な困難について内省し，検証する機会になる。理解されていないことが再演されやすいということを私たち以上にわかっているものがいるだろうか？

　一致と同形（isomorphy）の原則も，有益である。私たちが働き訓練を行うシステムでは，力動的な問題はシステムの至るところで反響し，システムのあるレヴェルで起こるプロセスはシステムのあらゆるレヴェルで発現する。もしあるレヴェルで権力の不正使用による問題があるならば，それはその他のレヴェルでも発現する。

　私たちは，一致を目指さなければならない。つまり，私たちが伝える価値基準の中で，成長と発達を育む本質的な価値観と関与を反映するように，研修生を養成し，患者を治療することを示すべきなのである。共感，良識，真正性，相互性，協同，尊重などの価値を語らなければならないだけではなく，瞬時にすべての相互作用の流れのなかで，示さなければならない。

　専門領域としての説明責任の義務を私たちは受け入れなければならない。組織と訓練プログラムの門戸を開き，この領域で働く人々に自分のしている仕事とそれを行う理論的な根拠とその効果を，はっきりと表現し描写してもらうことは説明責任を果たすひとつの方法である。心理療法，集団療法，精神分析は，みな強力な心理的介入である。利益になるようなあら

ゆる介入は，もし誤用されれば有害にもなる可能性がある。スーパーヴァイザーと指導者に説明責任を持たせ，自分たちの成長と有効性を実際にチェックさせ報復される心配をせずに純粋で本物のフィードバックを促すような仕組みが設置されなければならない。

スーパーヴィジョンは当然，訓練生の関心をたどり，考えたり，内省したり，逆転移の探索をする余裕があるときにしか効果的でないのである。心理療法とスーパーヴィジョンの境界がぼやけると，困難をはらむことになる。訓練生が恥をかき，侮辱され，搾取される環境は，私たちが求めるものの対極である。これらは，自律を抑えつける情緒と体験となる。

マーク・トウェインはかつて，「道具袋にハンマーしか入っていないなら，すべてが釘のように見えてくる」と書いた。私たちは広く考えなければならない，そして，モデルややり方に夢中になって，入れ込みすぎてはいけない。私たちがモデルを使い，モデルは私たちの道具だということを忘れないことが重要である。私たちがモデルを支配するのであって，その逆ではない。こういう態度でいればある種の謙虚さも身につき，それが学習，成長，発達の最高の機会を生み出す信頼と警戒のバランスと，内省と行動のバランスを必要なだけ保つのを助けてくれるだろう（Murphy et al., 1996）。

訳註

i ―one-person psychology／内的・外的対象関係を重視した関係精神分析を二者心理学というのに対して，フロイトの古典的な地層論・構造論など個人の心のなかの事象に力点を置く精神分析の考え方をいう。

文献

Aviv, A. and Springmann, R.（1990）Negative countertransference and negative therapeutic reactions : Prognostic indicators in the analysis of severe psychopathology. *Contemporary Psychoanalysis* 26 ; 693-715.
Bellak, L.（1980）On some limitations of dyadic psychotherapy and the role of the group modalities. *International Journal of Group Psychotherapy* 30 ; 7-21.

Brown, G., Burlingame, G., Lambert, M., Jones, E. and Vaccaro, J.（2001）Pushing the quality envelope : A new outcomes management system. *Psychiatric Services* 52 ; 825-934.

Goldstein, W.N.（1991）Clarification of projective identification. *American Journal of Psychiatry* 148 ; 153-161.

Henry, W.P., Strupp, H.H., Butler, S.F., Schacht, T.E. and Binder, J.L.（1993）Effects of training in time-limited dynamic psychotherapy : Changes in therapist behavior. *Journal of Consulting and Clinical Psychology* 61 ; 434-440.

Horowitz, L.（2000）Narcissistic leadership in psychotherapy groups. *International Journal of Group Psychotherapy* 50 ; 219-235.

Ingelfinger, F.J.（1980）Arrogance. New England Journal of Medicine 301-26 ; 1507-1511.

Janis, I.L.（1982）*Groupthink : Psychological Studies of Policy Decisions and Fiascoes, 2nd ed.* Boston, MT : Houghton Mifflin, p.9.

Kiesler, D.（1996）*Contemporary Interpersonal Theory and Research : Personality, Psychology and Psychotherapy.* New York, NY : John Wiley.

Kuhn, T.（1962）*The Structure of Scientific Revolutions.* Chicago, IL : University of Chicago Press.（中山 茂＝訳（1971）科学革命の構造．みすず書房）

Leszcz, M.（2004）Reflections on the abuse of power, control and status in group therapy and group therapy training. *International Journal of Group Psychotherapy* 54 ; 389-400.

Mitchell, S.A.（1993）*Hope and Dread in Psychoanalysis.* New York, NY : Basic Books.

Moses, L.（2003）Perspectives on the use and abuse of power in group therapy. Paper presented at the annual meeting of the American Group Psychotherapy Association, New Orleans, LA, February.

Murphy, L., Leszcz, M., Collings, A.K. and Salvendy, J.（1996）Some observations on the subjective experience of neophyte group therapy trainees. *International Journal of Group Psychotherapy* 46 ; 543-552.

Purcell, S.D.（2004）The analyst's theory : A third source of countertransference. *International Journal of Psychoanalysis* 85 ; 635-652.

Rachman, A.W.（1996）*Sandor Ferenczi, the Psychotherapist of Tenderness and Passion.* New York, NY : Jason Aronson.

Rachman, A.W.（2003）Issues of power, control and status in group interaction : From Ferenczi to Foucault. *Group* 27 ; 89-105.

Rutan, J.（2003）Sandor Ferenczi's contributions to psychodynamic group therapy. *International Journal of Group Psychotherapy* 53 ; 375-384.

Yalom, I.D. and Leszcz, M.（2005）*The Theory and Practice of Group Psychotherapy, 5th ed.* New York, NY : Basic Books.（中久喜雅文・川室 優＝監訳（2012）ヤーロム グループサイコセラピー——理論と実践．西村書店）

第3部
スーパーヴィジョンの代案

Section III
Supervisory Alternatives

何よりも害をなさぬこと[i]
スーパーヴァイザー苦難の旅

ポーラ・B・フーカ

　心理療法のスーパーヴィジョンは，教育と学習に基づきステレオタイプな出会いをするスーパーヴァイザーとスーパーヴァイジーの間の標準的な取り決めであるかのように描写されることが多い。私自身も，こういう方針で執筆したことがある（Fuqua, 1994）。最近になるまで，この問題を扱ってきたほとんどの著者は，スーパーヴァイザーの思索と相互作用を導く原理を提出しようとしてきた（Dewald and Dick, 1987 ; Ekstein and Wallerstein, 1958 ; Fleming and Benedek, 1966）。明らかに前提とされているのは，このあまり包括的とは言えない文献のほとんどはスーパーヴィジョンを受ける人より行う人のためのものであるということである。もし知識が力であり，本物の知識が関わっているとすれば，スーパーヴァイザーの教育活動を強調することはすでに，スーパーヴァイザーの立場に偏っていることになる。

　少し考えてみれば，「標準的な」状況というのが実はどれほど多彩で一貫しないものかわかるだろう。スーパーヴァイジーは初心者かもしれないし，経験のあるセラピストであるかもしれないし，訓練プログラムの訓練生かもしれないし，個人的なコンサルテーションを求めている人かもしれない。料金は支払われることもあれば，支払われないこともある。どちら側も自分自身が心理療法を受けた経験があるかもしれないし，ないかもしれない。これらすべての要因から差異が生じてくる。セラピストとスーパーヴァイザーの性別，人種，社会経済的状況，既婚かどうか，子どもがいるかどうかなどの基本的なことでさえ重なり合って混ざり合う。双方の性的

な嗜好も同様である（この章の範囲を越えているので，集団場面で行われるスーパーヴィジョンは完全に除外している）。

　二人が出会う物理的環境も体験全体に影響を与える。コンサルテーションが行われるのは，スーパーヴァイジーやスーパーヴァイザーの面接室であるかもしれないし，クリニックという状況だったり，個人宅であったりするかもしれない。病院の婦人部のレストランであることさえある。私のスーパーヴァイザーは私がレジデントのときにそこで会うのを好んだ。

　おそらくスーパーヴァイジーは学ぶためにやってくるのだが，多様で複雑な別の動機（専門職としての昇進，自尊心の調整，密かに心理療法を求める気持ち，患者を紹介してもらう必要性，他者からの批判に対して自分の仕事を正当化したい気持ち，孤独への対応策など）も抱いているかもしれない。セラピストとしての境界を実際に侵犯したり，侵犯しそうになったりした後に，援助を受けるよう指示されてやってくるセラピストもいる。

　スーパーヴァイザーの側にも，さまざまな動機づけがありうる。自尊心，専門職としての昇進，契約上の義務，お金，孤独，お気に入りの理論を広めたい，権力をふるいたいなどがよくあるものだ。スーパーヴァイジーに理想化されることは，スーパーヴァイザーの主要な動機づけにもなりうる（Berman, 2000）。

　以前は，私はスーパーヴィジョンを学習体験とみなし，古典的なコフート的観点から理解していた。スーパーヴァイジーの成長にあわせて，スーパーヴィジョンを調整した。新しい心的構造が作り出される際に，スーパーヴィジョンは心理的破綻と再配置に関わった。私はスーパーヴァイザーの機能をこの破綻の調整者として，自己対象として，またそれ以上のものとして見ている（Gardner, 1995 ; Muslin and Val, 1989 ; Wolf, 1989, 1995 を参照）。自己心理学と精神分析は，1994年以降かなり発達した。相互性，関係性概念，間主観性を含む理論が目立つようになった。以前の著作でスーパーヴァイザーの主観をどれだけ私が省いていたかが，はっきりと明らかになった。このことは他の著者もふれている。たとえば，バーマン（2000）は間主観性理論による私たちのスーパーヴィジョン理解の広がりを解説し

て，スーパーヴァイジーの主観と同様にスーパーヴァイザーの主観もスーパーヴィジョンの対話の一部にすることを勧めている。バースキーとハグランド（2001），ルコントとリチャード（1999），スレイヴィン（1997）は間主観性を経た自己心理学の広がりを詳しく説明し，スーパーヴィジョンを理解することに適用した。

どんな関係でもそうであるように，スーパーヴィジョンは共同で創造される状況であって，社会的マトリックスのなかにも存在する。ドナ・オレンジ（1995）を引用すれば，スーパーヴァイザーが，自分とスーパーヴァイジーが同じだけの重要な貢献をしているという考えを心にとめている限り，他の点では非対称であるけれども，スーパーヴァイザーは自分の権威を「軽く」まとうだけだ。関係性の方向へ理論上の観点が変動すると，スーパーヴァイジーは大いに力づけられるので，搾取と虐待を受けないために少しだけ有利になる。しかし他の理論でもみなそうなのだが，間主観性は良い方向か悪い方向に向かう人間の傾向を完全に埋め合わせることはできない。それでも，関係性理論は役に立つのだが。

二人のスーパーヴァイザーに接したある訓練生の体験から，重要な点を解説したい。ジェイソンは，精神療法の訓練プログラムを受けている非常に明るくて知的なソーシャルワーカーであった。彼は感受性が強くて，共感的にも防衛的にもなることがあった。ジェイソンの最初のコンサルタントはジョージ・ブラウン，尊敬されている臨床家で，発達的なプロセスの有名な研究者であった。一般の慣習に従ってスーパーヴァイザーのブラウン博士と呼ぶのではなく，これ以降は，二人を名前でジェイソンとジョージと呼ぶことにしよう。こういう言い方をするのは，関係における相互性を強調するためである。コンサルテーションで，ジェイソンは関わるのが難しかった患者，カールの心理療法について話した。カールと作業をすることでジェイソンは刺激を受けて，多くの理論上の立場からジョージと広範囲の検討を行おうとした。自分の著作の宣伝に打ち込んでいたジョージは，ジェイソンがその価値に挑戦しているように感じた。ジェイソンはスーパーヴィジョンで自分の問題を取り上げようとしたが，ジョージはそういうことを話したいように見

えなかった。二人ともが，だんだん不愉快になっていった。

　ついに，ジェイソンが腹を立て，ジョージと衝突した。ジョージは，ジェイソンが傲慢で学習に抵抗していると訓練担当理事に報告した。ジェイソンも，スーパーヴァイザーについて同じように感じた。ジェイソンは間主観性理論に精通していて，もっと協力し合い，危険の少ない体験をする権利があると感じていた。ジェイソンは，スーパーヴァイザーに自分がどういう状況にあるのかを理解してもらい，そこから作業を始めてもらうことが必要であり，それを期待していたのだ。私は，ジェイソンが最初のスーパーヴァイザーの主張を理解できなかったのは運も悪かったのだと思う。しかし，スーパーヴァイザーが間主観的に共同して創造された状況の文脈をともに理解し，今起こっていることに基づいてそれを取り上げようとしなければ，運もついてはこないだろう。相互性を強調した理論的アプローチを採って二人目のスーパーヴァイザーと作業することで，ジェイソンは自分の考えに反する考え方に服従せず，そのことを考え抜く機会が得られた。ジェイソンは，ジョージの考えがセラピストとしての自分に適しているかどうか結論を出す必要があった。スーパーヴァイザーとスーパーヴァイジーが衝突する状況であまりによく起こることは，スーパーヴァイジーが「自分のなかにこもって」ごまかすようになり，関連する必要事項をコンサルタントと共有せずに治療を行うということである（Hantoot, 2000）。要するに，スーパーヴァイジーは嘘をつき，それに伴ってスーパーヴァイザーは退屈で機械的な反復としてスーパーヴィジョンを体験する。

　間主観性へ理論が移行するとスーパーヴァイジーも助かるが，その移行によってスーパーヴァイザーの主観的な体験に関する文献に欠落があることも明らかになる。一人目のスーパーヴァイザーは，何を考えていたのか？　ジョージはスーパーヴァイジーを失うことをどう思ったか？　二人目のスーパーヴァイザーはどうだったのか？　競争に勝ったというような意識があっただろうか？　スーパーヴァイザーは，どうしたらジェイソンにつながり，自分自身の信念を奨励したり抑制したりすることができるのか？

　スーパーヴァイザーの貢献を理解するのに欠けているものを補うために，

情緒的,倫理的な難題が山積みで窮地に陥った私自身の体験を記述してみようと思う。スーパーヴァイジーの素性とプライヴァシーを保護するために,それぞれの事例で私が共通して感じたり考えたりしたことを強調して,いくつかのスーパーヴィジョンの側面を混ぜ合わせてみた。他にも二人のスーパーヴァイザーがスーパーヴィジョンでの体験を快く共有してくれて,この圧縮された記述には彼らの事例も含まれている。スーパーヴァイザーの内的体験に焦点を絞っているので,その点については全く率直になれるだろう。スーパーヴァイジーと患者に関しては事実関係を変更しているが,私の報告を読めばそれが真に迫っていることがわかると思う。もしスーパーヴィジョンに関わる人々がもっとスーパーヴァイザーの人間性に目を向けるなら,もっと対等であると感じるだろうと私は思う。スーパーヴァイザーがスーパーヴィジョンでの自分の体験をもっと複雑に処理でき,すべてを知らなければならないという圧力をあまり感じなくなり,自分の直面した窮地に対して不安が少なくなることに,私の報告が役に立てばよいとも思う。

　スーパーヴァイジーのことをパットと呼ぶことにする。男女のコンサルティに接した体験を反映してその名前は男性とも女性ともとれる名前になっている。ここでは,パットは女性であるとしよう。私はパットにあるクリニックで会った。そこで私はスタッフにコンサルティングを行い,訓練生をスーパーヴァイズしていた。私たちは,およそ1年の間,週に1回いろいろな事例を検討した。そのとき,私はパットの心理療法の技術に対して少なからぬ敬意を払うようになっていた。数年後に,パットは個人開業専業となり,個人的に私からさらにスーパーヴィジョンを受けようとした。そのときまでに,パットは経験を積んで,自分でも分析を受けていた。パットは私のところにやってきて,以前のスーパーヴィジョンが心地よかったと私を誉めた。パットは,理論の傾向が異なるもう一人のコンサルタントからも,スーパーヴィジョンを受けていた。パットは視野を広くもつことを望んでおり,私もそれで構わなかった。

　パットは生き生きとした女性だったが,自分の能力に関して自信を失っていた時期があった。ジェイソンと同じように,パットは何でも知ってい

るような顔をする元コンサルタントと嫌な経験をしたことがあった。スーパーヴァイザーの面接室を出たとき，腹を立て，自信喪失していることがパットにはよくあった。

　私は何をスーパーヴィジョンに持ち込んでいただろうか？　私は，スーパーヴァイザーとして評判が良いのを誇りに思っていた。学習状況としての過去のスーパーヴィジョンについて書いたことがあったが，その動機のかなりの部分は精神分析的なスーパーヴィジョンで自分がした悪い体験の厄を落としたいためだった。実は，良いスーパーヴィジョンをするという評判にもかかわらず，私にはスーパーヴァイジーとして良い経験をしたと感じたことがなかったのである。私が治療について学んだもののほとんどは，私が受けた2回の分析と広範囲の文献購読からだった。私はふざけて，たぶん私は教育不能だったのだろうと言ったりした。私は，スーパーヴァイザーに対して完全に心を開くほど信頼できると感じたことがなかった。私はよく考えたのだが，たぶんその理由はスーパーヴィジョンのあらゆる段階が訓練プログラムの一部であり，自分がつねに評価されていたためだったと思う。1970年代，いや1980年代でさえ，患者を夢に見るというような個人的なことを打ち明けると，今日のように有用な情報とみなされるのではなく，病理のサインとみなされてしまった。再演も，「行動化」と考えられ，分析的な素材ではなく忌むべきものとみなされた。その時代に訓練を受けたものの多くは，本心を打ち明けることに対して身を守りがちになり，慎重になっていた。何か大きな倫理的な過ちを隠したとは感じていないが，私は統制分析のスーパーヴァイザーに黙って，分析の後期の段階で患者の結婚式に出席したことがある。私は自分がしていたことが心理療法的であると思っていたが，スーパーヴァイザーはそういうふうに受け取らないだろうし，訓練で私が先の段階に進むのを邪魔されるだろうということもわかっていた。もし私が出席しないなら，アナリザンドには悪い影響があるだろうとも思っていた。彼女は人生に「証人」を必要としており，彼女の両親はそれになることができなかった。私は，証人になることを再演し（Bacal, 1985；Shane et al., 1997），彼女とそのことを話し，私の

スーパーヴァイザーには話さなかった。

　私自身が過去にそんな経験をしていたので，私はパットが何を学びたいと思うか，どこで彼女の活発な好奇心が最も生き生きするのか，彼女が何を私から望んでいるかを理解しようと精一杯努力した。このアプローチを使うと，スーパーヴァイジーが訓練プログラムの一部としてコンサルテーションしようが，個人的にコンサルテーションしようが，非常に心を開いて自信をもってくれることが多いということがわかっていた。その理由は，ひとつには私が相互性を強調している理論を使うためであると思うし，ひとつには私の個人の特性のためであると思う。関係性理論が論理的に到達するところは，どんな対人交流にあってもその人の個人の特性が決定的な部分であるということである。ふたつの主観の交流においては，主観の特性が重要であり，これを認めなければならない。

　自分自身についてさらにわかったことは，私がスーパーヴァイザーとして賞賛と尊敬を受けることに大きな喜びを感じていたということだった。ものごとがうまくいったとき，私は自分が重要であり求められていて高く評価されていると感じた。私がスーパーヴィジョンが好きだったのは，臨床の仕事よりも，率直で気楽にいられたということもある。私は頭が良く面白いスーパーヴァイジーに自分自身のことを話したり，映画や本について語り合いたいという欲求と，スーパーヴィジョンがスーパーヴァイジーの成長のためであるという信念の間で葛藤を感じることが多かった。間主観的な焦点づけによって，このような欲求がどう相互作用したかを理解するための枠組みが与えられた。私はスーパーヴァイジーがこの文章を読んで，そういった状況における欲求と権力の相互性についての見方をもてるとよいと思う。スーパーヴァイザーに憧れとか傷つきやすさがあると理解することによって，相談する側の力を強めることができる。最終的に，私たちが自分の人生を受け入れていなければ，患者が自分のやっかいな人生を受け入れられるのを援助することは望めないのである。それは研修生であろうと，教師であろうと，心理療法の援助を求めるものであろうと同じである。もちろん，もしスーパーヴァイジーが極端に従順で，主にスー

パーヴァイザーの自己調節役になってしまうなら、そのような「理解」も、スーパーヴァイザーによる隷属化のひとつの形にすぎなくなるかもしれない。スーパーヴィジョンがうまくいっていると、治療プロセスを探索しながら両者は上記のことを理解し、すべての理解を「逃がさない」ことが可能になるように私には思える。

　コンサルテーションの間、私はパットが仕事に持ち込んだ思い入れの強さに対して大きな敬意を払うようになった。パットも理論に関して非常に豊富な知識があり、精神分析の文献にも広く精通していた。私たちはパットの数人のクライアントについてひとりにつき2、3週話し、それからまた次のクライアントについて話した。最終的に、私たちはリビーについてだけ話すようになった。リビーはパットにとって歯ごたえのあるクライアントだった。リビーのことを自分のキャリアのこれからの方向性について混乱している離婚歴のある女性だとパットは説明した。リビーは、労働者階級の出身だった。リビーの母親は、情緒的に鈍く、アルコール依存で、身体的虐待を加える父親に平身低頭していた。リビーは、虐待された結果としてうつになったことを少しずつ打ち明けた。時々、リビーはパニックになり自殺したくなった。リビーは、しばしば心理療法の時間外に助けを求めてパットに電話をかけてきた。時間が経つにつれて、パットはリビーを支える責任があるとますます感じていくのがわかった。

　パットは、リビーをどう理解したらいいかいくぶん混乱もしていた。リビーは非常にスポーツが得意で、高校と大学のサッカーの有名選手だった。リビーは、別れた夫にあまり未練を感じていなかったし、離婚についてもあまり後悔していなかった。パットは、リビーは自分でも気づいていないが、本当はレズビアンだと思うと私に話した。本当かどうかは、私にもよくわからなかった。パットは、自分の結婚があまりうまくいっていないとも話した。パットの夫は、情緒的に豊かな人ではなく、パットの気持ちに対してもあまり反応を示さなかった。パットが必要としている親密さと激しさを、リビーが与えているように見えた。パットのリビーに対する熱心な関わりに、私はますます心配になってきた。パットのリビーとの電話が

どんどん長くなっていくのは，リビーにとって最善策だったのか？　電話での会話はリビーが生き延びるのを助けているようであり，私は妨げる気持ちになれなかった。私はリビーの自殺衝動を，本当に心配していた。私は自分が教条的なアプローチを採るタイプではないと思っていたし，パットとリビーの相互作用にはどのような効果があったのかを理解する必要があった。私は，パットの心のなかで働いている力動が何なのかと思い，パットが自分の感情を心理療法でリビーを助けるために使うことができるやり方を示せばと思った。

　一方，パットは別のスーパーヴァイザーからスーパーヴィジョンを受け，そのスーパーヴァイザーはパットとリビーの間に起こっていることを知り，あからさまに反対した。パットは自分の行為の危険性がわかっていないわけではないので，私は限界設定を強調しなければならないとは思わなかったのだが。私は心配しているのが自分だけではないとわかってほっとした。私は理解することに集中することができた。理論を好む傾向から私はいつもそうするのだった。パットは，リビーとの交流について何も私に隠しだてすることはなかった。リビーが最も動揺して誰かを求めていたとき，パットはリビーの隣に座り，時々リビーの手を握っていた。パットは夫よりもリビーに親しみを感じていた。私は，再演が起こっているということがわかっていた。もし私たちがそのことを理解できるならば，パットはより良い境界を確立することができるだろう。パットは，過去に叔母から性的虐待を受けていたことを告白し，さらに，今結婚していて不幸であることについて語った。パットの親友が最近亡くなり，パットは「人生は短いからほしいものは自分で取りに行かなければ」と述べた。私は，パットの激しい，親密な関係への憧れが，リビーのより深いふれあいへの執拗な要求によって高められ，満たされているのがわかった。私は，パットが憧れるものに深く共感した。

　この時点で，私は自分がすべきことについて葛藤していたが，まだまだ葛藤が足りなかったのかもしれない。私はリビーを保護する必要があるのかどうか迷った。パットの逆転移のなかで起こっていることを理解しよう

としつづけることより，もっとうまいやり方があっただろうか？　パットと私の間に起こっていることを非難まじりに質問してくるもう一人のスーパーヴァイザーがいろいろほのめかしてくるので，私はより神経質になった。もしパットにリビーとの治療を打ち切るように主張したなら，リビーは自殺するかもしれないと私は考えた。しかしこの期に及んでさえ，たとえ私が勧めていたとしてもパットがそうしたかどうかは疑わしい。パットはプロセス全体を秘密にし，全く共有しなくなっただろう。私はどのような行動を選択すればどのようなことが起こるかを本当にみきわめるまで手探りで作業をしており，それでも最善を尽くしていた。すべてを理解するために分析的手法にこだわることを選んだのだ。

　私は，自分が昔女性患者のアラナに強烈に惹きつけられたのを述べることで，リビーについてのパットの気持ちを探索するのを手伝おうとした。アラナも，不適切な親の行為の被害者であった。アラナが思春期以前に父親と一緒に裸でシャワーをあびたとき，父親はアラナの肛門に指を挿入したことがあった。アラナは，著しく抑うつ的になった。アラナはよく，精神分析のためのカウチに私のほうを向いて横になり，私の胸にどんなふうにさわって気持ちよくさせたいかを説明してみせた。私は我慢しながらも，激しい魅力を感じ欲情したが，最終的に自分の欲望を風化させた。私はアラナの行為を，抑うつを打ち消すために私たちの関係を強めるやり方として理解した。

　私はパットと似た気持ちになったことがあることを示すことで，パットと共感的な結びつきを作ることを望んだ。最初に，私はそうすることで激しい逆転移感情を心理療法の一部として当たり前のものにできるかもしれないと思った。ラッカー（1968）は，逆転移神経症の必要性について記述している。私たちは，パットの感情を治療のために使用可能で役に立つ部分であるとみなす必要があった。もしパットが私との絆を感じるならば，その絆によってパットは自らを映し出してほしいという自己対象欲求のいくらかを私たちの関係に向け，リビーとの不適切な境界侵犯の欲求を取り除くことができるかもしれない。私が自分自身の体験を共有したもうひと

つの動機は，たとえば，理解をもっと深める間，パットが自分自身の気持ちを「抱える」ことができるように，抱える環境を生み出すことであった。

何度も自暴自棄になって，私は自問した。パットの分析家は何をやっているのか？　なぜパットの欲求は，リビーでなく分析家に表現され対処されなかったのか？　私は，悩んだ。パットは自分の分析家はリビーとの治療を打ち切れと主張し，パットのことを関係機関に通告すると脅していると言った。パットは罪悪感を覚え，その脅しを不安に感じていた。パットと彼女のセラピストの間には，心理療法的な同盟がなかった。セラピストと私の役割が入れ替わったようだった。そのとき，私は本当に過敏になっていた。パットが生計を失うなどということがあるのだろうか？　私は訴えられ，資格を失い，倫理的に非難されるのだろうか？

こんなことの渦中で私はいったい何をしているのか？　まるでイラク戦争のようだった。もっと前にトラブルを発見しておけばよかったのだ。しかし今手を引くのは無責任というものだ。パットは，私を必要としていた。

パットの分析家と私が彼女の承認を得て，一緒にコンサルテーションを受けようとしたのも，驚くようなことではないだろう。私たちは，二人のコンサルタントに会った。二人とも，複数の人物が関わるシステムのなかで，私の理解しようとするねばり強い努力を認めてくれた。私はかなりほっとした。問題の何もまだ解決されたわけではなかったので，気がかりはあったのだが。

私は，すべての関係者に重い責任を負わせ，ひどく傷つきやすくする環境での，スーパーヴァイザーの側の体験をつづるためにこの話を書き留めている。スーパーヴィジョンという対話の片面を拡大しようとしているのだ。物語はスーパーヴァイジーの側からの報告がないので不完全ではあるが，それはまた次の機会ということだ。心理療法を受けている患者もまたひとこと言う権利があるだろうから，私たちはみなが貢献する複数から創造されるシステムを尊重する必要があるのと同じように，複数の視点をもつモデルを本当に必要としているのだ（McKinney, 2000）。全体のシステムに，患者，分析家，スーパーヴァイザーの他にも，彼らのセラピスト全員，

他のスーパーヴァイザー,もし関わっているならば訓練研究所,一次的に寄与する人々のそれぞれの人生において重要な他の人物でさえも含めてしまいたい。私の報告は,流れる川の一部を検査のために切り出してみたにすぎない。すべては絶えず変わっており,伝えようとしたときには,私たちが説明しようとしたことはもう手をすり抜けている。それでも,その過程で,私たちはこの特別な川で泳ぐということがどんなものだったかが少しだけわかるのである。

　何がパットとリビーに起こったか？　パットは夫と離婚し,より役に立つ分析を始め,最終的に適切な方法でリビーとの治療を打ち切った。私は安心したが,その結末のすべてに満足したわけではなかった。私は,パットが治療の中で感じたものをリビーを助けるために使えるようになってほしかった。一方,私はパットに非常に同情して,彼女が必要としていたものが新しい分析家によって全体としては以前よりも満たされたことがうれしかった。リビーはどうなったか？　ことは友好的に終わり,私はリビーがうまくやっているようだと他の関係者から聞いた。しかし,本当のところはわからない。私は責任の重さを感じるとともに,本当の意味で自分が制御できていないのに気づいている。私がリビーよりパットに同一化していたことに間違いはない。結局,スーパーヴァイザーの権威と専門知識は,両刃の剣であった。それらは成長を促進することもあれば,苦痛と害と荒廃を生み出す可能性もあり,どちらが起こるかいつもわかるわけではないのだ。スーパーヴィジョンの道筋のこの部分に沿って私自身の歩みをたどって気づいたことは,謙虚であるべきだということである。

訳註

　ⅰ —原文は"Primum non nocere"。ラテン語の格言。医療における基本的な考え方をいう。ヒポクラテスの言葉とされてきたが,『ヒポクラテス著作集』にはこの文章は存在しない。

文献

Bacal, H.（1985）Optimal responsiveness and the therapeutic process. In A. Goldberg（Ed.）*Progress in Self Psychology, Vol.1.* New York, NY : Guilford Press, pp.202-227.

Berman, E.（2000）Psychoanalytic supervision. *International Journal of Psychoanalysis* 81 ; 273-290.

Buirski, P. and Haglund, P.（2001）*The Intersubjective Approach to Psychotherapy.* North Vale, NJ : Jason Aronson.

Dewald, P.A. and Dick, M.M.（1987）*Learning Process in Psychoanalytic Supervision : Complexities and Challenges.* New York, NY : International Universities Press.

Ekstein, R. and Wallerstein, R.（1958）*The Teaching and Learning of Psychotherapy.* New York, NY : Basic Books.

Fleming, J. and Benedek, T.（1966）*Psychoanalytic Supervision : A Method of Clinical Teaching.* New York, NY : International Universities Press.

Fuqua, P.（1994）Teaching, learning and supervision. In A. Goldberg（Ed.）*A Decade of Progress : Progress in Self Psychology, Vol.10.* Hillsdale, NJ : Analytic Press, pp.79-97.

Gardner, J.（1995）Supervision of trainees : Tending the professional self. *Clinical Social Work Journal* 23 ; 271-286.

Hantoot, M.（2000）Lying in psychotherapy supervision. *Academic Psychiatry* 24 ; 179-187.

Lecomte, C. and Richard, A.（1999）The supervision process : A self-supervision developmental model for psychotherapists. Paper presented at the meeting of the 22nd annual conference on the Psychology of the Self, Toronto, Ontario, October.

McKinney, M.（2000）Relational perspectives and the supervisory triad. *Psychoanalytic Psychology* 17 ; 565-584.

Muslin, H. and Val, E.（1989）Supervision : A teaching learning paradigm. In K. Field, B. Cohler and G. Wool（Eds.）*Learning and Education : Psychoanalytic Perspectives.* Madison, CT : International Universities Press, pp.159-179.

Orange, D.M.（1995）*Emotional Understanding : Studies in Psychoanalytic Epistemology.* New York, NY : Guilford Press.

Racker, H.（1968）*Transference and Countertransference.* New York, NY : International Universities Press.（坂口信貴＝訳（1982）転移と逆転移．岩崎学術出版社）

Shane, M., Shane, E. and Gales, M.（1997）*Intimate Attachments : Toward a New Self Psychology.* New York, NY : Guilford Press.

Slavin, J.H.（1997）Influence and vulnerability in psychoanalytic supervision and treatment. *Psychoanalytic Psychology* 15 ; 230-244.

Wolf, E.S.（1989）A psychoanalytic self psychologist looks at learning. In K. Field, B. Cohler and G. Wool（Eds.）*Learning and Education : Psychoanalytic Perspectives.* Madison, CT : International Universities Press, pp.377-394.

Wolf, E.S.（1995）How to supervise without doing harm : Comments on psychoanalytic supervision. *Psychoanalytic Inquiry* 15 ; 252-267.

臨床スーパーヴィジョン
心理療法の能力の育成における自己反省のプロセス

コンラッド・ルコント

　心理療法家のスーパーヴィジョンと訓練に関して多くの問題が提起されてきた。これらの問題の多くに関わってくるのは，セラピストが支払う情緒的な代償であり，曖昧で，独特の文脈で，変わりつづける問題を訴える患者に接するときに直面する困難であり，不安や抑うつから怒りや敵意までにわたる情緒を扱う際に直面する困難である。結果として，いくつかの疑問が提起された。どうやってセラピストは患者から適切な情緒的な距離を取るのか？　どうしたら，セラピストは情緒的に疎遠になりすぎたり，また反対に，巻き込まれすぎたりするのを避けられるのか？　複雑な状況に対処するためにあらゆる試みがなされてしまったときに，セラピストには何をすることが残されているのか？

　疑いと不確実感に直面したとき，セラピストはどうしたら気持ちがくじけ，幻滅するのを避けられるのか？　最後に，どうしたら心理療法の能力の訓練に積極的に関わることを維持，進展させながら，同時に質の高いサーヴィスを提供することができるのか？　このような問題に直面するとき，セラピストは個人の価値と信条だけでなく，経歴，仕事の環境，過去の経験，性格にも基づいて自分なりの答えを求める。多くのセラピストは答えや支持を求めて同僚に相談する。そしてどうやって介入するか，あるいはどうしたらそもそもそのような窮状に陥らないのかを具体的にアドバイスされるという結果になることが多い。

　どちらの場合でも，セラピストは自分が役に立たないと簡単に結論を出

してしまうかもしれない。その結論が基づいている事実というのは，同僚が自分と同じくらい難しい状況を経験していないように見えるというだけなのだが。

　また臨床実践に関して書籍や論文のなかに答えを見出そうとするセラピストもいる。残念なことに，これらの情報源は重要ではあるのだが，多くのセラピストは，読んだことを実践に応用するのが難しいことに気づく。同僚の忠告や専門的学術文献のせいで，セラピストの有能感が人知れず徐々に蝕まれることがあまりに多いかもしれない。さらに，公表されている事例研究は，困難なクライアントでも，うまくいった結果を報告しているものが多い。こういうことがさらに有能感をゆるがせることになりうる。なぜならもっと有能なら，自分も良い結果を出せるはずだから。したがってそのような経験は，不名誉で屈辱的なものになり，それで次にセラピストは自分の問題を隠してしまうかもしれない。タルボット（1995）は，個人的，専門的な問題，個人の弱みに関する質問に答える自己開示が行われるときに決まり悪さや恥ずかしさが伴うと記している。決まりが悪く恥ずかしい体験をした後に，スーパーヴァイジーが問題を打ち明けないとか，検討しないと決めることはまれな話ではない。その代わりに独創性，自律，有能さを示せる事例を提示することを選ぶのだ！　残念なことに，スーパーヴァイジーは，頼れるのは自分だけだと思い込み，周りを騙しているかのように感じそれゆえ孤立感に追いやられるので，そのような状況は心理療法の能力の発達に有害な影響があるかもしれない。また他のセラピストは，ほとんど神がかったものにまで変形してしまった有能感にいっそう憧れて，理想化された状態を求めて，理想化されたスーパーヴァイザーのサディスティックで万能的な支配の奴隷になるかもしれない。必死に有能だと見られようとして，スーパーヴァイジーはスーパーヴァイザーの見方にだけ身を任せて支配されやすくなる。

　大部分の大学での臨床的な訓練課程とスーパーヴィジョン・プログラムは，技法と特定の方略を習得，習熟することに焦点を合わせたアプローチを提唱しがちだという事実は今も変わらない（Bernard and Goodyear, 1998）。

このモデルは，心理療法の能力と効果がこれらの技法と方略を使うのに習熟することから生じるという原則に基づいている。指導者＝スーパーヴァイザーは，追求される目標である能力の訓練を促すためにモデリング，フィードバック，コーチング，実践を用いる専門家として定義される。このような技術的な手順と詳細は，治療マニュアルとして提供されることが多い。そのような「マニュアル主導の」心理療法家訓練を行うことが，実証的な心理治療に基づく臨床実践につながった。

　何よりもまず患者の特徴について知ることを推奨するような訓練とスーパーヴィジョン・アプローチもある（Frawley-O'Dea and Sarnat, 2000）。患者の機能や力動を明確に記述し説明するだけでなく，診断もできるセラピストが有能であるとみなされる。したがって，訓練とスーパーヴィジョンは患者の特徴の吟味と分析に焦点を合わせる。客観的な専門家として見られる指導的なスーパーヴァイザーは，行動方針を提案し，教授し，推奨する。

　セラピスト中心の訓練プログラムは，セラピストの主観的な体験（たとえば主観的な反応，抵抗，知覚など）の探索と明確化を促す。しかしながら，実習生に焦点を合わせるスーパーヴィジョン・プロセスは，心理療法のプロセスと混同される危険性があり，セラピスト＝スーパーヴァイジーは侵入されるように感じるかもしれない（Lecomte, 2001）。

　最後に，他の訓練とスーパーヴィジョンのアプローチの中核には，セラピスト／患者間とスーパーヴァイザー／セラピストの間にパラレルな関係があるということが認められている（Frawley-O'Dea and Sarnat, 2000）。セラピスト／患者とスーパーヴァイザー／セラピスト関係の類似性を分析し，明確化することによって，スーパーヴァイジーが体験するどんな困難でも理解し修正する機会が与えられ，それによってスーパーヴァイジーの専門家としての能力が強化される。

　このような異なるアプローチを比較することで，訓練とスーパーヴィジョンにおける関連要因を内省することが可能になる。まずひとつの観点に焦点を合わせることによって，それぞれのアプローチは特殊な形の「知識」を支持している。技法と方略に焦点を合わせるスーパーヴィジョンは

「専門的知識」に基づく専門家能力の育成を支持する。セラピストの主観的な体験に焦点を合わせるスーパーヴィジョンは主に「あり方」の体験的次元を明らかにすることを目指し，一方患者の特徴に焦点を合わせるスーパーヴィジョンは「理論的な知識」を増進させようとする。

　それぞれのアプローチには利点と限界がある。患者中心のスーパーヴィジョンと訓練モデルでは，セラピストは安心できるし，明確に定義された介入手順を作り上げることができる。このように，個人的なことを関わらせないようにして，セラピストは構造的に作業を行うようになる。しかし，人間関係が悪化していく時，患者の特徴に焦点を合わせるアプローチはほとんど対応することができない。実際，心理療法が予想されたように進まないときや，セラピストと患者の関係が決裂したときに，重荷がかかってくることが多いのは患者なのである。同じように，スーパーヴィジョンの関係で問題が起こると，原因はスーパーヴァイジーの主観的な反応のせいであると考えられることが多い。結果として，患者がスーパーヴィジョン・プロセスの主な焦点になるとき，スーパーヴァイジーの欲求は無視されないにしても二の次になる。さらに，特定の技法を教えることが患者を幸せにするのに欠かせないと信じることは，効果がなく問題であることがわかるだろう。個人的な心配，疑念，そして多くはスーパーヴァイザーへの陰性反応を口にするのを控えていて，スーパーヴァイジー＝セラピストは，どうやって複雑な理論的，技術的に推奨されるものを学び，患者の幸福のために利用することができるだろうか？　患者中心のスーパーヴィジョンと介入は，対人関係で学習の邪魔になっているもののいくつかを理解し扱うのには間違いなく役立けれども，そこに複雑な心理療法の技法を教える指針は期待できない。技術や理論にこだわることは，心理療法の能力や良い治療結果と有意な相関があるわけではない（Binder, 1993）。さらに患者と技術的な手順を理論的に理解することと，実際に心理療法を体験することのギャップによって，重大な教育的問題が引き起こされる（Corradi et al., 1980）。

　スーパーヴァイジー＝セラピストの体験に焦点を合わせる訓練とスー

パーヴィジョンのアプローチは，スーパーヴァイジーの内的，主観的な体験を扱うという長所がある。このアプローチは，心理療法プロセスにおけるセラピストの人格の役割を理解し，明らかにしようとする。セラピスト中心のモデルは，心理療法において遭遇する困難をセラピストの性格に基づくものであると考える。このスーパーヴィジョン・プロセスでは，スーパーヴァイザーや患者の影響や寄与にはあまり注意が払われない。その結果，スーパーヴィジョンは，屈辱的とまではいかなくても，侵入的なプロセスとして体験されるかもしれない。スーパーヴィジョンはスーパーヴァイジーの性格の問題に関する検討を避けなければならないと主張する人は多い（Arlow, 1963）。スーパーヴァイザーのなかには，逆転移の問題だと気づいてもコメントさえすべきでないと主張する人もいる。現代的な間主観的なモデルのスーパーヴィジョンが発展するにつれて，スーパーヴィジョンにおいて専門的問題と個人的問題の間にはっきりと境界線を引くことは望ましくもないし，実行もできないとあえて示唆する人も出てきた（Fossaghe, 1997a）。たとえこのような二分法がもはや意味のある区別でないように思えても，心理療法とスーパーヴィジョンの間にははっきりした持続的な違いを確立する必要がある。

　一方，技法の学習と習得を強調するスーパーヴィジョンにも利点がある。明確に定義された系統的な枠組みのなかで学習原則を当てはめることができる。セラピスト＝スーパーヴァイジーは，積極的に協働しながら，この技法の習得に参加するように求められる。しかし，患者と一緒にいることで体験する個人的問題を扱い，専門家としてのアイデンティティを疑いさえするという，この種の学習プロセスを居心地悪く感じるセラピストもいるかもしれない。その結果，緊張した心理療法的な関係に取り組むとき，セラピストはスーパーヴィジョンでこうした問題を明かさないとまでは言わないにしても，検討することをためらい，自分の能力のなさに結びつけるかもしれない。スーパーヴァイジーが個人的な反応や陰性反応を明らかにすると，専門家としての存在が危険にさらされることもありえる。スーパーヴィジョンが有効であるためにはスーパーヴァイジーが何を自己開示

し，何をしないかについて話すことが潜在的に重要であるにもかかわらず，ラダニーら（1996）は，スーパーヴァイジーの60％は関連する個人的な問題，不十分な成果，スーパーヴァイザーへの陰性反応を明らかにせず，その結果学習過程を妨げていると報告している。

　ほとんどのスーパーヴァイザーは，患者の特徴であれ，セラピストの性格や主観的体験であれ，技法や心理療法的な同盟であれ，スーパーヴァイザー／スーパーヴァイジー関係であれ，それぞれの変数の重要性を認めている。ここまで記述してきたように，それぞれのモデルはあるカテゴリーの変数を他の変数よりも重視する傾向がある。専門的な問題でも個人的な問題でも，スーパーヴィジョンでも心理療法でも，生きている関係性のパターンを含む完全に統合的な学習過程としての，スーパーヴィジョンのモデルを私たちは必要としている。しかし，これらの異なる観点を統合するモデルを生み出すことは可能なのだろうか？　そしてもし可能ならば，患者とセラピスト＝スーパーヴァイジー双方の欲求をかなえることは可能なのだろうか？　そして最後に，そのようなモデルは心理療法的関係の貢献を認めながら，どのように適切な枠組みのなかで技法と方略を利用するのだろうか？　セラピスト＝スーパーヴァイジーの体験は，知識，専門的技能，あり方に関する問題にふれるけれども，訓練とスーパーヴィジョンのモデルはこれらの様式のどれかひとつだけを強調する傾向がある。このため，統合的なスーパーヴィジョン・モデルには，体験の全体性とセラピスト＝スーパーヴァイジーの欲求を考慮に入れることが必要である。スーパーヴィジョン・プロセスによって強められたスーパーヴァイジーの自尊心と自己凝集性の変遷に，スーパーヴァイザーが焦点を合わせることを許し，またそう導くような教育と治療を，このようなモデルは含むのである。

● 統合的訓練とスーパーヴィジョン・モデルの基準

　臨床的な訓練とスーパーヴィジョンの最大にして究極の目的は，心理療

法の能力の育成である。そのような能力は，患者の肯定的な変化を促進するセラピストの技術に示される。心理療法に関する調査の結果によって，心理療法の肯定的な成果につながる要因がずいぶん明確化されるようになった。

　過去 40 年にわたる研究結果の徹底的なレヴューにおいて，ノークロス（2001），セクストンとホイストン（1994），ランバートとバーリー（2001）は，最も効果的なセラピストは患者の役に立つ心理療法的関係を生み出す人々であると結論づけている。しかし，この結論は，最初の印象よりも複雑なものである。心理療法的関係において技法とセラピスト／患者の特徴が最適に適合する時，肯定的な結果が生じるとルボルスキー（1994）は示唆した。ある変数を別の変数の式で表すということではなく，むしろ心理療法的な関係を心理療法における変化のメカニズムとして強調するのである。心理療法の成功を最もよく判別し決定する要素を構成するのは心理療法的関係の質であることをカーン（1997）が肯定するのには，このような背景がある。

　役に立つ心理療法的関係が確立することは，セラピストの個人的な特性と強い関連を持っている。ランバート（1989）は，患者の変数の次に，セラピストの性格の影響が 2 番目に重要な影響源を構成すると報告している。しかし，こうした説得力のある結論にもかかわらず，研究の大部分は理論的なアプローチと技法に集中しつづけ，セラピストの効果がどれくらい変わるかは無視されている。たとえ常識的に考えてセラピストの専門家としての能力と効果に大きな差があるとわかっていても，臨床研究プロジェクトはセラピスト変数の重要性を無視しつづける。セラピストがみな同じであるとみなす研究デザインを使い，セラピストの技術や個性には広い多様性が存在することにはあまり注意が払われない。

　21 世紀においては，研究者は多様な範囲の患者に一律に適用されうる経験的に実証された介入を切望しているので，セラピストの影響は軽視されるか，無視されている。一方，マホーニー（1995）とランバート（1989）の指摘によれば，臨床実践と研究によってセラピスト特性が心理療法の効

果における決定因であることが繰り返し証明されている。メタ分析による結論に基づいて，こうした研究者は，セラピスト特性が特定の心理療法の技法より8倍重要であると報告している。相互作用的プロセスを測定するのはもっと難しいので，交互効果は調査されない。その代わりに一方向仮説が，治療効果の研究を支配しつづける。

スーパーヴィジョンと訓練モデルは，この論争を反映しているところが大きい。たとえセラピスト特性の影響と心理療法的関係の質がわかっていても，技法の習得，心理療法的アプローチ，患者の心的機能に関する理論的な理解を強調する実践のほうが広まっている。どういうわけか，研究者は効果的なセラピストの個人的な側面を研究することより客観的で危険の少ない被験者要因を強調しつづける（Garfield, 1997）。セラピスト，患者，スーパーヴァイザーの変数は，しばしば独立であるとみなされる。それでも，セラピスト特性の寄与を調べなければ臨床介入の進歩が危うくなることは，ますます明白になっているように思える。セラピスト特性の寄与が最初に暗示するものは，統合的なスーパーヴィジョンと訓練アプローチはセラピスト特性を無視することができないということである。しかしより複雑な問題は，訓練とスーパーヴィジョン・プロセスにおいてセラピスト変数をどうやって考慮に入れるかである。スコヴホルトとロネスタッド（2001）が平均年齢74歳のセラピストに実施したきわだった研究によって，反省すべき重要な点が明らかになった。行ったのは下記のような質問である。「自分が受けた訓練とスーパーヴィジョン体験を振り返ってみて，できるとしたらどんな面が改善できればよいと思いますか？」。心理療法の能力の育成は，個人的な特性と専門的特性の統合に緊密に結びついていたと大多数のセラピストは答えた。心理療法の能力を真に養成するための重要な基礎として，個人的体験と専門的体験を統合することに主な結論は集中した。

過去40年の作業の蓄積が強調するのは，最も効果的なセラピストは心理療法的関係を確立する方法を知っている人々であるということである（Sexton and Whiston, 1994）。このように，「効果のある」セラピストと「効

果のない」セラピストの比較によって，効果のあるセラピストが共感的で，防衛的でなく，自分の間違いを素直に認めることで心理療法の同盟を調整する人々であることが示されている（Najavits and Strupp, 1994）。心理療法的関係の重要性を知ること以外で，心理療法的関係を調整する複雑なプロセスの改善を扱おうとする訓練とスーパーヴィジョンのアプローチはほとんどない。それでも，心理療法の否定的な結果は，心理療法の同盟を調整する問題に関連するものが一番多いという結論に多くの著者が達している（Binder and Strupp, 1997）。理論的なアプローチにかかわらず，多くの研究はセラピストが患者の陰性反応（たとえば怒り，批判，要求，不信など）に最適に反応するのに苦労していることを示している。必然的に生じて心理療法の同盟を決裂させる相互の敵対的なやりとりのパターンを見つけ出すのに，セラピストは非常に苦労する。大部分のセラピストは，心理療法が失敗と感じられた結果として陰性反応をすることが多い。間主観的な行き詰まりを処理するために要求される技術は，心理療法の能力のおそらく最も重要な側面を構成している。遡及的な研究（Rennie, 1992 ; Rhodes et al., 1994）によれば，心理療法における患者の陰性感情は探索されないことが多く，さらにセラピストに陰性反応を引き起こすことを恐れてこのような反応を隠したと患者は報告している。心理療法で陰性感情の体験を共有することを選んだ患者は，話を聞いてもらえないと感じていた。こうした結果は，46% の患者が心理療法を中断する理由をある程度説明するかもしれない（Wierzbicki and Pekarik, 1993）。

　この結論は，心理療法的な関係を調整する重要性と複雑さの両方を示している。心理療法的関係は静止したものとして部分的にしか考察されないことがあまりにも多い。心理療法の同盟を確立し維持することは，心理療法の中立性として理想的で固定した位置に達するというわけでは必ずもない。そのような決めつけは，関係の行き詰まりの理由を厳密に技術上の難点や単一方向の要因だけに制限するという危険を冒している。このプロセスの実情により一致するのは，心理療法的関係は二人の人々が心理療法の課題と目的の達成のために作業することに気持ちのうえで合意に達しよ

うと試みる非線形，力動的なプロセスであるという理解である。セラピストと患者双方が結束して作業しようとする努力は，決裂とまでは言わないが，ためらい，変動，疑い，欺きの瞬間を体験するだろう。心理療法が進歩するかどうかは，主に患者とのこうした難しい瞬間を調整するセラピストの能力次第である。困難な関係体験を最適に調整することは，介入プロセスの展開における決定的な転機となることが多い。この苦難に備えるのに臨床的な訓練とスーパーヴィジョン経験が役に立っていないとしたら，大多数のセラピストが関係性のテスト（Binder and Strupp, 1997）に失敗するのは驚くにはあたらない。対人的なプロセスを処理するのに必要とされる技術は，心理療法の能力の最も重要な要因を構成するように思える。この技術は，理論的な観点や処方される技法へのこだわりよりはるかに多くのものを必要とする。厳密な技術や理論にこだわることは，心理療法のプロセスと結果を貧弱なものにする傾向がある（Castonguay et al., 1996）。

　訓練とスーパーヴィジョンの統合モデルを精緻化することには，セラピストおよび心理療法的関係の貢献が果たす中心的役割に注目させるような基準を探索することが含まれる。この結論が示唆するのは，適切にまずまずのやり方で心理療法の技法を使うためには，患者変数を考慮しながら，セラピストが心理療法的関係の範囲内で適切な体験を調整する方法を学ばなければならないということである。これは，技法や介入の効果がセラピストの性格と心理療法的関係の質に密接に関連することを意味する。自分自身と患者に対して居心地よくいられるときにこそ，最適な介入を提供することが可能となるということにセラピストは同意するだろう。しかし，私たちがみなわかっているように，この計画を実行するのは込み入った妙技なのである。

　理論的，技術的なサポートの他に，スーパーヴィジョンにおいてセラピストは自分自身の調整と相互作用の調整を考慮する内省のための空間が必要である。セラピストが効果的に心理療法の技法を使いはじめることができるのは，最適な自己調整と相互作用の調整を成し遂げるときだけである。この意味で臨床実践には臨床スーパーヴィジョンでの内省のための空間が

必要であり，それはセラピストの専門家としての経験に関わりがない。専門家として10年か15年も経験を積むと，多くのセラピストは，あえてスーパーヴィジョンを受けようとしなくなる。10年も経験を積めば，生きていくための能力が身につくと想定されるからだ。一方，専門的な能力が身につくかどうかは，心理療法プロセスで進行する複雑さに気づくセラピストの能力次第であり，つまりは職業を営む間ずっと，スーパーヴィジョンで自己内省のための空間を見つけられるかどうかにかかってくる。技法を有効に使おうと相互作用と自己を調整しようとしているセラピストを援助するために，調和した適切な統合を可能にするようなスーパーヴィジョンと訓練アプローチを提供することが重要である。

● スーパーヴィジョン──統合の場所

大多数のセラピストにとって，スーパーヴィジョンはアイデンティティと専門的能力の育成において決定的な体験である（Borders and Fong, 1994 ; Rodenhauser, 1997）。スーパーヴィジョンによって専門家能力を高め，質の高いサーヴィスを保証する総合的な視点におけるサポート・フィードバック・モデル，刺激が得られる（Savard, 1997）。スーパーヴィジョンは，専門的能力を育成する訓練の最も頻繁に使われる手段である（Lambert and Ogles, 1997）スーパーヴァイザーが考慮しなければならないとマイケルズ（1994）が書いている事項を読むと，スーパーヴァイザーの複雑な役割がより明確に理解できる。それはすなわち，(1) 患者（その問題，心理力動，生活状況，治療目的を含む），(2) スーパーヴァイジー（発達レヴェル，知的な理解，逆転移，職業目的を含む），(3) 心理療法とスーパーヴィジョン・プロセス，(4) スーパーヴィジョンが行われる組織的職業的な状況である。スーパーヴィジョンの複雑性と重要性を考えると，10〜15%のスーパーヴァイザーしかスーパーヴィジョンによる訓練を受けていないのは奇妙なことである。

したがって，問題は統合的なスーパーヴィジョン・アプローチをどうやって奨励するかである。セラピストの体験を断片的に考えるのではなく，スーパーヴァイザーは技法，患者変数，セラピストの性格，心理療法的関係の間に一貫した関連を確立しようとしなければならない。訓練とスーパーヴィジョンは，人間の経験は混沌としていて非線形で情緒に満ちているのにもかかわらず，専門家の育成が論理的で明確であるという考えに基づくデカルト的合理的観点から考察されることがあまりにも多い。専門主義の仮面の裏で，訓練とスーパーヴィジョンのプログラムは，個人の違いと特別な事情を無視したプロクルステスのベッドを押しつける。こうしたスーパーヴァイザーは，スーパーヴァイジーの関心と欲求を考慮に入れるというより自分が予定しているものを押しつける。統合的内省的アプローチを促すのではなく，こうしたスーパーヴァイザーは，何にでもあてはまる理論とスーパーヴィジョンに陥りがちだ。実際のところ，知識，専門的技能，あり方の間を不調和に前進と後退を繰り返すことに，程度の差はあれセラピストの体験は基づいている。

　そして，知識，専門的技能，あり方の諸次元は相互作用し，患者との心理療法的関係における創造的力動的な変化を促す。理論的な知識は専門的技能の次元を決定し，あり方の次元に影響する。専門的技能の次元に関しては，理論的な知識とあり方の解釈が具体化したものである。最後に，あり方の次元は，理論的な知識と専門的技能の変容を可能にする。それは，本質的に意味と変容の場である。

　したがって，スーパーヴィジョンはこれらの知識の諸次元の間の緊張が力動的なやり方で統合されるような探索と理解の場となる。統合モデルでは，あり方の次元が最も有力なものとなる。ここでの「あり方」とは，自己調整プロセス（たとえば，自尊心と不安の調整）や，関係性の知識，すなわち，この知識から具体的に現れる相互的調整を指すものとする（Beebe and Lachmann, 2002）。このような主張は，セラピスト変数と心理療法的関係に中心的な役割があることを反映している（Sexton and Whiston, 1994）。技法と理論的な知識の統合は，セラピストの性格特性と心理療法的関係の

相互作用によってなされる（Luborsky, 1994）。

　理論的な知識（たとえば，クライアントを本当に理解しているのか？），専門的技能や理論的な技法（たとえば，「勧められた技法を試してみたが，うまくいかなかった」），あり方（たとえば，「もううんざりでがっかり。もうどうにもならない」）の間の避けがたい緊張を探索するとき，スーパーヴァイザーはセラピストがこれらの疑問を理解して首尾一貫した関連性を確立して諸側面の統合を容易にするために，考える余地を作り出す。体験と実践のための考える余地を作りながら，セラピストは次第に自己調整，相互的調整，介入プロセスへの影響への気づきを育てていく。自己内省を促しながら，スーパーヴァイザーはセラピストの多様な側面の体験の統合を強調し，心理療法の能力を，専門家としての生活を通じてかなり向上させることを可能にする。

　スーパーヴィジョンと訓練について考えるとき，学習のプロセスにおいて何が基本的に危険にさらされているかを考えるのを忘れてしまうことが多い。多くの訓練とスーパーヴィジョン・プログラムは，専門的能力を獲得するために通過しなければならないさまざまな論理的で直線的な段階を定めている。ほとんどの場合，これらの直線的な段階は，一番単純なものから一番複雑なものへと進化する（Thelen and Smith, 1994）。しかし，ここから抜けているのは，学習のプロセスを不安定にしうる要因である。大部分のセラピストにとって，スーパーヴィジョンと訓練を受けようという決意は，複雑なものである。スーパーヴィジョンと訓練を受けることは，誰かに自分の傷つきやすさをさらし，判決を受けるとまではいわないにしても，評価される危険を冒すという選択を含むのである。他人の見解にさらされるだけでなく，自分の見解と疑念を表現し，質問にさらされることも必要である。そのようなプロセスがどのように心理療法の能力の育成に貢献する学習環境になりうるのかを問題にすることも可能である。

　スーパーヴィジョン・プロセスにとって重要なのは，スーパーヴァイジーが脱構築し，再構成するという学習体験を扱うことができるように，セラピストの変わろうとする意志，介入プロセスを改善する欲求，それと同時

に自尊心と自己凝集性を維持するための欲求の間の緊張状態を，スーパーヴァイザーが理解し承認できることなのである。セラピスト独自の特徴と体験次第で，このような緊張状態は多くの形を取りうる。この緊張状態の性質次第で，学習プロセスは違った重要性をもつだろう。ピアジェ（1971）は，同化と調整の概念を使ってこのプロセスを説明した。力動的なシステムズ理論アプローチに基づく枠組みを使って，セレンとスミス（1994）はこの体験を，力動的な自己組織化と混沌の体験であると説明した。同化は，個人が新しい情報を既存の心的構造に統合するプロセスである。セラピストが自分自身の組織化と共存しうるような新しい視点を発見すると，新しい視点と古い視点の緊張関係は一番よく統合される。ほとんどのセラピストは，スーパーヴィジョンで自分の介入スタイルやあり方が，根本的に問われるような体験をしたくないと思っている。スーパーヴァイジーは，心理療法の能力と効果を向上させるために簡単に取り入れることができる新しい情報を進んで探し求める。この同化的調整には労力を要するが，スーパーヴァイジーの内的な凝集性と自尊心は，この枠組みでは脅かされない。この枠組みは，セラピストの専門家としての体験と，個人的な体験の分化と強化を可能にするような学習経験を含んでいる。

　既存の心的構造に統合できないような，自分自身や患者についての理論的な理解や，介入や心理療法的関係の質の適切性に関する新しいデータに直面するとき，セラピストは調整のプロセスに係わらなければならない。調整には，新しい情報に反応し統合するために，古い構造を変容させることを伴う。そのようなプロセスは過去の知識の脱-構造化を必要とし，結果として体験を不安定にし，混乱させることが多い。スーパーヴァイザーが最適に支持するのでなければ，こうした体験は耐えがたいものになり，人を無力にする不名誉な体験に終わり，新しくより適応した機能する心的構造の出現を妨げるかもしれない。ぎこちない学習のプロセスを経て柔軟なやり方がもっと機能するようになり，新しい構造が現れる。そしてそれによって同化と調節のプロセスが協調して作用する。

　たとえスーパーヴァイジーが既存の構造を維持することを望むとしても，

臨床実践で困難を体験すると，何かが，変化が起こるために必要なものが欠けていることがわかるだろう。もしスーパーヴァイザーが，スーパーヴァイジーの混乱状況を理解しようと聞き耳を立て，助けることができるならば，同化と調節の間の緊張を探索し理解するプロセスを始めることが可能となる。一方，スーパーヴァイザーがそのような体験に心を開かないならば，スーパーヴィジョンで同化が試みられても不満足なものに終わるだろう。そうした自己認識のプロセスを確立する学習方法が取れなかったスーパーヴィジョン体験を報告しているセラピストがどれほどいることだろうか。学習プロセスが既存の構造のなかの新しい情報の同化か，スーパーヴァイザーの観点を受け入れるのに限られるようなスーパーヴィジョン・モデルが多い。スーパーヴァイザーが博識，賢さ，優越感をひけらかすのに抑制をきかせないと，スーパーヴァイジーは防衛的な操作と隠しだてをして終わるかもしれない。個人的な問題と専門家としての問題に厳密に一線を画すと，スーパーヴァイジーとともに体験を内省的に探索するのではなく，スーパーヴァイジーを幼児化させてしまうかもしれない。職に就いている間ずっと，既存の認知的，情動的，行動的構造に同化し調整を行うことがたえず問われる。深い構造上の変化を意味する調整を体験するには，不安，喪，恥，傷つき，怒りなどの破壊的体験を処理するのに，十分な時間と意義のあるスーパーヴィジョン状況が必要とされる。残念なことに，専門家としての内省のための時間が十分でないセラピストが多い。

　多くの著者は専門家としての自己の発達を，患者についての理論的な知識と技法の習得の段階から，理論はあっさり使うだけで，心理療法的関係と，本物のやり方で自分を利用しなければならないことが中核であるという複雑な気づきまで移行するものとして記述している。心理療法の能力の発達が，既存の構造を維持しようとする同化プロセスと，不安定化する修正を必要とする調節プロセスの間で一進一退することを，この分析は示唆している。スコヴホルトとロネスタッド（1992）によれば，心理療法の複雑で不確かなプロセスを切り抜けたことのないセラピストは，クライアントを不満にする散漫な仕事か，疲れさせ落ち込ませるような仕事か，もっ

と多いのは見せかけの心理療法の能力が身についていると思い込んで仕事を行うという危険を冒している。自分の体験を反省することができないならば、セラピストは自分に求められていることについての考えを恣意的に選択し、薄め、変化させ、歪めているかもしれない。圧倒され、不安になり、専門的自己が脅かされるので、セラピストは見せかけの成長をするのかもしれない。スーパーヴァイジーは他人の著作だけに頼り、自分自身のアイデンティティを選択する不安に直面することを避けて、患者と一緒にいるときに融通のきかない考え方、感じ方、ふるまい方を無意識のうちに繰り返してしまう。

● スーパーヴィジョン——間主観的な内省の空間

　幼児発達に関する研究（Beebe and Lachmann, 2002）と多数の臨床観察によって、個人の経験は他者との関係の文脈から生じ、そのなかで構造化され、組織されるということが強調されている。生まれたときから、私たちは関係性の家族の社会文化のマトリックスのなかで刻み込まれつづけ、そのなかでずっと成長していく。そのような観点は、さまざまな方法で組織化されたふたつの主観的な世界、患者の世界とセラピストの世界の相互作用によって生み出された、間主観的な体験としての心理療法的なプロセスの概念化を可能にする。これらのふたつの主観の間には、患者の苦しみを理解し、変えようと試みる心理療法的な対話と心理療法的なプロセスの契約がある。心理療法的関係は、参加する二人がどのように心理療法のプロセスが展開するかに影響を与え合う二者関係の力動的なシステムである。患者とセラピストはともに、心理療法の同盟のなかで起こる歪曲、再演、決裂に参加する。臨床スーパーヴィジョンも、間主観的な領域で展開する。スーパーヴィジョンで、スーパーヴァイザーは、スーパーヴァイジーの状態の刻一刻と変わる変化の信号に耳を傾け、それに反応するような力動的な調整システムが進化していく。このとき、スーパーヴィジョンは3つの

主観，スーパーヴァイザー，セラピスト，患者の相互作用を含んでいる。スーパーヴァイザーと患者の間の間主観的な相互作用は仮想的なものであるが，それにもかかわらず重要である。

　この観点から言えば，間主観的なフィールドに関係しているすべての参加者の相互作用を考慮せずに，心理療法とスーパーヴィジョン，双方の状況において，問題や困難を理解し，説明することはできない。ウィニコット（1965）がうまく表現しているように，母親を考慮せずに子どもの問題について話すことはできないのである。スーパーヴィジョンとは，参加者が分離不可能なシステムを構成するものである。力動的間主観的なシステムのなかで患者が経験している困難を理解することは，明確で一次元的な説明から，経験が共同で構築され多次元である世界に移行することを意味する（Stolorow et al., 2002）。患者やセラピストのなかに答えを探すのでなく，私たちは相互的な影響のプロセスのなかにあるお互いの積極的な貢献を認めるのである。これが，臨床スーパーヴィジョンの最も基本的な次元のひとつである。スーパーヴァイザーは，この間主観的な観点の範囲内で，スーパーヴィジョン・プロセスを定義し，組織しなければならない。

　このような立場は心理療法とスーパーヴィジョンの状況で出くわす困難の背景を明らかにし，大局的な見方を与えてくれるので，スーパーヴァイジーを安心させることもあるが，スーパーヴァイザーからの反応が明快なものでないときには，同じくらい動揺させることもありえる。さらに言えば，間主観的な観点のなかで介入とスーパーヴィジョン・プロセスを考慮すると，もはや明確で客観的な立場というものがないことがわかる。セラピストの主観は患者の主観から見分けがつかなくなる。それゆえ，ふたつの主観が問題の一部であり，解決の一部となる。したがって，主観がセラピストのための資源でありえるのと同様に，心理療法的な進歩に対する障害にもなりうる。同じことは，スーパーヴァイジーとスーパーヴァイザーの相互作用にもあてはまる。

　臨床スーパーヴィジョンは，最適な介入を行うことができるように，セラピストが自己調整と相互作用調整を探索し理解し修正することができる

内省のための間主観的な空間を作ろうとすることである。内省の空間を創造することによって，スーパーヴァイザーとセラピスト双方は，明瞭で一次元的な因果関係を捜す段階を越えて，問題を内省する第三の位置に達しなければならない。間主観的な空間は，セラピストに患者との相互作用と介入について思い描き，内省することを可能にする新しい視点を開く。

● スーパーヴィジョンにおける内省の空間の作り方

　スーパーヴィジョンには，セラピストが自分の能力と有効性を無効にしてしまうような疑いと疑問を打ち明けることが伴う。多くのスーパーヴァイジーはこの体験を労力がかかり面倒で恥ずかしいとさえ描写している。ほとんどのスーパーヴァイジー（97.2%）は，スーパーヴァイザーに情報を知らせないことがある。知らせない内容で一番多いのは，スーパーヴァイザーへの陰性反応，個人的な問題，臨床的な失敗などに関連していた（Ladany et al., 1996）。となると，どうやったらスーパーヴァイジーが支持され，理解され，承認されたと感じられるような内省の空間を生み出すような条件が確立されうるのか？　スーパーヴァイザーは，スーパーヴァイジーの専門的，個人的な内的世界との接近遭遇をどうやったら促進することができるのか？

　一方でスーパーヴィジョンと心理療法の間主観的な性質に気づき，もう一方で専門的な自己開示の情緒的な意味合いに気づきながら，スーパーヴァイザーはセラピスト＝スーパーヴァイジー体験が共有され，情緒的な対話が確立されうるような環境を生み出さなければならない。このような状況は，セラピストの体験を傾聴し，探索する共感－内省的，情動調律されたアプローチを育成する。共感と内省をもって傾聴することによって，スーパーヴァイザーはスーパーヴァイジーの体験を，それからその体験に結びついたスーパーヴァイジーを感じ理解しようとする（Lecomte and Richard, 2003）。共感的な理解によって，スーパーヴァイザーはスーパー

ヴァイジーが思い切って自己開示できるような信頼できる環境を生み出すことに貢献する。どのくらい内省が深まるかは，スーパーヴァイザーが自分自身の内的な情緒的体験に再びふれようとするやり方に対応している。スーパーヴァイザーがこのような自己への気づきを得ることが重要なのは，スーパーヴァイジーから受ける影響をよりよく理解するためであり，スーパーヴァイジーの自己調整と間主観的な調整を導くためでもある。例えば，スーパーヴィジョン面接の準備ができていないスーパーヴァイジーに直面したら，スーパーヴァイザーは自分が苛立って落ち着かないのはスーパーヴァイジーのふるまいのためであると考えたくなるかもしれない。しかし，もしスーパーヴィジョンが情動調律した共感的で間主観的なアプローチに根づいているならば，スーパーヴァイザーは相互作用，特に情緒的な対話の試みにおける相互作用にこの体験がどのように影響を及ぼすかを探索し，理解しようとしそうである。自分の貢献だけを理解しようとしている間は，スーパーヴァイザーの視点は誤りやすく危ういままである。結果として，スーパーヴァイザーの意識を共有するという拡張のプロセスとなり，これが新しい関係性の体験を奨励するのである。自らを中立の専門家や距離を持って眺める観察者として定義する代わりに，スーパーヴァイザーは，自らの責任，役割，機能を放棄するためというよりは，間主観的な内省の空間を保護し促進するために関係性のプロセスの相互性を受け入れる。

　スーパーヴァイザーはセラピスト＝スーパーヴァイジーの体験を共感的に傾聴，理解しようとする。それはスーパーヴァイジーの視点に対応するために自分自身の視野を広げる能力に基づく。共感的な傾聴は，スーパーヴァイザーが自分自身とセラピストに耳を傾けることを可能にするある種の心理的な距離を維持する能力を前提にしている。スーパーヴァイザーが情緒的に利用可能であることに基づく，この心理的な距離によって，最適な作業同盟の確立が可能になる。

　しかし，たとえスーパーヴァイザーが共感的で，礼儀正しく，興味をもった態度を続けようとしても，スーパーヴィジョンの同盟は必然的に変動し，決裂する。さまざまな方法で構成されたふたつの主観の間の情緒的な対話

の試みは，多かれ少なかれはっきりした情緒的な分離の瞬間を必ず通るのである。スーパーヴァイザーとセラピストの両者が確実に共感的でありえると思うのは，幻想である。作業同盟が多少とも悪化するような分離の瞬間を意識することは，スーパーヴィジョンの展開にとって重要である。そのような対話がなければ，スーパーヴィジョンにおいて意味のある本物の学習は，不可能とまでは言わないが，困難になる。専門的および個人的な困難に関する対話を共有することを促すのではなく，そのようなときスーパーヴィジョンは技術的で周辺的な問題に制限されてしまう。スーパーヴァイザーが自分自身とセラピスト＝スーパーヴァイジーとの相互作用を調整するのを助けるために，スペクトラム状に付置するいくつかの指標が提案されている（Lecomte and Richard, 1999）。これらの指標によって，スーパーヴァイザーの自覚が促され，自分自身，そしてセラピスト＝スーパーヴァイジーと内省的な取り組みが求められる。

　スーパーヴィジョンの交流の三者関係的，間主観的な視点は，間主観的な結合と分離の概念を使って発達する（Stolorow et al., 1992）。この三者関係の間主観的なモデルによって，スーパーヴァイザーの理解が揺れ動き，スーパーヴァイザーの反応性が機能する様子を描き出すことができる。

　患者が感じている可能性があることと，患者の自分のものとは異なっていたり似通ったりしている視点を理解することが可能になるような，共鳴するように調律された受容性に基づいてスーパーヴァイザーが共感的に情動調律して傾聴することが望ましい。この理解は，他者の視点を受け入れるために自分の視点を広げるものとして定義されうる。ストロロウとアトウッド（1992）は，セラピストの理解と反応性の機能を促進もし妨害もするものとして，間主観的な分離と結合の必然的な実例を解説した。ストロロウらによれば，セラピストの理解と反応性が促進されるのは，セラピストが主観的な中心性を回復する自分自身の組織化原則を内省的に意識するようになれる能力次第である。妨害というのは，セラピストが患者を誤解した際に起こるさまざまな心理療法の行き詰まりを指す。これらの原則をスーパーヴィジョンのプロセスに適用することによって，スーパーヴァイ

ザーとスーパーヴァイジーの複雑な相関性を照らすことができ，両者が相手の行動の調整にいかに貢献するかを明らかにすることができる。分離現象において，スーパーヴァイザーは自分とは違うふうに組織化されたスーパーヴァイジーの視点を自分の理論に同化し，その意味を変えるか，行き詰まるかどちらかである。

　スーパーヴァイジーのことをじれったく思ったり，いらいらしてしまったりして，スーパーヴァイザーが自分の視点に従ってものごとを見てほしくなるということはよく起こることである。このような姿勢は，程度は異なるが一種の押しつけになりうるので，対立や緊張をはらんだ関係になってしまうこともある。したがって，情緒的に利用できないスーパーヴァイザーに直面したとき，セラピスト＝スーパーヴァイジーは承認されず，それゆえ患者との体験を探索し理解するプロセスにもはや関われないと感じるかもしれない。このような姿勢は不適切なものと言える。結合現象において，スーパーヴァイザーは似通っていると知覚されたり組織化されたりした視点をスーパーヴァイジーのものと混ぜ合わせてしまう。つまり，自分の視点をスーパーヴァイジーに譲り渡してしまう。スーパーヴァイザーは，セラピスト＝スーパーヴァイジーのすべての欲求に反応しようとしてプレッシャーを感じるだけでなく，責任と自分の不十分さも感じている。スーパーヴァイザーはスーパーヴァイジーの世界に完全に合わせてしまい，それによって自分自身の視点と心的距離を失ってしまう。関係を維持するためなら何でもするというときは，逆説的に，意味ある探索と理解の作業は危険にさらされているのだ。

　スーパーヴィジョンの実践で，この３つの姿勢，分離，連結，結合は，スペクトラム状に広がっている。スーパーヴィジョンが間主観的な領域で行なわれていれば，スーパーヴァイザーはスーパーヴァイジーと共感的に話そうとしていても，これらの姿勢のひとつ以上を体験するだろう。ある瞬間，あるセラピストに対して，不適切な干渉主義的なスタイルを取るスーパーヴァイザーが，別のときにはセラピストの困難な体験に打ちのめされ，縛られてしまうことがあるかもしれない。スーパーヴァイザーがこ

の変動している体験を認め，探索し，理解するようになれると，セラピストとの関係性の行き詰まりを解消することが期待できる。この変動する姿勢は，自己と相互作用の調整の重要な指標になりうる。このような分離と結合の例は，ふたつの主観の間の無意識の相互に影響するプロセスの結果である。それゆえ，スーパーヴァイザーが自分自身の変動する姿勢を認め，探索し，理解できるならば，それは行き詰まりの解決を可能にするだけでなく，スーパーヴァイジーの無意識の組織化活動に関する非常に貴重な情報源となる。こうした反応を含み込み理解が可能になることで，スーパーヴァイザーは主観的な中心性を獲得するだけでなく，スーパーヴァイジーに最適に反応することもできるようになる。理解することと反応することは，重要なスーパーヴィジョンと心理療法の能力を構成している。それはスーパーヴァイザーが教育的－心理療法的－体験的なプロセスを通じてセラピスト＝スーパーヴァイジーのなかに育もうとしているものである。スーパーヴァイザーの能力とは，自分とある部分は類似し，またある部分では異なって組織化された視点と相互交流を行う際に，自分自身の進行中の組織化活動を自覚し調整することとして定義できる。

　この変動している姿勢が背景として重要性をもってくるのは，相互に影響し補い合うこの間主観的な領域のなかにおいてなのである。このように，協和音と不協和音が同時に響くスーパーヴァイザーの体験は，セラピストとの相互作用のなかで一番よく理解される。たとえこの体験が相互作用する体験の世界によって共同構築されるとしても，スーパーヴァイザーは自らが参加していることを認識し，自分自身の心的機能に注意を払う義務がある。スーパーヴァイザーの内省的な作業はこのふたつのレヴェルを考慮に入れる。コミュニケーションは双方向に流れ，スーパーヴァイザーとスーパーヴァイジーの双方が相手に影響を及ぼし，影響を受ける。間主観的な内省の空間がスーパーヴァイザーとセラピストの間で構築されうるのは，この雰囲気のなかにおいてなのである。

● 心理療法の能力——外的スーパーヴィジョンから内的スーパーヴィジョンへ

　セラピストが発見するもののうち最も魅力的で，かつ混乱させられるものは，間違いなく変化の複雑性である。患者の要求は，曖昧である。介入のプロセスは，本質的に不確実である。専門家としての能力とアイデンティティを探索するなかで，多くのセラピストは技法と理論の学習や，専門家を模倣することによって何らかの専門的な安全と確かさを求め，それから徐々に心理療法的関係の重要性と自分自身の特徴が与える影響を発見する（Halgin and Murphy, 1995）心理療法の状況のきわめて主観的で間主観的な性格を認めることは，相互作用の独特な性質に基づく自分の視点をつねに改訂することを意味している。

　心理療法家は自分が個人的にも専門家としても限界があり，技術は不十分で，理論から学ぶことは少ないということがすぐにわかる。そんな場合，心理療法の能力を定義すれば「心理療法において肯定的な変化を促進する最適な反応性は，自らの内的体験に触れ，間主観的な文脈に敏感で，患者の体験に注意を払うセラピストからの影響によって生じるという認識」ということになるだろう。有能なセラピストとは，特定の患者と相互作用する際の技法と方略に関する理論的な知識と専門的技能の組み合わせを最適に統合できた人のことである。臨床スーパーヴィジョンの主な目的が，理論と技法の適応を学びながら専門家としての能力と働きを促進することであるとしても，この目的を達成するためには，スーパーヴァイジーは自己と自己の利用に取り組みつづけなければならない。

　臨床的スーパーヴィジョンの主な目的は，専門的な能力の確立と自己内省の発展を促進することである。またそれと同時に，セラピストが自分自身の変化の理論，理論的方向づけ，自己と相互作用調整の体験を統合しようとするのを支持し，セラピストの臨床的選択を心理療法的関係のなかで明るみに出すのを手伝おうとすることでもある。そうする間に，セラピスト＝スーパーヴァイジーは，徐々に外的スーパーヴィジョンから内的スー

パーヴィジョンに移行するのである。

　スーパーヴァイザーがスーパーヴァイジーの外的スーパーヴィジョンから内的スーパーヴィジョンへの移行にどのように付き添い，援助することができるかを今簡単に検証してみようと思う。スーパーヴァイジーの体験を共感的に傾聴し，理解しようとすることによって，スーパーヴァイザーはスーパーヴィジョンにおける作業同盟を結ぶことができ，スーパーヴァイジーの情動と自尊心を調整する能力の発達を活性化し，促進することができる。この関係の枠組みのなかで，スーパーヴァイザーが敏感に把握し理解するのは，同化というセラピストの揺れ動く運動であり，それは行為と態度の開放と閉鎖に現れる調整行為である。スーパーヴァイジーは十分な自尊心と効力感を感じ維持することができて初めて，混乱を招く学習経験を味わい，統合するようになれるのである。たとえば，スーパーヴァイザーの具体的で共感的な支持がなければ，スーパーヴァイジーが恥ずかしさや自分がだめだという感覚を克服するのは困難だろう。基本的には，専門的な能力の学習プロセスと展開が行われうるのは，スーパーヴァイザーが気持ちを合わせてくれて，セラピスト＝スーパーヴァイジーの情動的な体験，特に恥ずかしさ，根底にある気持ちの揺らぎ，開放性，拡大と閉鎖，収縮の体験の間の緊張に敏感であると感じられる時である。スーパーヴァイジーの自己に関する認識と，スーパーヴァイザーとスーパーヴァイジーの複雑な関係性の認識が不足すると，必然的にスーパーヴィジョン・プロセスは歪んでしまう。そのようなときのスーパーヴィジョンの目的は，スーパーヴァイジーにとっては学習と成長から生き残ることに変わってしまい，スーパーヴァイザーにとっては欲求不満のもとになる。

　既存のあり方とやり方に挑むような学習環境を創設することは，決して簡単な仕事ではない（Bernard and Goodyear, 1998）。そのような環境がすでにあるならば，臨床スーパーヴィジョンの目的，課題，手順の記述は別の意味をもってくる。力動的，間主観的学習プロセスのなかで，スーパーヴァイジーと協力してスーパーヴィジョンの目的と見込まれる成果を定義し，役割，義務，機能状態を特定するプロセスが，意義深い統合のプロセ

スを促進するのである。スーパーヴィジョンの枠組み（目的，見込まれる成果，手続き，役割，義務）を定めてから，スーパーヴィジョンの3つの基本的な変数の相互作用に基づいて，内省的な作業を始めることができる。

　心理療法の実践は，意思－目標，行動による介入，セラピストの主観的な体験の間の相互作用によって基本的に特徴づけられる（Lecomte, 1997；Schön, 1987）。セラピストが追求する目標は，苦しみ，癒し，支持する理論の個人的な見方に基づいて，スーパーヴィジョンの目的に影響を与える。個人的な信条と仮説によっても，スーパーヴィジョンが意図する目的は形作られる。スーパーヴィジョンの内省的な作業のなかで，セラピストは支持する理論と個人的な見方や実践的な理論の間に食い違いがあることを発見するかもしれない。この発見は，介入プロセスの重要な側面を解明するのに役立つかもしれない。シェーン（1987）は，専門家としての行動の，理論上の根拠を理解することの重要性を強調した。心理療法的行為の理論的な根拠を専門的に記述したものが，心理療法での実際の行為にはあまり関係がないということはよくある。支持する理論と実践的な理論が合わないとしても，スーパーヴァイザーはスーパーヴァイジーがふたつの理論を調和させるのを助けなければならない。実践に関する一貫した理論が育まれなければ，スーパーヴァイジーは自分自身の内省的な技術を育てるのではなく，他の人が考えたことの後追いだけをするかもしれない。心理療法の介入は，観察可能な専門的行為と，その行為の患者への影響として定義される。専門的行為とその行為の影響（たとえば，解釈，認知の再構造化，関係の決裂）を記述する際に，セラピストは客観的な自己意識の視点から語る。一方，主観的な体験は，主観的な自己認識の形態を取った「私」体験からなる。この主観的な体験によって，セラピストは自分の主観的な体験と個人の特徴が行動による介入と意図に与える影響を理解し，探索することを奨励される（Aron, 2000）。心理療法の目的，介入，セラピスト＝スーパーヴァイジーの主観的な体験の間の緊張と相互作用は，臨床スーパーヴィジョン・プロセスの基本的な変数を構成する。

　このモデルの分析から以下のような観察を行うことができる。(1) 心理

療法の目的，介入と患者への影響の間に差があると，セラピストの能力と効力感に知覚できるようなレヴェルでの影響がある。この目的がうまく適用されないならば，セラピストは自分を無能だとか，効果を与えられないと感じるおそれがある。知覚される食い違いの程度は，各々のセラピストにとって異なる意味をもつだろう。(2) 心理療法の目的と主観的な体験の間の食い違いは，スーパーヴァイジーが自分の体験にどのくらい満足しているかを明らかにする。これは，たいていまずセラピストが検討する問題である。(3) 感じられている主観的な体験と，専門的行動の客観的な体験の間の食い違いは，「私とは何なのか？」「何を私はしているのか？」という統合した経験に達しようとする際にセラピストがぶつかる難しさの程度を示している。客観的な体験と主観的な体験の間のこの緊張は，専門家的側面と個人的側面の統合の難しさも反映しているかもしれない。これらのふたつの極を統合する継続的な努力を続けて，ようやくセラピストは満足できる最適なやり方で自分自身を使えるようになる。もし矛盾があまりに大きいならば，セラピストの専門家としての体験は消耗する不満足なものとなるか，見せかけの有能さの感覚に基づくものになる恐れがある。このプロセスは，知的でもあり情緒的でもあるプロセスである。このプロセスには，「主観としての自己＝"I"」と「対象としての自己＝"me"」の調停が含まれている。

　専門家としての生涯を通じて，セラピストは自分の絶え間ない専門的内省に光を当て改善するために，観察された機能と体験している機能の間の必然的な緊張を理解しようとする。主観的な自己認識と客観的自己認識の間の緊張を探索し理解することは，専門家としての成長の重要な鍵となる要因である（Aron, 2000）。セラピストの成長にとって非常に重要な，この長期的に内面をさぐるプロセスは，自分の体験を絶えず反省して処理することを含んでいる（Karasu, 2001）。

　スーパーヴィジョンと訓練プロセスは，探索，理解，修正（この３つの変数の間の食い違いと緊張の修正）にかなりの基礎を置いている。生物学的精神医学的な姿勢と，生物－心理－社会的な介入が互いに対立する状況

で，心理的機能における情緒的な調節不全と障害に苦しんでいる個人と作業することの複雑性と要求を考えると，疑問や困難について話すことができる内省の空間は，専門家としての業務の質を確かなものにするためにほとんど欠くことのできない設備になる（Gabbard, 1992）。

　スーパーヴィジョン・プロセスを通じて，特に各スーパーヴィジョン面接の初めに，スーパーヴァイザーはスーパーヴァイジーの困難であると感じられている緊張の体験を必ず認め，特に承認するようにする。セラピスト＝スーパーヴァイジーが自分の求めて行っていることと，自分の内的主観的体験の間の不調和な体験を十分に認められるようになるためには，共感的な承認は欠かせない。スーパーヴァイジーの目的と欲求に集中したこのような緊張を探索していくと，最初は外的な原因や解決の追求に救いが求められることが多い。患者の特徴を考えれば，特に主たる原因としての症状の重さは，セラピストを技術的理論的な解決に導きがちだ。セラピストは心理療法の目標と，介入と影響の妥当性の間の食い違いを減らそうとすることが多い。セラピストはしばしば次のように自問する。「目標を実現し，良い影響を与えるためには何ができるだろうか？」。セラピストの主観的な体験やより個人的な側面を探索することは，無視されるか軽視されてしまう。しかし，内省的共感的な探索によって，徐々にセラピスト＝スーパーヴァイジーは外的な要因だけが三極の間の緊張の原因ではないことに気がつく。もちろん，患者の特徴を知ることや技法は重要で，情緒的で対人関係的な障害を理解しうまく扱うのに役に立つのだが，セラピストは自分が調整している実践と方法に繰り返し現れるパターンにますます気づくようになる。今までとは違う技法を使ったり，違うやり方で患者の問題を概念化してみても，望ましい結果がまだ起こらなかったり，あるいはさらに悪いことに，はっきりした出口もなく関係の行き詰まりが再現されることに，セラピストは気づくかもしれない。これは苦しく混乱する体験となることが多い。支持的承認的な内省の空間を提供できるスーパーヴァイザーを自由に利用できるときにだけ，セラピストは繰り返されるパターンの探索と理解を行うことができる。

このように，スーパーヴィジョンという作業によって，関係性と介入に関する自分の特徴の影響を考慮することが可能になる。スーパーヴィジョンの内省的な作業と心理療法の作業を混同するのを避けるために，セラピストが個人的な側面と専門的な側面の間にしなやかで力動的な結合を確立しながら，学習目標を追求することをスーパーヴァイザーは援助する（Lecomte, 1997）。明確化と理解のこのプロセスは，セラピストが以下のような疑問の答えを見つけるのに役立つ。「理解しようと努力していて，いろいろな介入を試しているのに，心理療法で繰り返し難しい状況にはまってしまうのはどうしてなのだろう？」。セラピストは自分の貢献を自覚し理解しようとして，能力も限界も含めた本物の自己を使って初めて，技法と心理療法的関係の質が意味と価値をもつことに気づく。この自己内省を強化するために，セラピストは，スーパーヴァイザーと内省し，新しい様式の自己と相互作用の調整を実践するために選択し熟考することを求められる。技法の適切な使用が重要性をもつのは，ここなのである。何らかの意味がある学習経験には，必然的な破壊と再構成の体験が予想される。スーパーヴァイザーは具体的な支持を提供するというセラピストの役割を越えて，スーパーヴァイジーが必要な変化を新しい構造に組み込むことを援助することで，構造の崩壊を最適な形で促進し，自己凝集性と自尊心を高める。セラピストの率直さ，分化，能力に対する欲求と，自己凝集性，自尊心，自己組織的欲求の間にある基本的な緊張関係に敏感になって，スーパーヴァイザーはセラピストの学習の努力に対する最適の支持を提供しようとする。適切な練習，自己観察尺度，音声と映像の記録，面接記録のメモなどを利用して，スーパーヴィジョン・プロセスでの新しい方略を学ぶことから，多くのセラピストは自己と相互作用の調整の新しい方法を実践する。新しい観点をセラピストが探索し，理解し，適応することを最適に具体的に支持することによって，スーパーヴァイザーはセラピストが外的スーパーヴィジョンから内的スーパーヴィジョンへ移行することを援助する。セラピストは徐々にスーパーヴァイザーのいる前では，内省的な自己認識の姿勢を示すようになる。スーパーヴァイジー＝セラピストが心理療

法の目的と介入に注意しながら，自分の主観的な自己認識と客観的な自己認識の間の力動的な緊張を，持続的に，徐々に探索できるようになるのがわかると，スーパーヴァイザーはうれしくなるものである。

● 臨床スーパーヴィジョンの事例

● 状況

　精神医療の分野で 10 年以上経験のある心理職の心理療法家が，非常にためらいつつも私との面接を求めた。彼女は，すでに職場のスーパーヴィジョン・グループに参加していた。その研究会に参加して得られる診断的理論的知識は役には立っていたのだが，彼女はその会は自分の疑いと不安を共有することができるような環境ではないという印象を受けていた。仕事は難しく，消耗するもので，特に抑うつに加えて境界性パーソナリティ的行為も示す患者との面接はそうだった。彼女は，この患者との面接をますます恐れるようになった。同僚は彼女を落ち着かせ，そういう患者は感情的で破壊的な行動をするものだと強調したが，彼女は悩み，混乱したままだった。本当に起こっていたことは何なのか？　この困った状況は彼女のせいだったのか？　集団スーパーヴィジョンで，彼女はそうではないと言われた。それでもなお，彼女はまだ自問していた。そのような文脈のなかで，彼女はスーパーヴィジョンが役に立つかどうか疑っていた。この時点まで，彼女のスーパーヴィジョン体験は，診断，理論的な考察，この患者に使える治療方法にほぼ集中していた。この集団スーパーヴィジョンで，個人的な問題と専門的な問題の間には暗黙の境界があった。最もよく知られている治療的なアプローチに関心をもっていたので，彼女はこの患者にできることはすべてを試したと感じていた。たとえば，彼女はもっとうまくこの状況を扱おうとして，リネハン，カーンバーグ，マスターソンの著作の影響を受けていた。

セラピストは最善の努力を行ったが，患者はセラピストが鈍感でわかっておらず自分を助けるために何もしてくれないことを批判した。患者は攻撃的で敗北主義的であり続け，定期的に心理療法をやめると脅した。

● **調整と間主観的なフィールド**

　セラピストはきっとがっかりして，愛想をつかされるだろうと疑いつつも私の個人スーパーヴィジョンにやってきた。彼女は患者のことを詳細に描写する必要があると信じて，心理療法のプロセスの細部にわたる徹底的な分析を提案した。患者に関する書類の厚さから，彼女がこの患者に払ってきたさまざまな努力がにじみでていた。

　事例報告を聞いた後に，私はスーパーヴィジョンで求められている目的を特定しようとして，彼女にこの患者に接した主観的な体験を話してみないかと勧めた。彼女は少し驚き，興味を持った様子で，重い関係書類を膝にのせて，この患者との間のいろいろな失敗とうまくいかなかった体験を説明しはじめた。私を安心させ，同時に明らかに自分自身も安心させるために，彼女はこう結論づけた。「みんなが私に言うんですけど，そんな状況は精神科では普通のことなんです。この世界にはつきものなんです」。

　彼女の主観的な体験を理解しようとする私の偽りのない関心に直面して，彼女はそのような患者に良い影響を与える方法を知りたいし，自分のことをよく思えるようになりたいと説明した。彼女は，もし自分がもっと有能でもっと影響力があったら，おそらく，絶えず自分を疑って自問するのを止めることができると思っていた。しかし，彼女は言った。「私は，特に境界性パーソナリティ障害の患者さんの面接をもっとうまくできるようになろうとして，たくさんの訓練プログラムを受けてみました」。私に患者との体験を説明する際に，彼女は無力感と恥ずかしさについてふれた。いくら努力しても結果が出ないという感じがして，彼女は孤立し，落胆することが多かった。彼女は，この精神科病棟で働くこと自体が間違っているのではないかと思うようになった。スーパーヴィジョンの終わりで，彼女

は自分の問題に取り組むことは前向きに考えられるようになったが，まだスーパーヴィジョンに関しては不安もあると感じていた。「スーパーヴィジョンはいつ始めるのですか？」と彼女は私に尋ねた。彼女にとって，スーパーヴィジョンは患者の問題だけを検討することを意味していたのだ。彼女の期待と目的を探索する際に，私たちはスーパーヴィジョンのふたつの目的について合意した。(1) どうやってより的確に良い影響を与えられるように介入するか。(2) 彼女がこの患者との専門的な作業でこれほど影響を受ける理由を理解しようとすること。

この最初のスーパーヴィジョンを出発点として，私たちのふたつの主観の間の調整プロセスが生じはじめた。自分の話を聞いてもらった後で，効果的な解決策を教えてくれる専門家の役割を私が演じることを彼女は期待していたようだった。この期待される役割を演ずる代わりに，私が彼女の体験について話そうと誘ったとき，彼女は自己調整すること，自分自身をなだめることの難しさについて話した。彼女が能力の獲得を真剣に求めてきたことだけでなく，孤立を感じた体験を伝えたとき，私は（彼女を保護したいという）協和音を響かせる立場と（専門家のようにこの患者と彼女の間に何が起こっていたと思ったか説明したいという）不協和音を響かせる立場の間で自分が動揺しているのを感じた。彼女の体験に集中し，率直であろうとするなかで，私は繊細で内省的なプロセスが私たちの間で徐々に作成されるのを感じた。期待と目的を定式化することで，私たちの作業に方針と意味が与えられる。

● 目的，専門的行為，主観的体験の間の緊張

以降のスーパーヴィジョン面接で，彼女がこの患者に関連する問題についてしっかりした理論的実践的な知識を得ていることがわかった。彼女は同僚からパーソナリティ障害に関する情報と文献について相談までされていた。彼女が自問するようになった疑問は，次のようなものであった。「知識や専門的経験を身につけても，まだ自分に力量があって有能だと感じる

ようにならないのはどうしてなのか？」。

　彼女は自分の体験の現象論を解説しはじめた。過大な要求をされる密接な関係を伴う境界性パーソナリティの患者との関わりで，動揺と決裂が予想されるということがわかっていても，それでもこうした状況に彼女は無力感を感じていた。彼女はこのような主観的体験によって緊張してしまうと徐々に述べはじめた。彼女は，身を引いて患者を避けたくなっていた。患者に個人的なことを尋ねられて，彼女は事務的でよそよそしくなった。彼女は怒って，自分が患者のことを本当はどう思っているかを話してしまうことさえ想像した。だが自分には決してそんな意思表示をする勇気もないということもわかっていた。こういうことを探索することによって，自分の専門的行為と主観的な反応を満足できるように統合し，それを維持することがどれほど彼女にとって難しいかが，私たちにはわかるようになってきた。

　このような調整様式を認めることから得るものはあったが，それは依然として苦しく抗しがたいままだった。不確実感と曖昧さを体験することは，ほとんど耐えがたいようにまだ思えていた。私たちは，彼女の主観的な体験と専門的行為とそれらが与える影響と，私の主観的体験と目標と介入の間に，重要な内省の空間を生み出そうとあがきつづけていた。患者との心理療法面接を具体的に思い出して，彼女は耐えられない不名誉な体験と結びついた無力感と悲しみに打ちのめされた。10年も専門的経験を積んだのに，そんな状態にいることは彼女にとっては受け入れがたいことだった。

● スーパーヴィジョンのパラレルな関係と独自の体験

　関係性の行き詰まりを認めるにつれて，彼女は何をするべきかを私に尋ねるようになった。不名誉な体験と結びついた無力感の体験によって，彼女はこんなふうに二度と感じないように，効果的で即時の解決を見つけたいという方向に追い込まれた。スーパーヴァイザーとして，私が本当にあてになるのかと彼女は疑った。彼女は私に言った。「たぶん，彼女は援助

することができない事例かもしれません」。自分がちっとも進歩していないと感じていて，患者も以前より悪化したという印象をもちさえしていたことを考えると，彼女は私とスーパーヴィジョンを続けるのが適切かどうか危ぶんでいた。

　患者との間にスーパーヴィジョンとパラレルな体験が存在することを指摘するだけで，私たちの関係性の体験を説明するのは魅力的な考えだった。彼女が患者との苦しい関係性の体験に対する答えを探していたことを考えれば，ある種の一致がスーパーヴィジョン関係に作り上げられ演じられていることに気づくことは予想できる。しかし，これによって彼女と私の間で起こっている特別なこと，つまり彼女と私の間で構造化されつつあるものに注意を払うことが妨げられてはならない。実際，彼女が状況をどれだけ強烈に耐えがたく不名誉だと思っているかに共感しながら，私は介入プロセスにますます行き詰まり不自由に感じた。私は彼女の体験を確認し，承認し，探索しようとしたが，私の言葉は十分ではないようだった。どうしたら，私たちは二人の間で内省の空間を生み出せるようになれただろうか？　私自身の主観的体験を見つめると，彼女のためにもっと何かをしてあげられず，状況を改善できないことに対して感じている不名誉な気持ちを意識するようになった。私は，彼女がもっている能力と決断力を強調することで彼女を安心させようとした。それから，解釈の助けを借りて，私は彼女の経験に光を投じるのを手伝おうとした。しかし，それでは十分でなかった。自分自身の無力感と不名誉な気持ちの体験を認めて初めて，私はスーパーヴィジョンの相互作用の互恵的な体験についてより多くのことを理解しはじめた。自分自身の内的な体験にふれ，間主観的な文脈に敏感になって，私は言語的にも非言語的にも彼女にとってもっと力になれると感じた。私は自分があまりに性急に彼女の体験を解釈し安心させようとしたために，彼女の無力感と不名誉の体験を支えられず，そのために彼女はまた見捨てられ耳を傾けてもらえないと感じていたのではないかという考えについて話し合った。彼女は，このやりとりを深い悲しみと安堵の気持ちで迎えた。彼女は，ついに耳を傾けてもらえたと感じた。このようにし

て，情緒調律に基づく間主観的な内省の空間の形成が始まった。

● **専門的問題と個人的問題の必然的な相互浸透**

　専門的な困難と主観的な体験に橋渡しを試みることで，彼女の自己と世界との関係についての個人的な物語はどんどん改訂されていった。ある種のスーパーヴァイザーは，同じ力動的な組織であるこのふたつの側面の間に恣意的な壁を築こうとすることがあまりにも多い。心理療法の能力と効果を改善するために，避けては通れない個人的な側面というものをどうやって探索するかを決めることに，より複雑な問題があった。共感的で，情動調律された，間主観的な調整プロセスの範囲内で，自分をこの新しい関係性の体験にふれあわせることがより安全だと彼女は感じはじめた。同時に，このついに耳を傾けてもらえたという体験は，最善を尽くしたにもかかわらず彼女が両親の期待とニーズを一度もかなえることができなかったと感じていた，幼い頃の苦痛な記憶を呼び覚ました。そうした幼児期の理想はすでに個人療法で探索されてはいたが，彼女はそれが彼女の臨床的な仕事にまだどれだけ影響していたかがわかって驚き心を痛めた。個人の問題と専門家としての問題に厳しい境界線を引いた前のスーパーヴァイザーに騙されていたと彼女は感じた。このような幼児期の生活史を再検討して，無力感と不名誉の苦痛に満ちた情緒的な結論を修正することによって，彼女は新しい見方をするようになり，患者との関係性の行き詰まりを深く理解するようになった。この新しい理解によって，主観的体験と専門的行為の間に重要な内省の空間を確立することが可能になる一方で，自己と相互作用の調整の新しい方法を想像することも可能になった。

● **結論**

　近年の心理療法と研究の進化のなかで，「経験的に支持された治療と技

法」対「心理療法的関係とセラピスト特徴」の間で「誤解に基づいた」論争が起こった。迅速で観察可能な結果に重点が置かれる社会では，ますます経験主義的な運動に重点が置かれるように思える。しかしながら，観察可能で経験的な基準だけに反応していると，私たちは結局患者とセラピストに大きなばらつきがあることを無視することになる。しかし，患者とセラピストが誰をとっても同じという根拠のない仮説は，繰り返し否定されてきた（Kiesler, 1966）。どの二人のセラピストをとっても同じように仕事をしているわけではない。セラピストは交換可能ではなく，心理療法はどれをとっても同じ治療法ではなく，心理療法行為のマニュアルは心理療法的出会いの複雑な要素を無視することはできない。そのうえ，そのような観点から見れば，セラピストというものは無視されているだけでなくて，自分で何とかするように放置されている。

　過去40年の心理療法の効果の研究によって，明らかに心理療法的関係の質とセラピストの個人のおよび専門家としての資質の影響の重要性が支持されている。心理療法とは，まず第一に，関係性の不断の努力である。最も有能なセラピストは，(1) 患者独自の体験の主観的世界に耳を傾け理解することによって，患者の力動と欲求を概念化することができる人々である。(2) 新しく具体的で独自の関係性が必要であり，その体験を提供するために柔軟な認知的情緒的な自己調整と相互作用調整ができる人々である。(3) 自分自身の情緒体験と，患者の自己内省の継続的なプロセスにおける情緒体験に対して率直な人々である。(4) 患者との心理療法的関係で自分のあり方と一致した技法を使う人々である。

　セラピストが有能で効果的であると感じ，実際にそうなるのを援助するために，臨床スーパーヴィジョンは「理論的知識／技法」や「専門的技能／体験にもとづいたあり方」を内省し統合するための空間になる必要がある。支持する理論的なモデルと介入方法，苦しみと回復に関する個人的な理論，人格，価値，信条，人生経験，それらすべての首尾一貫した統合を行うにつれて，セラピストはより深く仕事に専念し，有能になるだろう。専門的な能力と有効性を高められるかどうかは，自己内省のこのプロセス

にかかっている。

文献

Arlow, J.A.（1963）The supervisory situation. *Journal of the American Psychoanalytic Association* 11 ; 576-594.

Aron, L.（2000）Self-reflexivity and the therapeutic action of psychoanalysis. *Psychoanalytic Psychology* 17-4 ; 667-689.

Beebe, B. and Lachmann, F.M.（2002）*Infant Research and Adult Treatment : Co-Constructing Interaction.* Hillsdale, NJ : Analytic Press.（富樫公一＝訳（2008）乳児研究と成人の精神分析——共構築され続ける相互交流の理論．誠信書房）

Begley, S.（1994）One pill makes you feel larger, and one pill makes you. *Newsweek*, February 7, pp.37-40.

Bernard, J.M. and Goodyear, R.K.（1998）*Fundamentals of Clinical Supervision.* Toronto : Allyn and Bacon.

Binder, J.L.（1993）Is it time to improve psychotherapy training? *Clinical Psychology Review* 13 ; 301-318.

Binder, J.L. and Strupp, H.H.（1997）Negative process : A recurrently discovered and underestimated facet of therapist process and outcome in the individual psychotherapy of adults. *Clinical Psychology : Science and Practice* 4 ; 121-129.

Borders, L.D. and Fong, M.L.（1994）Cognitions of supervisors-in-training : An exploratory study. *Counselor Education and Supervision* 33 ; 279-293.

Castonguay, L.G., Goldfried, M.R., Wiser, S., Raue, P.J. and Hayes, A.（1996）Predicting the effect of cognitive therapy for depression : A study of unique and common factors. *Journal of Consulting and Clinical Psychology* 64 ; 497-504.

Corradi, R.B., Wasman, M. and Gold, F.S.（1980）Teaching about transference : A videotape introduction. *American Journal of Psychotherapy* 34 ; 564-571.

Frawley-O'Dea, M.G. and Sarnat, J.E.（2000）*The Supervisory Relationship : A Contemporary Psychodynamic Approach.* New York, NY : Guilford Press.（最上多美子・亀島信也＝訳（2010）新しいスーパービジョン関係——パラレルプロセスの魔力．福村出版）

Gabbard, G.O.（1992）Psychodynamic psychiatry in the decade of the brain. *American Journal of Psychiatry* 149 ; 991-998.

Garfield, S.L.（1997）The therapist as a neglected variable in psychotherapy research. *Clinical Psychology : Science and Practice* 4 ; 40-43.

Halgin, R.P. and Murphy, R.A.（1995）Issues in the training of psychotherapists. In B. Bongar and L.E. Beutler（Eds.）*Comprehensive Textbook of Psychotherapy : Theory and Practice.* Toronto, Ontario : Oxford University Press.

Kahn, M.（1997）*Between Therapist and Client : The New Relationship.* New York, NY : Freeman.

Karasu, B.T.（2001）*Psychotherapist as Healer.* Northvale, NJ : Jason Aronson.

Kiesler, P.J. (1966) Some myths of psychotherapy research and a search a paradigm. *Psychological Bulletin* 65 ; 110-136.

Kohut, H. (1984) *How Does Analysis Cure?* Chicago, IL : University of Chicago Press. (幸 順子・吉井健治・緒賀 聡・渡辺ちはる＝訳（1995）自己の治癒．みすず書房）

Ladany, N., Hill, C.E., Corbett, M. and Nutt, A. (1996) Nature, extent and importance of what trainees do not disclose to their supervisors. *Journal of Counseling Psychology* 43-1 ; 10-24.

Lambert, M.J. (1989) The individual therapist's centralization to psychotherapy process and outcome. *Clinical Psychology Review* 9 ; 469/485.

Lambert, M.J. and Barley, D.E. (2001) Research summary on the therapeutic relationship and psychotherapy outcome. *Psychotherapy* 38 ; 357-361

Lambert, M.J. and Ogles, B.M. (1997) The effectiveness of psychotherapy supervision. In C.E. Watkins (Ed.) *Handbook of Psychotherapy Supervision*. New York, NY : Wiley.

Lecomte, C. (1997) La supervision clinique et le développement de la compétence professionnelle en psychothérapie. Paper presented at the Colloque Elliott Sokloff, Montreal, Quebec.

Lecomte, C. (2001) From external to internal supervision : The development of reflexivity. Paper presented at the Psychiatric Department of the Jewish Hospital of Montreal, Quebec.

Lecomte, C. and Richard, A. (1999) From external to internal supervision : An integrative developmental model. Paper presented at the annual convention of the Self Psychology Association, Toronto, Ontario.

Lecomte, C. and Richard, A. (2003) De la subjectivité à l'intersubjectivité : Pour une psychothérapie pleinement relationnelle. *Revue de la Psychologie de la Motivation* 35 ; 64-73.

Luborsky, L. (1994) Therapeutic alliances as predictors of psychotherapy outcomes : Factors explaining the predictive success. In A. Horvath and L. Greenberg (Eds.) *The Working Alliance : Theory and Practice*. New York, NY : Wiley, pp.38-50.

Mahoney, M.J. (1995) The modern psychotherapist and the future of psychotherapy. In B. Bonger and L.E. Beutlerx (Eds.) *Comprehensive Textbook of Psychotherapy : Theory and Practice*. New York, NY : Oxford University Press.

Michels, R. (1994) Foreword. In S. Greben and R. Ruskin (Eds.) *Clinical Perspectives on Psychotherapy Supervision*. Washington, DC : American Psychiatric Press, pp.xi-xii.

Najavits, L.M. and Strupp, H.H. (1994) Differences in the effectiveness of psychodynamic therapists : A process-outcome study. *Psychotherapy* 31 ; 114-123.

Norcross, J.C. (2001) Empirically supported therapy relationships : Summary of the dimension 29 task force (special issue). *Psychotherapy* 38-4.

Piaget, J. (1971) *Biology and Knowledge : On Survey on the Relation between Organic Regulation and Cognitive Processes*. Chicago, IL : University of Chicago Press.

Rennie, D.L. (1992) Qualitative analysis of the client's experience of psychotherapy : The unfolding of reflexivity. In S.G. Toukmanian and D.L. Rennie (Eds.) *Psychotherapy Process Research : Paradigmatic and Narrative Approaches*. Thousand Oaks, CA : Sage, pp.211-233.

Rhodes, R.H., Hill, C.E., Thompson, B.J. and Elliott, R. (1994) Client retrospective recall of resolved and unresolved misunderstanding events. *Journal of Counseling Psychology* 41 ; 473-483.

Rodenhauser, P.（1997）Psychotherapy supervision : Prerequisites and problems in the process. In C.E. Watkins（Ed.）*Handbook of Psychotherapy Supervision.* New York, NY : Wiley.

Safran, J.D. and Muran, J.C.（1995）Resolving therapeutic alliance ruptures : Diversity and integration. *Psychotherapy in Practice* 1 ; 81-92.

Savard, R.（1997）Effets d'une Formation Continue en Counseling sur les Variables Personnels Relatives à la Création d'une Alliance de Travail Optimale. Thèse presenté à la faculté des sciences de l'éducation de l'Université de Montreal, Motreal, Quebec.

Schön, D.A.（1987）*Educating the Reflective Practitioner : Toward a New Design for Teaching and Learning in the Professions.* San Francisco, CA : Jossey-Bass.

Sexton T. and Whiston. S.（1994）The status of the counseling relationship : An empirical review : Theoretical implication and research direction. *Counseling Psychologist* 22 ; 6-78.

Skovholt, T.M. and Ronnestad, M.H.（1992）*Evolving Professional Self : Stages and Themes in Therapist and Counselor Development.* New York, NY : Wiley.

Skovholt, T.M. and Rønnestad, M.H.（2001）What can senior therapists teach others about learning arena for professional development? *Professional Psychology : Theory Proctice and Research* 32-2 ; 207-216.

Stolorow, R.D., Atwood, G.E. and Orange, D.M.（2002）*Worlds of Experience : Interweaving Philosophical and Clinical Dimensions in Psychoanalysis.* New York, NY : Basic Books.

Talbot, N.L.（1995）Unearthing shame in the supervisory experience. *Ameriacan Journal of Psychotherapy* 49-3 ; 338-349.

Thelen, E. and Smith, L.B.（1994）*A Dynamic Systems Approach to the development of Cognition and Action.* Cambridge, MA : MIT Press.

Wierzbicki, M. and Pekarik, G.（1993）A meta-analysis of psychotherapy drop-out. *Professional Psychology : Research and Practice* 24 ; 247-258.

Winnicott, D.W.（1965）*Maturation Processes and the Facilitating Environment.* New York, NY : Inter-national Universities Press.（牛島定信＝訳（1977）情緒発達の精神分析理論．岩崎学術出版社）

心理力動的スーパーヴィジョンにおける権威的関係

現代的視点

ジョーン・E・サーナット

　関係性心理力動的スーパーヴァイザーは，自分の権威とその起源をどのように見ているだろうか？　このような視点がスーパーヴィジョンがどのように行われるべきかということに対してもつ意味は何なのだろうか？　他のスーパーヴィジョンのモデルから関係性モデルのスーパーヴィジョンの権威を区別しているものは何なのか？

　あるひとつの点に関して，すべてのスーパーヴィジョンのモデルは一致する。スーパーヴァイザーの権威は，部分的にはスーパーヴァイザーのコミュニティを起源とする。もしスーパーヴァイザーが個人開業という環境で働いているならば，彼女に患者を紹介する同僚が資格委員会と同様に「スーパーヴァイザー」の地位を与えている。もしスーパーヴァイザーが機関のために働いているならば，彼女をスーパーヴァイザーに採用した訓練機関やプログラムがスーパーヴァイザーの役割を与えている。役割によって権力や権威が与えられるのだ。

　そのような権威主義の中核的根源を除けば，さまざまなスーパーヴィジョンのモデルがスーパーヴァイザーの権威とその起源を全く違うように見ている。非関係性モデルの心理力動的なスーパーヴィジョンでは，スーパーヴァイザーの権威は主に理論と技法についての知識に，そして客観的な専門家としての身分に由来するとされる。マーティン・S・バーグマンは，『精神分析的対話』誌（2003）に掲載された精神分析家訓練と教育に関するシンポジウムへの寄稿で，非関係性スーパーヴァイザーの権威に対する

立場の最近の例を挙げている。現代的な臨床理論の知識を提示しているにもかかわらず，バーグマンはスーパーヴィジョンに対して明らかに非関係的で患者中心の教育的なアプローチ（Frawley-O'Dea and Sarnat, 2000）を取っている。バーグマンは，自分の正統性を理論と技法を教える能力に頼っている。たとえば，『精神分析的対話』誌の編集者が二人のセラピストによって提出された実際の症例報告に基づいて，どのようにスーパーヴァイズするかについて述べるように求めたところ，バーグマンは自分の心理療法の哲学の16のポイントの記述を始めている。この哲学が明確に表現される詳細を見れば，精神分析プロセスの特定の概念化にバーグマンが傾倒していることがわかる。

　バーグマンのスーパーヴィジョンのアプローチを記述して，マーガレット・ブラック（2003）は次のようにコメントしている。「バーグマンは，できるなら候補生の考えに基づこうとし，新しく定式化されるかもしれない考えに思いを巡らせ検討しようと促す。しかし，彼は分析的な機能に関する自分自身の非常に明瞭な展望も提供し，**それが優先されることを期待している**」（pp.368-369／強調は筆者）。この非常に明瞭な展望からバーグマンはスーパーヴァイザーとしての権威の感覚を得ている。スーパーヴァイザーがスーパーヴァイジーをどんなに丁重に扱ったとしても，ここにはスーパーヴァイザーとスーパーヴァイジーの間で真意を交渉する余地はほとんどないし，スーパーヴァイジーの理論上の見解と好みや，患者の心理と心理療法の必要性の異なるアセスメントに基づく意見の相違にも議論の余地がほとんどないのだ。患者と技法，スーパーヴィジョンがどう行われなければならないかをスーパーヴァイザーがどのように見ているかが優先される。

　一方，関係性スーパーヴァイザーは，理論と技法を個人的に構築するのに，権威には比較的依存していない。スーパーヴァイザーは自らをスーパーヴィジョン関係の関与参加者とみなし，特定の見方はするものの，必ずしも「一番正しい」見方をしているとは限らない。スーパーヴァイザーとスーパーヴァイジーの間に知識と経験の格差があるということは否定

されないけれども，知識と権威はスーパーヴィジョンを行う両者の間で分配されることが想定されている。そのようなプロセス指向的な，スーパーヴィジョンのマトリックス中心モデルの心理力動的なスーパーヴィジョン（Frawley-O'Dea and Sarnat, 2000）において，知識は視点のようなものとして理解される。関係性スーパーヴァイザーが，自分が権威をもち，プロセスが展開して影響を及ぼすに従って必然的に権威の重みが増すのは何によってであるかと考えているのかといえば，スーパーヴァイジーとの間に確立する関係の質からなのである。

スーパーヴィジョンについての最近の精神分析文献（Berman, 2000 ; Caligor et al., 1984 ; Frawley-O'Dea and Sarnat, 2000 ; Leary, 1997 ; Pegeron, 1996 ; Rock, 1997 ; Teitelbaum, 1990）で明確に表現されているように，こうしたスーパーヴィジョン関係の関係性に基づく改訂は，現代の臨床モデルに刺激を受けてきた。現代の関係性理論（Aron, 1996 ; Hoffman, 1998 ; Mitchell, 1997 ; Pizer, 1998）に従って，こうしたスーパーヴァイザーは自分をスーパーヴァイジーとの間で起こることの協働創造者とみなし，スーパーヴァイザーの主観は何かに還元することができないものであることを認め，知識はある視点から眺めたものであるとみなし，スーパーヴィジョン関係で交渉が果たす重要な役割を理解する。現代的なスーパーヴィジョンのモデルは，現代的な心理療法を教えるのにかなり適している。なぜなら，そうしたモデルはスーパーヴィジョンのメッセージと一致したスーパーヴィジョンの媒体を提供するからである。

関係性モデルで作業するスーパーヴァイザーは，自分の理論構築を教えるだけでなく，スーパーヴァイジーが特定の患者と作業する自分なりのやり方を育てていくために理論を活用することを援助する。関係性スーパーヴァイザーは，臨床的な関係とスーパーヴィジョンの関係について多くのことを考え，感じ，知ることができるようなスーパーヴィジョンの環境を生み出すことを優先させる。たとえそこで考えられることの一部が，自分自身の仮定に反するとしてもである。スーパーヴァイザーが，スーパーヴィジョンに影響を与えていそうなときに自分の心についてどれだけ率直に内

省できるかということや，スーパーヴィジョンの関わりでスーパーヴァイジーが体験していることに向ける関心によって，お互いが傷つきやすさを抱えているという雰囲気が生み出される。フローリー＝オーディと私（2000）は，次のようにこれを表現した。「スーパーヴィジョン関係を変容させる力は，お互いの傷つきやすさと対人的な影響を受けやすさにあると理解されているので，スーパーヴァイザーは，感銘を与え，脅し，強制し，指示する力に依存するよりも，スーパーヴァイジーを力づけ励ます方を選ぶ」（p.80/*101*）。

スーパーヴィジョンの対話にスーパーヴァイザー自身の心理を含めることによって，スーパーヴァイジーは恥や失敗の感覚をほじくり返さずに，一番悩んでいる問題をスーパーヴァイザーにさらに安全に話すことができる（Sarnat, 1992）。

スーパーヴァイザーは地位，経験，知識，評価者としての役割から生じる重要な権力をスーパーヴィジョン関係にもたらす一方，スーパーヴァイジーは患者と患者への関わりについての直接的な知識をスーパーヴィジョンの関係に持ち込み，スーパーヴァイザーには欠けている情報源をもっている。したがってスーパーヴァイザーとスーパーヴァイジーは，スーパーヴァイズされた治療とスーパーヴィジョン自体に起こっていることの意味についてお互いに情報交換を行わなければならない。スーパーヴァイザーは，プロセスを通じて，スーパーヴァイジーを評価するのと同様にスーパーヴァイジーからの評価を求める。

関係性モデルの権威関係を例示するために，再び『精神分析的対話』誌のシンポジウム（2003）に目を向けてみよう。バーグマンが述べているのと対照的に，メアリー・ゲイル・フローリー＝オーディ（2003）は二人のセラピストの臨床素材に自分だったらどう取り組むかについて書き，自分がそのセラピストたちに何を教えようとするのか特定することは不可能だとしている。彼女は，次のように述べている。

　　私はこの臨床家たちと関わりをもっていないので，関係性スーパー

> ヴィジョンの観点からすると，二人の仕事に近づくのは簡単ではない。したがって，（この）事例の素材について考えるとき，私は議論に欠けているように思えること（たとえばセラピストの逆転移の体験の記述）と，（二人のセラピストと）**共同で深めたい**と思うような素材に主に焦点を合わせる。　　　　　　　　　　　（p.356／強調は筆者）

　このようにバーグマンが心理療法の哲学を記述したのとは異なり，フローリー＝オーディはスーパーヴァイジーと患者を彼らの個人的特徴によって知るプロセスについてふれている。「ともに深めること」，すなわちあらかじめ知ることのできない方向に導くことが想定される共同構築のプロセスの強調が，バーグマンの教育的なアプローチに取って代わっている。権威的なやり方で自分の哲学を示すのではなく，このようなスーパーヴァイザーは生成するプロセスを受け入れ，反応できるように自らを配置する。ここでは，驚きと発見はスーパーヴァイジーの体験の一部であるだけでなく，スーパーヴァイザーの体験の一部でもある。スーパーヴィジョンに参加する双方が，教師であると同時に学び手である。

　このアプローチの長所のひとつは，スーパーヴァイジーが学びのプロセスにより熱心に参加するようになることである。家族を起源とする伝統的な役割期待は，成長を促進するために，ここでは裏切られる。クーパーとグスタフソン（1985）は，スーパーヴィジョン・グループでの依存力動に関する検討で次のように述べている。「伝統的な権威に忠実になり，自分にふさわしく必要であると無意識に想定している権力や敬意を得るために，そのような人々（たとえばスーパーバイザー）は明確に批判的に独立して考える能力を喜んで犠牲にしてしまう」（p.8）。スーパーヴィジョンの関係性モデルでは，スーパーヴァイジーとスーパーヴァイザーの間に緊張と葛藤の瞬間があるにしても，目標とされるのは対等な教育と学習関係が目標である。

　スーパーヴァイザーは，スーパーヴァイジーのなかで無意識のうちに邪魔になっている自分への忠誠を放棄することに対して寛大であること

を，指導するだけでなく例を挙げて示してみせる。スーパーヴァイジーのフィードバックは，肯定的なものも否定的なものも歓迎し，スーパーヴァイズしている治療への自分自身の影響を，肯定的なものも否定的なものも考察することによって，スーパーヴァイザーは臨床プロセスだけでなくスーパーヴィジョンのプロセスについても，自立して批判的に考える許可を暗黙のうちにスーパーヴァイジーに与える。

　だからといって，スーパーヴィジョンの関係性モデルのなかで機能しているスーパーヴァイザーが自分自身が失礼な扱いを受けるのを許すというわけではない。そうではなく，本物の尊敬がスーパーヴァイザーだけでなくスーパーヴァイジーにも，二人の間で展開するプロセスにも与えられるのである。そして，このアプローチは，スーパーヴァイジーに教えるスーパーヴァイザーの義務を見逃すわけでもない。そうではなく，教育的指導はスーパーヴァイザーがスーパーヴァイジーの成長と発達を助けるようなたくさんの方法のうちのひとつになる。もがいているスーパーヴァイジー，特に不安になっている初心者に，理論的な指導や具体的なアドバイスを行うことも，関係性スーパーヴァイザーがその不安を含み込むことによって，スーパーヴァイジーが破壊的なレヴェルの不安を処理するのを助けるために重要なやり方のひとつである。しかし，教えるにつれて，関係性スーパーヴァイザーはスーパーヴィジョン関係のなかでのこのやりとりの意味について考え，知識を受け取るだけでは限界があることに気づく。教育的指導は次の瞬間には賞味期限切れになってしまうかもしれないということにスーパーヴァイザーは心を開いておく。なぜなら，スーパーヴァイザーは，スーパーヴィジョン関係のなかで新しい成長が生じるのを見守っているからである。

　関係性に基礎を置くスーパーヴィジョン関係における権威は，**非対称の文脈における相互関係**と要約することができる（Aron, 1996）。非対称であることが必要な関係には，スーパーヴァイザーが状況の境界を管理する責任，有能で倫理的な実践のための基準を説明する責任，評価を構築する責任が含まれる。（望まれる）経験と能力における非対称性によって，スー

パーヴァイザーはスーパーヴァイジーから差別化される。それでも，このような本質的な非対称性にもかかわらず，関係性への方向づけをもったスーパーヴィジョンで題材を作り出し，伝えたいことについて情報を交換するプロセスは，両参加者が葛藤し，防衛し，無意識的な反応をする存在として自分自身を意識する，深く相互的なものである。こうしたモデルでは，スーパーヴァイザーは実際に自分が所有する権力を率直に認めることが多いが，自分がふるう権力を濫用することは少ない。

さらに，4つの具体的な話題について話し，権力と権威の関係性的な視点がどのようにスーパーヴィジョンのプロセスを形作るか説明したい。(1)「権威的な」臨床理論に夢中になっている臨床家に異議を唱えるスーパーヴァイザーの役割，(2) スーパーヴィジョンの関係に入るときの，スーパーヴァイザーの自分自身の心理に対する態度，(3) どうやってスーパーヴァイザーは，スーパーヴァイジーの意識的に行った選択への尊重を無意識の欲求に対する尊重とバランスを取るか，(4) スーパーヴァイジーが問題があると感じるやり方をスーパーヴァイザーがどれだけ克服できるか。

●「権威的な」臨床理論に夢中になっている臨床家に異議を唱えるスーパーヴァイザーの役割

パーセル（2004）はセラピストの「どんな理論でも患者や分析のプロセスを『権威的に』見ているのではないか」という憶測に特有な問題と，気に入りすぎている理論とのセラピストの関係を問題にする際に，スーパーヴァイザーが果たす潜在的な役割に注意を喚起している。パーセルはどんな臨床理論もたくさんあるレンズのひとつにすぎないと主張するが，多くの臨床家はしばらく特定の理論に浸ると現実感を失って，ある患者に対してうまくいかなくても，その特定のアプローチに固執すると記している。パーセルは，分析家のための重要な情報源である逆転移に，お気に入りの理論への分析家の反省のない結びつきが与える影響について検討している。

> 分析家は，理論に対して内的な対象関係で定まった，意識的，無意識的な転移をしている。分析家の逆転移は理論の産物であると同時に，患者の転移を理解する基本的な様式であるため，私たちの理論があらゆる分析の現象を構築するのにどれほど重要であり，また潜在的に問題をはらむものであるかは明らかである。　　　　　（pp.647-648）

パーセルは，自分の好みの理論にあまりに多くの権威を与えるセラピストに，別の見方を与える源としてスーパーヴィジョンとコンサルテーションを挙げている。セラピストが異なる流派のスーパーヴァイザーに接するならば，このスーパーヴァイザーの異なるアプローチが「お気に入りの理論の有害な影響を相殺しうる」（p.649）とパーセルは示唆している。このように，スーパーヴァイザーにはセラピストの臨床的な考えの妨げとなるような憶測の一部を修正する機会があるとパーセルはみなしている。

スーパーヴァイザーの役割についてのこのような考え方は重要ではあるが，私の考えでは，十分とは言えない。スーパーヴァイザーが代案となるような理論に賛成するだけでは，スーパーヴァイジーはそのスーパーヴァイザーからもっと率直で柔軟に患者と作業について考えるのを助けてもらえるわけでもないし，提案された技法的な変化をうまくできるようになるわけでもないし，理論に対する権威的で理想化された関係を修正するのを助けてもらえるわけでもない。実際，自分がスーパーヴァイジーより「良い」理論に基づいて作業していると思っているスーパーヴァイザーは，スーパーヴィジョンのなかでスーパーヴァイジーとの権威主義的な関係を実際に活性化し，それによって，スーパーヴァイジーの内的な対象世界のまさに同じ性質も強化しているのかもしれない。権威関係に対して異なるアプローチを取るスーパーヴィジョンのプロセスに関わることはまた，人にせよ理論にせよ忠誠を誓うことによって生じる頭を鈍くする影響を克服するために必要である。この特徴を示す例を挙げてみよう。

有資格の臨床家のアダムは，自己心理学的な立場にたって面接を

行っていたが，患者が良くなっていないことを心配して，コンサルテーションを受けにきた。コンサルタントのマギーは，自己愛的な防衛の葛藤モデルに話題を向け，患者が微妙な形でアダムと心理療法を中傷していて，そのことにアダムは気がついていないか，少なくともあまり重要性を与えていないようだと指摘した。

　患者はアダムの援助しようという努力を微妙に，しかし執拗に攻撃しているのに，アダムはなぜ逆転移の怒りの感情に気づいていないのだろうとマギーは思った。アダムは，自分が患者のふるまいを断片化した自己の症状とみなしていると説明した。患者の病理をこの理論のレンズごしに見て，患者がより凝集した自己を発達させるまで，アダムは患者の態度をかなり受け入れていると感じ，患者に対して「良い自己対象」であろうとしていた。しかし，マギーがこの問題に注意を向けた時，アダムはこのような発達が起こっていないこと，自分が転移／逆転移の重要な側面に目を向けていなかったことに気づいた。マギーは，患者の微妙な自己愛的抵抗にもっとはっきりと焦点を合わせて，患者をより活発な方向に引きこむために，異なる理論（クライン派）のレンズと異なる臨床技法を使うことをアダムに勧めた。アダムは，この変化のタイミングと適切さにいくらか疑問を感じたが，治療が行き詰まっていることがわかっていたので，マギーのアドバイスを試してみるべきだと感じた。不安を少し押さえつけながら，アダムは患者に対する態度を変えて，スーパーヴァイザーが提案した線に沿って，患者が心理療法とセラピストの価値下げを行っていることに直面化を行った。

　事はうまく運ばなかった。アダムはこの新しいアプローチをまだ完全に自分のものにしておらず，そのやり方はいくぶん乱暴だった。そして，この変化についての葛藤も未処理だったために，アダムは患者に生じた不安と怒りを扱うのにも十分に気持ちの準備ができていなかった。この治療に反応して，患者は次第に防衛的に，反抗するようになった。アダムの抱えている困難に十分に気づかずに（アダムはそ

うした困難を心のなかで自由に観察し，スーパーヴィジョンで説明することができなかった），マギーは患者の防衛的な敵意が増加していることをアダムの新しい解釈の立場と患者の自己愛的防衛の破綻の予想しうる結果として受け入れた。マギーは患者の不安を改善のきざしと考えて，もちろんアダムにとっても患者にとっても難しいものではあったが，アダムが今の路線を続けることを勧めた。アダムは遠慮して疑念をマギーに述べることができず，我慢しつづけた。アダムと患者は数週間努力した後，患者は急に治療を中断した。

　この例では，マギーはアダムを助けようとして，アダムが使っていた自己心理学理論の限界と，アダムがその存在に気づいていたら，自己愛で身動きが取れず微妙に破壊的になっていた患者に直面化を行う気持ちになっていたかもしれない「適切な」陰性逆転移が，その理論によってどのように覆い隠されてしまったかを指摘している。実りの多い方向に臨床的二者関係を導くような技術的なアドバイスを行うのに，マギーはその患者に対して自分自身が感じる逆転移反応を利用することができている。しかし，マギーがアダムにこのような介入をしたとき，アダムと自分自身の間で展開しているプロセスに注意を払っていないので，マギーはアダムの期待を裏切ってもいる。アダムは与えられたアドバイスに迷った。そして従う以外のやり方を促されないので，疑いと否定的な感情をスーパーヴィジョンの関係から占めだしている。アダムは，介入が与える影響に注意を払うことなく，彼のやり方に異論を唱えたマギーに無意識に同一化し，下手な模倣をしさえしながら，スーパーヴィジョン関係で未解決だったことを臨床関係で繰り返してしまう。その結果，事情が違えばもう少し穏やかになったはずの患者に直面化する口調も厳しいものとなってしまい，二人の間で明らかになりつつあるプロセスに対して感じていることに患者が向き合うようにアダムは援助できなかった。

　もしマギーがアダムと一緒に，彼が技法の変化を勧められたことにどう反応しているかを探索していたなら，アダムは患者への提供方法を学ぶ必

要がある関係性をスーパーヴィジョンで直に体験する機会をもてただろう。実際にスーパーヴィジョンで事態が展開したのと同じように，技法を突然に変えたことに患者が反応したことをワークスルーするのを援助する十分な準備がアダムにはできなかった。アダムは必要な教育的な指導は受けられたが，それに伴って，効果的に実行するのを援助してもらえるような関係性の体験はできなかった。そしてある意味で，アダムは彼の困難の一因となっている根底にある関係性のテーマ（理想化された他者への従属，理想化された絆の破綻に対する怒り）に取り組むのを援助されずに，ある理論的アプローチに対する従順な態度を新しいアプローチへの従順な態度と交換したのだった。

● スーパーヴィジョンの関係に入るときの，スーパーヴァイザーの自分自身の心理に対する態度

　　まじめで内省的な新米の実習生のカレンは，胸が少し開いたブラウスを着て，スーパーヴィジョンにやってきた。スーパーヴィジョンの間，スーパーヴァイザーのドリスは，この問題をどうやって彼女に話そうかと心のなかで考えていた。患者と面接するときに身支度を調えることは交渉の余地のない重要なことなので，何かを言わなければとドリスは感じたが，検討を終わらせてしまうよりは促すようにして事を進めたかった。どんなふうにそのことを話題にするにしろ，スーパーヴァイジーが批判されたと感じ，恥をさらすことになるのをドリスは恐れた。時間が経つにつれて，ドリスはこの問題をますます取り上げにくく感じるようになった。ドリスは自分が尋常でなく強く反応していることに気づき，心のなかでさらに連想してみて，性的な誘惑性と自己顕示性の問題に関する自分自身の良心が厳しいことに気づいた。これは，ドリスが自分の分析で以前なじんでいた領域だった。
　　ドリスはついにそのことを，さりげなくできればと願いつつ，時間

の終わりに取り上げた。最初に，ドリスはカレンに今日患者と面接をするかどうかを尋ねた。カレンが面接すると答えると，「『人目につく服を着る』ことがないように気をつけることはセラピストの重要な役割だから，ブラウスの胸元をピンでとめたほうがいいでしょう」とドリスはコメントした（ここでは，ドリスは，誘惑という言葉がほのめかすものが不快だったので，「誘惑的」という言葉の代わりに「人目につく」という言葉を使った）。

　カレンは，かなり恥ずかしそうで，胸元が開いていたことに驚いたようだった。カレンは，患者に会う前に必ず胸元を整えますと言った。ドリスはスーパーヴァイジーが受容的なのでほっとしたが，カレンが面接を終えて立ち去ろうとするときに二人の間にまだかなりの緊張があるのを感じていた。ドリスは，自分のコメントが影響を与えたかもしれないと心配していた。

　ドリスは同僚にコンサルテーションを求め，次のセッションの初めにカレンと一緒にその問題をまた考えようと決めた。彼女は，まずカレンがそのやりとりをどう体験したかを尋ねた。カレンは，自分の失態に目を向けさせられて決まりが悪いと感じたけれども，スーパーヴァイザーが言ってくれたことがうれしくもあったと言った。カレンはその朝家を急いで出ていたので身なりに細かい注意を払っておらず，問題点に気づいてなかった。それから，ドリスは自分が言ったことがスーパーヴァイジーに決まり悪い思いをさせたかもしれないと気づいて居心地が悪いと感じていたことを明らかにした。ドリスは，自分のなかに誘惑性にまつわる葛藤的な感情があり，そのような感情がどのように介入を複雑にしていたかについてふれた。ドリスは，その時は，カレンに決まり悪い思いをさせないためにスーパーヴィジョンの時間の終わりまで待とうと思ったけれども，後から，待っていたのはドリス自身の防衛的な操作でもあったと気づいたとも言った。部屋の緊張はこの検討の後に薄れ，カレンは残りのスーパーヴィジョンの時間の間に明らかにくつろいで自分の面接を提示した。

この臨床例で，ドリスは適切なセラピストの品行には標準があるということを主張することで正しく権威を利用している。権力と地位に格差がある立場でこのようにコメントすると，最善の状況でも相手に決まり悪い思いをさせ，恥をさらさせることになるかもしれず，ドリスがコメントするのに少し居心地が悪いと感じたことは驚くにあたらない。しかしドリスにとっては，自分自身の統合されてない批判的な側面が活性化したので，これは特に感情のこもった介入であった。思い切って話したとき，ドリスは少し子どもをしかっているように感じていて，カレンに自分が「悪い子」のように感じさせることで権威を濫用していたかもしれないと気づいた。

　ドリスがスーパーヴィジョンの後に求めた同僚からの非公式のコンサルテーションの結果，ドリスはカレンと自分自身の葛藤をいくらか共有することに決めた。この自己開示の影響によって，スーパーヴァイジーとスーパーヴァイザーの双方が葛藤をもっていて，完璧とはほど遠く，スーパーヴァイザーはスーパーヴァイジーが恥をさらしたことに部分的には責任があるという対人関係的な文脈が生み出された。「不適切なスーパーヴァイジー／適切なスーパーヴァイザー」とか「葛藤をもつスーパーヴァイジー／葛藤のないスーパーヴァイザー」といった二分法のままに状況をしておくことは，決して誠実なことではなかっただろう。もしドリスが自分の「厳しい親／悪い子」というスーパーヴィジョンにおける内的な対象関係の影響を認めなかったら，それもまた，スーパーヴィジョン関係に有害だっただろう。自己開示をする際に，ドリスは「援助者」の役割を取りながら自分の葛藤と作業するやり方をカレンに示してもいた。もちろん，実際にスーパーヴィジョンという状況とは対照的な臨床の場面で仕事をする際に，いつ逆転移反応を開示すべきかというのは，カレンが適切な時に取り組む必要がある別の問題である。

　セラピストの自己開示と同様，スーパーヴァイザーの自己開示の問題は，複雑なものである。スーパーヴァイザーは各自が自分にとって最善に働き，自分が教えようとしている臨床理論と一番なじむスタイルを見つけなければならない。スーパーヴィジョンの関係にもいろいろあるが，私は一般に

患者に対してよりスーパーヴァイジーに自分の反応を開示する傾向にある。理由のひとつは，スーパーヴァイザーとスーパーヴァイジーの間に存在する援助関係は大学の師弟関係や職場の先輩後輩の間にも存在するからである。一方，臨床での関係では必ずしもそうではない。大学での関係では，関係のなかで自分の心が動くときに，心の働き方を話すことによって自己分析のプロセスを示すことを意識している。関係性モデルのスーパーヴィジョンは，スーパーヴァイジーにこうすべきだと言うだけでなく，自らが示すことによって，そのような自己開示を，スーパーヴィジョン関係を内容だけでなくプロセスも一貫したものにしようとする努力の一部であるとみなす。

　同時に，私は不必要にスーパーヴァイジーに重荷を課したり，他の必要な体験から遠ざけたりすることで，どのようなときに自己開示がスーパーヴィジョンを混乱させるかを考えようとする。たとえば，もしスーパーヴァイジーが不安を抑るために私を理想化する機会を必要としている初心者なら，私は内的な葛藤をスーパーヴァイジーに明らかにすることには注意を払おうとする。

●どうやってスーパーヴァイザーは，スーパーヴァイジーの意識的に行った選択への尊重を，無意識の欲求に対する尊重とバランスを取るのか

　　コリーンは，ジャナから不定期にコンサルテーションを受けていた。数週の間隔があった後，コリーンはジャナのところにやってきて，別の人からコンサルテーションを受けたいと話したのだが，実際にはすでに別のコンサルタントと会っていた。コリーンはそのときに，そのような変更が自分にとって意味があった理由をいくつか挙げた。そのなかには，コリーン自身がスーパーヴィジョンを始めた組織のメンバーであるコンサルタントからコンサルテーションを受けたいという強い希望も含まれていた。コリーンはそこでスーパーヴィジョンを始

めたばかりだったので，新しいコンサルタントと同じ組織に属するという事実が自分の助けになるかもしれないと思った。

　コリーンは，ジャナのコンサルテーションに不満はないと強調した。以前にも急にコンサルテーション関係を中断したことがあったので，コンサルテーションをやめることで何かを避けているのではないかということが頭に浮かんではいた。しかし，かなり考えた末，コリーンは自分の理屈がまともなものだという結論に達していた。

　ジャナは，こんなふうに突然告げられて驚いた。起こっていることに戸惑いはあったが，ジャナはコリーンの決定を尊重する必要があると感じた。ジャナはコリーンに「なぜ今そう決めるのかはわからないわ。でもあなたにはそれが正しいのははっきりしているみたいね」と言って，この提案を受け入れた。コリーンは，この反応にほっとしたようだった。

　コリーンの選択権を認めて，ジャナは問題から完全に撤退したくなった。ジャナは自己愛の傷つきを感じ，コリーンが去っていくことを気にしすぎているように見られたくなかった。それでも，問題を放置することはコリーンを見捨てることになるように感じられたので，ジャナはコリーンの決意を変えようとするのではなく，お互いがよりよく理解し合えるように，穏やかに尋ねつづけた。そしてコリーンは，自分の決定を思いとどまるように説得される恐れがなくなったと感じて，そう決めた理由を探るのにもっと乗り気になった。

　ジャナは，最後のセッションについて覚えていることをコリーンに尋ねた。コリーンは，役に立ったし，問題なかったと言った。ジャナは，コリーンにとって何か役に立つものを提供したという感覚があったのを覚えていると言った。しかし，コリーンが面接について話しつづけると，二人とも最初に意識できたより多くのことが起こっていたことが明らかになってきた。ある分析家が助言者となって行われたコンサルテーション・グループで最近発表した事例について検討したことをコリーンは思い出した（ジャナも，分析家であった）。コリーンは

前のセッションで，グループで発表してクライアントに対して逆転移の問題があることがわかったので，自分に実力がないと感じたとジャナに言った。ジャナはこの発表がコリーンにどれくらい不安や恥ずかしさを引き起こしたか，そのときはわかっていなかったことに気づいた。発表についてたくさん話すうちに，コリーンのなかに強烈な感情がこみ上げてきて，コリーン自身もジャナも驚いた。涙を流しながら，コリーンはグループ・コンサルタントともジャナとも，自分のセラピストとしての技量の間には大きな隔たりがあるように思えたと話した。それを聞いてジャナは心を動かされ，スーパーヴァイジーのこの根底にある不安に対して以前は鈍感だったことを残念に思った。話しつづけるうちに，コリーンは自分が決してグループ・コンサルタントとジャナのように働くようにはなれないので，分析家でなく背景や訓練が自分と近い新しいコンサルタントのような人から学んだほうがうまくいくのではないかという不安に圧倒されていたことに気づいた。

　そのとき，コリーンとジャナは二人ともこのような痛ましい感情を処理する無意識の努力として，コンサルタントを変えたいというコリーンの願望を理解した。それは前のセッションのときには考えることも，話すこともできなかったことだったのだ。コリーンはコンサルテーションでこのような感情について援助を受けることを期待しているようには見えなかったので，その感情にふれ，コンサルテーションの関係に持ち込むことができていなかったことにジャナは気づいた。コリーンは，この時点で自分の決意について，ジャナが心から支持することができるような選択についてもっと考える時間を取ってみることを選んだ。コリーンは，自分の感情を避けつづけるよりも，コンサルテーションでワークスルーすることができるかもしれないとも考えはじめた。

　この臨床例で，ジャナはコリーンの選択を妨げるのに自分の権威を使おうとはしなかった。しかし一方で，ジャナは何かの理由で現時点では近づ

きがたいコリーンの側面に耳を傾ける必要があるという可能性にも心を開いておいた。ジャナは内的な圧力だけでなく外的な圧力も感じたが，分析的態度を続けた。自分自身の自己愛的な傷つきやすさに静かに取り組んだ後に[2]，ジャナはコリーンの意識的な動機の受容を言葉にし，同時にコリーンの無意識的な動機の探索を促すことができた。ジャナは，反対もせず，早まって行動を黙認することもなかった。ジャナはこの動揺するような話題を避けもせず，スーパーヴァイジーに自分の不安に対処する手段ではないかと探索するように強制もしなかった。彼女の態度によって，何か新しいものが現れうる空間が生み出された。結局，以前は避けていた相互作用の側面を理解し，共有することによって，コンサルテーション関係で起こっていたかもしれない決裂を防ぐのに役だった。

● スーパーヴァイジーの自己愛的な傷つきやすさに適応したいというスーパーヴァイザーの意欲

ふたつの短い臨床例は，自己愛の傷つきのために自分の介入の仕方に問題があるとわかったスーパーヴァイジーに対する，異なるスーパーヴァイザーの立場を例示している。

> 私が精神分析の訓練中に行った2番目の統制事例[ii]の最初の頃，スーパーヴァイザーはセッションの間にやりそこなっていたことを指摘し，自分だったらどのようにしたかを話した。私はスーパーヴァイザーの批判に打ちのめされたが，そのときは何も言うことができなかった。次のセッションで，少し回復して，私は彼女に自分の反応について話した。彼女は驚いて，自分の介入がそんなに私に影響を与えたことをすぐにいたわった。彼女は私が実際よりも自分の能力に自信があると思っていて，私の仕事ぶりが悪いからといって，こんなふうに教えていたわけではなかったと言った。

この介入によって私たちの関係は修復されて，私は先に進むことができると感じた。スーパーヴァイザーはそのときからフィードバックする際に私の傷つきやすさに気を配るようになったが，自分の見解を控えることはなかった。しかし，私が直面している問題は良い仕事をしているからこそ生じているのであり，特に訓練の初めに精神分析家がみな直面するような問題だと言って時々私を安心させてくれた。

　多くの年月と多くの時間にわたる訓練を経た後，同じスーパーヴァイザーが私が面接で逃がしていると感じたものについて，もう一度人の気持ちを考えないようなコメントをした。私は彼女との以前の経験を思い出して，このコメントが以前のものとはどれほど異なって感じられたかに気づいた。このとき私は，非常に熟練はしているが，それぞれが人間的な限界をもって仕事をしている存在として，自分と，スーパーヴァイザーと，自分の分析家をより複雑で安全に体験し，持ちこたえることができた。

　対照的に，ある同僚がスーパーヴァイジーに非常に異なる関わり方をしていることを話してくれた。面接についてコメントするとスーパーヴァイジーは傷つくことがよくあるけれども，これは自分の問題ではないと彼女は言った。彼女は，あらゆる精神分析的心理療法家は自らの理解の限界に直接向き合う義務があると感じていた。自分自身の分析的な面接について受けた頻繁なコンサルテーションで，その同僚は絶えず患者との面接でどれほど多くのことを逃してしまっているかに直面させられたし，そのような心をかき乱される体験を免れることを期待しているスーパーヴァイジーは，スーパーヴァイザーが提供することができないものを求めているのだと彼女は言った。スーパーヴァイジーが彼女の配慮のなさに反応してスーパーヴィジョンをやめることを選ぶと，彼女は，それをスーパーヴィジョン関係で作業される必要がある問題としてよりむしろスーパーヴァイジーの限界の証とみなして，達観して受け止めた。

この二人のスーパーヴァイザーは，大部分のスーパーヴァイジーが体験している自己愛的な傷つきやすさに反応する際に，柔軟さが非常に異なっていた。私のスーパーヴァイザーは私自身の問題が関わっていることを知っていたが，彼女が引き起こした苦しみに対して責任をいくらか引き受けてくれた。彼女は，私が許容できる共働関係を確立するために自分のスタイルを適応させてくれた。彼女は，私の面接への批判はやめなかったが，その代わりに私が自分の限界に対してもっと穏やかな態度で臨めるまで，私を自己愛的な傷つきから保護するコメントで批判を補った。

　スーパーヴィジョンを行う方法を調整する気のない2番目のスーパーヴァイザーは，スーパーヴァイジーの悩みに適応する義務をあまり感じていなかった。スーパーヴィジョンの条件を交渉するつもりがなく，自分自身の立場の正しさを強調した結果，スーパーヴァイジーの何人かは，スーパーヴィジョンをやめた。

　交渉は，関係性の思考において分岐的な概念となっている。フローリー＝オーディと私（2000）は次のように述べている。「交渉の概念は何が正しく何が最善であるかを決めるにあたって，スーパーヴィジョンの二者関係の双方が必ずしも平等とは限らないが，ある程度の権限をもつということを意味する。しかし，どのスーパーヴァイザーにも，どこまで交渉が可能（あるいは交渉すべき）かということには限界がある」（pp.76-77/97）。

　スーパーヴァイザーとスーパーヴァイジーの間の交渉プロセスの重要性を強調するような関係性の視点からスーパーヴァイザーの権威を考えると，スーパーヴィジョンの手詰まりと決裂が起こりうるのは，重要な価値観，たとえば臨床状況における守秘義務の基本的必要性などに関する不一致が問題になる時だけである（Greenberg, 1995）。それ以外の場合に，関係性スーパーヴァイザーは，困難を乗り越える道を見つけるために相互に勇気づけ合う感覚をもって，スーパーヴァイジーと一緒に作業することを想定している。

　スーパーヴィジョンの理論は臨床理論より遅れているので，ようやく最近になって，権威がスーパーヴァイザーとスーパーヴァイジーの間で分配

され，双方の交渉が想定される，スーパーヴィジョン関係のより相互的な視点が文献でも練り上げられるようになった。よく練り上げられたスーパーヴィジョン理論がなく，そこから導き出される道しるべもなければ，スーパーヴァイザーが自分のスーパーヴァイザーからされたことをただスーパーヴァイジーに繰り返してしまうのが人間の性質なのである。ここで詳述した現代的なスーパーヴィジョンのモデルは，スーパーヴィジョン関係における権威的な関係のための新しい枠組みを提供し，心理療法家訓練に従事している人々に教育的アプローチを改めてふりかえるための機会を提供するものである。

原註

1 ―わかりやすくするためにスーパーヴァイザーと患者はこの章では女性とし，スーパーヴァイジーは男性とする。
2 ―パラレル・プロセスは，ここに関わってくるようである。おそらくコリーンは自分には力がないのではないかという不安をスーパーヴァイザーに投影した。スーパーヴァイザーはスーパーヴァイジーの力になる前にスーパーヴィジョンの逆転移のワークスルーを行う必要があった。

訳註

ⅰ ―dress exhibitionistically／「露出症的な服を着る」と取ることも可能である。
ⅱ ―control case／訓練の過程でスーパーヴィジョンを受けながら行う心理療法の事例のこと。

文献

Aron, L.（1996）*A Meeting of Minds : Mutuality in Psychoanalysis.* Hillsdale, NJ : Analytic Press.
Berman, E.（2000）Psychoanalytic supervision : The intersubjective development. *International Journal of Psycho-Analysis* 81 ; 273-290.
Bergmann, M.（2003）A contribution to the supervisory panel. Symposium on Psychoanalytic Training and Education. *Psychoanalytic Dialogues* 13 ; 327-340.
Black, M.J.（2003）Afterward. Symposium on Psychoanalytic Training and Education. *Psychoanalytic Dialogues* 13 ; 367-376.

Caligor, L., Bromberg, P. and Meltzer, J.（Eds.）（1984）*Clinical Perspectives on the Supervision of Psychoanalysis and Psychotherapy.* New York, NY : Plenum Press.

Cooper, L. and Gustafson, J.（1985）Supervision in a group : An application of group theory. *Clinical Supervisor* 3 ; 7-25.

Frawley-O'Dea, M.G.（2003）Supervision is a relationship too : A contemporary approach to psychoanalytic supervision. Symposium on Psychoanalytic Training and Education. *Psychoanalytic Dialogues* 13 ; 355-366.

Frawley-O'Dea, M.G. and Sarnat, J.E.（2000）*The Supervisory Relationship : A Contemporary Psychodynamic Approach.* New York, NY : Guilford Press.（最上多美子・亀島信也＝訳（2010）新しいスーパービジョン関係——パラレルプロセスの魔力．福村出版）

Greenberg, J.R.（1995）Psychoanalytic technique and the interactive matrix. *Psychoanalytic Quarterly* 64 ; 1-22.

Hoffman, I.Z.（1998）*Ritual and Spontaneity in the Psychoanalytic Process : A Dialectical-Constructivist View.* Hillsdale, NJ : Analytic Press.

Leary, K.（1997）Supervision and contemporary clinical practice : Deconstructing and re-negotiating clinical authority in the psychological training clinic. Paper presented at the 17th annual spring meeting of the Division of Psychoanalysis（39）of the American Psychological Association, Denver, CO.

Mitchell, S.A.（1997）*Influence and Autonomy in the Psychoanalytic Process.* Hillsdale, NJ : Analytic Press.

Pegeron, J.P.（1996）Supervision as an analytic experience. *Psychoanalytic Quarterly* 65 ; 693-710.

Pizer, S.A.（1998）*Building Bridges : The Negotiation of Paradox in Psychoanalysis.* Hillsdale, NJ : Analytic Press.

Purcell, S.（2004）The analyst's theory : A third source of countertransference. *International Journal of Psycho-Analysis* 85 ; 635-652.

Rock, M.H.（Ed.）（1997）*Psychodynamic Supervision : Perspective of the Supervisor and the Supervisee.* Northvale, NJ : Jason Aronson.

Sarnat, J.E.（1992）Supervision in relationship : Resolving the teach-treat controversy in psychoanalytic supervision. *Psychoanalytic Psychology* 9 ; 387-403.

Teitelbaum, S.（1990）Supertransference : The role of the supervisor's blind spots. *Psychoanalytic Psychology* 7 ; 243-258.

14

効果的で効率的なスーパーヴィジョン
グループでの試み

アーサー・A・グレイ

　私たちは自分たちの専門領域でますますスーパーヴィジョンのプロセスを意識するようになっている。もっとも，私がこういうことを意識しはじめたのは分析訓練課程を始めたばかりの 1976 年だった。私が憧れていた，繊細で面倒見のよい献身的なスーパーヴァイザーのもとで，集団スーパーヴィジョンを始めた。しかし，私はその集団スーパーヴィジョンのなかで苦労することになった。

　今でも覚えているが，あるスーパーヴィジョンのセッションでは発表者だけが話し，残りの参加者は黙って傍観していた。スーパーヴァイザーは，提示された事例を分析して，それからフェニヘル（1945）の処方について話した。私は，フェニヘルがどうやってフロイトのもともとの概念から精神分析の理論を 1945 年までに証明したかを学んだ。このような分析的定式化とスーパーヴィジョンのプロセスには何かが欠けているように思えたが，初心者であったので，何が欠けているのかについてはっきりと表現することができなかった。

　精神分析の作業の複雑さを認めるようになるにつれて，私も精神分析的思索（Bergmann and Hartman, 1976）の発展を認めるようになった。多様な現代の精神分析の知識の爆発に身を浸すにつれて，私はスーパーヴィジョンのプロセスに疑問を抱くようになった。

　ウォーラースタインの『精神分析家になる——精神分析的スーパーヴィジョン』の書評において，ラックマン（1982）は，候補生の人生においてスー

パーヴァイザーの役割がどれほど曖昧に定義されているかを明らかにした。

　候補生と呼ばれる未来の分析家は，生活のあらゆる面が分析にさらされ，そしてもちろん，精神分析の文献は教師に焦点を合わせている。スーパーヴァイザーの守備範囲ははるかに不明瞭である。それは訓練分析家よりも狭く，教師よりは広い。それでも，スーパーヴィジョンの価値は精神分析教育ではっきりと認められているが，スーパーヴィジョンが精神分析家に「なること」にどのように貢献しているかは，依然として早急に研究される必要があるまま放置されている。(p.801)

　過去10年，スーパーヴィジョンのプロセスを観察してみて，私は集団療法に関心があったので，グループ形式でスーパーヴァイズするモデルを作り上げた。私はフェニヘルから学んだ初期の集団スーパーヴィジョンのプロセスに取り憑かれてきた。当時，効率的になりうる方法として集団スーパーヴィジョンの可能性に興奮していたけれども，ある疑問が残った。集団スーパーヴィジョンは効果的になりうるのか？　自分のやっていた初期の集団スーパーヴィジョンは効果的とは思わなかった。そう，私はフェニヘルについて学んだが，ただそれだけだったのだ。それでは何がまだ足りなかったのだろうか？
　数人の人々が同時に受けることができるので，集団スーパーヴィジョンは効率的である。しかし，そのようなグループ・プロセスには，見えない落とし穴がある。集団スーパーヴィジョンは行き過ぎた束縛にも混沌にもなりうる。束縛されているときは，グループの指導者がスーパーヴィジョンを指導し，発表している人に話しかける。スーパーヴァイザーが講義をしているかのように，他の参加者はスーパーヴァイザーを見つめて話を聞くだけである。時々，発表を聞いているスーパーヴァイジーのひとりが，適切な質問をする。通常，これはスーパーヴァイザーの「講義」に関連するものである。このプロセスは窮屈であるばかりではなく，発表していない人には退屈になってしまうことも多い。グループワークの経験がない

スーパーヴァイザーがスーパーヴィジョンのグループを指導するよう求められるとき，そのようなプロセスがよく起こる。

グループの経験が豊富なスーパーヴァイザーは，たいてい違う問題を抱えている。スーパーヴィジョンは，混沌とし専横的にもなりうる。スーパーヴァイジーが事例を提示し，集団スーパーヴィジョンの他の参加者が事例を感じ取りながら，事例について別の考え方を提案し始める。多くの場合，この代案の示唆は別の反応や検討につながる。なぜならそれぞれのスーパーヴァイジーが発表や前のコメントの異なる側面に反応するからである。これが混沌の始まりである。誰かがグループ・スーパーヴァイザーの好みに合わせてコメントや提案をするならば，スーパーヴァイザーはその特定の方向にグループを導く傾向があるだろう。これがしばしば焦点とみなされる。しかし，発表者のもともとの疑問や焦点は，たいていこの無計画なプロセスのなかで迷子になってしまう。場を支配するのはスーパーヴァイザーの好みである。事例がスーパーヴィジョンに提示されるとき，発表者がどんなことを問題にするのが一番適切なのかよくわかっていないことがよくある。混沌としたグループ・プロセスは，問題を明確にする役には立たない。スーパーヴィジョンは，スーパーヴァイジーの必要とするものよりむしろスーパーヴァイザーの好みのための舞台になる。

スーパーヴィジョンは，通常スーパーヴァイザーとスーパーヴァイジーの間にだけ存在する。スーパーヴィジョンのプロセスの定義が曖昧だというなら，グループという状況でスーパーヴィジョンを行おうとすれば，どれほど曖昧さが加わるのか想像してみるとよいだろう。グループ状況でスーパーヴァイズを行うプロセスが明確になるように，スーパーヴィジョンのプロセスにより正確に焦点を合わせなければならない。

次のような歯ごたえのある問いを自問し答えることによって，スーパーヴィジョンのプロセスの変数により正確に焦点を合わせることができる。訓練プロセスの一部としてのスーパーヴィジョンは，何らかの心理療法なのか，教育的な訓練なのか，それともそのふたつを合わせたものなのか？　エクスタインとウォーラースタイン（1972），デベル（1991），イサカロフ（1984）

といった数人の著者がこの問題を検討している。この複雑な問題に取り組む際に，デーマン（1976）はスーパーヴィジョンと心理療法には共通の性質もあるかもしれないが，重要な違いも存在することを示唆した。スーパーヴィジョンの目的は候補生が有能な臨床家になれるようにすることであると，デーマンは考えている。対照的に，心理療法の目的は，性格と行動の変化である。

　スーパーヴァイジーの能力への関心は，もうひとつの重要な質問を生じさせる。スーパーヴァイザーは，スーパーヴァイジーを通して患者を治療するのか，それとも，スーパーヴァイジーが患者を治療するようにスーパーヴァイジーを指導するのか？　スーパーヴァイジーが患者を治療することに焦点を合わせなければならないのは明らかだ（Ekstein and Wallerstein, 1972 ; Fosshage, 1997）。

　この章で私の考えを導くのはふたつの主要な信念である。ひとつめは，「スーパーヴィジョンの目的は候補生が精神保健従事者として機能するように能力を高めることである」というものだ。ふたつめは「候補生の仕事は患者を治療することであり，スーパーヴィジョンは候補生がこの仕事をしながら育つことを促すものである」というものだ。スーパーヴァイザーは候補生を訓練する。候補生は患者を治療する。このシラノ・ド・ベルジュラック方式は，スーパーヴァイジーの仕事の仕方に注意を向ける。この方式は，候補生自身の権威，学ぶ欲求，生まれつつある専門家としてのアイデンティティを尊重しながら，スーパーヴァイザーの権威に特権を与える。すなわち，このふたつの主張は研修生が能力を高めることに注意を促すだけでなく，スーパーヴァイザーがいかに臨床作業の独特なスタイルを権威をもって伝えるかにも注意を促す。このふたつの主張の応用は，「集団スーパーヴィジョンのためのフォーマット」（A Format for Group Supervison : FGS）と呼ばれるモデルに含まれる。

● 集団スーパーヴィジョンのためのフォーマット

FGS は，集団スーパーヴィジョンのプロセスを組織する6段階のモデルを提供する。

(1) 状況の提示
(2) 発表者の状況へのアプローチ
(3) スーパーヴィジョンで取り組むべき問題
(4) 発表者のアプローチで問題に取り組むことができるか？
(5) 代替のアプローチ
(6) 結論，私たちは何を学んだのか？

このモデルを使えば，6段階によってグループ状況で候補生をスーパーヴァイズすることも，スーパーヴァイザーを訓練することもできる。実は，このモデルは多くの提携クリニックをもつ社会福祉機関で指導者を訓練するために開発された。これらの指導者はすでにスーパーヴァイザーであったので，グループ状況で自分のスーパーヴァイジーをどうスーパーヴァイズするかについてのスーパーヴィジョンを受けた。

この章の残りは，この6段階について詳述したい。このモデルは，スーパーヴァイザーの熟練を可能にする。しかし，このモデルを使うことによって，事例を発表する候補生は自分に特有のニーズをどのスーパーヴィジョンのセッションでもスーパーヴァイザーと共に明確にすることが可能になる。焦点は，候補生のニーズに絞られる。スーパーヴァイザーと候補生は，必要とされているものが何なのかを一緒に明確化する。スーパーヴァイザーの権威は，教師と学生の間の協働を育むことを期待される。権威は，候補生の独特の学習を明確にするのに用いられる。言い換えると，6段階のこのモデルは，ともに創造された（Beebe and Lachmann, 2002 ; Stern, 2004）協働によるスーパーヴィジョンのプロセスを促すのである。

このモデルにおける6段階それぞれを，簡潔に記述することから始めたい。それから，私はその記述と応用について詳細に論じようと思う。最後に，理論的な根拠と特定の段階において起こりうる現実的な問題について検討したい。モデルを解説して，心理療法グループの臨床例を提示するとき，臨床例で取り上げるグループを治療グループと呼ぶ。私たちのスーパーヴィジョン・グループは簡潔に「グループ」と呼ばれる。グループとは，ここでは少なくとも3人の人々（Gray, 2001）からなる状況と確認するだけにとどめておこう。私は，どのようなグループも人格化することを避けている。すなわち，私はグループが独自の生命をもつ実体であるとみなさないようにしている。グループの指導者と他のメンバーは，一緒に体験を生み出し，その体験に対して責任をもつ。グループの指導者は，このプロセスを導くのだ。

● 段階を定める

　このモデルをスーパーヴィジョンのグループに適用する前に，グループの準備を行わなければならない。スーパーヴァイザーは今までとは違うやり方でスーパーヴィジョンを行う予定であることを，グループに知らせることが望ましい。FGSを使うとき，一人をスーパーヴァイズし終えるのには最低45分かかる。事実上，FGSではグループの各メンバーは，発表者と同時にスーパーヴィジョンを受けることになる。言い換えると，割り当てられた時間には，発表者だけでなくプロセスの参加者全員が大いに検討することが含まれるのである。いつでも1回の発表に45分以上をかけることもできる。時間がどれだけかかるかは，スーパーヴィジョン・グループの構成と指導者の経験による。さらに，スーパーヴィジョン・セッションに追加の時間を取るような別の実践法もある。スーパーヴィジョンの最初の週で発表したラシャドという候補生を例にして考えてみよう。次のスーパーヴィジョン・セッションの最初の5分から10分の間，ラシャ

ドは前週のスーパーヴィジョンが患者との作業にどのように影響したかを，グループにフィードバックするよう求められる。このフィードバック・セッションの後で，ショシャーナが発表を始める。したがって，毎週，グループの違う人が主要な発表者になる。

● 6段階のモデル

1──状況の提示

　まず始めに，6段階のプロセスの第1段階は，普通予想されるものとは異なっている。発表者は，グループに状況を提示するよう求められる。候補生が提示するのは普通，心理療法事例の治療に関係する出来事である。しかし，候補生は発表を事例に限定する必要はない。候補生は，訓練課程で起こった別の問題を提示したいかもしれない。たとえば，候補生は訓練プログラムをやめるかどうか迷っているということを選んでもよい。あるいは，自分が何をグループで提示したらよいかわからないということを提示してもよい。言い換えれば──

> 状況の提示は訓練に関連する出来事で，いつどこで誰が何をしたかを簡潔で具体的に説明することである。

● 詳細

　状況とは発表者が集団スーパーヴィジョンの初めに提示するはっきりした語りのことを指す。語られる題材がスーパーヴァイザーやグループの他のメンバーに明確に伝わらないなら，スーパーヴァイザーは積極的に，状況の詳細を明確化し，よく筋が通るようにするのを手伝う。グループは，問題や無意識の内容（Lichtenberg et al., 1996）を求めて話を聞くのではない。焦点は，提示される状況の語りに絞られる。グループのメンバーは，一緒

にこの語りを明確化するように促される。グループの人々に，提示したことに耳を傾けてもらったと発表者が納得がいくまで，発表者とグループの関わりは続けられる。このプロセスを通じて，発表者はスーパーヴィジョンで自分が参加者に考えてほしい，気になっていることで大切なことを何でも話す。このプロセスが完了すると，スーパーヴィジョンは下記の第2段階に移る。

このことを検討するために，担当の候補生が臨床例を発表していると仮定しよう。モデルのこの第1段階では，発表者が臨床例で私たちに注意してほしいことに耳を傾けてもらう必要性を強調している。臨床例とは状況である。

臨床例を状況として見ることは，きわめて重要な問題である。提示される状況が本質的に問題なのではないということを強調したい。しかし，スーパーヴァイザーとスーパーヴァイジーには問題を探しながら事例を聴く傾向がある。たとえば，スーパーヴァイザーとスーパーヴァイジーのグループは，発表者が患者のあるレヴェルの障害をどんなふうに見過ごしているかを見せつけるために発表の腰を折るかもしれない。また，グループは「自分に厳しすぎるんじゃない？　要するに難しい患者なんだよ」と言ってまず発表者を安心させるかもしれない。そのような介入は，このモデルでは勧められない。

メンバーは，発表される臨床例のいつ，どこで，誰が，何を，ということに焦点を合わせるように求められる。患者と作業することは，本質的には問題ではない。同じように，本質的に難しい患者などいない。ある特定の患者と作業することが難しいと思っているのは，ある特定の発表者にすぎない。この第1段階は，発表者に権威を与える。発表者は，患者からどのような独特なやり方で挑まれたかを述べる機会がある。

だから，この第1段階では，グループのメンバーは，発表者が言ったことを繰り返すことによって状況を明確化する。そうすることによって，メンバーは発表者が特定の患者との面接で疑問に思ったことや，強調したいことに焦点を合わせる。候補生が自分の面接を高く評価し，どれくらい効

果的に患者を治療してきたかということから明らかになった複雑さについて考えたいという発表もあるかもしれない。そのような発表では，グループのメンバーは，患者の記述を受け入れる。メンバーは，候補生が患者に対して感じているものを脅かさない。発表者の説明によって，グループに取り組んでほしい問題が同定される。しかし，候補生は必ずしも自分が取り組んでいる問題や焦点を理解しているわけではない。グループは，発表されたことがいつ，どこで，誰が，何をしたかということから焦点を明らかにするのを援助できる。候補生の問題をはっきりさせるための鍵になる要因は，慎重に最初の言葉に耳を傾けることである。このような言葉で，たとえ漠然としていても，発表者は一番気になっていることを伝える。

　たとえば，前の週のスーパーヴィジョンが面接にどのように影響したか，ショシャーナが10分のフィードバックをした後，マークは発表する予定だった。マークはこれが初めての発表だった。ショシャーナがフィードバックをしたとき，マークはフィードバックを全く新しい方向に向けるような質問をした。もしマークの質問に答えていたら，一連の質問はフィードバック・セッションの5分から10分の制限をはるかに越えて延長していただろう。

　私は，発表の時間を残しておく必要があるとマークに言った。マークは「わかりました」と言ったが，小声で「本当は発表したくないんです」と付け加えた。

　マークの発表は治療グループでそれぞれのメンバーについて非常に細かい部分にまでおよんだ。スーパーヴィジョン・グループの他のメンバーは，困ってしまった。マークはついに治療グループのプロセスについて話しはじめたが，発表は漠然として焦点が合わないままだった。マークが「本当は発表したくないんです」といったことを思い出し，私にはマークは臨床例のどこに焦点を合わせるべきかわからなくて決まりが悪いと感じているかもしれないように思えた。彼は患者と「ともにある」自分を誇らしく思っていた。しかし，「ともにある」ことは患者がグループの始めに何を持ち出してきても，漠然とした反応しかしないという無計画なプロセスだった。

　いつ，どこで，誰が，何をという情報から，私は治療グループのメンバー

のひとりがしたグループ開催の日を変えるという提案に従うべきかどうかという問題に焦点を合わせることを示唆した。その患者と「ともにある」ために，マークは日を変えた。スーパーヴィジョン・グループで，他のメンバーはこれがマークの扱いたい問題だろうと思うというところで一致した。しかしマークはその示唆を却下して，スーパーヴィジョンで初めて元気になった。「あー，そうだ。私はメンバーががっかりしたときにどうしたらいいか知りたいんです。日にちを変えようといったメンバーは来ませんでした。メンバーたちは，その人が来ないことにがっかりしました。メンバーたちはみな，人生で非常に失望し，見捨てられて苦しんだことがありました」とマークは言った。

　マークの例は，第1段階に関わるプロセスが発表者に共感的に耳を傾けることであることを示している（Ornstein, 1985）。つまり，グループのメンバーは，発表者の観点から発表者の話に耳を傾けるのである。私たちは自分たちが何を共有していて，どうやって自分を表現しているかはっきりと言語化できないときでさえも，どうやって意志を伝え合うべきかということに関して共有している知識を頼りにしている。FGSモデルは，臨床的な観点から事例の題材を理解するのに十分な時間をかける。しかし，事例の題材は，この第1段階の焦点ではない。この第1段階では，発表する候補生が私たちにどこを検討してほしいかをはっきりさせることに焦点が絞られる。マークの「いつ，どこで，誰が，何を」に関する記述は，患者と「ともにある」という漠然とした感覚をより特異的に定義する必要性として理解されるようになった。「ともにある」ことは，より特定される必要があった。マークはその日，心理療法グループに関連すると思った問題に取り組みたかった。私とグループの他のメンバーは，まず初めに心理療法グループが行われる日を変えることに同意する問題に焦点を合わせるのを手伝おうとした。しかし，それはマークが思っていた焦点ではなかった。作業のなかで成長するために，マークはグループに自分の焦点から始めてもらう必要があった。マークは，分析家としての成長への道筋を定める権限をもっていた。

発表者の疑問が理解されると,発表者はたいていマークのように「あー,そうです。聞きたいのはそのことなのです」と答える。発表者が耳を傾けてもらったという感覚を自発的に,確かにそうだと思わせるように表現するとき,グループは発表者の状況への関わり方である次の段階に移る。

　もうひとつ強調しておきたいのは,マークは極端に詳細に状況を発表したので,彼のためのスーパーヴィジョンの時間は全部第一段階で占められることになったことである。こういうこともこのモデルでは許容される。通常は状況を説明し,発表者の焦点を理解するのにおよそ5分から15分かかる。もし難しければ,6つの段階を全部完了する必要はない。第1段階から第6段階までのどの段階でも完了できれば,スーパーヴィジョンのプロセスにとって貴重である。マークは,第1段階だけを取り扱うことができた。

2——発表者の状況へのアプローチ

　グループが第2段階に移る準備ができたら,発表者と参加者は発表者のアプローチを明確にし,一致させる。

● 詳細

　この段階の焦点は,発表者が自分の解説した状況にどうやって取り組んでいるかにある。すなわち,発表者とグループの各メンバーは,発表者が提示した状況にどのように介入しようとしたかを明確化し,理解する。この重大事に,グループのメンバーは,題材に取り組む方法に関して異なる見方を示さないように求められる。発表者と他のスーパーヴァイジーは,発表者のアプローチについて同意しなければならない。スーパーヴァイザーは,積極的にこのプロセスを促進する。そのアプローチは発表者の理論上の方向づけであってもいいし,単純に発表者が提示した状況にどう介入したかでもよい。発表者と他のスーパーヴァイジーが発表者のアプローチに関して一致して初めて,検討は次の第3段階に移る。

❋ 考察

　モデルの先の段階に進む前に，スーパーヴァイジーのアプローチが明確にされ，評価されることが重要である。モデルのこの段階は，発表者が自らの視点から理解されることをさらに確実にする。権限は，発表者の手に残ったままである。スーパーヴァイザーの専門性と権威は学習プロセスを促進する。

　発表者の視点から発表者を理解することは，彼の関わる心理療法的な環境の中で発表者がどのように自分の作業に取り組んでいるかを理解することも含んでいる。共感的にスーパーヴァイジーを理解する（Ornstein, 1985）ためにはスーパーヴァイジーの理論的な視点を理解するだけでなく，面接で何を行っているかも知る必要がある。ラックマン（2001）が述べているように，「悪魔は細部に宿る」のである。

　モデルにおけるこの段階を理解するもうひとつの方法は，発表者が面接で実際にしていることの例を，この時点でグループ全体で捜すことである。この段階では，グループの他のスーパーヴァイジーは，発表者の面接の仕方を理解することに焦点を合わせる。この時点で，スーパーヴァイジーたちは発表者に忠告をしたがる傾向がある。すでに述べられたように，これは積極的に控えなければならない。発表者は，面接の時にしたことを，誤りを正そうとせず理解することに焦点を合わされると，認められ理解されたと感じる。発表者の面接を他の視点から見る時間はたくさんあるだろう。しかし，今はその時ではない。その代わりに，グループのメンバーは，提示された状況で面接に取り組むやり方をどう理解したかを発表した候補生に伝え返す。スーパーヴァイザーは，作業に取り組む発表者のやり方を明確化し，理解するプロセスを促す。スーパーヴァイザーは，グループの全員が発表者のアプローチへの理解や疑問を言葉にする機会をもつようにする。全員が質問をすることによって参加する（Gray, 2001）ようにすることは，質問した全員にある種のスーパーヴィジョンを行うようなものである。

　発表者が自分のやり方が傾聴され，理解され，受容され，尊重された（Coopersmith, 1967 ; Lichtenberg et al., 1996）と感じると，グループはスーパー

ヴィジョンで直面する問題を明確化するスーパーヴィジョンの第3段階に移行できる。この段階はスーパーヴィジョンの最も難しく理解しにくい側面である。というのは，発表者が集団スーパーヴィジョンに持ち込む問題に一番よく取り組めるやり方をグループが決めるからである。これは，スーパーヴィジョンの効果に寄与する最も本質的な段階である。

3──スーパーヴィジョンで取り組むべき問題

ここで扱われるのは次のような問題である。「状況とその状況へのアプローチを提示することによって，学習内容の問題（事例をどう取り扱うかの学習に関係すること），（発表者がスーパーヴァイザーから）学習する環境の問題，運営に関する問題（スーパーヴィジョンの環境や事例の環境，あるいは両方とも）が示されているのか？」（Ekstein and Wallerstein, 1972 ; Fleming and Benedek, 1966 ; Jacob et al., 1995）。

※ 詳細

この3つの問題によって，スーパーヴィジョンと心理療法は区別される。心理療法では，治療面接に現れる転移を探索することを通して情緒的な問題に取り組む。スーパーヴィジョンは，発表者が面接で現れる問題を探索することによって，さまざまな面接での課題をどうやって扱えるようになるかということに焦点を合わせる（DeBelle, 1991 ; Doehrman, 1976 ; Ekstein and Wallerstein, 1972 ; Issacharoff, 1984）。候補生の個人的，情緒的な問題がどのように学習に影響するかは，スーパーヴィジョンが表立って取り上げるものではない。

第3段階で，スーパーヴァイザー，発表者，他の参加者は，第1段階で提示される状況を検討する。そして，第2段階で提示される状況へのアプローチを検討する。これらのデータから，スーパーヴィジョンで発表者が直面している問題がどのようなものかが明確になり，合意される。FGSでは第3段階で初めて，問題に取り組むことになる。そこに3つの問題が考

えられる。(1) 学習内容の問題は，候補生が特定の治療問題を扱うやり方を知らないことから生じる。治療上の問題は，個人療法，集団療法，環境療法で起こりうるが，この章では個人療法や集団療法の訓練を受けている候補生に焦点を合わせる。(2) 学習環境の問題はスーパーヴァイザーと発表者の間で起こっているものであり，発表者がそのスーパーヴァイザーから学ぶ難しさが重要になる。(3)運営に関する問題は，現在のスーパーヴィジョン設定を運営する環境や，臨床例が行われている環境，あるいはその両者に発表者が取り組むことから生じている。

　第3段階で，面白い出来事が起こるかもしれない。発表者も他のグループ・メンバーも，発表者が最初に認めた問題が一番重要な焦点ではないということで意見が一致するかもしれない。最初のものとは非常に異なる問題が，発表者，スーパーヴァイザー，他のスーパーヴァイジーによって認められ，意見の一致をみるかもしれない。このような再認識が起こると，発見としばしば驚きの楽しい感覚を伴うのが普通である。以下に，この種の再認識の例について検討したい。

✺ 考察

　スーパーヴィジョンの第3段階までに，スーパーヴィジョンにおける発表者の問題がわかってくる。面接への発表者のアプローチもわかり，評価される。しかし，スーパーヴィジョン・グループのスーパーヴァイザーと他の候補生は，発表の多くの点に反応することでまだ介入することができる。集団スーパーヴィジョンのなかでは，参加者の誰でも，特定のどの点から介入するか決めてよい。しかし，行き当たりばったりにならないように，この第3段階では，発表者のニーズによって介入するところを決めるようにする。介入のポイントをいたずらに増やさず，この段階は3つの可能性，(1) 学習内容の問題，(2) 学習環境の問題，(3) 運営に関する問題，だけに的を絞る。可能な介入のそれぞれによって，スーパーヴィジョンで直面している問題が特定される。具体的な問題を知っていると，グループはより効果的に発表者のニーズに取り組むことができる。

スーパーヴィジョン・グループが発表者に認めさせる問題にこめられた重要な疑問とは，スーパーヴィジョンと心理療法はどこが違うかということである。グループが発表者に認めさせる問題を特定するとき，発表者の情緒的な問題が明らかになり，仕事のやり方が問題にされるかもしれない。すでに述べたように，情緒的な問題は，スーパーヴィジョン・プロセスの公式の守備範囲ではない（Doehrman, 1976 ; Gray, 1995）。スーパーヴィジョンは，発表者がより効果的に作業をするのを助けることに焦点を合わせる。このプロセスで，発表者はその作業を終えるのに邪魔になりうる情緒的な問題を体験することが多い。スーパーヴァイザーは臨床的な文脈に話をとどめるので，発表者は批判されたと感じずに情緒的な課題を自然に体験しつづけることができる。発表者に向きあっているスーパーヴィジョン・グループが直面している問題を臨床的な文脈で明らかにすれば，発表者が臨床的な仕事に影響を及ぼしている個人的で情緒的な問題に気づく助けになることが多い。この場合，発表者はどこで心理療法を受けたらいいか尋ねてもよい。スーパーヴィジョンのグループで潜在的な形で現れる，自分の情緒的なニーズに取り組める心理療法や訓練分析も発表者は受けてもよい。

　この FGS モデルに従えば，スーパーヴァイザーは発表者自身が心理療法を受ける必要があるとか，「分析家とこの問題を検討しなさい」と示唆する必要はない。発表者がグループに持ち込む問題の性質を，スーパーヴァイザーが明確にしようとしているとき，その問題を確認するという複雑な仕事は，エクスタインとウォーラースタイン（1972）が「臨床の菱形」と呼ぶものによって援助することができる。臨床の菱形とは，どんな訓練研究所のスーパーヴァイザーの役割でも要約できるダイアモンド型の図形のことである。臨床の菱形を通して，エクスタインとウォーラースタインはスーパーヴァイザーが専門家として自分自身を発表者，患者，運営設定から等距離に置くことを明らかにする。すなわち，スーパーヴァイザーはどんな訓練研究所でも他の3つの側面，候補生，患者，運営に対して同等の責任をもっている。

　運営とは，スーパーヴァイザーがスーパーヴァイズする環境であり，発

表者が患者に会う環境でもある。スーパーヴァイザーと候補生の双方にとって，環境とは精神保健従事者としての仕事の倫理的，専門的な責任を含んでいる。専門家としての責任をどうやって守るかだけでなく，運営によって候補生や，専門職全体に対する専門的な責任をどうやって守るかにも候補生の注意を向けることは，スーパーヴァイザーの責任である。

エクスタインとウォーラースタインは，スーパーヴァイザーが候補生，患者，運営に対して同等の責任をもつことを明らかにするが，私はさらに三者への注意深い処方を付け加えたい。私は，スーパーヴァイザーが主に関わるのは，発表者の学習へのニーズであると思っている。スーパーヴァイザーは，発表者を通して患者を治療するのではない。スーパーヴァイザーは，発表者が自分の環境で効果的に，倫理的に仕事をするのに必要な技術を習得させる責任がある（DeBelle, 1991；Doehrman, 1976；Gallagher, 1994；Gray, 1995；Issacharoff, 1984；Rock, 1997）。しかし，同時に，スーパーヴァイザーは運営環境と治療を受けている患者に結びつけられている。

スーパーヴァイザー，候補生，患者，運営の間にある前述の相互関係によって，発表者が事例の題材を語るとき，実際にはその題材がスーパーヴィジョン・グループの直面している問題の焦点ではないということがはっきりする。問題は，発表者がスーパーヴァイザーや，スーパーヴィジョンのグループ，またはスーパーヴィジョン・グループの誰かとうまくいかないことの場合もある。あるいは，発表者の運営上の問題についてかもしれない。

前述したように，FGSはグループ状況で効果的で効率的なスーパーヴィジョンを行うのに使えるし，スーパーヴァイザーがグループでスーパーヴァイズするやり方を訓練するのに使うこともできる。FGSが候補生をスーパーヴァイズするために使われるとき，この第3段階は明示的には語られない。第3段階は事例の題材に関する検討から，暗黙のうちに選別される。すなわち，スーパーヴァイザーは状況とアプローチを提示し，検討することでこの段階を定式化する。スーパーヴァイザーの定式化は，確認のためにスーパーヴィジョン・グループでさらに暗黙のうちに探索される。このモデルが，参加者がグループ状況を使ってスーパーヴァイズするやり

方を訓練をするのに用いられるとき，この段階で行われる決定はスーパーヴィジョン・グループで指導者，発表者，他の参加者全員の間で明白な形で探索され，検討される。グループの全員と，明示的，暗示的に探索することで，スーパーヴァイザーはスーパーヴィジョンで専制的に問題に決着をつけないようになる。

スーパーヴァイザーの訓練のためのグループで，発表者の問題は最初に確認されて，率直に検討される。みなが問題の定式化に満足すると，グループは第4段階（発表者のアプローチで問題に取り組むことができるか？）の準備ができている。

候補生をスーパーヴァイズする場合，スーパーヴァイザーは学習内容の問題，学習環境の問題，運営に関する問題に取り組んでいるかどうかを定式化するのに，自分の反応とスーパーヴィジョン・グループの反応に微妙な形で頼っている。問題が正確に明確化されているとスーパーヴァイザーが十分に確信すると，もう第4段階になっている。この決定はどのようにスーパーヴィジョンの残りの段階を扱うかを決めるものである。

● 明確化のための事例

私と個人スーパーヴィジョンを行っていたシャイナー博士（Gray, 1995）は，特定の問題を定義することで，スーパーヴィジョンのニーズにどれほど効果的に取り組めたのかということの良い例を提示している。これは個人スーパーヴィジョンであったが，私はスーパーヴィジョンのニーズに取り組む指針としてFGSモデルに依っていた。2年間のスーパーヴィジョンを通して，スーパーヴィジョンで現れうる3つの問題のそれぞれの例が提示された。

シャイナー博士との最初の面接で，彼女は自分の背景と実践を説明した後，いままで行ってきた効果的ではあるがほとんど直感的なやり方ではなく，もっと精神分析的な面接ができるように勉強したいと私に話した。2回目の面接で，彼女はグループを終了したことにふれ，新しく始めたグループについて検討したがった。私たちは新しいグループの布置について検討

し，彼女は次の面接からグループの記録をもってくるといった。

　彼女はスーパーヴィジョン面接を楽しみにしていたが，予約した次の3回目の面接の約束をキャンセルしなければならなかった。4回目の約束は個人的な事情で中止になった。彼女は，電話面接を行えないかと言ってきた。私はそれに同意した。5回目の面接は，吹雪によって中止になった。彼女はニュージャージーの子どものところに戻るために町を早く出なければならなかったのだ。

　この時点で私は，彼女が面接に来ることが難しいことを扱うことが重要であると考えた。私は，電話でそれを行った。私は，彼女が精神分析的に洗練されていくなかで，自分の限界に達してしまうのではないかという不安があるのかもしれないと解釈した。私は彼女に次のように説明した。これまで彼女の仕事はかなりうまくいっていた。しかし彼女はほとんど直感的に面接をしてきたので，そこでうまくいったのは熱意と気にかけていることを患者に伝える能力によるものだった。彼女は心理療法でワークスルーするという，より複雑なプロセスをマスターするときだった。そのためには，彼女はスーパーヴィジョン面接に来る時間をつくる必要があった。

　この介入は彼女が私から学ぶことに関わる環境の問題を扱うものだった。私は彼女がスーパーヴィジョンを避けているとそれとなく，しかし慎重に仮定した。同時に彼女は自分で言っていたように，心からスーパーヴィジョン面接に来たいのだと言うことも受け入れた。介入することで，私は自分の仮説を検証していた。

　5回目の面接に来たとき，彼女は私が精神分析のなかに自分を囲い込もうとしているのではないかという不安について怒りながら話した。私が裏工作をするために自分の創造力が奪われてしまうと彼女は考えていた。この問題は，まさに彼女と私の最初の面接にも現れていた。そのとき，彼女はもっと精神分析について学びたいが，効果的，直観的な自分のやり方を尊重したいと述べていた。私は彼女の苛立った不安をなだめながら扱った。非常に忙しい日程にもかかわらず，その後のほぼ2年間，彼女がスーパーヴィジョン面接を欠席することは二度となかった。

私とスーパーヴィジョンを初めて1年の間に，彼女は集団療法プログラムの終了のために論文を書くように言われた。彼女は，終結したグループを再評価して，精神分析の経験が浅かったことで心理療法グループが最終的に続けられなくなった問題がどのように生じたかをわかろうと決意した。グループで患者と面接することの難しさは，彼女の典型的な学習内容の問題であった。この問題は，彼女との2回目のセッションですでに現れていた。こうした問題をさらに探索することによって，彼女は集団療法のワークスルーの段階におけるカリスマ的なリーダーシップの限界に関する優れた論文を書いた。最終的に，一時は疎んじられているのではないかと感じていた組織で教えないかと彼女は誘われた。

　その組織の精神分析的な方向性からずれていることは，彼女の運営上の問題も表していた。この組織で今日されている精神分析を疑う気持ちによって，患者の治療法に影響があるのは明らかだった。彼女が型破りで創造的な介入を強調するので，多くの患者はかなり困っていた。その結果，患者たちは治療を去った。他の患者には，彼女のカリスマ的なスタイルは，刺激的で情緒的に役に立った。初期のスーパーヴィジョンで，私は精神分析的な面接をしても彼女の創造力をだめにしないやり方を示していたが，運営者と衝突することで，患者の治療がどのように妨げられたかということも扱った。彼女は，心理療法面接のなかで，時には患者のニーズよりも，運営者との戦いに関わってしまうような雰囲気がどれほど生み出されていたかに最終的に気づいた。たとえば，彼女は難しい患者の不安に対処する際に，より検証されている精神分析的原則によるアプローチをスーパーヴィジョンで探索するよりも，自分のよりカリスマ的な素質を強調することが多かった。もちろんFGSモデルによって，私たちは注意深く彼女のカリスマ的なやり方と比較しながら「検証された精神分析原則」を検討することができたのだが。このアプローチは，スーパーヴィジョンにおける協働的な努力を重視する。

　いったんスーパーヴィジョンで取り上げる発表者の問題が明らかになったら，第4段階に進むことができる。

4──発表者のアプローチは，問題に取り組むことができるか？

　スーパーヴィジョンのこの時点で，第2段階で候補生のアプローチが明確化されているとしてグループはどうやったら第3段階で確認された問題にスーパーヴァイジーが取り組むのを援助することができるだろうか？

■ 詳細

　ここでも焦点は発表者の観点に合わされたままである。モデルを通して，発表者の権威は維持される。だから，候補生が第1段階で状況を発表し，それによって提示された疑問は，第2段階で明確化された状況へのアプローチによって情報を与えられ，第3段階ではスーパーヴィジョンで取り組まれる問題が確認される。第4段階でスーパーヴァイザーは「発表者のアプローチを使って，スーパーヴィジョンで直面している問題をうまく解決することができるでしょうか？　もしできるなら，どうやって？」と尋ねる。すなわち，「スーパーヴァイザーとグループのメンバーは，発表者が発表したアプローチをどうやったらもっとうまくできたか示唆することができるのか？　そうやって発表者が提示した問題を扱えるのか？」ということである。しかし，グループの試みは，スーパーヴィジョン・グループが直面する問題がどう明確化されるかによって導かれる。すなわち，「スーパーヴィジョンは発表者が学習内容の問題，学習環境の問題，運営に関する問題を扱うことができるように，発表者のアプローチを洗練しようとしているのか？」ということである。発表者がスーパーヴィジョンの環境において自分のニーズを明確化しているところにグループはとどまる。そのプロセスにおいて，発表者の権威はスーパーヴァイザーや他のメンバーの誰とでも同じく最高のものである。発表者を含むスーパーヴィジョン・グループの全員は，発表者のアプローチを洗練しようとして徹底的に探索する。疑問の答えが出て，発表者と関わる人すべてが満足すると，グループは第5段階に移行する。

● 考察

　スーパーヴィジョンは面接に対する発表者の独特のアプローチに焦点を合わせつづける。第3段階で確認された問題を効果的に扱うのに，発表者のアプローチを強化できるかを見極めるためにそこにとどまる。発表者の取り組みを尊重することは，効果的なスーパーヴィジョンの鍵である。グループのメンバーは，他の理論上の方針を押しつけない。たとえば，発表者が対象関係論的なアプローチを行っていて，スーパーヴァイザーは自己心理学的観点に立って面接をしていても，スーパーヴァイザーは発表者のアプローチを受け入れ，尊重しつづける（Coopersmith, 1967）。FGSモデルはスーパーヴァイザーと他のメンバーが代替のアプローチを提示する十分な機会を提供する。それによってグループは第5段階に至る。

　第4段階にはふたつの成果がありうる。ひとつは，グループからの提案に助けられて，発表者のアプローチがよりよく機能し，スーパーヴィジョンで直面している問題を扱えるようになるというものである。もうひとつは，発表者が自分のアプローチでは効果的に問題を扱えないと気持ちよく認めることである。いずれにせよ，スーパーヴァイザーと発表者を含むグループの全員は，このふたつの可能性を徹底的に探索する。誰もが結論に満足したとき，グループは次の段階に移る。

　自分のカリスマ的で，直観的なスタイルに頼るというシャイナー博士の例は，第4段階で起こることを例示している。スーパーヴィジョンにおいて，私は彼女のカリスマ的で，直観的なスタイルの徹底的な活用法を模索した。そのやり方がグループで何人かのメンバーにはどんなふうにうまくいったかを私たちは理解した。私たちは，彼女がもっと効果的に自分のスタイルを使うことができるやり方を検討した。彼女はこのような理解の仕方を認めて，自分のスタイルがグループの他のメンバーでは失敗した理由について気兼ねなく質問した。自分のアプローチの限界がわかって，彼女はすぐに代替のアプローチについて私に尋ね，ともに模索した。

　そうではなく，発表する候補生が自分の患者をどう治療したらいいのかというような学習内容の問題を持ち出した状況について考えてみよう。第

3段階になって，運営の問題を抱えていることがわかって発表者もびっくりしたとしたら？　もしそうならば，グループは第4段階で，運営に関する問題が，患者を治療する方法にどのように影響するかを探索する。いったん発表者が運営者と戦うことをはっきりさせれば，グループは一緒に発表者のアプローチがもっと効果的に使われる方法を考え出せるかもしれない。グループはまた，次のスーパーヴィジョンの発表では，発表者がどのように運営者との戦いに取り組めるかを検討できるかもしれない。

　たとえば，シャイナー博士が患者を助けるためにカリスマ的なアプローチを行うことを強調するのは，ある程度，集団療法家訓練部の運営者との戦いに基づいていた。一部の患者は彼女のカリスマに圧倒されてしまうが，別の患者は彼女のカリスマからどんなふうに恩恵を得ているかを理解するにつれて，彼女は自分のアプローチの限界を受け入れた。上述の通り，彼女は杓子定規なカリスマ的なアプローチが，より分析的な方向づけをもった探索プロセスを必要とした患者をどのように苦しませたかを理解するようになった。彼女は，カリスマ的なアプローチを分析的な立場にもっと合わせて使うことができるということを理解しさえするようになった。これを理解することが，彼女の運営者との戦いを落ち着かせることにもつながった。

　運営者との戦いを理解して和らげて，シャイナー博士は患者のニーズにはいろいろあることを認めはじめた。彼女はそれから自分の仕事の代替のアプローチについて私ともっと詳細を探索しはじめた。

5──代替のアプローチ

　この点で，スーパーヴァイザーとグループ・メンバーは，第1段階で提出された疑問と第3段階でスーパーヴィジョンのグループが直面している問題を扱う代替のアプローチを提供し，探索することができる。ここで，臨床的に重要な文献を紹介し，検討し，詳しく解説してもよい。

● 詳細

　最後に，これはグループの全員が代替の提案を自由にすることができる段階である。もし第3段階の問題を発表者のアプローチを使って十分に解決することができないならば，どんな他のアプローチが考えられるだろうか？　もし発表者のアプローチが提示される問題を効果的に扱うのに使われるならば，発表者やグループのスーパーヴァイジーの誰かに要請されない限り，この段階は必要でない。もしスーパーヴィジョンの焦点が新しい理論上のアプローチを教えることに合わされているならば，第5段階は発表者のアプローチが，教えられる代替のモデルと比較される。

　スーパーヴィジョンで取り組まれる問題（学習内容の問題，学習環境の問題，運営に関する問題）は，スーパーヴァイジーの具体的な学習上のニーズを表している。臨床的に重要な文献からの参考資料は，この特定のニーズに連動しなければならない。この資料によって，代替のアプローチが明らかになり，発表者のアプローチがこの項で検討されている他のアプローチとどこが似ていて，どこが異なっているかを理解するための背景が比較参照のために提供される。

　スーパーヴィジョン面接で，この段階まで代替のアプローチを指摘しないことが重要である。発表が始まってすぐに代替の視点を取らせようとすると，グループに混乱を引き起こし，発表者に過度の欲求不満を引き起こすかもしれない。この段階で初めて代替のアプローチを指摘されれば，発表者はそれを受け入れやすくなる。各グループ・メンバーは，自分の視点をより自由に表現できると感じられる。この時点までに，発表者の疑問はスーパーヴィジョンに焦点が絞られている。この焦点に合わせるなら，代案は特に発表者と各グループ・メンバーの学習の必要性に応える。

　代替のアプローチを検討して，発表者とスーパーヴィジョン・グループの他のメンバーのニーズが満たされると，第6段階に移行する。

● 考察

　全員が代替のアプローチが十分に探索されたと感じたら，スーパーヴィ

ジョンは第6段階に移行する。移行するか決めるのには時間がどれくらい残っているかも関係してくる。

次の目標は，もとの発表者に焦点を再び合わせることによってスーパーヴィジョン面接を終えることである。この目標は，第6段階で達成される。

6——結論 私たちは，何を学んだのか?

この時点で，グループはもとのアプローチと代替のアプローチを比較する。

● 詳細

ここでは焦点は，検討しているアプローチが想定する効果の比較に絞られる。第2段階で説明される発表者のアプローチは，第4段階で提案が行われていれば，それと比較される。第2段階からの発表者のアプローチは，また，第5段階で提供された代替のアプローチと比較される。全員が参加し，最後に，発表者はグループで発表した体験について感想を求められる。発表者の反応は，全員によって検討される。

毎週行われるスーパーヴィジョンのグループを考えてみよう。前述したように，ある週に発表した候補生は，次のスーパーヴィジョン・セッションで5分から10分かけて前の週のスーパーヴィジョンの影響について報告する。その5分から10分の間に，スーパーヴァイザーは耳を傾け，発表者のために他の問題を明確化するかもしれない。スーパーヴァイザーは，それから，候補生が次に発表する時に，これらの他の問題を取り上げるよう勧めてもよい。

● 考察

ここで得られる結論には，通常時間による限界がある。発表者に話を向けてスーパーヴィジョン・セッションを終えることが重要である。発表者は，集団スーパーヴィジョンの体験について語る機会をもつ。この段階は，スーパーヴァイザーもグループも発表者にとって重要な見落としがないこ

とを確認する。私の経験では，FGSが効果的に行われると，発表者はたいてい非常に尊重され，きわめて思いやりのある偏った判断をしない雰囲気で耳を傾けてもらったという満足感とともに帰っていく。

● 結論

　FGSを注意深く行うと，この6段階のモデルによって，スーパーヴァイザーはグループ状況で候補生をスーパーヴァイズするための専門知識を使う足場を得ることができる。この足場を使って，スーパーヴァイザーは効果的で効率的な集団スーパーヴィジョンの体験を，発表する候補生とともに創造することができる（Beebe and Lachmann, 2002 ; Stern, 2004）。
　この共同の創造において，スーパーヴァイザーとスーパーヴァイジーは協力し合う。スーパーヴァイザーは，スーパーヴァイジーが発表することを選んだ状況を注意深く理解するために，自分の経験と知識を使う。発表された状況から，スーパーヴァイザーとスーパーヴァイジーは，スーパーヴァイジーが取り組みたい疑問，焦点，問題について合意する。状況とは，疑問，焦点，問題を意味する。他のグループ・メンバーと一緒に，二人はそれが何であるかを合意するが，最終的に発表者が決定権をもつ。
　候補生が合意した焦点を扱うとき，スーパーヴァイザーは自分の理論的，実践的なアプローチをスーパーヴァイジーに押しつけない。スーパーヴァイザーは，候補生のアプローチを明確に説明することに焦点を合わせる。発表者のアプローチを通して，スーパーヴァイザーは候補生がこの発表から成長できる方法に関して，協力していく現実的な手段をともに創造しはじめる。この協働は，スーパーヴァイザーが学習内容の問題，学習環境の問題，運営に関する問題を理解することによって育まれる。スーパーヴィジョンの二者関係とグループが直面するこれらの3つの問題は，候補生が精神分析家訓練の文脈のなかでどうやって学習経験を組織するかの鍵を与えてくれる。どのようなスーパーヴィジョン・セッションでも，発表する

候補生は，この 3 つの問題のうちのひとつに直面する。3 つの問題はそれぞれ，スーパーヴィジョン・セッションでの候補生の転移的な体験を表している。セッションで，スーパーヴァイザーは最も顕著なひとつの問題に合わせて介入を準備する。

　最終的に，発表者とグループの参加者全員のアプローチを尊重しながら，スーパーヴァイザーは力動的なグループ・プロセスのなかで学ぶ雰囲気を作り出す。このプロセスのなかで，さまざまな観点が探索される。この探索を通して，新人の臨床家は，精神分析と心理療法の複雑さが徐々に解きほぐされてくることを理解し，それを身につけようとする。集団スーパーヴィジョンのためのフォーマット（FGS）は発表者と参加者全員に非常に刺激となる相互作用的なグループ・プロセスのなかで探索することができる，スーパーヴァイザーと候補生の間の協働のプロセスを提示してくれる。

訳註

ⅰ ―Cyrano de Bergerac（1619-1655）／フランスの作家。エドモン・ロスタン（1868-1918）の同名戯曲の主人公として有名。作家，哲学者だが鼻が大きく酷い容貌のシラノは従姉妹のロクサーヌを密かに愛している。ロクサーヌが惹かれる文才のないクリスチャンに代わってシラノはロクサーヌにラブレターを書く。

文献

Beebe, B. and Lachmann, F.M.（2002）*Infant Research and Adult Treatment : Co-constructing Interactions.* Hillsdale, NJ : Analytic Press.（富樫公一＝訳（2008）乳児研究と成人の精神分析――共構築され続ける相互交流の理論．誠信書房）

Bergmann, M.S. and Hartman, F.R.（1976）*The Evolution of Psychoanalytic Technique.* New York, NY : Basic Books.

Coopersmith, S.（1967）*The Antecedents of Self-Esteem.* San Francisco, CA : W.H. Freeman.

DeBelle, D.E.（1991）Supervisory styles and position. In R.S. Wallerstein（Ed.）*Becoming a Psychoanalyst : A Study of Psychoanalytic Supervision.* New York, NY : International University Press.

Doehrman, M.J.（1976）Parallel processes in supervision and psychotherapy. *Bulletin of the Menninger Clinic* 40-1 ; 9-104.

Ekstein, R. and Wallerstein, R.S.（1972）*The Teaching and Learning of Psychotherapy.* New York, NY : International University Press.

Fenichel, O.（1945）*The Psychoanalytic Theory of Neurosis.* New York, NY : W.W. Norton.

Fleming, J. and Benedek, T.（1966）*Psychoanalytic Supervision.* New York, NY : Grune and Stratton.

Fosshage, J.L.（1997）Toward a model of psychoanalytic supervision from a self-psychological/ intersubjective perspective. In M.H. Rock（Ed.）*Psychodynamic Supervision : Perspectives of the Supervisor and the Supervisee.* Northvale, NJ : Jason Aronson.

Gallagher, R.E.（1994）Stages of group psychotherapy supervision : A model for supervising beginning trainees of dynamic group therapy. *International Journal of Group Psychotherapy* 44-2 ; 169-183.

Gray, A.A.（1995）Learning problems and problems about learning in supervision : Implications for distinguishing supervision from psychoanalysis. Paper on supervision receiving the Emanuel K. Schwartz Memorial Award at Postgraduate Center for Mental Health, New York, NY, May.

Gray, A.A.（2001）Difficult terminations in group therapy : A self psychological perspective. *Group* 25-l/2 ; 27-39.

Issacharoff, A.（1984）Countertransference in supervision : therapeutic con sequences for the supervisee. In L. Caligor, P.M. Bromberg and J.D. Meltzer（Eds.）*Clinical Perspectives on the Supervision of Psychoanalysis and Psychotherapy.* New York, NY : Plenum Press, pp.89-105.

Jacob, D., David, P. and Meyer, D.J.（1995）*The Supervisory Encounter : A Guide for Teachers of Psychodynamic Psychotherapy and Psychoanalysis.* New Haven, CT : Yale University Press.

Lachmann, F.M.（1982）Mission impossible : To supervise psychoanalysis. Book review of Wallerstein, R.S.（ed.）Becoming a Psychoanalyst : A Study of Psychoanalytic Supervision. New York, NY : International Universities Press, 1981. *Contemporary Psychology* 27-10 ; 801-802.

Lachmann, F.M.（2001）The devil is in the details. *Psychoanalytic Dialogues* 13-3 ; 341-353.

Lichtenberg, J.D., Lachmann, F.M. and Fosshage, J.L.（1996）*The Clinical Exchange : Techniques Derived from Self and Motivational Systems.* Hillsdale, NJ : Analytic Press.

Ornstein, P.H.（1985）Clinical understanding and explaining : The empathic vantage point. In A. Goldberg（Ed.）*Progress in Self Psychology, Vol.1.* Hillsdale, NJ : Analytic Press, pp.43-61.

Rock, M.H.（1997）Effective supervision. In M.H. Rock（Ed.）*Psychodynamic Supervision: Perspectives of the Supervisor and the Supervisee.* Northvale, NJ : Jason Aronson.

Stern, D.N.（2004）*The Present Moment in Psychotherapy and Everyday Life.* New York, NY : Basic Books.（奥寺 崇・津島豊美＝訳（2007）プレゼントモーメント――精神療法と日常生活における現在の瞬間．岩崎学術出版社）

15

四部構造訓練モデルに向かって
(権力の) 同一化関係から (愛情の) 内在化関係へ

攻撃者への同一化の事例[1]

ケルション・J・モラド＋ジュディス・E・ヴィダ[2]

● 導入のための覚書

　この章は私たちの進行中の作業のより広い文脈から焦点を絞ったものである。それを私たちは「自分語りの対話（autobiographical dialogue）の臨床的な重要性」と呼んでいる。精神分析的な訓練に関しては，分析家の間の自分語りの対話を明白で目に見えるものにすることによって，重要な発達的変化が生じることを提示したい。その変化とは古典的な3つの要素（個人分析，理論と臨床のセミナー，スーパーヴィジョンのもとで行われる分析）からなるモデルから，そのモデルに欠けていると思われる第4の部分である分析家の間の自分語りの対話（Molad and Vida, 2002, 2005）を含めることへの移行である。

　この章の直接のテーマに話を移して，精神分析家の訓練の非常に中核的で困難な問題である攻撃者との同一化の事例について考えてみよう。攻撃者との同一化の本質について吟味すれば，以前には認められていなかった関係性の層があることがわかる。そして，その層によって攻撃者との同一化の基本的性質についての2段階の考えが導かれる。

(1) 攻撃者との同一化のより深い層では，**攻撃者としての被害者**が（心のなかで）同一化するのではなく，**被害者としての攻撃者**に同一化している。
(2) このより深いプロセスのメカニズムは同一化よりむしろ取り入れ，ニコラ・アブラアムとマリア・トロークが理解を進めてきた取り入れである。一般に攻撃者との同一化とみなされるものを生じさせる現実の外傷的な出来事において，「攻撃者」の力はそれ以前の段階で攻撃者に起こっていたことを繰り返す内的な分裂を表すものとして見ることができる。私たちは，攻撃性の起源はそれ自体が攻撃者の人生の体験の同一化的抱え，含み込み，囲い込みの失敗した結果だと提唱したい。攻撃性の中心にある内的な分裂に橋渡しをしはじめるのは，取り入れである。

　同一化と取り入れの概念は愛に関係があるが，その形態は異なる。愛が服従，つまり他者に対して自分自身を譲り渡すという形を取るとき，そこには権力の主題が見える。一方，降伏や，降参（言いなりになること）はより穏やかな，献身のようなものを連想させる。私たちは同一化を，権力を維持し強化するための手段として，自己が抱え，含み込み，囲い込むプロセスにおいて他者に合流することとみなす。服従と降参を背景にして，同一化は作用する。つまりこれが権威の役割である。一方，私たちは取り入れを本質的に平等主義で，自己と他者の生存権を維持し，他者のなかにある自己の側面を認め，重視することとみなしている。背景にあるのは権威というよりむしろ，降伏すること，招き入れること，寛容さである。
　私たちは，攻撃者との同一化の基本的なメカニズムは，他者を癒し，変形させることを想像することであると見ている。それは関係の性質を（ただひとつの特定の声の強力な表現に）服従することから，（対話的な複数の声の多音を伴う）愛の文脈へと変えたいという切望から生み出される。私たちの言葉を使えば，これは自分語りの独白から対話への移行であり，そこで重要なのは最良の／正しい／完璧な物語を誰が支配するかではな

く，むしろ私たちの物語すべてを語ることによってともに戯れることである。これはある種の退行である。退行といっても関係性に関わる退行，単なる自我ではなく関係性的な自我に関わる退行である。

　攻撃者との同一化を攻撃者を取り入れる関係性として再概念化することは，この概念の現在の理解や用法を変えることを意味している。（対象関係の領域である）生き残りと自己保存，被害者の分割排除された力動に焦点を合わせることから，（より主観的-関係性的である）発達的で心理療法的な囲い込みに焦点を合わせることに変わるのである。攻撃者の内的な力動の存在を受け入れるという意味における囲い込みである。攻撃的な行為は攻撃される人にとって，自分を犠牲にするものとしてだけでなく，犠牲にされているものとしても，すなわち犠牲者化から生じるものとしても体験される。投影同一化のようなメカニズムを通して，攻撃者の（なかの）犠牲者化を見出すことができ，そのような犠牲者化はその人のまだ達成されていない発達的な切望とともにある。

　訓練，教育，スーパーヴィジョンの際に分析家の間で（ほとんどは密かに）起こる自分語りの対話では，攻撃者との2種類の力動的な関係の間に同時に生じる共謀と侵入を通じて，出会いが生まれる。つまり，ひとつは含み込みが失敗する時の分割排除された同一化の力動であり，もうひとつはうまく作動する含み込みであるような，存在の取り入れ的な力動である。

　根本的には自分語りの対話として精神分析家の訓練の概念化することに基づいて，私たちのアプローチは，攻撃者との関係の力動を，倫理も含めて吟味し合うことを強調している。

● 手紙による対話

　この章を執筆中の2004年8月8日，ジュディはガーシュに手紙を書いた。[4]

　　親愛なるガーシュ

もちろん私はこの文章を手紙として書いておかないといけませんね。あなたに手紙を書いている自分の言葉の調子が大好きなのです。手紙を書く喜びにはある種の憂鬱と切望が，時には多めに，時には少なめに混じり合い，手紙を読みながら優しさと，手をさしのべ合いたいという思いでいっぱいになります。

　昨日話した後，私はとても興奮しました。あなたが攻撃者との同一化について話したことは，私の好みよりは理屈っぽかったのですが，これをお互い納得して終えるのには時間が足りないだろうし，まして完成稿にするのは難しいと感じはじめています。思い返してみると最近，最初の頃よりはこのテーマについてましだと思えるようになったようです。この概念について，あなたの解釈とは全く違って「型通りに」反応していたので，長い間私には関係ないと思っていたし，反対しさえしました（いつも私たちってこうじゃありませんか？　あなたが先に行ってしまって，私は電車に駆け込む。だけどたまには逆のこともあるのを忘れてはいけませんね）。それでもあなたと話すときは，私は耳を傾けることができて，思いがけずあなたの奇妙に深い楽観主義に気づきます。臨床空間で起こることを説明するのにあなたが使うのも同じ楽観主義ですね。あなたはがっかりするでしょうが，私はその楽観主義にびっくりするのです。ずっと前に分析を受けていた分析家と，開放的で家族のような関係だった私は，ずっと臨床空間で起こることについて，かなり冷ややかな目で見ていました。

　このことから私はフェレンツィとフロイトを思い出し，フェレンツィが「現実感の発達段階」（1913）で楽観主義について書いていることを思い出しました。

　私たちは，繰り返すことしかできない。すべての子どもは万能感という幸せな妄想のなかを生きている。たとえ母親のお腹のなかにいるときでさえ，子どもは本当にそういう性質をもっている。子どもたちがまた，万能感を大人になるまで保存して**楽観論者**になるのか，無

意識の不合理な願望を決して甘んじて放棄せず，ほんのちょっとしたことで侮辱され，軽んじられると感じ，自分が**お気に入りの一人っ子**のままでいられないから運命のまま子だと見る**悲観論者**に加わるかは，「ダイモーン」（子どもたち自身の守護神）と「テュケー」（運命の女神）次第である。　　　　　　　　　　　　　　　　　　　　　　（p.232）

　いつもこの文章には驚かされます。なぜなら母親が厳しくきょうだいが多すぎたために競争心が強すぎるとフロイトがよく批判していたフェレンツィは，心理療法においては楽観論者であり，自分でも母親の何ものにも代えがたいお気に入りだったと書いているフロイトは，悪名高い悲観論者だったのですから。
　昨日あなたの声に紛れもない楽観主義を感じたとき，私は予期せぬ喜びからほとんど笑いそうになりました。臨床の空間と事例検討の空間を区切る幻の扉（私たちが事例検討の空間で他の分析家の外傷を受け入れることができないことのしるしとしての扉）という考えをあなたがどうやって思いついたかについて，突然私は何か深いものを理解しました。臨床の空間では利用できるのに，事例検討の空間の形式主義では認められない，体験の開放性と完全性があなたにはあったということを私は知っています。あなたはいつもは静かで内気な態度を取るのに，それが認められないといらつき，怒ってしまうということも。私はあなたとどこが違うのかを考えなければなりません。

ガーシュは，返事を書いた。

　親愛なるジュディ，私はここでは君の立場に立って，ちょっと考えてみたいのです。
　私たちの対話を表現し，探索することによって，あなたはここでふたつのことにふれています。
　ひとつは，思考と理論が非常に個人的で情緒的であることを示す生

き方としての「対話が生きた」精神分析ということです。この中核には，対話をし，対話のなかにいることの喜びと愛情の感覚があります。

　もうひとつは，対話への抵抗と対話のなかでの抵抗です。自然にしていれば，抵抗は「自分語りの対話のなかで生じる食い違い」として現れ，それから私たちが時に楽観論者として時に悲観論者としてその食い違いを放置したり，埋めたりしようとするやり方に現れます。

　抵抗をこんなふうに考えてみれば，読み手と聴き手が中身も形式も新しいものに耳を傾けるときに，やや異なる考えにたどりつくのに役立ちます。音楽や，小説，気持ちのいい会話のように，テーマがゆっくりと少しずつ現れはじめ，全体が自由に提示されるようになると，それ以上何も言うことはなくなります。

　これは，私が心理療法と分析において「先を見越した解釈」と呼ぶものです（そして，あなたがサッカーの用語から言葉を拝借して「スルーパス」として名づけたものですね）。これは，古典的な過去に遡る解釈（何が語られ，何が行われたかについての解釈）とは違います。ここで語られ，行われていることは，体験の開放性と完全性のなかで解釈を生み出し，解釈そのものになります。だから通常の形の解釈は頂点に達したところの文章であり，名ばかりのものにすぎず，時にはただの冗長な言語化であって，山がその頂上によって名づけられてしまうようなものです。

　そして，このようにして質問（相手の本質に対する要求）が解釈に取って代わるのです。文脈のなかでのやりとり，自分語りの対話は，私たちがこれを差異についての生きた対話として理解することを含んでいます（Molad, 2003, 2004）。この種類の対話の外的プロセスはフェレンツィが書いていて，次のように言い換えることができます。「私の思想のなかで最良のものは人に関係するものであり，心象のなかで愛情対象である別の人物とともに相互的に存在することに密接に結びついています」。そして，内的なプロセスは取り入れ的な性質をもち，このテーマについてはすぐにふれる予定です。

ここで重要なのは，プロセスと内容の古典的な区別に異議を唱えるフェレンツィの主張です。内容とは，相互作用，間主観的な関係，自分語りの対話を指します。あるいは，もっと過激な形で言えば，これは相互分析の深い意味なのです。なぜなら，内容と形式がそれぞれ相互分析を行って，そうすることによってお互いを変形していくからです。境界が曖昧になっている中間領域では，フロイト的な混沌とした死に関する不安（権力の喪失，体裁や秩序の喪失，意義と意味の喪失，同一化を含み込むことの喪失）はフェレンツィ的な不安や愛の喪失の苦しみと共存しとどまること，関係性の戯れの喜びを導くことによって満たされています。

ジュディの手紙は続く。

　あなたと私が数年前に共同作業を始めるまで，臨床の空間でも事例検討の空間でも，つまり，個人的なやり方で感情を記録するのを避けるために作り出された理論的な言葉の盾である「転移」と「逆転移」といったいつもの変数の外側で，自分が満たされるなどということは考えもしませんでした。自分がするべきだと思っていたのはそうした感情を抑えることでした。だから，自分には感情がないか，感情に悩まされないのでした。しかし，あなたと共同作業を始めたとき，あなたは全く異なる可能性を示してくれました。何とかやり抜こうと，まわりの人の反対をものともせずいつも馬鹿みたいに一生懸命働くのか，自分の考えを捨ててしまうのかどちらかではなくて，反応や問題や抵抗を全体の像の一部として考え受け入れたならば，何か予期せぬ新しいことが起こるかもしれないというあなたの提案に耳を傾けました。私はそういうことがテル・アヴィヴのフェレンツィ会議であなたに起こるのを見ましたし，それから，私にも起こっているのに気づきはじめました。実際，私は長年の複雑な経験を振り返りはじめていて，全く意識せずに自分の一部が不完全ながらもそうしたことを行っており，

もう少しで意識に浮かぼうと長い間あがいていたことがわかってきました。

ガーシュ。

　ここでひとこと言っておきたいのです。あなたは抵抗と困難を受け入れることについて話し，これはまさにあなたが私たちの対話に対して行ったことです。私は今とても疲れていて，意義を明らかにすると同時に生みだすような全体像という難しい問題を受け入れることに手を広げられません。しかし，それはあなたがここでしていることです。あなたは以前，憂鬱についてふれましたね。対話と手紙を書くことを続ける喜び，それは「ある種の憂鬱と切望が，時には多めに，時には少なめに混じり合い，手紙を読みながら優しさと，手をさしのべ合いたいという思いでいっぱいになります」。そのような長く求められ，まだ達成されていない憂鬱が私のなかにもあるのです。私はあなたが「憂鬱を軽く抱えられること」を，いくぶんねたんでいるのかもしれません。同時に，話すうちに，私は憂鬱が私たちの対話の一部になることにいたわりを感じ，「憂鬱を抜け出すには何か足りないのではないか」という不安が消えていく本当の喜びを感じるのです。

ジュディ。

　私は今，非常に長い年月を振り返って，自分の小さな断片が（パン屑みたいに無価値なものと描写するにしろ，真珠のように貴重なものと描写するにしろ）自分自身の声に向かって，憧れ，よろめきながらも進んできたことがはっきりと見て取れます。その声は謝罪する必要も，撤回する必要も，装う必要もない直接の体験に根を下ろしたものなのです。この変わった協働作業について知りたがる人々に対して言えることは，私たちの関係の文脈（私たちの作業と対話）は，実際に

このパンくずや真珠を全部集めることができて，初めて一緒に入れることができるバスケットのようなものだということです。私がそれを真珠と評するなら，大きさの違うものがいろいろあるけれど，みんな一本の糸で結ぶことができるのです。パンくずと評するのは，暗い森から抜け出そうと怯えながら努力したことへの比喩として使っているのです。

ガーシュ。

そう，自分自身の声を切望することは，破壊された相手の声を抱きしめる能力に基づいていて，これこそが断片を結びつけるものなのです。お互いに受容し合うなかで，混乱は形式とアイデンティティに結びついた美しい真珠のネックレスを生みだし，ばらばらになったパンくずのような不安は，もはや存在しない完全なパンを求める郷愁に満ちた苦しみに直面して，愛のなかに救済を求めるのです。

ジュディの手紙は続く。

私たちが話した後に，気持ちが動揺したことはお伝えしたと思います。話がみんな理屈っぽすぎる，私たちは本質を見失っていると不満を口にしたとき，あなたは言いましたね。いや，本質はすぐそこにあるのに，二人のうち一人は夢を見ている……私はそれを部分的に指示として受け取ったのかもしれません。なぜかというと私はそれに続いて昨日の夜夢を見たからです。

● 夢１（「私の人生についての楽観主義」）

フランス人の写真家，ソフィ・カルが夢のなかに出てきて，彼女は

まるで私が彼女の情報を何か知っているかのように，私と話をしたのに驚きました（美術展，作品の展示，カタログ作成などで長年にわたって彼女と仕事をしてきたのはスチュアートです）。居心地がよく，私（実際よりかなり若い）は私と同じくらいの年齢の男性と時間を過ごしていました。私たちは，非常に素晴らしいやり方でお互いを知るようになっているようで，結婚について真剣に考えていました。私はその人の母親にも会っていました。婚約の準備が調いだしたので，私は生涯でつきあった男性がもう一人いると言いました。その人と私は長いこと一緒に過ごしており，そのつきあいは私にとっては重要だったし，これからもそうだと思えました。何らかの意味で「決着」がつくのかはっきりせず，具体的になってはいなかったのですが。これは「当然のこと」として割り切って受け入れられました。再び驚いたことに，私はためらいも恥ずかしさもなく，弁解もせず，防衛的になることもなく話していました。夢の背景には，複雑で豊かな人生とはこういうものだという感覚がずっとあったのです。目が覚めたとき，なぜ目が覚めたのかわかりませんでした。私はまだ眠く，まだ5時半にもなっていませんでした。まるで水面にたどりつこうと急いでいたかのようでした。頭の中をたくさんの考えが渦巻いているのに気づきました。あるものは今回のパリの発表のため，あるものは上級セミナーのためのアイディア，みんながつながっていました。「わかった！」。スチュアートが目を覚ますと，私は誇らしげに言ったそうです。そのときスチュアートは真夜中に私が眠りながら笑っていたと教えてくれました。

　全くとりとめのない話ですが，何か書こうと机に向かうときは，羽目を外して自由に書くという体験を楽しもうと心に誓っていました。こういうことに形式をあまり強く押しつけたくはないのですが，私でさえ夢にパリ（「ソフィ・カル」）についてと，自分の人生についての楽観主義を見ることができます。

　私にわかっていることは，私は自分の声を見つけることで，たとえば医学校を卒業するために以前行った桁外れの丸暗記をするとかいっ

た馬鹿らしい同一化をしないで，臨床の場面でも専門家としても人生のなかで出会う人々みなに対してもっと取り入れ的な態度を取るようになったということです。自分の母親との新しい関係について考えてみると，ほとんど 60 年もの間抑えられていた叫び声が母に向けられてから，私は自分の体験とは切り離して母親の体験について考えることができるようになり，母親は 90 歳になって自分とは切り離された存在として私のことを考えることができるようになりはじめています。（完全には）抑制する気がなかった，一度は見つけていた自分自身の声を再び見つけるというあなた自身の物語のようなものが，確かに私にもあると思いました。そして，これはあなたの専門家としての通過儀礼とも関係がありました。このことは私たちのセミナーの計画にも関係があり，つながっています。

● 夢2（「同形」）

1週間後――2004 年 8 月 15 日の手紙において，ジュディはもうひとつの夢について書いている。

  私は，同じ職業の人々のグループ（大部分は女性）のなかにいました。認知症か精神病で，ひどくパラノイア的になっているホームレスの年配の男性がひとりごとを言いながら歩き回っていて，時折私たちの誰かを非難して叫びました。最初は，非難は行き当たりばったりでしたが，私に集中しはじめました。私はそのホームレスが彼の娘と関わるのを邪魔したことがあり，娘もそこにいて，当惑し，彼から離れていようとしているように見えました。グループの人々は，もしできるなら，男と娘の距離をどうやって取るかということと私たちがどうやって身を守るかについて静かに囁いていました。薄暗く照明された部屋で濃い色の木の備品とディスプレイケースがあり，内装は時代遅れの

大型店のように見えはじめました。ほとんどが女性のグループは私の回りに半円をつくりはじめ，ある種の宗教裁判が行なわれるのを待っていました。何が起こるかわかっていました。この儀式で私が生贄にされるのです。最初は感じていたパニックが穏やかな受容に変わっていきました。私が生贄にされるのは，その若い女性に取った態度と話し方のためでした。半円はだんだん狭くなり，私は女性たちの暖かい関心を感じました。頭に浮かんだのは，殉教というものを，殉教者が運命を受け入れられるのはなぜなのか，自分の命を犠牲にする立場を引き受けることを余儀なくさせられるのはなぜなのかを，やっと理解できたということでした。女性たちの暖かさは十分だと感じられました。裁判官の到着の前の数分に，私は自分の死の手段が「同形」になることがわかりました。「同形」とは私が発表した「奇形腫」論文（2001）の最後のパラグラフに実際にある言葉で，土曜日の発表ではよそよそしい理論的な調子で終えたくなかったので省略していました。夢のなかでの「同形」が意味したのは，私が犬と戦って死ぬ刑を言いわたされたということでした。犬は私の皮膚を剥いで殺すので，その代わりに私は最初に犬の皮を剥いでみることを許されるのでした。それは公平で，バランスが取れていて，少なくとも最初は対称的であると感じられました。痛みが大きすぎるのではないかと不安になりましたが，やってみなければと思いました。できるはずです。

● コメント

ニコラス・ランド（1994）は，アブラアムとトロークにとって「秘密とは，外傷的である。苦しむ人自身によって気づかないうちにではあるが，秘密が生じたということ自体と，結果としてもたらされた自暴自棄になった気持ちが葬られ，それによって内的な沈黙に委ねられてしまう」（p.99）と私たちに語った。これは，最近私たちの著作に関してなされた

批判にふれている。私たちは,「個人的」と「私的」の区別をしていないように見えると言うのだ。「私的」とは世論が隠されるべきと命じるものだ。私たちにとって,何かを私的なものにしておく理由は,外傷の前でも後でも,外傷的であることと,外傷的になることの恐さからなのだ。しかし,アブラアムとトロークの「秘密」は,精神内的なものである。「秘密は,内的な心の分裂のことを言う。その結果,二人の全く異なる人が隣同士に住んでいて,一人は自分が世界の一部であるかのようにふるまい,もう一人は自分が世界と全く関わりをもっていないようにふるまうことになる」(p.100)。このように,攻撃者の取り入れを通して生じる攻撃者との同一化は,実際,攻撃者の不安定に分割排除された外傷が被害者の側に生じ,癒されることである。二人の取り入れについての考えは,私たちの作業,つまり「内的,外的な変化に直面した際の,心理的,情緒的,関係性的,政治的,専門的な展望のなかでの段階的な自己変容の原則」の中核にもある (p.101)。そして,トロークの主張は,私たちの論点にとって多くを語るものだ。「神経症を引き起こす可能性が高いのは,子どもが大人から拒否され,近親姦願望を禁止されることを受け入れられないことではなく,両親自身の欲望の状態がどれほど混乱しているかによるのである」(p.104)。

手紙を終えるにあたって,ジュディはこう書いている。

> 手紙を終えるのにちょうどいい文書があります。シャロン・バセットが送ってくれたリルケの文章を言い換えたものです。「たぶん,恐ろしいものはすべて,その一番深い存在では,私たちからの援助を願う何か無力なものなのである」。

● [再考]「翻訳として読む」体験についての注釈——スーパーヴィジョンの取り入れモデルとしての「他者の相互理解」との関連について

読むことは翻訳とみなすことができる。つまりある個人の言語から,別

の個人の言語への移行であるが，もちろんこんなことは不可能だ。そのような移行の間には，新しい中間的な会話の形で，破壊と創造が存在する。本当に境界が不明瞭な領域がつくられ，そこでは書き手の言葉は失われ，新しい論文が読者＝翻訳家（逆も同様）によって提供される。読まれ，翻訳された論文はこのように図と地が連続した運動のなかにあり，それは避けがたいと同時に幸運な環境でもある。この章の原形は，最初はアブラアム＝トローク記念講演で発表されたものだが，ぴったりすぎるほどぴったりしている。

> アブラアムとトロークは，亡くなってしまった愛情の対象に密かに同一化することで苦しんでいる患者が，話すときに特定の形の混乱を生み出していることに気づいた。患者は，秘密の存在と内容を自分自身と世界に示してくれるかもしれない言語的な要素を，見分けがつかないほどぼやけさせてしまった。言語表現や言語表象の力を混乱させ，破壊しさえすることが目的であるように見える新しい言語メカニズム（を通じて）……なぜ人々は自分自身をわけのわからないものにしてしまうのか（？）。　　　　　　　　　　（Rand, 1994, p.105）

おそらく翻訳として読む作業，言語－愛情－対象から逸脱しそれらを喪失するという作業は，隠された外傷体験を言語によって取り入れ的に調整する作業であり，外傷的なものと外傷後に生じたものを隠したり表したりすることを悼みつつ楽しむという混在した作業なのである。読者＝翻訳者は，喪と変容の作業の重荷を公然と背負うことになる。他の読者＝翻訳者の話を聞きながら，私たちは展開しつつある思考の流れにお互いに波長を合わせることを観察し合う。同一化と取り入れの間を揺れながら，権力と愛情の間を揺れながら，外傷が人生の内在的な部分として取り入れられ，受け入れられるように。

　私たち二人とも自分たちの書いたくだらない話が時に読者に混乱を招き，当惑させるものでありうるとわかっていると付け加えることが役に立つだ

ろう。ある箇所では，絵の具や楽譜におけるコードや複雑な半音階のように言葉は使用されており，直線的な一対一対応として読まれるべきでない。いろいろな読み方をされると，これらの文章は一番うまく働く。斜め読み，飛ばし読み，それから視覚的情緒的連想が形をなすことができるくらいの熟読。必ず苛立ち，不満になるにもかかわらず，読むのをやめたずっと後になって「わかった」という読者もいる。

　この種の描かれた読書＝翻訳が対話と意見交換の作業であるということを，私たちは何度も目にしている。対話的な意見交換としての翻訳＝読書は，同一化的な盗用を乗り越えて（同一化は，テーマを「殺し，消費する」），自己と他者がお互いに反応のよい責任ある応答をする取り入れ的な関係へと移行する。これは話すことによって答えるのではなく，取り入れ，取り入れたことをそのままにしておくことによって答えるのである。スーパーヴィジョンの取り入れモデルは，これを自然な形で拡張したものであり，かつてのあり方も現在のあり方も歓迎するし，異なることは何も要求しない。スーパーヴァイザー＝読者＝翻訳家は，ある種の共通に－応じること（com-responding）（バッハのカンタータで独唱者とコーラスがオペラの叙唱部に反応するように）によって，テキストの寿命に対して責任を取る人物である保証人になることによって，対応（correspondence）を生みだす。そうすることによって，スーパーヴァイザー＝読者＝翻訳家は対話の形式と内容だけでなく，さらに重要なことに，コンサルテーションを行う分析家とアナリザンドという著者の意見交換のやり方も取り入れる。[7]

● **取り入れ関係の倫理**──精神分析家訓練の四部構造のモデルに向けて

　自分語りの対話の中核にある「意見交換」の重要性を理解すれば，私たちは分析家の間に自分語りの対話を定着させることが精神分析家訓練の重要な発達的な変化につながるかもしれないと実感している。これは権力に基づいた同一化関係の影響とバランスを取れるような変化であり，心のな

かでは攻撃者との同一化となる。

　私たちが提案するのは，個人分析，理論の講義，スーパーヴィジョンの三部構造のモデルから，訓練体験の必須の要素として，分析家の間での自分語りの対話を含む四部構造のモデルへの移行である。公式の訓練の認められた部分として，自分自身の声の明白な成長を目的としてももつような教育は，権力関係の場面を変える潜在力をもっている。これは，責任，寛容，許しを強調する異なる倫理規定のもとで，自己と他者を利用することに関わってくる。問題が権力の濫用であるとき，「許し」は困難な障害となるかもしれない。責任と寛容は予防対策としては機能するかもしれないが，行き詰まりを乗り越えることを可能にするのは，許しぐらいしかない。私たちの許しという概念と同様に，攻撃者との同一化の力動の理解を拡張することの検討を提案したい。それは許す人や，許される人の役に立つのではなく，許し許される関係を達成することに向けられる。私たちが言いたいのは，分析家の純粋性，優しさ，同情の能力を蝕むことがあまりにも多い，訓練に関わる外傷後のつらさ，苦痛，怒りを和らげるのに，許し許される関係がいくらか役に立つだろうということだ。このような許しの解釈は，困難と葛藤が必然的であり，自分語りの対話によって人間らしい顔つきになれるという認識を含んでいる。

　近年，私たちは訓練プログラムの一部として，自分語りの対話を学生と候補生に行う機会があった。訓練して個人的なものが欠落していることにがっかりしていた候補生は熱心に反応する傾向があり，このような経験のこれまでの報告が描き出しているのは（Molad, 2004 ; Molad and Vida, 2002, 2005 ; Molad et al., 2007 ; Vida, 2004），自分語りの対話を行わない他の候補生にとって，個人的なものや自伝的なものを数年間排除しておくという洗脳を受けてから改めてそれらに取り組まなければならないのは，どれほど落ち着かないものになりうるかということである。最近，卒業した分析家は熱心な参加者のうちの一人だったが，訓練の最終段階だけでなく，最初にも自分語りの対話の概念を示したほうがいいのではないかと提案してくれた。初めからそこにあれば，自伝的なものの外観を収集することができ

るし、公式のセミナーの最終段階で、より統合的に検討することができるだろう。これに対するジュディの最初の反応はこうだった。「そんな。難しすぎるわ。研究所は決してそんなことに賛成しないわ。説得するエネルギーがあるかどうかもわからないし、できるかどうかはもっとわからない」。この提案の重要性が理解され、受け入れられ、扱われたのは、もっと後になってからだった。

「自伝的な対話という発想をすると私たちは四部構造の訓練モデルに移行せざるを得ない」と示唆すると、研修生の抵抗＝困難さだけでなく、自分自身を含む同僚の教員の逆抵抗も扱わなければならないということを、私たちは長年かけて理解した。私たちのどちらも、そのような抵抗を示すことがこの章自体の本質的な部分であるなどとほとんど思ってもみなかったが、確かに実際はそうなのである。

論文を終えるにあたってやっておきたいのは、私たちの作業に伴う典型的に複雑な反応をテーマとして扱った別の論文から、脚注を提供することである。

　　最初から「抵抗」という言葉を使うと、セミナーの参加者だけでなく、論文の読者も興ざめしてしまうようだ。アメリカ人が「抵抗」という用語を見聞きすると、フロイト派の権威主義の名残りという印象を受ける。そうではなくて、実際のところ私たちの真意である「反対」のような中立的な用語を使ったほうがよかったかもしれない。フロイト的な意味ではない「抵抗」という言葉は「反対」という言葉がもっていない生き生きとした反発を伝えているのだが。私たちは、より広い範囲にあてはまるという点で「抵抗」という言葉に大きな敬意を払っている（アリス・ウォーカー（1993）がはっきりと書いているように、抵抗は喜びの秘訣である）。そして、単純に抵抗以外の言葉をここで使わない理由は、私たちが分析用語を日常的に使うことで遭遇する問題に貢献しているのを目立たせるためである。しかし一方で、私たちがその瞬間に遭遇したものは「抵抗」と「逆抵抗」であったと仮定し

てもよいだろう。なぜなら，私たちが「同業者の間の転移に基づく愛の差異の解決」（同業者とは私たちのことである）を体験しているからである。　　　　　　　　　　　　　　　　　　　（Molad and Vida, 2007）

　「許し」が分析家訓練で権力のワークスルーを行う際に「抵抗」に出会うのは，同業者の間のこのような転移に基づく愛の差異の解決においてであり，それがこの本の主要なテーマである。これは，フロイトが「精神分析の実際的な仕事」について書いたことを考えるのによいタイミングである。「抵抗に打ち勝つことは，私たちの仕事のなかで最も大きな困難を必要とするものなのである」（1940, p.179）。しかし，もし私たちが訓練中の自分語りの対話について述べてきたことを応用して，「仕事」や「抵抗」が誰のものかを考えようとするならば，精神分析家として自分自身のやり方を見つける際に，教師－分析家の「抵抗」を解決して，組織的な訓練の「一番大きな悩み」を個人として専門家としての希望に変えるのは，研修生＝候補生の「仕事」であるという理解にまで至るのかもしれない。

原註

1─この章の一部は 2004 年 10 月 9，10 日パリでニコラ・アブラアム＋マリア・トローク・ヨーロッパ協会によって開催されたワークショップ「精神分析，歴史／物語，夢，詩」で発表された。
2─私たちはお互いに対話を続ける状況で書いているので，名前の順番はめまぐるしく入れ替わるが，さして意味はない。
3─二人の考え方では，同一化とはある種の内在化された他者のコピーを指す。一方，内在化において人が取り入れるのは，他者に対して確立され，構成された欲望，特に妨害された満たされない欲望である。こうした同一化と取り入れという概念の比較で，私たちは，主体である「私」，すなわち私自身を生み出す 2 つの別のやり方に気づく。同一化は，単純な（再）創造の方法である。一方，取り入れは，（満たされているかどうかにかかわらず）自分の欲望によって自分自身を知り，またその欲望がどのように満たされるかによって別の自分自身を知ることである。
4─すべての書簡は，ヴィダとモラド（2004a）からのものである。
5─私たちの作業の対話で「私たち」である声と，「ガーシュ」と「ジュディ」である別々の声の間には連続した流動的な運動がある。交替するテキストのなかの「私」

は，書く方法だけでなく，実際の発表の「方法」，学会でどのように朗読されるか，つまりガーシュがどこを読んで，ジュディがどこを読むかを反映している。この章では，「私」はジュディとガーシュのことを順番に指している。二人はこの章の多くをお互いにあてた手紙の形で書いている。このような複雑さをさらけ出してみせることは，書かれて読まれるテキストにおいても，発表され耳を傾けられるテキストにおいても，ある程度重要なことである。なぜならそのテキストは何かを語っており，テキストのなかの多くの声と，聴く人や読む人の多くの声の間の対話がもつ多声的な性質を示しているからだ。これは，したがって，対話と自分語りがまぐわうのを生で示すようなものなのだ。

6 ―ジュディの夫。

7 ―これは，私たち二人が精神分析の生活との意見交換に参入したやり方である（Vida and Molad, 2004b）。

8 ―2001年以降，ジュディはロサンジェルス現代精神分析研究所の4年目の候補生のために，現在は「精神分析家としての自分（自身）を見出す（FOOWAP）」という題名がついている必修セミナーで，理論の統合として自分語りの対話を導入した。ガーシュはテル・アヴィヴ大学の卒後精神療法プログラムのシャーンドル・フェレンツィについてのセミナーで自分語りの対話についての考えを教えている。私たちは一緒に，基本コースと上級コースの自分語りの対話のセミナーを行い，ハンガリーのペーチ（2002）とロサンジェルス（2002, 2003, 2005）でも行った。ロサンジェルス・セミナーは，独立したもので，どのような公式の養成とも提携はしていない。

訳註

i ―Nicholas Abraham（1919-1975）／ハンガリー出身のフランス人分析家。フランスでは同じくハンガリー出身のフェレンツィの影響を受け，アブラムとトロークの影響を受けた分析家は，伝統的なフロイト派，ラカン派に次ぐ第三勢力となっている。

ii ―Sophie Calle（1953-）／フランス人の作家，現代アーティスト。「ヴェニス・シリーズ（1979）」はパーティーで出会った男性を2週間変装して尾行し撮影したもの。また「影（1981）」は母に探偵を依頼させ，本当の依頼者が自分であることは知らせずに自分の写真を撮らせたものを作品として発表している。また精神分析にも関心が深く，1999年にはロンドンのフロイト美術館でフロイトを題材としたインスタレーション"Appointment"を行っている。「ジュディがソフィの情報を知っている」という夢の状況は，複雑な同一化のプロセスが存在することをうかがわせる。

iii ―アリス・ウォーカー作の小説『喜びの秘訣』の巻頭には下記の文章が献辞として掲げられている。「黒人には喜びの秘訣があり，それがあるから，精神的，道徳的，肉体的な荒廃に耐えることができるのだ，と信じている人々がいる。／アリス・ウォーカー」。小説の主人公はアフリカの架空の国出身の女性で，自らに女性器切除を施した産婆を殺した罪で死刑に処される。「抵抗は喜びの秘訣である」という

文は主人公の友人たちが死刑に反対して掲げたスローガンである。

文献

Ferenczi, S.（1913）Stages in the development of a sense of reality. In *First Contributions to Psycho-Analysis*, trans. E. Jones. London : Maresfield Reprints, 1980, pp.213-239.

Freud, S.（1940）An outline of psychoanalysis. *Standard Edition* 23, pp.141-208.（津田 均＝訳（2007）精神分析概説. In：フロイト全集 22――1938 年, 岩波書店, pp.175-250）

Molad, G.（2003）From interpretation to interpellation : Introductory remarks on the nature of transformational dialogue between analysts in conference space, and some notes on resistance. Paper presented to "The Transformational Conversation", fourteenth annual interdisciplinary conference, International Federation for Psychoanalytic Education, Pasadena, CA, November.

Molad, G.（2004）How the soul gets accustomed to the mutual "need for the other" : Thoughts on the practice and ethics of the dialogue between analysts. Paper presented to "Sacrifice", the fourth annual conference of the Tel Aviv University Psychotherapy Program and School of History, Tel Aviv, December.

Molad, G. and Vida, J.（2002 and 2005）The autobiographical dialogue in the dialogue between analysts : Introductory notes on the use of relational and intersubjective perspectives in conference space. Earlier versions were presented to Tel Aviv University Postgraduate Psychotherapy Departmental Seminar on Supervision, April 15, and to "Clinical Sandor Ferenczi", International Conference organized by Universita Degli Studi Di Torino, July 21. A chapter for Relational and Intersubjective Perspectives in Psychoanalysis, J. Mills（Ed.）Lanham, MD : Jason Aronson.

Molad, G. and Vida, J., with Barish, S., Bassett, S. and DuBois, P.（2007）A responsible controversy about failures of love : Some comments on the ethics of presenting and listening in conference space. *Psychoanalytic Inquiry* 27-3；264-286.

Rand, N.（1994）New perspectives in metapsychology : Cryptic mourning and secret love. In N. Abraham and M. Török（Eds.）*The Shell and the Kernel : Renewals of Psychoanalysis*, trans. N. Rand. Chicago, IL : University of Chicago Press, pp.99-106.

Vida, J.（2001）Ferenczi's "Teratoma" : A result, not a process. *International Forum of Psychoanalysis* 10；235-241.

Vida, J.（2004）"Cure" is a strange notion. Paper presented to "Exploring Transference and Cure in Contemporary Psychoanalysis", Institute of Contemporary Psychoanalysis, Los Angeles, CA, June.

Vida, J. and Molad, G.（2004a）Correspondence. Unpublished.

Vida, J. and Molad, G.（2004b）The Ferenczian dialogue : Psychoanalysis as a way of life. *Free Association* 11；338-352.

Walker, A.（1993）*Possessing the Secret of Joy*. New York, NY : Pocket.（柳沢由実子＝訳（1995）喜びの秘密．集英社）

16

[討論] 個人および集団スーパーヴィジョン，コンサルテーション，分析家と同業者の自分語りの対話

アイリーン・ハーウッド

　サーナット，フーカ，ルコント，グレイ，モラド，ヴィダ博士のような著名な研究者の貢献について検討できるのは光栄であり，名誉に感じる。私は博士たちのこの本への貢献だけでなく，興味深く複雑な領域における著作全体に関しても畏敬の念に打たれる。博士たちの貢献について検討を始めるにあたって，私は同僚やスーパーヴァイジーの前で感じたのと非常に似たものを感じている。だいたい私はこれらの章に登場するスーパーヴァイザーとスーパーヴァイジー双方にパラレルプロセスを感じている。しかしながら討論者という栄誉ある仕事を与えられて，私の視点は専門職としての経歴と個人史によって導かれるだろう。たとえ私が執筆者たちと双子で，これらの章の内容について同じような主観的な見方をしていたとしても，この興味深い間主観的対話における段階の異なる部分に光を当てたいと思う。

　ハインツ・コフートの自己心理学理論は，共感的な立場を詳細に述べ，他者に対する感受性を必要としたが，自己心理学理論は，臨床，スーパーヴィジョン，大学いずれにおいても，お互いの主観や，関係に貢献するものに特に焦点を合わせていたわけではなかった。私が論じている論文の執筆者は間主観性理論と関係性理論に精通している。彼らはそれぞれの参加者が関係の力動に貢献していて，それぞれの貢献が間主観的なマトリク

スの質感にどのように影響を与えるかを理解している。しかし，これらの章を比較することはできない。なぜなら，それぞれが精神保健の同業者との間主観的対話の異なる側面にスポットライトを当てているからだ。

スーパーヴィジョンとコンサルテーションの間にははっきりとした違いがあるにもかかわらず，幾人かの執筆者は**コンサルテーション**を意味するときに，しばしば**スーパーヴィジョン**という言葉を使っている。私は同業者の間で契約されたプロセスのときは，「コンサルティ」「コンサルタント」という言葉を使う。そして「スーパーヴァイジー」と「スーパーヴァイザー」という言葉を法的，職業的な責任があるときに使う。私はそれぞれの執筆者の貢献を分けて扱い，個人的発達と専門職的発達のすべての段階にいる臨床家の間に起こる間主観的なプロセスの概観を与えたい。

スーパーヴィジョンはコンサルテーションと以下の点において異なる。すなわち，スーパーヴァイザーはコンサルタントとは異なり，患者に対して法的，職業的責任をもつ。なぜならスーパーヴァイジーはスーパーヴァイザーの免許のもとで実践を行うからだ。有資格のセラピストの仕事が，上級の訓練研究所で経験を積んだ同業者によって監督されるときもスーパーヴィジョンと呼ばれる。しかしこの場合，スーパーヴァイザーは法的な責任をもたないが，すでに資格をもつセラピストが職業的専門性の次のレヴェルに進むのを助ける専門職としての責任がある。他の要件を満たしていて，スーパーヴィジョンのプロセスが成功したとみなされるならば，より上級の，より名声のある称号や学位につながることになる。

私はスーパーヴィジョンにもコンサルテーションにもしばしば微妙に影響を与える多くの意識的，無意識的要因が存在すると思う。考えなければならない重要な要因は，たとえば，お金に関する取り決めがあるかないかがプロセスにどのように影響してくるかである。どこで専門家のスーパーヴィジョンが行われるかも（クリニックや大学院のような組織で行われるにせよ，スーパーヴァイザーやコンサルタントの個人の面接室で行われるにせよ）プロセスの雰囲気に影響を与える。対話がどのように行われるか，対面なのか，電話なのか，電子メールなのか（電子メールでは反射と反応

のプロセスはともにゆっくりとなる）によって，全く異なる性質と次元が導入される。スーパーヴィジョンのプロセスはまたコンサルタントがコンサルティを後輩の同業者であるとみなすか，同等の経験をもったものとみなすかによっても影響を受ける。間主観的対話は，信頼できる同業者と行われるのと，ことによると友人（親友のことさえ）との間で行われるのとでは，完全に異なる色合いを帯びる。

　第3部の各章は，世間ではまだ認められていないようなやり方で，スーパーヴァイザーやコンサルタントとの間主観的な対話に影響する古典的 vs 関係性的な理論的，哲学的姿勢に主に関わっているように見える。同時に，執筆者たちは最初の頃にスーパーヴァイジー役割のなかで体験したことによって，自分の立場がどれほど大きく影響を受けたかを隠そうともせず認めている。この面白い章のなかでもっと取り上げたらいいのにと思い，個人的な検討に望みたいのは，各人が占める役割にはかかわらず，間主観的な対話が各自の生活史，情緒的発達防衛的な構造，特に以前の自己愛的な傷つきの重なりに，どれほど影響されるかである。

　たとえば，私が大学院生に行ったスーパーヴィジョンで，関係性に影響を与えそれがどういうものかを教えてくれた支配的なテーマのひとつは，スーパーヴァイジーがもう一人女性からスーパーヴィジョンを受けることを求めなかったことだった（Harwood, 1982）。経験の浅いスーパーヴァイザーとして私が彼と作業するのに助かったことは，何らかの理由で彼の反応が私を脅すものではなかったということだった。私はもっと詳しくこれを分析しようとした。私は男兄弟がおらず，もし男兄弟に拒否されながら育ったら，男性のスーパーヴァイジーに共感的で防衛的にならずに接することができただろうかと思った。私がどのように年上の異母姉たちと育ったかを振り返ると，もし女性のスーパーヴァイジーが同じことを提案したとしたら，そのプロセスは私にとってかなり難しくなっただろうというはっきりとした確信があった。防衛的にならず反応するという私の能力は，大いに酷使されていただろう。スーパーヴァイジーは私の潜在的な防御性と過保護さにも，違うように反応していただろう。振り返ってみると，スー

パーヴィジョンを受け慣れていない男性の不安と期待により敏感に応じることができたのは、私が男の子の母親になったばかりだったからだろう。

　育ち方が違い、時期が違ったら、スーパーヴィジョンのプロセスの成功はおそらく異なるものになっていて、もっと衝突があったかもしれない。しかし、おそらく、同じくらい修復もしていただろうが。

　私たちがどこからきて、今何の影響を受けているか、自分自身の過去の問題をどこまでワークスルーしたかが、スーパーヴァイザーや、コンサルタントとして提供できるものにいつでも影響するのである。

● ジョーン・サーナット

　自分が専門家としても個人的にも知らない著者の論文をどうやって検討したらいいのだろう？　それは、自分が知らない同業者をスーパーヴァイズし、コンサルテーションすることと似ているのだろうか？　スーパーヴィジョンとコンサルテーションのためにやってきた同業者とサーナット博士の間に起こったことが、私と著者／同業者であるサーナット博士との間でもパラレル・プロセスとして起こっているのだろうか？　彼女が自分で選んだわけではない非公式の専門的コンサルタントとしての役割に、私は討論者として置かれるように見える。こうやって、私は自分の「討論者／コンサルタント」プロセスを検討しようと思う。

　彼女の論文についての検討を書き始めるにあたって、私は同業者とのスーパーヴァイズやコンサルテーションを始めるときのような不安を感じる。生じてくる問題は、次のようなものである。私は役に立つのだろうか？　私に付け加えるようなことがあるのだろうか？　それとも時間つぶしと頁の埋め草になるだけなのだろうか？　もし何か付け加えるようなものがあるなら、それは同業者がすでに言ったことを批判していると受け取られるだろうか？　それとも、各々の主観が有効であり認められる間主観的な対話にもうひとつだけ対話が付け加えられると見られるのだろうか？

この優れた章を読んで，私は非常に聡明で有能な同僚や研修生と同じ環境にいることがわかった。自己愛的にも何か価値のあるものを付け加えたいと思うが，満足して承認しながら，賞賛し微笑みを浮かべわかったような目で眺めることしかできないのに気づく。そして，私たちは二人とも同じようなものの見方をしているように思えるので，祝福された双子のように思える。

　私にはまだサーナット博士に会って，間主観的な右脳から右脳へのコミュニケーション（Schore, 2003）を確立するという恩恵を受けていない。そのようなコミュニケーションでは，互いに敬意に満ちた距離と配慮を与えようとしながら，まずただ互いを人間として認め受け入れるのである。そういうことが新しい患者にも，スーパーヴァイジーやコンサルティにもできていればよいと思う。私は，一生懸命，お互いが先導しはじめるのを敏感に穏やかに促そうとしている。最初に，私はそれぞれの患者，スーパーヴァイジー，コンサルティの感情的な立場を読もうとする。自分の情緒の他人への見えやすさ（透明性）を調整する必要があるかもしれないということを忘れないようにする。各個人が最適の距離や近さを望むかもしれないと心にとめるようにしている。しかし，私はサーナットにとってどんな「体験から遠い／近い」検討／反応が最適なのか読むことはできないとわかっている。

　私は，誰もが個性と，あえて露出し，開示しようとする私的なことや貴重なものに対する尊重を切望していることも忘れないようにする。各自が，個人として，専門家としての発達的スペクトラムの異なる場所にいる。スーパーヴァイジーとコンサルティの経歴と力動に関する情報が欠けているために，最初は，各々が連続体のどこに立っているか，どの特定の機能を必要としているかを確認するのが難しい。私がどこで相手の自己愛を傷つけるか，自分の態度や言葉によって以前の侵襲と外傷を引き出してしまうのかはわからない。修復を必要とするような決裂には気をつける必要がある。

　（たとえるなら発達的に言って）4歳児を幼児扱いしないのを忘れないようにもしている。そういうやり方は見下したようで，相手を苛立たせる

からだ。しかし，私は人間として大人の自己をもつだけでなく，怒りっぽくて傷つきやすい4歳の幼児も自分のなかにいるということにも気づく。このようにスーパーヴァイザー／コンサルタントとして私は，両者が安全に学び，探索できるような，お互いが傷つきやすいところをもっているという雰囲気を作るだけでなく，最初に各々のスーパーヴァイジー／コンサルティーを力づけるためにも，サーナットの（そして，彼女が認めるフローリー＝オーディの）価値観に注意を払うことが重要だと思う。

　スーパーヴァイジーからの否定的なフィードバックを歓迎することの重要性については，私もサーナットと同じ意見である。関係がまさしく始まる時に，スーパーヴァイジーに私たちがそのようなフィードバックを求めているということをはっきりと知らせることも提案したい。それから，勇気を出して否定的なフィードバックが行われたときは，そうするのに必要だった勇気を認めつつ，本当に歓迎して受け入れなければならない。難しいけれども，スーパーヴァイジーが私たちをスーパーヴァイザーとして主観的に捉えることを防衛的にならずに検討し，内省することも重要である。

　自己開示がスーパーヴィジョンの関係の理想化を弱めないときだけ，サーナットはスーパーヴァイザーに自分自身の間違いの自己開示を行うように賢明な助言を行っている。理想化は，学習プロセスのまさしくその始まりできわめて重要であると，彼女は考えている。全てのスーパーヴァイジーが理想化を必要としているわけではなく，その代わりに双子的体験を必要としていて，そこではスーパーヴァイザーも間違いも犯すかもしれないということには彼女は反対しないだろうと私は思う。何年も前に私は自分の間違いを男性のスーパーヴァイジーと共有したことがあり，それによって彼は私を信用し，彼の努力を見下す「全知の」権威主義的な女性として私を経験することもなかった。それに加え，サーナットも同意しているように，スーパーヴィジョン／心理療法という旅の初めに，初心者のもっている強さを承認することは，スーパーヴァイジーの患者と良好な作業同盟を育むためにも重要である。

　このように，患者とだけでなくスーパーヴァイジー／コンサルティとの

関係においても，私たちはある心理療法家や精神分析家にとって，特定の進化と成長の時期にどの機能が必要とされるのかを理解する必要がある。サーナットはスーパーヴィジョン関係の「関係性的な改訂」において，自分自身をスーパーヴィジョンの時間に消え失せてしまうものの共同創作者とみなしている。サーナットが権威を感じるのはすでに確立された権威より，確立される「関係の質」からなのである。彼女は次のように述べている。スーパーヴァイザーは「スーパーヴィジョンの関係の範囲内で新しい展開に気をつけながら，教育がその有用性を失う可能性に対して心を開いておく」。

サーナットはウィニコット（1965）と意見が一致しており，ウィニコットは特定の機能をそれがすっかり使い切られるまで提供することを私たちに求めている。そうでないと，その機能は不適切になるだけでなく，重荷にもなりはじめる。このように，特定の機能が，ある個人，セラピスト，急成長する精神分析家の特定の成長段階に特に必要とされ，準備されているとき，スーパーヴァイザーはその機能を提供する必要がある。

ウィニコットと同様に，サーナットはスーパーヴィジョンへの迎合を警告している。そして，それは攻撃者（この場合はスーパーヴァイザー。偽りの心理療法的な自己も同様）との同一化につながることが多い。サーナットは，自分自身の葛藤との取り組み方と，それをスーパーヴァイジーと共有するやり方の例も示している。サーナットは，モデリングによって内省と自己分析を教える。彼女は，「私の言うようにやるの。やっていることをするのじゃなくて」とお願いすることはない。サーナットは，自分自身十分な発達的な柔軟性をもったスーパーヴァイザーが，どのように決裂を修復して（Beebe, 2003），初心者のスーパーヴァイジーの傷つきやすさに調律を合わせた介入をすることができたかという素晴らしい例を示している。

同じスーパーヴァイジーが，後により優れた専門家としての凝集性と知識を得て，初心者のセラピストが心理療法的な誤りについて感じるような恥ずかしさを覚えずに，自分の限界について内省することができた。挙げられている最後の例では，専門的理論的に愛の鞭を振るう切り口の厳しい

スーパーヴァイザーだけでなく，発達的，心理療法的に，自分自身が傷つきやすさに十分な共感を受けておらず，それゆえ他人に共感することもできないスーパーヴァイザーについて書いている。

　サーナットは，先輩，後輩の間で，それから同じくらい経験のある同業者の間でも起こりうる異なる間主観的構成の豊かな味わいを私たちに提供してくれる。これらの構成は特定のスーパーヴァイザーの理論上の立場だけでなく，お互いが共感的な成長のスペクトラムのどこまで行き着いたかも暗黙のうちに示してくれる。

● ポーラ・フーカ

　フーカ博士の章は，冒頭から私たちをスーパーヴィジョンの複雑さに引き入れる。彼女は，スーパーヴィジョンとコンサルテーションの責任と役割の重要な法的区別を行っている。彼女は，私たちの前に誰がいるのか考えるように求めている。初心者なのか，それとももっと経験豊かなセラピストなのか？　主に自分の意見を宣伝するために私たちのところへくる同業者なのか，たどりつけるかもしれない何かしらの付加的な洞察でも必要とする人なのか？　フーカは，自分なりのやり方で私たちのスーパーヴィジョンのプロセスを特性の概念でフィルターにかけることを思い起こさせる（Bacal, 2004）。彼女は，雄弁に述べている。「ふたつの主観の交流においては，主観の特性が重要であり，これを認めなければならない」。

　臨床スーパーヴィジョンの例では，彼女は勇敢にも自分自身のスーパーヴァイザーとしての人間的な欲求，関心，恐れについて話している。彼女は，訓練研究所のグループというマトリックスにおいて，間主観性の複雑な交錯を見つめるように促す。このような環境で，彼女は各個人がどのように患者，スーパーヴァイジー，訓練分析家，スーパーヴァイザーの利害と衝突しうる欲求，切望，不安をもつかを示している。

　彼女の例では，スーパーヴァイザーは理解や，批判的でない立場を維持

するために分析的方法にこだわることを主張したが，一方で，すべての関係者の異なる主観と関係する力動の多様性を認めようもしていた。別の理論モデルの主観や，別のスーパーヴァイザー，臨床家，理論家の主観を利用すれば，スーパーヴァイザーはもっと早く介入すべきで，治療の方向性を変える処置をとらなければならなかったと主張できるかもしれない。一方，このスーパーヴァイザーの立場に同意して，もしスーパーヴァイジーがスーパーヴァイザーを信用できなくなっていたなら，結果はさらに悪くなっていたかもしれないということもできる。後者の結果として，最悪の場合は自殺ということさえありえただろう。このように，ここでまた，私たちはふたつの極の，たいていは中間のどこかで，異なる主観と出くわすことがある。私は，各々のスーパーヴァイザーが主観的に見て，与えられた個人的なニーズ，動機，それらを正統化する理論上の方針のなかで，自分のできる最善を尽くしているという点でフーカに同意できる。

　フーカの章は，彼女が患者に対して使うような感受性をスーパーヴァイジーにも使っているが，同じ情報を利用することはないということを明らかにしている。スーパーヴィジョンにおいて，患者の個人史の情緒的な発達と力動についての知識は蓄えられていくが，スーパーヴィジョンで示される介入とその影響から，患者の治療の障害になっているスーパーヴァイジーの個人史の力動が何なのかは推論するしかないのである。フーカは訓練分析家がもっと多くのことをしてくれればと思ったと私たちに語っている。この章でフーカが気づかせようとしているのは，患者の最高の利益を気にもしながら，スーパーヴァイジーの個人の境界と心理的な問題を踏み越えないように注意する必要があるときに，スーパーヴァイザーの役割がどれくらい難しくなるかということである。このように，セラピストの役割と比較しながら，フーカはスーパーヴァイザーの役割が本当はどれくらい難しくて制限されたものかを気づかせようとする。

　フーカは，非常に繊細で敏感な道筋をパットとともに歩んできた。パットが彼女のスーパーヴァイジーなのかコンサルティなのかはっきりしていない。また，フーカにパットに対する専門家としての責任があったかど

うかもはっきりしない。なぜなら訓練研究所や大学院で同じ患者を二人のスーパーヴァイザーがスーパーヴァイズすることはほとんどないからだ。パットの分析家が訓練分析家だったのかどうかもはっきりしない。この例は幾人かのスーパーヴァイジー／コンサルティを合わせたものだと書かれていることを思い出した。だから，もし私たちがスーパーヴァイザーとして法的な，専門家としての責任をもつならば，私たち自身の力動も影響を受けると思うと繰り返すこと以外，詳細についてコメントすることは難しい。自分自身はというと，コンサルタントの役割のほうが，快適なだけでなく，より柔軟にできるということがわかっている。

　私は，複数の大学院と分析家訓練の間の自分自身の学習の力動を振り返ろうとしている。最初の頃であれば，フーカの優しさと対象を提示する探索をきっととてもありがたいと思っただろう。セラピストとして成熟し，有能になって，傷つきにくくもなると，私はもっと直接的なものをありがたく思っただろう。この点で，同じ職業に就くものとして，遠慮はせずに言ってほしいと思う。もちろん穏やかであるに越したことはないのだが！

● アーサー・グレイ

　集団療法のセラピストとスーパーヴァイザーとしての専門知識から，グレイ博士は集団スーパーヴィジョンを考察の領域に加えて，第3部に独自の素晴らしい貢献をしている。彼は自分自身の訓練の体験から，どのように自分がスーパーヴァイジーの情緒的なものと学ぶことの欲求の両方に非常に敏感になれたかを検討している。彼は，自らの6段階のモデル「集団スーパーヴィジョンのためのフォーマット」（FGS）を開発し，実践している。彼は明らかに他の人々がこのたぐいのない貢献から学んで利用することを求めている。彼は，FGSモデルを実施する前に，スーパーヴァイザーが準備を整えるように提案している。

　そこで私は彼の提案に従い，十分に準備を整え，この論文を考察するに

あたって詳細に描写された6段階に従うことにしたい。(1)状況の提示, (2)発表者の状況へのアプローチ, (3)スーパーヴィジョンで取り組むべき問題, (4)発表者のアプローチで問題に取り組むことができるか？, (5)代替のアプローチ, (6)結論。

● 発表

　グレイの章は（誰が），自分自身のスーパーヴィジョンの始めのプロセスを，集団スーパーヴィジョンの状況で（いつ）提示している。彼は最初のスーパーヴァイザーが人間としては好きだったと指摘しているが，彼の現在の狙いは，さらに貢献できて，自分が受けたものとは異なりもっと満足できて参加することのできる集団スーパーヴィジョンのプロセスを（何を）促進することである。彼は，FGSモデルが個人スーパーヴィジョンにも集団スーパーヴィジョンにも，訓練研究所でも個人開業でも（どこで）適用できると考えている。グレイが示すFGSモデルは，特にグループによるスーパーヴィジョンで既存の問題を修復するための創造的な提案である。

● アプローチ

　FGSモデルにおいて，グレイは各スーパーヴァイジーの主観的なニーズに注意を向ける。実際，グレイはプロセスの最初の段階において，グループ・プロセスのなかで発表するスーパーヴァイジーに生じる可能性のある（あるいは多分生じる）傷つきやすさに慎重に注意を払う。個人は通常グループで批判され，辱められることに対して傷つきやすくなるので，彼の配慮は妥当なものである。同時に，グループから承認されると，スーパーヴァイジーは以前より認められ，賞賛されたように感じるかもしれない。
　この考察を書く間，私にはグレイと直接，交流する機会がなかった。だから，私たちは彼のアプローチの理解について意見が一致すると想像し期待することしかできない。各メンバーが発表者に明確化の質問を行い，そ

れによって「参加」することができるスーパーヴィジョンのグループ・プロセスを促進するために，彼が準備を整えていることに拍手を送りたい。同時に，グレイは全ての「スーパーヴァイジーに発表者のアプローチに同意すること」を求める。プロセスを進めるために，各メンバーが「発表者の視点から理解しようとすること」がいつでもできるのかは疑わしいし，必要ですらないのではないかと思う。時として他人は「わからないだけ」，つまり大切なところで自分自身の主観を尊重し，発言しないことを選ぶ。第2段階の個人と集団の力動を明らかにしようとする際に，私自身が書いた言語化によってグレイのアプローチについての「疑問」が提示され，彼のアプローチに異議を唱えるのではなくて，明確化する疑問として体験してくれることを願う。

　グレイの多面的なアプローチは，精神分析的であるだけでなく，自己心理学的／間主観的でもあり，ベアトリス・ビービー（2003）の幼児研究も考慮に入れている。彼は二者関係とグループ全体の間の間主観的領域にまるごと注意を払い，自己愛的な傷つきの可能性を最小にして，学習の雰囲気を促進させる。グレイがグループの活動を促進させる環境のなかで，創造力がグループのすべての参加者の間で（他の場合では，個人スーパーヴァイジーとスーパーヴァイザーの間で）生み出され，ともに創造される。

● 問題

　グレイが取り組んでいる問題は，スーパーヴィジョンの学習プロセスのなかで，どうやったらもっと肯定的で促進的な雰囲気の育成ができるかということであるように見える。そのような雰囲気のなかでは，スーパーヴァイジーの強さと能力が認められ，承認され，創造性と良い仕事が賞賛されるのだ。グレイは，際立った3つの異なる問題を示唆している。学習内容の問題（提示された事例を扱う方法の学習，すなわちスーパーヴィジョンの学習に関する問題），学習環境の問題（精神保健の学習コミュニティ全体に提起する問題），運営の問題（スーパーヴィジョンの環境や訓練環境

の問題)の3つである。

　しかし,グレイがFGSモデルの第3段階で「情緒的な問題は,スーパーヴィジョン・プロセスの公式の守備範囲ではない」「スーパーヴァイザーは臨床的な文脈に話をとどめるので,発表者は批判されたと感じずに情緒的な課題を自然に体験しつづけることができる」と書いているのに,個人のスーパーヴァイジーであるシャイナー博士に,スーパーヴィジョン面接に来ることの困難さについて解釈しているのを読むと,私は混乱してしまう。

　スーパーヴァイジー個人の特定の無意識的,意識的ニーズに調律を合わせる限り,状況に応じてFGSモデルは修正可能であると言っているのだろうか？　そのような調整に関して異議を申し立てようとは思わないのだが。

● このアプローチは問題に取り組めるだろうか？

　短い答えは,イエスである。グレイのFGSモデルは,実際,スーパーヴィジョン,特に集団スーパーヴィジョンで起こる多くの問題と自己愛の傷つきの防止に取り組んでいる。しかし,私たちがスーパーヴィジョンやコンサルテーションでどんなモデルや直観的なプロセスにこだわったとしても,誰の感情も傷つかないような完全な理解のための完璧な青写真を提供できる理論的モデルは存在しないということに,グレイは同意するだろうと思う。私たちができる最善のことは,反応と再演に注意を払い,各々の侵襲や傷つきの主観的な意味を探ることである。それぞれの「決裂」の主観的な意味を探ることによって,「修復」(Beebe, 2003)が起こり,プロセスは豊かになって深まり,前進し,わだかまったままにされないということを私たちは望みうる。

● 代替のアプローチ

　私には,グレイのものに代わるような他のアプローチまたはモデルを提示する準備はできていない。実際のところ,個人および集団スーパーヴィ

ジョンでセラピストと作業する彼の情動調律とアプローチに非常に共感を覚える。焦点が他の人に絞られているときに，他のスーパーヴァイジーにプロセスのなかで内省し，参加するように促すやり方も評価している。

しかし，彼のモデルは他の誰かの主観的な貢献を考慮に入れているので，私は検討と明確化のために「対象提示」（Winnicott 1965）的な他の考えを試そうと思う。

(1) もし時々提案されたフォーマットからそれるとしたら，こうした逸脱の背後にある理由は何なのか？
(2) このアプローチは個々のスーパーヴァイジー／コンサルティの間で有意な違いがあるのか？ あるとしたらなぜなのか？
(3) フォーマットを個々のスーパーヴァイジー／コンサルティの体験レヴェルに合わせるのか？ スーパーヴァイザーが法的な責任をもつ資格未取得のセラピストに対してと，コンサルテーションに来た有資格のセラピストに対してでは，アプローチや介入の違いがあるのだろうか？
(4) 一対一のスーパーヴィジョンのプロセスにおいてアプローチを個人の心理的，発達的な特性に合わせているのか？
(5) 経験豊かなセラピスト／同業者が親友かどうかでアプローチを変えるのか？
(6) FGSは，個人開業の集団スーパーヴィジョン／コンサルテーションで行うのと，組織に対して専門家としての責任を負う卒後訓練研究所の環境で行うとのでは違いがあるのか？
(7) 個人的，専門的，体験的な成長の異なるレヴェルにスーパーヴァイジー／コンサルティがあるならば，アプローチを変えるのか？
(8) 最後に，おろそかにできないのは，グレイは関係性理論を利用しているのか，利用しているとしたらどうやって利用しているのか？ 彼は，自分自身の個人史，情緒，反応がどのように各スーパーヴァイジーやグループと相互作用するのか，そして，このよ

うな内省をスーパーヴァイジーやコンサルティと共有するべきかどうか考えているのだろうか？

● 結論

　結論として，私は特に集団スーパーヴィジョンについて，グレイの6段階を学び，考察することで豊かな気分になった。集団スーパーヴィジョンのための6段階のフォーマットは，安全に発表ができるように他のメンバーが活発に関わり，参加できるように細やかに気を配る。もし個々のスーパーヴィジョンとコンサルテーションに個別にフォーマットを詳細に描き出すことができるならば，グレイは役に立つさらにもうひとつのモデルを提供することができるだろう。

● コンラッド・ルコント

　ルコント博士は，スーパーヴァイジーとスーパーヴァイザーにスーパーヴィジョンの統合したモデルを提示している。彼はいくつかのスーパーヴィジョンのモデルを詳細に描写し，彼の章で異なるアプローチを例示している。統合モデルを提示することによって，彼は実際に私たちに新しい知識とこつを教えてくれる。彼が説明するスーパーヴィジョンのアプローチのうちのふたつは，患者の体験と，技能訓練のテクニックに焦点を合わせるものである。ルコントも，セラピストとスーパーヴァイザーの体験が，患者の体験とパラレルなものとしてだけでなく，スーパーヴァイジーの体験ともパラレルになるように焦点を合わせるスーパーヴィジョンのあり方に注意を向けさせる。

　彼は，患者とセラピスト，セラピストとスーパーヴァイザーの間主観的な関係の質に主要な焦点を合わせる際に，これらのアプローチの全てが背景の一部として統合されることを提案している。最も重要な前提条件は，

抱え，含み込む安全な環境を提供することであり，スーパーヴァイジーの強さが承認されたうえで，それによってスーパーヴァイジーは患者との体験と，進行中の心理療法的な作業からどんな感情や連想が生みだされるかを自己省察することが可能になる。

熟練したセラピスト，スーパーヴァイザーとして，ルコントは決裂が避けがたいということを知っている。彼が提案するアプローチは，信頼できる環境が確立された後，このような決裂の修復の可能性が大きくなるような雰囲気を作り上げる。技法と理論の理想化だけでなく，スーパーヴァイザーの理想化に対しても賢明な警告を行っている。

彼のスーパーヴィジョンへのアプローチは，ウィニコットの移行空間と類似している。移行空間ではスーパーヴァイジーは安全空間に入り，自己調整と凝集性を体験し，内省的なやり方でアイディアや感情と戯れるように促される。いったん自己内省の機能が確立されれば，スーパーヴァイジーは自己スーパーヴィジョンへの道を歩みはじめる。

ルコントは，セラピストと患者，スーパーヴァイザーとスーパーヴァイジーの間の主観性と関係性に焦点を柔軟に動かすことのできる自己内省の優れた統合モデルを与えてくれた。この内省と自己スーパーヴィジョンとともにひとりでいられる新しい能力は，他の信用できる同業者と互恵的なやり方で自分の考えを共有することを邪魔することはない。なぜならご存じのように，フロイトや，ウィニコットや，コフートなどでさえも，自分の無意識に向けられた鏡と同じように，仲間からの自己対象機能を必要としていたのだから。

● ガーション・J・モラドとジュディス・E・ヴィダ

この面白い章を何度も読み直すときに，まずはこの非常に変わったコミュニケーションの形態を理解しようとした。私は，自分自身が知的な左脳から，より直観的な右脳に切り替えているのに気づいた。知的な自己を

離れて，もっと体験に近い自分自身の情緒的な自己に近づいたのだ。私はこのプロセスが，オグデン（1994）が分析的第三項と記述している，人が自分の連想に耳を傾ける場所のことに最も近いだろうと思っている。再読するたびに異なるレヴェルの豊かさが得られるので，まずはこの論文を最初に読んだときの印象を共有しておきたい。

　ジュディ・ヴィーダとガーション・モラドは，同僚としてのスーパーヴィジョン／コンサルテーション訓練に関する議論を全く異なるレヴェルにまで高めている。ふたりは精神分析家訓練の三部モデルに，自分語りの対話を第四の次元として導入し，ヴィダはロサンジェルス現代精神分析研究所でもこれを行っている。

　自分自身はいかなる心理療法も受けるように要求されない初心者のセラピストへのスーパーヴィジョン環境で，自分語りの対話をどのように導入し，必要な時に調整できたのだろうかと私は思った。私の右脳は，才能ある将来の臨床家が自分自身の真実の心理療法的自己を見いだすことは解放になると思いつつ，左脳は警戒して反応している。それほど才能のない人はどうしたらいいのだろうか？　私の左脳は，そういう人はいつも「ハウツー」のマニュアルを使うのだと答える。

　この章では，二人は自分語りの対話の定義を実際は行っておらず，自分語りの対話がお互いにとって何なのかを読者がどう主観的に理解しているかによって概算させている。読者はヴィダがモラドに対してもっている唯一の，特別の同僚としての／友情の／愛情の作業として関係の意味についてのもの思いのなかに入っていくこと以外の選択肢はなくなる。

　二人は次のように書いている。「私たちは取り入れを本質的に平等主義で（同一化と対立するものとして），自己と他者の生存権を維持し，他者のなかにある自己の側面を認め，重視することとみなしている。さらに，「関係の性質を（ただひとつの特定の声の強力な表現に）服従することから，（対話的な複数の声の多音を伴う）愛の文脈へと変えたい。強調は『私たちの物語すべてを語ることによってともに戯れること』というところに置かれる」。二人は続ける。「これはある種の退行である。退行といっても関係性

に関わる退行，単なる自我ではなく関係性的な自我に関わる退行である」。

この「相互の戯れの空間に加わる」という招待が実際に現実になるためには，同業者や一緒に戯れる人は，自信と傷つきやすさ（Livingston, 2001）の同居するある程度似通った発達段階にいなければならない。相手の足を踏んでしまう不器用さや，時々ぎこちなくなることがあるのを認めてダンスする準備がお互いにできていなければいけないだけでなく，お互いの足を骨折させないためには，信頼，配慮の能力の存在，破綻を修復する能力の十分なバランスが必要である。

私は，自分語りの対話についての理解を深められるかを見るために彼らの講義のシラバスに目を通してみた。以下はシラバスからの引用である。

「私たちの『自分語りの対話』の概念は，理論や実践として私たちが口にし，書くものは何でも，主に私たちの個人的な物語という文脈で理解され，解釈されるという前提に基づいています」。二人は次のように考えている。「精神分析は，自分語りと葛藤的な関係を保ってきました。フロイトの『夢判断』における自己検閲から始まって，お互いに分析し合おうと合意していた夢への完全な連想をユングとフェレンツィと共有することを最終的にフロイトが断ったことも含まれます」。

二人のセミナーでは，分析家は自己検閲と自己防衛の伝統を越えるよう促される。二人は「歴史的，個人的，体験的な観点から分析家の声の成長」を見つめ，自分語りの対話と愛情の失敗のなかで外傷を抱えることを強調する。

私にとってヴィダとモラドの自分語りの対話は，主に精神分析の訓練を行っている人をイメージして書かれているように見える。このレヴェルの訓練を受けているほとんどの人は，以前の専門家としての経験，訓練，個人分析，人生経験のもとに，この種の対話の準備ができた場所にいられる。

この章について振り返ってみて，私にはまだどのように「自分語りの対話」が精神分析セミナーで機能するのか，十分明確に理解しているとは感じられなかった。この本の編者が，もうひとつの二人の論文を教えてくれた。

「『治癒』という奇妙な概念」（2004）というタイトルの論文で，ヴィダは，

実際この率直で冗談めいた対話を精神分析家訓練に導入してみて，いろいろなものが混じり合った結果が得られたと述べている。このような結果になったのは，ジュディの決して完璧と言えない教育的自己とぎこちなさ，どんな決裂を彼女が引き起こし，どうやってそれを修復しようかということの絶え間ない自己内省のためだけではなく，「訓練生それぞれの分析的同一化に基づく理想化され保護された偽りの自己に対するしがみつき」とジュディが理解しているものへの自己内省のためでもあるようにみえる。

このように，ジュディは特有の精神分析的な声（Vida, 2004）の成長を自分語りとして報告する時に精神分析訓練生それぞれに率直さを求めると同時に，ジュディは必然的に自分自身と率直に格闘することになる。パラレル・プロセスにおいて，彼女は難しい講義の後，「あまりに多くの原始的な恐怖が自分のなかで活性化されていたので，傷つくことを覚悟していた」と認めている。彼女は自分の講義に戻って，内省的な自己分析を痛々しく，勇敢に検討する。傷つきやすさのモデルとなることによって，他人に傷つきに甘んじることを勧めることができ，傷つきやすさを生き延び成長することによって，他の勇気ある人々が前に進むように促すことができる。

フェレンツィの楽観論と対照的なフロイトの悲観的な人生観についてのジュディの観察を読んで，私は「自分語りの対話」の起源に関して他にも思いついたことがある。「母親が厳しくきょうだいが多すぎたために競争心が強すぎるとフロイトがよく批判していたフェレンツィは，心理療法においては楽観論者であり，自分でも母親の何ものにも代えがたいお気に入りだったと書いているフロイトは悪名高い悲観論者だったのですから」。

ヴィダとモラドは二人とも（程度は異なるが）人間の関係性の楽観的な陣営に属しているようである。二人は，臨床空間での理解を通じて身につけ，安全に理解してきた楽観主義を，対等なスーパーヴィジョンとコンサルテーションと事例検討の探索的空間に広げようとしている。患者ひとりひとりが自己理解と人生という旅において前進するのは，臨床空間が安全な時だけである。赤ちゃんは自分を守ってくれる母親の腕のなかにいるか

らこそ，世界のなかに積極的に挑んでいくのに十分安全であると感じることができるのである。自分自身の家族の腕だけではなく，お互いとの刺激的な対話のなかで見つけた安全があるからこそ，二人は同じように参加しようと他の同業者を誘うのである。

　同業者と情緒的な，防衛的でない，自己内省的で創造的な対話を行おうという二人の誘いに私は拍手を送りたい。相手への手紙のなかで，間主観的な対話における対等の率直さと相互関係を二人がどのように示しているのかがわかる。違いとともに自分を愛情をこめて共有し，定義しながら，二人は傷つくことを恐れない。二人がお互いから自己内省と自己変容を学ぶ能力によって，間主観的な探索に挑むことのできる心理的に十分安全な構造の存在が示唆される。

　同時に，私の心は，4歳の子どもがいる別々のふたつの光景の間を彷徨う。一人は母親からひどく侵襲されていて，誰かが自分に関わろうとし，ふざけて冒険に出かけようと誘うたびに目を閉ざすことで，何とか世界を内的に支配しようとしている。「存在の連続性」(Winnicott, 1965) を多くもつことを許されず，この女の子は，自分がもっているどんな「存在」にでもしがみつくしかなかった。誰か他人に心を開くなどということは，問題外である。このように，私たちのスーパーヴァイジーや同業者の何人かは，しっかり自分自身の理論的な存在にしがみつくしかないのである。

　彼らが他の理論的なアイディアの探索を思い描くことができるのは，自分自身の存在感が安全な環境のなかで，その環境が自分のものであるから（！）という理由だけで，ある種の連続性を許され，有効であると認められるときに限られるのである。こういう人は自分でモラドとヴィダの自分語りの（スーパーヴィジョン）セミナーに申し込みそうにないが，多分検討会の聴衆として，十分安全かわかるまで傍観していることはありうる。

　しかし，最初の4歳児とは違って，私の見た2番目の4歳児はヴィダとモラドの自分語りの対話に申し込みをしてもいいと思う。いつもやっているように，この4歳児は，母親に色鮮やかな絵を持ってきた。母親は繊細に，子どもの絵の良いところをたくさん指摘した。もう1回承認してもら

う良い体験をしたくて,子どもは前に進もうとしていた。男の子にとって母親の承認し続ける機能は,もうみんな使い果たされてしまった！ 男の子は叫んだ。「いつも絵のどこがいいか言ってくれたよね。もっとよくするにはどうしたらいいか教えてよ」。

ヴィダとモラドはシラバスにこう書いている。「私たちはそのような対話のために十分安全な雰囲気を生み出すための作業をします」。優れた集団療法家として,二人はグループ・コンダクターがグループの雰囲気と価値の両方を定めるということを知っている。愛情に満ち,防衛的になりすぎず,自己内省,自己変容的な相互のコミュニケーションを,訓練と対等な交流のより大きな精神分析の世界にもたらそうとする二人の努力に,私は賞賛を惜しまない。

私が理解するところでは,自分語りの対話は各個人の物語の文脈によって特徴づけられる。すべての外傷,侵襲,承認は,各々の精神の遺跡に刻み込まれている。私たちは,左脳からの明示的な公式から対話をするだけでなく,右脳によって早期にコード化された情動とともに暗黙のうちにも反応する。精神分析家として,検討会の仲間として,他の誰かの提示したことを本当に聞き,消化する能力は,実際私たちの個人の物語によって決定される。同業者,スーパーヴァイザー,訓練生のコンサルタントとして,私たちが交流する人々は,記述された二人の4歳児のように,自己内省,探索,コミュニケーションの異なる発達段階にあるのかもしれない。

● 結論

各執筆者は自己愛的な傷つきが最小限になり,率直さ,自己内省,学習が最大限になるような雰囲気,あるいはフォーマットでスーパーヴァイジー,コンサルティ,同業者,友人と話すフォーマットをうまく提示している。

私が個人的に知っている執筆者は一人もいないが,私はあえて彼らのア

プローチが自分自身の物語の一部を含むだろうと言っておきたい。彼らは，間主観性の関係性理論を受け入れて，スーパーヴァイザーと同様にスーパーヴァイジーの側にも，より大きな自己内省を求めている。

どのような自己構造をもっていたとしてもそれにこだわり，自分自身の精神を探索するだけでなく，他人と一緒にその人の精神もあえて探索しようとする人にとって，こだわりたいと思う信条がいくつかある。

- 完璧などというものは存在しない。それゆえ，私たちはコミュニケーションにおいて完璧さの方向に向かってじりじりと進むしかない。
- 私たちのコミュニケーションについて誰か他の人の主観的な解釈に耳を傾けるとき，私たちは自らの個人史によって導かれる自己内省というフィルターをかけている。
- 私たちがみな，スーパーヴァイザーもスーパーヴァイジーも，明示的にも暗黙のうちにも，自分の物語をどう記憶し，またその物語をどう提示し，他者とどう交流していくかは，どのような侵襲と機能と喪失が私たちの考古学的な無意識の深みに刻まれているかによって決まるのである。
- 私たちの無意識は，潜在的な記憶と関係性的な情動の基盤であり，それは情動によって開かれるのである。もし私たちが愛情に満ちた交流をしていたなら，このような記憶は残りつづける。こうした交流への憧れは，古い無意識の情動の井戸から生じており，離ればなれになった愛しあうふたりの特別に理解しあう関係性に，私たちはこのように憧れつづける。

文献

Bacal, H.（2004）Specificity theory : Conceptualization of a personal and professional quest for therapeutic possibility. Paper presented as the Kohut Memorial Lecture at the 27th annual

international conference of the Psychology of the Self, San Diego, CA, November.
Beebe, B.（2003）Brief mother-infant treatment : Psychoanalytically informed videofeedback. *Infant Mental Health Journal* 24-1 ; 24-52.
Harwood, I.（1982）A four-year supervisory relationship and growth. Paper presented at the Dynamics of Supervision. Student and Supervisor Perspectives Symposium at the annual convention of the California State Psychological Association in San Diego, CA, February.
Livingston, M.S.（2001）*Vulnerable Moments : Deepening the Therapeutic Process.* Northvale, NJ : Jason Aronson.
Ogden, T.H.（1994）The analytic third : Working with intersubjective clinical facts. *International Journal of Psycho Analysis* 75 ; 3-20.（和田秀樹＝訳（1996）分析の第三主体──間主体の臨床を考える．In：「あいだ」の空間──精神分析の第三主体．新評論，pp.101-142）
Shore, A.N.（2003）*Affect Regulation and the Repair of the Self.* New York, NY : W.W. Norton.
Vida, J.（2004）"Cure" is a strange notion. Paper presented at the ICP Exploring Transference and Cure in Contemporary Psychoanalysis, Conference, Los Angeles, CA, June.
Winnicott, D.W.（1965）*The Maturational Processes and the Facilitating Environment.* New York, NY : International Universities Press.（牛島定信＝訳（1977）情緒発達の精神分析理論．岩崎学術出版社）

結論としての内省

リチャード・ローボルト

　私は学術誌『グループ』2003年9月号,「カリスマ的なグループのリーダーシップ——理論的倫理的問題」特集号の特別編集員となった。そのとき受け取った反響から,カリスマ的なグループのリーダーシップに関する私の体験や,その危険性についての考えに他の専門家が耳を傾けてくれたことに気がついた。具体的に言うと,私が参加したグループは権威的,教条主義的,カルト的な上級訓練グループだったのだ。多くの心理療法家や精神分析家が訓練で同じようなことを報告しているので,自分だけがこういう経験をしているわけではないらしい。こうしたことに気づくことで,この本のアイディアが浮かんだのだ。
　この本の各章には,多様な体験が多様な文体によって書かれている。非常に個人的な章（ローボルトとブラザーズ,リチャード,フーカ）もあり,詩的で刺激的な章（R・ローボルト,ヴィダとモラド）もあり,個人的なものと理論的なものが混じった章（グレイ,ルコント,サーナット）もあり,歴史的で,理論的で,個人的な章（ラリヴィエール,カヴァナフ）もある。執筆者は自分のスタイルで自分の声で書くように励まされてきた。精神分析や,心理療法と同様に,書くことにおける個人的な表現の多様さは,この本の基本的な原理であり,洗脳的な訓練と実践への反対を表明している。討論者も同様に書くように勧められてきた。
　私は心理療法と精神分析における訓練は,時に微妙で多くははっきりとした権威的な実践によって特徴づけられていることが多いという深い認識に達した。こうした実践は恐怖を吹き込み,訓練研究所の指導的な擁護者,

あるいは権威者が気に入った傾向への単純な従属性を育て，この分野の発展を妨げることになる。確かに存在する権威に頼ることを強制されると，候補生と，将来その患者となる人々は創造的で，本当の意味で深い体験を育むことを制限される。フィスカリーニ（1985／Epstein（1997）による引用）は適切にもこのプロセスを「腹話術分析」と名づけた。

そのような強制によって知識が囲い込まれるにつれて，心理療法と精神分析は，科学としても技術としても手痛い打撃を受けた。その硬直性の本質的な理由は，伝統的に普及した訓練モデルが科学的でも教育的でもなく，かなり宗教的で，そこでは高度に組織化された信念体系が，熱狂と信仰と関わりと献身をもって支えられているためである。このような研究所の中心部では，真実と確かさと定められた知識のために，高い権威への服従が求められる。教義が探求の代わりになってしまい，信仰が探索を打ち負かす。ルスタン（1976）はこのような実践に「徒弟制度」という言葉を適応した。

キルスナー（2000）は資料に十分すぎるほど裏打ちされた精神分析訓練研究所に関する研究で，次のように結論づけている。

> ほとんどの精神分析研究所は精神分析家の不自由連想の場であり，自由な探索の精神はすでに受け入れられている真実の教化と，知識をもっていると思われている人々の聖別によって置き換えられている。制度を通過することによって，精神分析家は精神分析が基づいている懐疑的な探索の精神を見失っている。懐疑的な探索という手法は研究所ではめったに行われない。研究所はほとんどが不自由な少数独裁制で，協調性を評価し，違いに罰を与えるのだ。　　　　　(p.9)

自由な探索の精神はカルト的な特徴をもった態度と構造に取って代わられる。多くの分析と心理療法の訓練プログラムは，密教的で神秘的で，イニシエーションを受けた人，すなわち，ある特定の研究所の候補生とスタッフにだけ理解できる高度に儀式化された言葉を発達させてきた。そこでは

言葉は「真理」を定義し広める器となり，複雑で曖昧で，隠語的になればなるほど，まさに無意識の領域を「所有」しようとする知識の要求は強くなる。

こうした態度はパラドクス的，葛藤的な結果をもたらす。一方では，スタッフや候補生を傲慢にし，尊大にし，優越感をもたらす。彼らは選ばれし者で，個人的に疑念や遠慮があったとしても，訓練プログラムを広め，守るために働く。彼らはその分野での新しい発展から孤立し，自分の理論や，技法や，実践から発展したもの以外にはかたくなに抵抗するかもしれない。その分野でのリーダーシップが，それに値しなくても要求されるかもしれない。

その一方で，葛藤的で混乱するような雰囲気が並行して否認されながら拡大するかもしれない。優越感の見せかけの裏で，操作の様式（すなわち，選別，指示，評価）が硬直化するにつれて，不安が広がりはじめるかもしれない。それから，研究所の構造は関わる全ての人の思索，態度，アイデンティティ，福利でさえも指図し，強制するように思える。訓練プログラムはおそらく指導し利益を得る人々からも分離されているかのようである。法律が手続きに取って代わっている。ステルツァー（1986）はこの点を劇的に示すために，ロマン・ポランスキー監督の映画「テナント——恐怖を借りた男」を使って鋭い類比を提示している。この映画で，大都市に来たばかりの青年が，アパートに引っ越してくるが，彼は徐々に自殺した前の居住者に同一化するようになる。彼は自分自身のままでいたいけれど，その場所に属したいという願望によって身動きがとれないほど葛藤する。彼はこのジレンマを解決することができず，アイデンティティを失い，究極的に前の居住者と同じように自殺して命を落としてしまう。（所属すべき）場所を得ようとして，誰か他の人に徐々に変容してしまうところが，この映画のもっている力である。場所には個人のものよりも大きな独自のルールがある。

この葛藤的な体験の否定的な影響は，実習生に提供される臨床的なスーパーヴィジョンにおいて最も明らになることが多い。ロック（1997）は，

300人以上の実習生（訓練中の精神分析の候補生と心理学の大学院生）の3つの異なる調査をレヴューし，権威的で侵入的なスーパーヴィジョンはいまだ行われていて，いまだに実習生に損傷を与えていることを見出した。そうしたスーパーヴィジョンは，厳しく，批判的で，理論に縛られていて，支配的なものとして体験される。スーパーヴァイジーはそこから臨床的な仕事を妨げる厳しい批判者を内在化したまま放置される。

　一貫して本書で描写されているように，権威に駆り立てられた臨床的スーパーヴィジョンは誤解と混乱とスーパーヴァイジーの傷つきに満ちている。新しい形のスーパーヴィジョンに関する本書の最後の部に掲載されたモデルのように，このような問題が直接語られたならば，スーパーヴァイジー＝セラピストは心理療法／分析において最も意義をもつことについて，より深い自己理解と知識をもち自らの声を伴って，その体験から抜け出すことができる。しかし，もしスーパーヴィジョンが権威的なものでありつづけるなら，その影響は脅威的なものになり，外傷となって傷ついた癒し手を生み出すかもしれない。特にそれまでの人生で（何度か）外傷体験している訓練生は傷つきやすい。

　そのような外傷あるいは再外傷化がスーパーヴィジョンで起こっているサインとして，次のようなものが含まれるだろう。

(1) 突然に感情が平坦化したり，不安が高まったりということが交互に起こる。
(2) 患者に関する適切な臨床的情報を整理したり提示したりすることが難しくなる。
(3) スーパーヴィジョンへの遅刻または繰り返されるキャンセル。
(4) スーパーヴァイザーとスーパーヴァイジー，スーパーヴァイジー＝セラピストと患者の間の転移－逆転移パラダイムの突然の変化。
(5) 患者／セラピスト間の相互作用についての情報がほとんど提供されない。
(6) スーパーヴァイジーがスーパーヴァイザーの解釈や直接的な介入

に対して無条件に従属する。
(7) スーパーヴィジョンで過剰な熱意と攻撃的な態度が交互に現れる。
(8) スーパーヴィジョンの直前や実施時の，身体的愁訴や，突然出現する身体的症状としての苦痛。たとえば，急性の不安やパニックを示唆するような早く浅い呼吸，目立った発汗，顔色の悪さ，瞳孔の拡大。

　ウルフ（1995）は，自己心理学的な観点から，関心を払うべき全く異なるタイプのスーパーヴィジョンを行っており，これは「害を与えずにスーパーヴァイズすること」という論文で提案されている。精神分析家が学習を促進することについて何を知っているかを検討するにあたって，ウルフは次のように書いている。「スーパーヴィジョンやコンサルテーションの一番の基本は，研修生＝分析家の断片化不安を軽減することであり，その一番の目的は研修生の自己を強化することである。教えることは学習をもたらす前に癒しへと融合しなければならない」（p.261）。そのような癒しが生じるプロセスはウルフ（1988）によって「破綻－回復の道筋」（p.110/*132*）として同定されている。私はこの道筋は効果的で情緒的に反応性の高いスーパーヴィジョンの基礎を形成し，関係性的な視点がそれをさらに有効なものとすると信じている。スーパーヴィジョンのプロセスがうまく進むとき，スーパーヴァイジーはスーパーヴァイザーとの対話において尊重され，養育され，傾聴され，受容されていると感じる。学習は積極的に行われ，可能性に満ちあふれる。スーパーヴァイザーとスーパーヴァイジーの間がしっくりいかない時も，必ず出てくる。スーパーヴァイジーは誤解されたように感じ，スーパーヴァイザーのほうは驚き，防衛的になり，多分傷つきを感じるかもしれない。期待がかなえられないとき，双方ともに失望を体験する。スーパーヴァイジーは情動調律の下手なスーパーヴァイザーによって尊重と思いやりの雰囲気が乱され，スーパーヴィジョンと自分の状態の断片化が生じると感じるかもしれない。断片化した悲しみに気づくと，スーパーヴァイザーは受容と理解を伝えようとし，スーパー

ヴァイジーに関係性の絆を再確立する相互対話を共有するように誘いかける。相互の反応性がそうしてまた回復する。破綻に対して反応することができ，作業と統合が行えるようなところに，重要な学習が生じてくるのであり，そうやってまた学習は続いていく。

　破綻と回復の道筋は，分析と同様にスーパーヴィジョンにおいても本質的な体験である。ぴったりの組み合わせなどというものは存在しないので，違いを認めて，学習の一部として取り組む必要がある。破綻を癒やすことは，この新しい試みが成功するのに必要な基礎として役立つ。回復のための主要な責任はスーパーヴァイザーにある。共感的な感受性と忍耐の雰囲気と，反応性が中断し失われたことをスーパーヴァイジーに勇気づけて探査させる決意を生み出すために，スーパーヴァイザーは教師としての権威を使うことができる。これは生身の学習であり，そこでは実習生の体験は理論に情緒的，知的な根拠があり，自分がスーパーヴァイザーに影響を与える体験から利益を得ることができる。

　バーマン（2004）は関係性の視点から執筆しているが，私が描き出したプロセスの到達点と一致しているように思える。彼は次のように書いている。

> 　理論から予測される効果と実際の臨床現場での効果のどちらも，それが発揮されるかどうかは，私たちと他者の柔軟性，創造性，情緒的なリアリティを新鮮に観察するために十分自分自身を使う能力と，私たちの邪魔になる自分自身の盲点と硬直性に注目する能力にかかっている。そのような能力を高めていくことは，精神分析的な訓練課程における主要な目標であり，それを妨げる要因は私たちにとって重要な関心事に違いない。　　　　　　　　　　　　　　　（p.121）

　こうした視点に立てば，「基本技法」を指定するなどということは，特にスーパーヴァイジーの人格，主観，体験とかけ離れてしまうと，時代錯誤になる。スーパーヴィジョン／訓練課程は，もしそれがある種の心の状態と特殊な感受性を教えることを援助するのならば，スーパーヴァイザー

とスーパーヴァイジーの間に，相互的で，非対称的ではあるにせよ，お互いに反応し合う影響があることを認め尊重する必要がある。その場合，スーパーヴァイジーは対話において効果的に援助的にスーパーヴァイザーに影響を与える可能性があり，スーパーヴァイザーの影響が一方通行ではないことに気づく。このプロセスは，自分自身を失う恐怖を和らげることにつながるだけでなく，セラピスト／分析家としてより大きな自信と信頼につながり，それは自分自身の治療的な声を見つけ，由緒ある技法より自分自身を信じる能力へとつながっている。

　スーパーヴァイジーとスーパーヴァイザーが，二人の間に相互的に発展する関係を通じて「真実」の発見に焦点を合わせるという専門教育のパラダイムが必要であるということを，この本が証明していると私は思っている。教育デザインをもっと広く見ると，私たちは新鮮な指導／相互作用のプロセスを生み出したほうがよい。以下はこのような訓練のために私が勧めることである。

(1) 多様で明瞭な理論的観点から開かれた意義深い徹底した検討を奨励する。
(2) 各候補生のセラピストとしての独自の声の展開を積極的に引き出す。その声は自伝的な影響を認め理解したものである。
(3) 差異が生じるような共感的な葛藤解決に焦点を合わせて，間主観性原理と民主主義的原理が利用されるべきである。そのようなプロセスは実習生とスーパーヴァイザー双方により良い成長を目指している。
(4) 実習生は数人の年長のコンサルタントを自分で選ぶと，スーパーヴィジョンから利益を得られる。
(5) スーパーヴィジョンと訓練は非対称的な要素をもっているが，新しい方針や必要要件が検討されるときは，実習生とスタッフ合同のミーティングを通じて細やかな配慮がなされるべきである。
(6) 訓練生は自分自身の教育にもっと口を挟むべきである。彼らは

コースを選択し，自分のセラピスト／分析家，スーパーヴァイザーを選択して，自分の教育を導くべきである。

(7) 訓練研究所の孤立した，タコツボ的な小宇宙を変えるために，より広いテーマの素材がカリキュラムに加えられるべきである。哲学，文学，文芸批評，映画研究，芸術表現などの著名な理論が候補生の知識と感受性を広げるために提供される必要がある。多くの大学でまま子扱いされてきたカルチュラル・スタディーズも特別の場所と認知を与えられるべきである。候補生が高度に論理的で密教的な研究に没頭してしまうと，自分の個人的で専門的な世界や，特に心理療法と精神分析で出会う人々の世界を形作るのに役立つ問題や流行を理解することに縁遠くなり，縁が切れてしまうかもしれないのだ。

(8) 注意深く理解する必要があるのは，先輩の精神保健従事者は，自分の地位によって大きな傷つきと潜在的な損傷をスーパーヴァイジーと後輩の同業者に与える可能性があるという決定的な事実である。人間の心の傷つきやすさと，外傷と虐待のますます複雑化する力動を理解する専門家訓練は，先輩分析家とセラピストの未解決の攻撃性や怒りの表現を扱うための容れ物を提供することになりうる（ギセル・ガルディ（私信2004）はこうした関心に私の注意を向けた）。人格攻撃，公私にわたり批判すること，辱めること，軽視，研修生を貶める描写は許しがたい。このような行為に対しては，公平に，しかし断固として，他の先輩メンバーや同業者が異議を唱える必要がある。

(9) どのような訓練研究所も公式に能力を証明するものを与えるべきではない。その代わりに，出席証明と推薦状を提出するべきである。これはもちろん私の意見であり，必ずしも多くの研究者に（この本の他の執筆者にさえ）支持されているわけではない。私がそうすべきだと思う理由は，無意識と私たちが扱わねばならない複雑でつねに変化する多様な臨床状況と患者の性質を考えれば（こ

の本のラリヴィエールの執筆章を参照），あるセラピストが有能かどうか確かめることは，誰にもできないからだ。さらに言えば，偏見の余地や，バリント（1948）とリーダー（2004）が超自我コンプレックスの確立として言及したものの余地がありすぎるのだ。超自我コンプレックスの確立とは，創造性と潜在的な情熱を無効にする規則によって営まれるのである。

文献

Balint, M.（1948）On the psychoanalytic training system. *International Journal of Psycho-Analysis* 29 ; 163-173.（森 茂起・中井久夫・枡矢和子＝訳（1999）精神分析の訓練システム．In：一次愛と精神分析．みすず書房，pp.311-337）

Berman, E.（2004）*Impossible Training : A Relational View of Psychoanalytic Education.* London : Analytic Press.

Epstein, L.（1997）Collusive Selective Inattention to the Negative Impact of the Supervisory Interaction. In M.H. Rock（Ed.）*Psychodynamic Supervision : Perspectives of the Supervisor and the Supervisee.* London : Jason Aronson.

Galdi, G.（2004）*Personal Communication.*

Kirsner, D.（2000）*Unfree Associations : Inside Psychoanalytic Institutes.* London : Process Press.

Reeder, J.（2004）*Hate and Love In Psychoanalytical Institutions.* New York, NY : Other Press.

Rock, M.S.（1997）*Psychodynamic Supervision : Perspectives of the Supervisor and the Supervisee.* London : Jason Aronson.

Roustang, F.（1976）*Un destin si funeste.* Paris : Minuit.（Dire Mastery : Discipleship from Freud to Lacan, Baltimore, MD : The Johns Hopkins University Press, 1982）

Stelzer, J.（1986）The formation and deformation of identity during psychoanalytic training. *Free Association* 7 ; 59-74.

Wolf, E.S.（1988）*Treating The Self.* New York, NY : Guilford.（安村直己・角田 豊＝訳（2001）自己心理学入門――コフート理論の実践．金剛出版）

Wolf, E.S.（1995）How to supervise without doing harm : Comments on psychoanalytic supervision. *Psychoanalytic Inquiry* 15-2 ; 252-267.

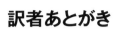

訳者あとがき

　心理職国家資格が未だ存在せず，心理療法家訓練が臨床心理士指定校の大学院教育でなされ，心理臨床に特化された機関での教育体制が確立していない日本において，「スーパーヴィジョン」とは長く理想化された存在だった。

　しかし「スーパーヴィジョン」の動詞型"supervise"を辞書を引いてみれば「（仕事・労働者・組織を）管理・監督する」，人を「（他の人の安全のために）管理する」，"be in charge of somebody/something and make sure that everything is done correctly, safely, etc."（*Oxford Advanced Learner's Dictionary. 7th Edition*）という非常に上下関係が強調された言葉である。本書の著者の何人かが主張しているように，大学院生ならともかく，専門家として働いている心理職が他の心理職から受ける技術指導が「スーパーヴィジョン」と広く呼ばれていることには違和感が残る。日本における心理職国家資格を巡っては法律の条文の「医師の指示」という表現が問題になっているが，心理職以外からは法的な責任関係を伴わない「指導」を求めておきながら，すでに専門職となっている臨床家同士の相互援助にまで「スーパーヴィジョン」という言葉を使うのはダブル・スタンダードと言わざるをえない。

　本来の語義からすると，専門職として働きはじめてから受ける「スーパーヴィジョン」は「コンサルテーション」と呼ぶべきだという主張に訳者も賛成である。これが「スーパーヴィジョン」と呼び続けられてきたのは，専門家訓練におけるインターンなどの実地訓練が少なすぎて，専門職として働き始めてからのほうが指導が必要になるという日本の現状からするとやむを得ない側面もある。しかし，働き始めてからも師弟関係が続くため，

師匠－弟子といった上下関係の権威的な側面が悪影響を与えることも多い。当然，パラレル・プロセスとしてセラピスト－クライアント関係にも影響を与え，セラピーの場が権威主義的な上下関係になってしまうリスクが伴う。

また，日本では「コンサルテーション」という言葉は心理職が他職種に対して行う支援に限定されて使われることが多い。本来，専門家とはいっても得意分野に差はあるはずなので，専門家であろうが非専門家であろうが「コンサルテーション」の必要性はあるはずだ。これが専門家から非専門家への支援に限定されて使われているのは，どこか専門的な権威主義を反映し，相談する側とされる側の対等性が軽視されているからのように思える。

本書は Richard Raubolt 編著による *Power Games : Influence, Persuasion and Indoctrination in Psychotherapy Training* の全訳である。

読んでいただければわかるように，完全に宗教化したカルトから通常の心理療法家養成課程まで幅広い分野での心理療法家訓練で生じやすいスーパーヴィジョンのダークサイドを，自己心理学，関係精神分析，フェレンツィ派などの王道精神分析とはやや距離をとった力動的視点から考察し，あらたな代案を提言する良書である。各章に対してディスカッサントを配置して，あくまで対話を重視しようという姿勢には共感を覚える。訳者としてもすべての師弟関係を否定するわけではもちろんないが，日本の現状は体制が整わないこともあって，スーパーヴィジョンの理想化された部分だけが強調されているという印象を持ってきた。実際の現場ではスーパーヴィジョンでの傷つき体験を耳にする機会も多く，訳者自身も経験した。訓練分析の実情もどちらかといえば訓練分析家の流儀が優先され，アナリザンドの主体性は軽んじられがちである。こうした日本のスーパーヴィジョン理解の現状を鑑み，心理臨床家訓練のリスクについて書かれた本書を出版することは，心理療法家訓練の今まであまり触れられてこなかった側面を取り上げることでバランスを取ることになると考えて本書の訳出を決意した。

本書との出会いは偶然のものだった。訳者の個人ブログ（裕's Object Relational World : http://d.hatena.ne.jp/you999/）で書評を書く際に，目につい

た翻訳書の誤訳も指摘してきた。しかし，他人の翻訳にケチをつけてばかりいるのはフェアでないと思い，何か自分も翻訳をしてみることにして，Amazonの新刊書を眺めていてたまたま目についたのが本書であった。

　日本でも米英並みのスーパーヴィジョン環境を，という声は以前から，特に海外で学んだ人から聞こえてきていた。主張自体は正論なのだけれど，どこかに違和感を感じている自分がいた。

　それには訳者自身が心理療法家としての教育を受けてきた環境が大きな影響を与えている。訳者が学んだ東京大学教育学部心理教育相談室（現・東京大学大学院教育学研究科心理教育相談室）は，おそらく学生運動の影響を受けて，権威主義的な上下関係の薄い，自主管理的な要素が強い特殊な環境だった。なにしろその運営委員会にほとんど教員は出席せず，運営や研修の内容のかなりの部分が学生に委ねられていたのだ。このような教育機関として構造のゆるさは，時に悪性のグループ力動を生み出しつらい体験を生み出したりもしたが，自由さがもたらす（臨床家同士の，そしてクライアントと臨床家の）対等性の感覚を育てるのには効果があった。試行カウンセリングなど講義の枠組みのなかに取り入れられていた研修もあったが，ほとんどの研修は先輩の大学院生が案を考え，メンバーは参加したいものに参加していた。例えばロールシャッハの勉強がしたいという学生は，教員に参加を依頼して講義の空き時間に集まり，お互いに取り合ったロールシャッハのプロトコルを検討した。そのような環境のなかで臨床家として育ち，またロックなどカウンター・カルチャーを好む個人的な傾向もあって，学会やスーパーヴィジョンに対して懐疑的な気持ちが強く，実際大学院時代にはどの学会にも所属も参加もせず，指導を受けていてた教員も中心的に関わっていた臨床心理士資格の書類審査にも申し込まなかった（臨床心理士資格は後に大学に勤務するのを機会に試験を受けて取得した）。訳者の経験した個人スーパーヴィジョンは数えられるほどに少ない。その代わりに訳者を育ててくれたのはグループであった。大学院時代は毎週のように長時間の事例検討に参加し，研修会，学会などで多くの事例を発表し，そこで多くの出会いがあった。精神科病院に勤務してい

た時代に病棟の大変さを支えてくれたのは，入院期間の長い慢性統合失調症患者たちのグループであり，現在も個人カウンセリングを行う学生のグループに支えられている。

社会の階層化がはっきりしてきた現在になってみると，長期間にわたる心理療法家訓練には経済的に大きな問題があることが見えてきた。専門家訓練にかかったコストは結局はユーザーに転嫁される。アメリカでは結局コスト高で心理療法の中心は医師から心理職，心理職からソーシャルワーカーへとシフトしてしまった。ユングにしろ精神分析にしろ長い訓練期間で高い社会的ステイタスをもったセラピストの成立を可能にするのは極度に階層化された，いわば貴族制の社会なのだ。階層化が進む社会において，日本ではむしろ米英とは違う形の心理療法家養成が求められているし，そのひとつの可能性はグループ・コンサルテーションだと個人的には思っている。

編者のローボルト博士はミシガン州グランドラピッズで開業するサイコロジスト，精神分析家であり，思春期の子どもから大人までを対象に精神分析，カップルセラピー，短期療法などを行っている。本書にもあるように外傷への対処を特に専門とし，外傷をテーマとした著書 *Theaters of Trauma : Dialogues for Healing*（2008）もある。

ローボルト博士の活動は個人サイト（http://richardraubolt.com/）に詳しいが，博士はアートに対する造詣も深く，荒廃したデトロイトについてアーティストや住民6人が語る姿を描いたドキュメント映画「デトロイト：端境に生きる」"Detroit : Living in Between"（2013）の監督まで務めている。またこのあとがきを執筆中の2015年2月には新作フィルムである「ハイデルバーグ・プロジェクト――外傷・アート・レジリエンシー」"The Heidelberg Project : Trauma, Art and Resiliency"（2015）も動画サイトVimeoで公開された（http://vimeo.com/118919591）。ハイデルバーグ・プロジェクトはアーティストのタイリー・ガイトンが1986年に始めた，廃品を利用したアート作品を制作するプロジェクトである。LPレコードと草間彌生を連想させるドット（点）で装飾された家や，大量の靴を積み上げた作品などがデトロイトのハイデルバーグ通りで公開されていて，観光名所となっている。

作品の作成には地域の子どもも加わり，単なるアート表現にとどまらずデトロイトの荒廃によって危険地帯となったコミュニティの再生という役割もこのプロジェクトは担っている。ハイデルバーグ・プロジェクトが始まったのはデトロイトの自動車産業凋落以前のことなのだが，街中が廃墟にあふれているショッキングな写真がインターネットで世界的に注目された現在では，まさに街のレジリエンシーの象徴として注目されている。ロック好きの訳者にとってミシガンの首都デトロイトはかつてはモーターシティ呼ばれた自動車産業と労働者の都市であり，MC5, Stooges といったアメリカン・パンクを生み出した階級差とアメリカの影を象徴する都市でもある。このような地から既成のスーパーヴィジョン体制に対する疑義の声が上がるのは，かつてパンク・ロックが商業化されたロックに対して行った鋭い批判を連想させて面白い。

　ローボルト博士には翻訳を巡って疑問点に関して丁寧な示唆をいただいた。2011年にはすでに日本語版の序文も書いていただいていたのだが，諸事情があって出版までかなりの時間がかかってしまったことをお詫びしたい。

　本書の企画に関わり出版を前に金剛出版を退職された元担当の山内俊介氏（現・遠見書房代表），引き続き本書を担当し細やかなチェックを行ってくれた藤井裕二氏，そして翻訳に目を通して多くの誤訳を指摘してくれた同僚である妻祐子と心理学史研究で重要な活躍をしている泉野淳子氏に改めて感謝したい。

　翻訳の責任はすべて筆者にある。翻訳には注意を払ったが，それでもまだ誤訳は残されているのではないかと思う。お気づきのことがあればyousobject@gmail.com までご連絡いただければ幸いである。

　訓練過程にある経験の浅い臨床家にぜひ本書を読んでもらいたい。タフでなければセラピーを行うことはできない。しかし傷つきやすががなければセラピーを行う資格はない。人がもつ傷つきやすさを守ることがスーパーヴァイザーの仕事であり，セラピストの仕事でもあるということを本書はきっと教えてくれるだろう。

太田裕一

▶索引

人名

アーブラハム、カール 009, 022
アーロー、ジェイコブ 186
アーロン、ルイス 062, 118
アイゲン、マイケル 044, 052
アイティンゴン、マックス 007, 008, 167, 187
アヴィヴ、アレックス 366, 378
アトウッド、ジョージ 037, 085, 293
アナ・O（ブロイアー症例） 173-175
アブラアム、ニコラ 097, 098, 361, 371-373, 377, 378
イサカロフ、アムノン 336
イリガライ、リュス 171
ヴァン・フリート、ジェイムズ 147, 148
ウィートリー、マーガレット 166
ヴィダ、ジュディス 018, 094, 097, 099, 377, 380, 395-400, 403
ウィトゲンシュタイン、ルートヴィヒ 212, 217
ウィニコット、ドナルド 044, 062, 158, 290, 386, 395
ウェスリー、ジョン 148
ウォーカー、アリス 376, 378
ウォーラースタイン、ロバート 336, 347, 348
ウッドハウス、リチャード 214
ウルフ、アーネスト 018, 029, 407
ウルフ、アイナ 026, 029
エヴァンズ、パトリシア 142, 144, 152
エクスタイン、ルドルフ 335, 347, 348
エリクソン、エリク 025, 028, 029, 198
エルギン、スゼット 143, 144, 146, 152, 242
オーンスタイン、ポール 029
オグデン、トーマス 135, 396
オレンジ、ドナ 037, 039, 085, 087, 232, 263

カーター、ジェイ 144, 152
カーンバーグ、オットー 118, 169, 302
カーン、マイケル 280
カヴァナフ、パトリック 016, 238, 243-248, 256, 403
ガダマー、ハンス=ゲオルグ 057
カネッティ、エリアス 212
カフカ、フランツ 212
カル、ソフィ 369
カント、イマニュエル 205, 216
キーツ、ジョン 214, 221
キャスリール、ダン 067
ギル、マートン 155
キンチェロー、ジョー 184
クーパー、ローウェル 316
クーン、トーマス 245
グスタフソン、ジェイムズ 316
クライン、メラニー 099, 100, 118, 120, 203, 320
クラウス、カール 212
グルマイ（シッダ・ヨガのグル）
.... 115, 116, 119
グレイ、アーサー 015, 380, 389-394, 403
ゲーテ、ヨハン・ヴォルフガング 214
ゲント、エマニュエル 053-055, 059, 094, 095, 221
ケンドリック、ウォルター 173
コイン、ジェイムズ 152
コーンフィールド、ジャック 095
コバーン、ウィリアム 085, 086
コフト、ハインツ 026, 027, 029, 051, 085, 093, 118, 262, 380, 395, 411
コリアー、リチャード 041, 045, 049

サーナット、ジョーン ... 017, 380, 383-387, 403
サーファン、ムスタファ 188
ザックス、ハンス 009, 187, 205, 246
シェイファー、ロイ 118
シスカインド、エイミー 028

シャルフ, デイビィッド 059
ショー, ダニエル 018, 129
ショーペンハウアー, アルトゥル 214
ジョーンズ, アーネスト 009
ジョセフス, ローレンス 118
シルヴァーマン, マルティン 148, 155
ジルー, ヘンリー 196
シンガー, マーガレット・ターラー
 .... 153, 225, 230
スキナー, バラス 150
スコヴホルト, トーマス 281, 288
スタイナー, ジョージ 092, 212, 213
ステルツァー, ジョゼフ 405
ストロジャー, チャールズ 018, 021
ストロロウ, ロバート 037, 057, 085, 293
スペンス, ドナルド 183
スミス, リンダ 084, 287
スレイヴィン, ジョナサン 263
セクストン, トーマス 280
セレン, エスター 084, 287
ソロー, ヘンリー・デイヴィッド 161

ダーウィン, チャールズ 166, 174, 201
ダイクマン, アーサー 230
ダイモンド, ロザリンド 044
タネン, デボラ 140, 143, 144, 152
タルボット, ナンシー 275
ディック, メアリー 071-073, 077
デベル, ダリル 336
デリダ, ジャック 205, 212
デワルド, ポール 153
ドーパット, セオドア 015, 041, 230,
 238-242, 253, 256
ドラ (フロイト症例) 107
トルピン, マリアン 029
トローク, マリア 097, 098, 361, 371-373,
 377, 378

ニーチェ, フリードリヒ 183, 194, 201,
 211-214
ニコルズ, マイク 101, 105, 119
ノークロス, ジョン 280

ハーウッド, アイリーン 219, 224
バーグマン, イングリッド 230, 239
バーグマン, マーティン 312, 313, 315, 316
バーグマン, ロバート 158
パーセル, スティーヴン 318
ハート, ジョゼフ 042, 043
バーマン, エマニュエル 262, 408
バーリー, ディーン 280
バー・レヴァヴ, リューヴェン 068, 086
ハイデガー, マルティン 194, 212
ハグランド, パメラ 263
ハリス, リス 115
バリント, マイケル 007, 062, 093, 102, 223,
 411
ハルパス, ネイタン 069
ピアジェ, ジャン 287
ビービー, ベアトリス 391
ピーボディ, エリザベス 066
ビオン, ウィルフレッド 154
ビラ=マタス, エンリーケ 211
ヒンシェルウッド, ロバート 230
ビンダー, ジェリー 041
フィスカリーニ, ジョン 404
フィリップス, アダム 055, 056, 060, 202,
 204, 221, 224
フーカ, ポーラ 015, 380, 387-389, 403
フーコー, ミシェル 183, 192
フェレンツィ, シャンドール 078,
 095, 097, 103, 107, 198, 203, 217, 228, 229,
 234-236, 248, 251, 363-366, 378, 397, 398
ブラウン, G.S. 263
ブラザーズ, ドリス 050, 052, 055, 090, 220,
 229, 403
ブラック, マーガレット 075, 313
フロイト, アナ 234, 235
フロイト, ジークムント 007,
 008, 022-026, 042, 050, 052, 102, 103, 107,
 126, 157, 158, 166, 172, 173, 180, 187, 202-
 211, 213-215, 245, 246, 249-251, 333, 363, 364,
 366, 377, 395, 397, 398
フローリー=オーディ, メアリー・ゲイル
 .... 011, 315, 316, 330, 385
フロム, エーリヒ 118, 119
ベラック, レオ 248
ベルンフェルト, ジークフリート 195

ボーク＝ヤコブソン、ミケル 215
ホフマンスタール、フーゴ・フォン
　.. 212, 216
ボランスキー、ロマン 405
ボルヘス、ホルヘ・ルイス 214
ポンタリス、ジャン・ベルトラン 235

マイケルズ、ロバート 284
マクドナルド、ジェリー・ポール 164, 225
マホーニー、マイケル 085, 087, 280
マン、トーマス 214
ミッチェル、スティーヴン 029, 052, 062
ミラー、アリス 086
ミレール、ジャック＝アラン 207, 214
メイ、エレイン 101, 105, 108, 109, 119
モーズ、エイミー 085
モーゼス、リタ 252
モラド、ガーション 017, 097, 377, 380, 395-400, 403

ヤノフ、アーサー 041-043, 062
ユング、カール 009, 203, 397

ラカン、ジャック 010, 203-216, 224, 231, 249, 250, 378
ラコフ、ロビン 152
ラダニー、ニコラス 279
ラッカー、ハインリッヒ 270
ラックマン、フランク 333, 344
ラトキン、カール 062
ラブランシュ、ジャン 235
ラリヴィエール、ミシェル 016, 232, 238, 247-250, 256, 403, 411
ランク、オットー 009, 022, 023, 028, 205
ランク、ベアタ（トーラ）............. 022, 023, 028
ラングス、ロバート 135, 146, 158
ランゴン、マイケル 153
ランド、ニコルズ 371
ランバート、マイケル 280
リーダー、ジャーゲン 411
リヴィングストン、マーティー 126, 225
リチャード、アネット 017, 035
リチャードソン、ジェイムズ 062
リッチ、アドリエンヌ 086, 089

リヒテンバーグ、ジョゼフ 057, 158
リフトン、ロバート・ジェイ 022-026, 028, 218, 221-233
リメンタニ、アダム 177
リンカン、エイブラハム 026
ルコント、コンラッド 016, 263, 380, 394, 395, 403
ルスタン、フランソワ 008, 218, 404
ルボルスキー、レスター 280
レーワルド、ハンス 098
レシュチュ、モーリン 016
ローズ、ジャクリーン 186
ローボルト、リチャード 012, 017, 019, 066, 115, 238, 248, 250-256
ローボルト、リンダ 017, 066, 083
ロック、マーティン 062, 405

あ行

アイデンティティ形成（精神分析家の）
　...................................... 165, 180, 184, 194, 196
アメリカ健康管理認定基準
　...................................... 169, 171, 193, 194, 197
アメリカ精神分析協会 165, 177, 186, 191
アルファベット順 162-164, 171, 185, 244
医学モデル 171, 175
依存 008, 047, 050, 062, 071, 095, 105, 106, 108, 220-222, 226, 227, 229, 230, 232, 251, 254, 268, 313, 315, 316
偽りの自己 008, 044, 053, 054, 065, 094, 095, 113, 151, 152, 158, 160, 398
埋め込まれ（性）... 037, 044, 058, 060, 061, 109, 142, 146, 172, 183, 253

か行

解釈 029, 047, 057, 096, 134, 141, 158, 176, 181, 190, 194, 197, 204, 208, 211, 234, 241, 248, 252, 285, 298, 306, 321, 350, 363, 365, 375, 392, 397, 401, 406
外傷 011, 028, 042, 052, 053, 059, 060, 079, 083-087, 090-097, 099, 103-105, 118,

122-126, 152-154, 175, 218-220, 225, 227-230, 234, 252-254, 361, 364, 371-373, 375, 384, 397, 400, 406, 410
外的スーパーヴィジョン 296, 297, 301
ガス燈化 133, 134, 136, 137, 142, 148, 149, 151, 155, 158, 230, 239, 240
カリスマ 024, 026, 045, 066, 082, 122-125, 127-129, 148, 218-220, 224, 225, 227, 234, 252, 351, 353, 354, 403
カルト 152
関係性システムズアプローチ 083
間主観性 009, 027, 037, 050, 106, 262-264, 380, 387, 401, 409
感情療法 037, 041-043
感情療法センター 036, 041, 228
危機動員療法 076
傷つきやすさ 040, 059, 095, 107-109, 113, 114, 118, 122-125, 128, 129, 229, 239, 250, 251, 254, 267, 286, 315, 328-330, 386, 387, 390, 397, 398, 410
共産主義 023, 136
強制的な師弟関係 217, 250
居住型治療施設 161, 164
決定論 171, 175
権威主義 012, 056, 101-106, 108, 109, 113-115, 117, 118, 123, 164, 165, 167, 168, 170, 180, 182, 183, 188, 190, 194, 218, 219, 227, 228, 234, 244, 245, 248, 250, 252, 312, 319, 376, 385, 413, 414
原初療法 042
原初療法研究所 041
攻撃者との同一化 ... 234, 251, 360-363, 372, 375
攻撃性 095, 098, 234, 235, 361, 410
行動変容療法 150-152
降伏 053-062, 094-096, 361
国際精神分析協会 009, 169
言葉重ね 140, 240

さ行

遮る（こと） 140, 233, 241
叫び療法 043, 067
シカゴ精神分析研究所 026
シカゴ大学 025
自己愛 101-111, 113-115, 117, 124, 127, 129, 138, 214, 220, 229, 231, 234, 250, 252, 320, 321, 326, 328, 330, 382, 384, 391, 392, 400
病理的—— 104-106, 109, 115, 118, 123
自己心理学ｰ..... 022, 026, 027, 029, 050, 053, 080, 084, 106, 128, 176, 184, 262, 263, 319, 321, 353, 380, 391, 407, 411
自己対象 040, 051, 056, 058, 084, 139, 141, 262, 270, 320, 395
システムから発生する確信 085
自然主義 171, 172
実証主義 166, 171-175, 177-185, 191, 192, 245
実存－人間性心理学 038, 039, 193
シッダ・ヨガ 115-118
質問 008, 134, 137, 141, 153, 240, 344, 365, 390
四部構造（訓練）モデル 360, 374, 376
司法精神医学 149
宗教 023, 025, 115, 148, 149, 152, 188, 192, 371, 404
集団スーパーヴィジョン 072, 075, 143, 217, 232, 302, 333-337, 339, 345, 346, 356-358, 380, 389, 390, 392-394
集団否認 152, 155, 156
主観 039, 044, 058, 113, 122, 123, 128, 176, 178, 210, 211, 226, 232, 267, 276-279, 289, 290, 293, 295, 296, 298, 299, 302-308, 314, 362, 383-385, 388, 390-393, 395, 396, 408
心理療法的関係ｰ............. 050, 056, 279-283, 285, 287-289, 296, 301, 308
心理療法の能力 274-277, 279, 281-283, 286-289, 295, 296, 307
スーパーヴィジョン 007-009, 011, 012, 019, 021, 022, 027, 031, 033, 044, 050, 051, 058, 066, 072-076, 080, 102, 106-114, 135, 138, 139, 164, 169, 180, 195, 222, 224-226, 228, 253, 254, 256, 257, 259, 261-269, 271, 272, 274-279, 281-306, 308, 312-319, 321-325, 329-331, 333-358, 360, 362, 372, 374, 375, 380-383, 385-396, 398, 399, 405-410
ステレオタイプ 047, 109, 218, 219, 221, 234,

252, 253, 261
精神分析 008-012, 019, 021-
　　029, 038, 039, 051, 053, 055, 062, 063, 065,
　　067, 083, 088, 090, 101-103, 106, 107, 109,
　　114, 117-120, 122, 128, 133-135, 137, 139, 140,
　　143, 144, 149, 150, 155, 157, 160, 161, 164-
　　187, 189-199, 201-210, 212-215, 217, 218, 223,
　　224, 227, 230, 232, 235, 236, 238, 239, 241,
　　243-250, 257, 262, 266, 268, 270, 309, 311-315,
　　328, 329, 333, 334, 349-351, 357, 358, 360,
　　362, 365, 374, 377-379, 386, 391, 396-398, 400,
　　402-404, 406-408, 410, 411
精神分析訓練 202, 243, 248, 249, 398, 404
精神分析実践 135, 170, 171
洗脳 012, 023, 024, 028, 029,
　　031, 036, 050-052, 114, 133, 134, 136, 142,
　　143, 147-149, 157, 187, 217-219, 221-223, 227,
　　230-235, 237, 250-255, 375, 403
戦略的市場構想 165
組織 023, 024, 059,
　　069, 084, 085, 135, 163, 166, 168, 172, 189,
　　193, 195, 198, 206, 207, 212, 214, 215, 219,
　　222, 223, 226, 227, 232, 234, 240, 242-244,
　　247, 249, 252, 256, 284, 307, 325, 326, 351,
　　377, 381, 393

た行

退行 052, 055, 059, 061-063, 119, 141, 228,
　　229, 231, 232, 240, 250, 362, 396, 397
対人支配 ... 133-137, 142, 143, 147-150, 152, 153,
　　155-157, 238
多重関係 218, 223, 226, 234, 252
中国 023, 029, 237
直面化 043, 078, 088, 095, 134, 138, 139, 225,
　　229, 232, 233, 235, 240, 241, 320, 321
抵抗 026, 046, 053, 060, 210,
　　230, 241, 249, 251, 252, 254, 264, 276, 320,
　　365-367, 376-378, 405
電気ショック療法 071
同一化 007, 095-097, 104, 124,
　　146, 202, 203, 206, 210, 223, 224, 228, 231,
　　234, 244, 248-251, 272, 321, 360-363, 366, 370,
　　372-375, 377, 378, 386, 398, 405
投影同一化 133-136, 139, 144, 158, 239, 240,
　　254, 362
取り入れ 094, 097-099, 135, 223, 287, 361,
　　362, 365, 370, 377, 396, 414
取り入れモデル 372, 374

な行

内省の空間 011, 289, 291, 292, 295, 300,
　　305-307
内的スーパーヴィジョン 296, 297, 301
二分（思考） 026, 028, 043, 044, 054,
　　060, 085, 163, 177, 178, 219, 221, 234, 252,
　　253, 278, 324
日本 022, 023

は行

バー・レヴァヴ教育連盟（BLEA） 066, 068,
　　069, 071, 073, 074, 076-083, 086, 222, 232
反復強迫 052
ヒエラルキー 025, 144, 163, 164, 166-168,
　　189, 190-192, 244
密かな対人関係支配 238
否認 042, 045, 048, 052, 094, 095,
　　097, 098, 104, 105, 118, 123, 124, 134, 135,
　　152-157, 204, 208, 229, 242, 243, 405
病理 041, 042, 044, 051, 052, 062, 097,
　　104-106, 109, 115, 117, 118, 123, 129, 135,
　　151, 155, 167, 170, 171, 175, 179, 183, 226,
　　231, 239, 252, 254, 255, 266, 320
広島 022
フィールディング研究所 072
不確実感 035, 036, 050, 056, 058,
　　083-085, 153, 206, 211, 220, 221, 229, 231,
　　234, 249, 253, 274, 305
　　――の調整 084, 085, 087
服従 024, 035, 039, 053-061, 092, 095, 097,
　　105, 106, 110, 113, 117, 123, 152, 184, 191,
　　205, 221, 228, 249, 253, 264, 361, 396, 404
含み込み（む） 058, 123, 128, 135, 203, 240,

索引 | 423

295, 361, 362, 366, 395
ベルリン精神分析研究所...... 009, 167, 198, 244
弁護士.. 148, 149
防衛................. 035, 038, 042, 043, 045, 046, 048,
052, 053, 094, 104-108, 111, 118, 122, 124,
134, 135, 147, 148, 152-154, 156, 158, 232,
234-236, 239-241, 263, 282, 288, 318, 320, 321,
323, 369, 382, 385, 397, 399, 400, 407
防衛解釈................... 137-139, 148, 240
崩壊不安.. 085
ポストモダン 027, 035, 060, 118
ボストン精神分析研究所..................... 022, 023

ま行

マラソン（療法）............................ 073, 227, 229
無道徳主義... 171, 176
模倣......... 110, 202, 209, 210, 212, 214, 215, 234,
247, 248, 250, 296, 321

や行

有能さ.. 247, 275, 299

ら行

倫理.. 027, 116, 117,
147-149, 156, 157, 169, 180, 184-186, 189, 190,
192, 196, 204, 248, 255, 265, 266, 271, 317,
348, 362, 374, 375, 403
ロボトミー... 163, 243

わ行

話題の変更.. 140, 240

編著者略歴

リチャード・ローボルト Richard RAUBOLT

臨床心理士，ミシガン州グランドラピッズで成人と青年期の個人および集団精神療法の独立開業。アキナス大学カウンセリングセンター，スーパーヴィジョン心理士，国際精神分析教育連盟外傷委員会議長。
主要編著書――『スーパーヴィジョンのパワーゲーム――心理療法家訓練における影響力・カルト・洗脳』(本書)，『トラウマの劇場――癒しの対話』(主著・Chapbook Press [2010])，東部集団心理療法協会誌『グループ』27号・2/3 (特別編集者 [2003])。

訳者略歴

太田裕一 Yuichi OTA

静岡大学保健センター准教授，学生相談室カウンセラー。東京大学大学院教育学研究科教育心理学専攻修士課程修了後，2003年より現職。
主要著訳書――『教室の中の気がかりな子ども』(共著・朱鷺書房 [2003])，『集団精神療法の基礎用語』(共著・金剛出版 [2003])，『力動的集団精神療法――精神科慢性疾患へのアプローチ』(共編・金剛出版 [2010])，『史上最強図解 よくわかるフロイトの精神分析』(共著・ナツメ社 [2013])。

スーパーヴィジョンのパワーゲーム
心理療法家訓練における影響力・カルト・洗脳

印　刷	2015 年 3 月 10 日
発　行	2015 年 3 月 20 日
編著者	リチャード・ローボルト
訳　者	太田裕一
発行者	立石正信
発行所	株式会社 金剛出版（〒112-0005 東京都文京区水道 1-5-16）
	電話 03-3815-6661　振替 00120-6-34848
装　幀	小林 剛（UNA）
組　版	藍原慎一郎
印　刷	平河工業社
製　本	誠製本

ISBN978-4-7724-1417-3　C3011　©2015　Printed in Japan

力動的集団精神療法
精神科慢性疾患へのアプローチ

［編］＝高橋哲郎　野島一彦　権 成鉉　太田裕一

●A5判　●上製　●300頁　●定価 **4,200**円＋税
● ISBN978-4-7724-1128-8 C3011

力動的集団精神療法家の解説を試みた「理論編」と
臨床家の実践をつづった「実践編」。
2つのセクションを行き来しながら
力動的集団精神療法を理解・実践するための決定書。

心理臨床スーパーヴィジョン
学派を超えた統合モデル

［著］＝平木典子

●A5判　●上製　●230頁　●定価 **3,800**円＋税
● ISBN978-4-7724-1254-4 C3011

特定の理論や技法を越えた
スーパーヴァイザー訓練の実像と展望を検討する。
汎用的なスーパーヴィジョン・モデルを追求してきた
著者による試み。

ハインツ・コフート
その生涯と自己心理学

［著］＝C・B・ストロジャー　［訳］＝羽下大信　富樫公一　富樫真子

●A5判　●上製　●580頁　●定価 **8,500**円＋税
● ISBN978-4-7724-1202-5 C3011

偉大な精神分析家ハインツ・コフートの生涯と
自己心理学の立場を確立するまでの思索の道筋をたどる伝記。
愛憎相半ばする人間的魅力に満ちたコフートの息遣いを
確かに感じることのできる一冊。

私説 対象関係論的心理療法入門
精神分析的アプローチのすすめ

[著]=松木邦裕

● A5判 ●上製 ●230頁 ●定価 **2,800**円+税
● ISBN978-4-7724-0879-0 C3011

面接室をつくることから始まり，
見立て，治療契約，聴く，伝える，知る，
転移と逆転移，終結に関する問題までを詳述。
実践的で実用的な精神分析的心理療法の入門書。

セラピストと患者のための
実践的精神分析入門

[著]=オーウェン・レニック　[監訳]=妙木浩之

● A5判 ●上製 ●220頁 ●定価 **3,400**円+税
● ISBN978-4-7724-1000-7 C3011

米国精神分析界を牽引してきたレニック初の単著。
フロイト以降の精神分析理論における前提理論を
症例とともに検証しながら
治療者と患者との相互作用を解説した好著。

短期力動療法入門

[著]=M・ソロモンほか　[監訳]=妙木浩之　飯島典子

● A5判 ●並製 ●216頁 ●定価 **3,800**円+税
● ISBN978-4-7724-1393-0 C3011

米国精神療法の大きな潮流を形成する短期力動療法。
共感促進，トラウマと適応的情報処理，アタッチメントなど
多彩なテーマを横断しながら
治療法の全体像と今後の展望を解説する。

精神分析的心理療法
実践家のための手引き

［著］＝ナンシー・マックウィリアムズ　　［監訳］＝狩野力八郎

●A5判　●上製　●384頁　●定価 **5,400**円+税
● ISBN978-4-7724-1096-0 C3011

患者と触れあうセラピストの基本事項を解説。
セラピストとしての心構え，聴くこと・話すこと，転移や抵抗の解釈，
ワーキングスルー，終結のタイミングなど，
セラピーにおいて欠かせない有用な知見を詳述する。

トーキング・キュア
ライフステージの精神分析

［編著］＝デビット・テイラー　　［監訳］＝木部則雄

●A5判　●上製　●400頁　●定価 **5,800**円+税
● ISBN978-4-7724-1297-1 C3011

トーキング・キュアとしての精神分析を多元的に展開し，
ライフステージとこころの発達の関係性を探索。
臨床知見から発して人類史的考察に至る精神分析の息長い射程が
鮮やかに表現された精神分析的人間学の成果。

精神分析における境界侵犯
臨床家が守るべき一線

［著］＝G・O・ギャバード　E・P・レスター　　［訳］＝北村婦美　北村隆人

●A5判　●上製　●292頁　●定価 **4,000**円+税
● ISBN978-4-7724-1221-6 C3011

臨床家が越えてはならない一線を越える「境界侵犯」を巡って
精神分析におけるその倫理的問題の多面的理解を試みた著作。
精神分析的な治療者だけでなく
人のこころに関わる臨床家に役立つ一冊。

精神分析過程

［著］=ドナルド・メルツァー　［監訳］=松木邦裕

●四六判　●上製　●300頁　●定価 **3,800**円+税
● ISBN978-4-7724-1173-8 C3011

フロイト，クライン，ビオンと対話しながら編まれた
ドナルド・メルツァーの第一著作にして最重要作。
転移－逆転移，投影同一化，地理上の混乱，精神分析の終結を巡って
精神分析過程を記述した精神分析家必読の書。

こころの性愛状態

［著］=ドナルド・メルツァー　［監訳］=古賀靖彦　松木邦裕

●四六判　●上製　●372頁　●定価 **4,800**円+税
● ISBN978-4-7724-1278-0 C3011

フロイトの精神分析思考を継承する精神分析的性愛論。
クラインとビオンを中継しながらフロイトの「性欲論三篇」を深化させ，
人間の本質としての「性愛（sexuality）」に迫った
『精神分析過程』に次ぐドナルド・メルツァーの第二主著。

自閉症世界の探求
精神分析的研究より

［著］=ドナルド・メルツァーほか　［監訳］=平井正三

●A5判　●上製　●288頁　●定価 **3,800**円+税
● ISBN978-4-7724-1392-3 C3011

メルツァーによる自閉症臨床研究の成果集成。
「自閉症とは何か」という問いを引き起こし，
精神分析のみならず，
自閉症の理解と治療的アプローチにおいても重要な研究結果。

現代クライン派精神分析の臨床
その基礎と展開の探究

［著］=福本 修

●A5判 ●上製 ●304頁 ●定価 **4,200**円+税
● ISBN978-4-7724-1343-5 C3011

クライン，ビオン，メルツァーへと継承され，
精神分析的精神療法の礎を築いた現代クライン派精神分析を巡って，
転移－逆転移，抵抗，夢解釈，精神病圏・気分障害などの症例を考察。
現代クライン派精神分析の臨床的発展を論じる。

精神分析的心理療法を学ぶ
発達理論の観点から

［著］=G・ブランク　［監訳］=馬場謙一

●A5判 ●上製 ●200頁 ●定価 **3,800**円+税
● ISBN978-4-7724-1345-9 C3011

自我心理学的対象関係論，発達論による治療技法を
Q＆A形式で事例を交えて構成。
自らの実践を体系的に整理できるように編集され，
入門書でありながら経験豊富な分析家にも役立つ一冊。

新装版
再考：精神病の精神分析論

［著］=ウィルフレッド・R・ビオン　［監訳］=松木邦裕

●A5判 ●並製 ●200頁 ●定価 **4,200**円+税
● ISBN978-4-7724-1344-2 C3011

ビオン自身がケースを提示しつつ
精神分析と精神病理論について書いた8本の論文に
自らが再び思索を深め〈Second Thoughts〉詳しく解説を加えた一冊。
フロイトからクラインへと続く精神分析を理解するための必読文献。